"十二五"国家重点图书出版规划项目

社会学文库 SOCIOLOGICAL LIBRARY 主编 郑杭生

纠纷风险防范与和谐社会建设

陆益龙 / 著

Preventing Dispute Risk and Constructing Harmonious Society

中国人民大学出版社
·北京·

总　序

现在，文库不少，社会学文库也有几个。在这样的情况下，接受中国人民大学出版社的委托，主持一套社会学文库，就不得不追问自己：这套文库只是单纯在数量上增加一个文库而已，还是应该在质量上力求有自己的某些特点？这就是本套文库不可避免要面对的定位问题。经过考虑，本套文库的定位至少涉及如下四个方面：

第一，它是一套研究性的文库。就是说，进入本套文库的著作，必须是研究性、探索性的。研究性、探索性的必备要素是与某种新的东西联系在一起的，即有某种创新性，因此，它们不同于一般资料性的、介绍性的、编译性的作品。这并不是说后者不重要，而是说，因为类别不同，后者应该有自己的出版渠道。

社会学研究无疑涉及诸多方面，有理论研究和经验研究、定性研究和定量研究，有对现实社会现象的研究，又有对社会学本身的研究，等等。本文库欢迎一切真正有研究价值的著作；同时，根据社会学国际化与本土化相结合的要求，根据本国的国情，把重点放在如下几个方面：

——对转型中的中国社会的认识有所深化的研究著作。

——对有中国特色的社会学理论有所贡献的研究著作。

——对世界社会学的新发展和走向有所把握的研究著作。

第二，它是一套精品性的文库。就是说，在研究性的著作中，我们更看重精品之作。所谓精品，在内容上至少要符合下述几条中的一条或同时具有：一是能够从社会学的视角对人们普遍关心的社会热点和焦点问题做出有说服力的分析，公认有真知灼见，经得起时间和历史的考验；二是能够对实现“增促社会进步，减缩社会代价”的社会学深层理念有所贡献；三是对社会学的学科建设和理论创新有所推动；四是对中国社会学的国际化和本土化有所促进。而在形式上，要有与内容相匹配的叙述形式，要有较好的可读性，力求深入浅出，尽可能雅俗共赏，为大家所喜闻乐见。

第三，它是一套使社会学界新生力量脱颖而出的文库。就是说，通过研究性的精品之作，使那些在社会学界没有什么知名度，或知名度不高的“无名小卒”、新生力量、后起之秀程度不同地提高知名度，把他们实实在在地介绍给学界和社会，使他们尽快成为学界名人。在这个意义上，本文库也许能够成为培养社会学人才的有效渠道之一。众所周知，没有或缺少新生力量的学科和学界，是没有什么希望的。这当然在任何意义上都不是说可以忽视现在的学界名人，他们是我们最重要的依靠力量，他们负有提携后进的重任。我们真诚希望现有的学界名人和即将脱颖而出的学界名人，共同使本文库成为名副其实的名人文库，在学界和社会上发挥更大的作用。

第四，它是一套供不同学派观点争鸣的文库。一个没有不同学派争鸣的学界，不能说是成熟的。我在社会学界多次强调“要多一点学派，少一点宗派”。因为学派之争是学术问题、学术观点的争论，用的是学术标准，可以争得面红耳赤，但过后仍然是朋友；宗派之争则用非学术标准，党同伐异，大有“谁不和我们歌唱，谁就是我们的敌人”的“气概”。因此，学派之争，与人为善，相互切磋，推进学术；宗派之争，与人为恶，相互攻击，阻碍学术。如果本文库在促成不同观点的社会学学派形成方面、在促成不同学派展开富有成果的争鸣方面，起到了应有的积极作用，我们将会感到非常高兴和欣慰。本文库将对各种不同观点的学派一视同仁。

总之，我们真诚希望本文库能够出研究成果、出精品、出名人、出学派。简言之，我们把“四出”作为中国人民大学出版社社会学文库的定位。

古人曾说过这样的意思：定位于“上”，可能得乎“中”；定位于“中”，可能得乎“下”。本文库这种“四出”的定位，从目标上说应该属于“上”，但结果仍有两种可能：或“上”或“中”。我们希望能够争取前一种可能，避免后一种。最后究竟如何，当由读者和时间来鉴定。

应当指出，本文库是在一个不平常的时候出版的。

首先，无论是就政策环境和体制条件来说，还是就国内氛围和国际环境而论，中国社会学正处在新中国成立以来最好的大有可为的发展时期。现在，社会学的学科地位，即作为要加强的哲学社会科学基本学科之一，得到了确认。人们越来越体会到社会因素即非经济因素对改革、发展、稳定的重要性，从而也认识到以非经济因素为切入点的社会学，也和以经济因素为研究对象的经济学一样，是一门与每个人的实际生活息息相关的学问，是一门推进改革、发展、稳定的科学，感受到有许多问题需要从社会学的视角来看待和解读，并领悟到社会学的理论研究和经验研究是制定符合实际情况的社会政策的基础环节。人们对社会学从不甚了解、不了解甚至误解到逐步了解；一些社会学的用语（如社区、社会化、弱势群体、社会转型、良性运行等）日益普及化、大众化，其中一些还被政府部门采纳和使用。这使中国社会学的发展不仅有了自上而下的体制条件，而且有了自下而上的社会氛围。经过激烈竞争，中国社会学界获得了第三十六届世界社会学大会的主办权，该届会议的主题是"全球化背景下的社会变迁"，将于2004年7月在北京召开，由中国社会科学院社会学研究所承办。现在欧美社会学界都十分关注中国社会的变化、中国社会学的研究。无疑，在世界社会学的格局中，与欧美强势社会学相比，无论是从规模、投入，还是从成果、影响等方面说，中国社会学仍然是弱势社会学。强势社会学界如此关注中国社会的研究，对植根于本土社会的中国社会学界来说，既是一种沉重的压力，同时又是进一步发展的强大动力。在这样的情况下出版本文库，应当说正当其时。我们希望不要辜负这样好的条件。

其次，这种不平常性还表现在世界社会学正处在自我反思和重建的过程之中。这种自我反思和重建的趋势并不是凭空而生的，而是有现实根据的。这就是旧式现代性的衰落、新型现代性的兴起。我认为，这种旧式现代性的衰落、新型现代性的兴起，既影响着中国社会学的国际化，又影响着中国社会学的本土化。关于这一点我想多说几句。

所谓旧式现代性，就是那种以征服自然、控制资源为中心，社会与自然不协调、社会与个人不和谐，社会和自然付出双重代价的现代性。20世纪向21世纪的过渡时期，全球社会生活景观呈现出重大转折的种种迹象，人们看到：人类对自然的倒行逆施造成了越来越严重的“绿色惩罚”，导致了天人关系的紧张，甚至“人类对自然的战争，变成了人类自我毁灭的战争”；人欲的激发和资源的匮乏所引发的对资源控制权力的争夺，又不能不导致价值尺度的扭曲、伦理准则的变形、个人与社会的关系的恶化。旧式现代性已经进入明显的危机时期。这样，在世界、在中国，探索新型现代性便成为一种势在必行的潮流和趋向。

所谓新型现代性，是指那种以人为本，人和自然双赢、人和社会双赢，两者关系协调和谐，并把自然代价和社会代价减小到最低限度的现代性。从中国社会转型加速期取得的巨大社会进步和付出的种种社会代价中，我们都能从正反两方面，亲身体会到新型现代性的深刻意涵。

就两种类型的现代性与社会学的关系而言，过往的旧式现代性锻造了以往的社会学——它的感受力和想象力、设问和眼界，甚至它的理论抱负和期望所能达到的限度。当现代性面临重大转折之时，必定也是社会重构、个人重塑、个人与社会的关系发生重建之日。社会学不可避免地卷入其中，经历预设的根本变化、视野的重大调整、理论的重铸和再生过程。

对旧式现代性做出反应的，不仅有新型现代性，还有后现代性。如果说，新型现代性是对旧式现代性的一种积极、正面意义的反思，那么主张后现代性的后现代主义则一般是对旧式现代性的一种消极、否定意义的反应。后现代主义批评旧式现代性的弊病是对的，但它的解决方法不是革除弊病，而是连现代性也加以抛弃，从而走向了极端。它对社会和知识基础的所谓“解构”，无助于增进社会的和谐。

因此，处在这样一个旧式现代性步入没落、新型现代性勃然兴起的历史时期，中国社会学必须顺应时代的要求，跟上世界社会学重建的步伐，结合中国的实际，在理论研究上开拓出新的学理空间。而经过我国快速转型期独特经验的熏陶，中国社会学界的主体性、自觉性和敏锐性已经大为提高，将有助于达到这一目标。

我们也真诚希望，本套文库能在实现上述目标的过程中发挥应有的促进作用。

以上权且作为本文库的序言，与大家共勉。

郑杭生

2003 年 8 月于气和文轩

目　录

导　论　法社会学视野中的纠纷

中国社会发展已进入新时代。在新时代，经济发展将面临新常态，从持续高速增长转变为中高速增长，结构调整的效应将逐渐显现出来。随着现代化、城市化、市场化和全球化的推进和冲击，中国社会结构及社会关系不可避免地会发生一定程度的变迁。在新时代，随着社会主要矛盾的转变，发展不均衡、不充分问题凸显出来，这也意味着利益分化和价值观多元化在加剧。社会中的分化与多元化将对人与人之间的关系特别是不和谐、不一致的关系产生一定影响，而社会又要在这样一种大背景下构建起新的秩序。这一过程及其中的问题和经验，尤为值得关注、记录、分析、总结和探究。为构建和谐美好的社会，需要直面社会秩序所面临的矛盾纠纷的挑战，并对这些问题加以系统的考察和科学的研究。

一、纠纷监测与化解机制问题

随着社会转型进入新阶段，现代法治建设深入推进，现实社会究竟显现出哪些矛盾纠纷呢？这些矛盾纠纷呈现出什么样的特征呢？它们又是通过哪些途径以什么样的方式化解的呢？现实社会中的矛盾纠纷能否监测得到呢？是否有更加有效的机制促进纠纷得以顺利化解呢？矛盾纠纷的化解过程及化解机制，又反映出社会秩序具有何种演变趋势呢？法律在社会中起着怎样的作用呢？要回答这一系列问题，不仅需要有对矛盾纠纷现实状况的经验把握，而且需要从法社会学的理论视角去加以理解和分析。

（一）问题的时代背景

中国社会转型进入新时期，经济结构的调整，以及供给侧结构性改革的推进，会给社会带来一些新的发展机遇，但同时也有可能带来诸多新的社会矛盾、纠纷及冲突。

一方面，结构调整不可避免地触及社会利益格局的变化，社会的快速发展也将导致价值观的变迁，这些结构和观念的变迁，都有可能在社会关系及社会行动上显现出来，因而基层社会的矛盾纠纷有可能进入高发期。经济产业结构调整、产业升级，必然导致社会利益格局和阶层结构的变迁，一些阶层群体会从中受益，另一些阶层群体将面临利益受损。例如在市场经济体制改革进程中，伴随着国有企业的改制，出现了下岗工人群体，从某种意义上说，他们在这一体制调整中就属于利益受损群体。又如在城市化快速发展的过程中，一些地方在开发建设中不可避免地要征地拆迁，这一过程也不可避免地带来利益的调整问题。此外，一些新业态的兴起和发展，也会不同程度地影响已有的产业运行状况及利益，"互联网＋"产业的兴起及快速发展，既提供发展新动能和新机遇，同时又会对一些传统的产业和利益群体构成巨大冲击。如城市出租车行业受网络约车这种新业态的冲击，曾引发一些矛盾冲突和群体性事件。所有这些都涉及利益或权益的调整问题，都有可能引发社会矛盾或纠纷冲突，而且有些矛盾纠纷可能激化，甚至演化成影响正常社会生活和社会和谐稳定的群体性纠纷事件或社会动荡。

社会利益格局的调整和利益群体的分化所引发的社会矛盾纠纷，可以说是改革发展过程中的"新生社会矛盾"或"新生社会问题"[①]。这些新生矛盾纠纷不仅形式新奇多样，而且产生及解决的机制与新的时代背景有着密切联系，因而对这些新生矛盾纠纷，如果笼统地按照以往的人民内部矛盾原则去看待和处理，就达不到与时俱进的要求。正确认识转型新时期的新生矛盾，对顺利调和与化解这些矛盾，以及重构新秩序意义重大。

另一方面，在全球化、市场化和现代化的国际背景下，随着中国的快速崛起，国际政治、经济格局和形势正在发生着巨大变化，因此，输入性的社会矛盾和冲突将成为影响国内社会和谐稳定的重要因素之一。如 2008 年西藏发生的"3・14"事件、2009 年新疆发生的"7・5"事件，这些集群性社会冲突事件虽与民族关系及基层社会矛盾有一定联系，但其中就包含了国际输

---

① 李强．从社会学的角度看"构建社会主义和谐社会"．社会科学战线，2005（6）．

入的影响因素所发挥的较大作用。再如，2011年阿拉伯世界发生的社会大动荡，起初是由一些小的社会问题引发的，在经济危机、经济衰退的压力下，社会利益关系和社会矛盾冲突也随之紧张起来。如果没有合理地处理和解决一些社会问题和矛盾纠纷，再加上国际势力的介入，那么将逐渐酝酿成规模越来越大的群体性事件和持续的社会运动，从而动摇社会稳定的基础，最终导致社会大动荡乃至战争。

由此看来，转型新时期基层社会矛盾纠纷已经不单纯受国内的多种因素影响，也与国际复杂因素相关联。正如图海纳（Alain Touraine）所指出的，现今的世界正面临着“重新组合”问题，“在一个不断运动的世界上，没有一种文化是真正与他种文化隔绝的；……他们在城市的大街上相遇，在电视屏幕上相互看见彼此的形象，在‘世界音乐’的录音带上相互听到彼此的歌声”①。所有这些都表明新时期基层社会矛盾纠纷的性质、特征和形成机制已经发生巨大变迁。如果再用传统眼光去看那些新问题，就可能出现认识上的偏差。

虽然说社会矛盾及纠纷冲突是社会存在的一种状态，是绝对的、不可避免的，而且有些冲突的发生会对社会进步发挥积极功能，但是其实没有一个社会希望有矛盾冲突，更不要提希望有矛盾积累。任何社会都希望尽量减少矛盾冲突，并尽可能去化解矛盾冲突。因为对于一个社会来说，社会矛盾冲突意味着社会系统结构的不和谐，按照社会“熵”理论②，矛盾冲突问题是一种熵增过程，社会系统内部的熵在增加，同时社会系统无法吸纳系统外部流入的熵，这一结构就是社会的耗散结构，即一个社会通过矛盾冲突和内部斗争，自我耗去一些能量。所以，维护社会的和谐稳定，其实是任何社会都在追求的一种理想目标，因为社会动荡的直接受害者是广大的人民群众。

从社会发展的一般经验来看，当一个社会的经济建设取得了一定成就，达到了一定水平，也就是“中等收入”水平时，就需要将建设的侧重点逐步转向社会领域，即加强社会建设。自改革开放以来，中国的经济建设已经取得了举世瞩目的巨大成就，中国也正快速地迈入“中等收入”国家行列，这

---

① 图海纳．我们能否共同生存？．狄玉明，等译．北京：商务印书馆，2003：248.

② 李彩良．基于熵理论的和谐社会评价与优化研究．天津：天津大学，2009：34.

一时期将是一个非常艰难的发展阶段。从国际发展经验来看，较多的国家在这个阶段陷入了“中等收入陷阱”。所谓“中等收入陷阱”，就是进入中等收入发展水平之后，经济增长的不可持续、不协调、不均衡等一系列问题凸显出来，尤其是在这种经济增长困境中，社会矛盾随着贫富分化、阶层固化和社会建设不到位而变得越来越突出，社会风险在不断增大。

进入新时代，随着经济增长从高速转入中高速，增长方式由主要依靠投资和出口推动转变为由投资和国内需求共同驱动，中国是否也会陷入“中等收入陷阱”呢？中国在推进市场化过程中，是否会导致西方媒体所宣称的“社会火山”爆发呢？[①] 中国能否做到未雨绸缪，提前预防“中等收入陷阱”所带来的社会风险呢？如果可以的话，那么加强社会建设、注重协调社会利益关系、积极有效地化解调整与变迁中的各种各样的社会矛盾纠纷就变得非常必要，也十分重要了。

从改革开放到目前为止，中国经济保持了多年的持续快速增长，经济总量已经跃居世界第二，人均 GDP 水平也大幅提高，经济建设的成就可以说让世人刮目相看。由此看来，改革开放已经解决了初步发展问题，即完成了初级发展阶段[②]，进入中级发展阶段。如今，在中级发展阶段，中国将面临一个重要问题，即如何在社会中均衡分配发展成果问题。针对当今中国社会经济发展所面临的重大问题和中心任务，中央提出了要加强社会建设，不断提高社会治理的科学化水平。虽然社会建设和社会治理涉及社会生活的诸多方面，但其核心的问题其实就是如何协调社会利益关系、化解社会矛盾、维持社会和谐稳定。社会利益关系不仅涉及经济学意义上的收入分配问题，而且涉及社会系统的方方面面的问题，如城市化进程中的征地拆迁问题、资源开发利用中的利益分享问题、社会共生与竞争中的群体利益关系问题，以及相应的关于利益调整的观念和价值问题等，都可能引发各种各样的社会矛盾或纠纷冲突。虽然在社会发展过程中，利益关系和利益格局的调整将不可避免地引起一些社会矛盾，但是，只要社会系统具有及时、有效的矛盾化解机制，这些矛盾纠纷就不致造成系统性的问题，或成为影响系统正常运行及社会和

---

① 陆益龙．态度、认同与社会分层的主观建构：基于 2008CGSS 的描述性分析．湖南社会科学，2011 (5).

② 郑杭生．改革开放三十年：社会发展理论和社会转型理论．中国社会科学，2009 (2).

谐稳定的大问题。

在中国社会快速转型、社会利益关系调整频率提高、社会矛盾冲突有可能累积加剧的大背景下，多维度、多角度地加强对改革开放新时期社会矛盾和纠纷冲突的科学研究，为提高社会建设和社会治理的科学化水平以及相关决策的科学性提供科学依据，显得格外重要。对社会矛盾冲突的研究可以从多个维度、多个角度去推进——既可以从宏观的维度、制度的角度去推进，也可以从微观的维度、日常生活的角度去推进。在这里，我们选择从基层社会的微观维度和日常生活的角度去考察和研究这一问题，因为我们认为，科学、准确地把握基层社会的矛盾纠纷的现状、特征、成因、演化趋势、化解经验等事实，是认识和理解社会矛盾及纠纷冲突问题的基础。

中国在社会转型的过程中，为推进国家治理能力的现代化，法治建设不断深化。1999 年 3 月，第九届全国人民代表大会第二次会议通过的《中华人民共和国宪法修正案》规定："中华人民共和国实行依法治国，建设社会主义法治国家。"依法治国和构建法制秩序也就成了国家的基本方略。

推进法治建设，是社会转型的必然要求。经济体制从计划经济向市场经济的转变过程，必然要求社会构建起与市场经济相吻合的社会秩序，这也就意味着中国社会转型面临着秩序的重构任务。要完成这一任务，实现秩序重构，关键就在于如何通过法治建设，确立法制秩序的核心地位。

中国在推进市场经济建设的过程中，是否建立起了市场秩序呢？正如哈耶克（F. A. Hayek）所认为的，市场秩序不单纯是一种经济，"市场秩序对我们实现自己的目的极有助益：它不仅像所有其他的自生自发秩序那样，会在我们的行动中给我们以指导和在不同人的预期之间促成某种应合关系，而且会拓展每个人在更大程度上支配各种物品的前景或机会，而通过任何其他方式，我们都不可能做到这一点"[①]。既然市场秩序不同于自生自发秩序，那么促成这一秩序形成以及维持这一秩序的前提和基础也是不一样的。人们要在一种社会情境中根据对他人行动的预期而形成某种"应合关系"，就必须具备认知公认规则这一前提。也就是说，如果没有一些强制性的行动规则，那

① 哈耶克．法律、立法与自由：第 2，3 卷．邓正来，等译．北京：中国大百科全书出版社，2000：89.

么我们是很难对他人的行动加以准确预期的，也就很难形成应合关系。所以，市场秩序对强制性规则或法律规则非常依赖。正如哈贝马斯（J. Habermas）所认为的那样，“法律秩序和具有政治功能的公共领域的自然基础”是市场社会的两个前提和基础①。

一个社会的法治建设及法律秩序的形成，不是纯粹的法律问题，而涉及法律与社会的关系问题，或者说涉及一个社会的“法律性”（legality）问题②。法律性问题主要属于一个社会中的成员对法律的主体性认识或观念形态方面的问题，同时又是一个社会秩序建构的现实问题，即一个社会的成员是如何看待法与规则的，以及法律或规范系统在社会中究竟是怎样对秩序构建发挥作用的。在法学的视角下，法治建设可能更多地注重法律自身的建设和发展，即注重法律的客观状态和具体规则的合理性及正当性。然而事实上，法律的正义性及其实现在较大程度上受到社会成员的法律态度和观念的制约，这也就涉及一个社会的法律性问题。虽然任何社会都客观存在着法律，但各个社会的法律性呈现出不同形态，由此形成不同状态的社会秩序。

在转型中国，民众究竟具有什么样的法律性呢？法律在转型社会究竟发挥着怎样的功能呢？这些问题不仅实际上关系到社会转型过程中的社会秩序重建的大问题，也是认识社会转型的本质的重要视角。如果我们单纯从法律领域出发去理解和认识当今的法治建设，就容易误解法律秩序的实质。我们非常有必要了解在普通民众的观念世界里，法律究竟是什么以及发挥什么作用。如果我们对一个社会法律性的实际情形缺乏足够的认识和理解，法治建设的实践就容易偏离社会现实基础。

如何更好地理解和认识一个社会的法律性形态和秩序特征呢？昂格尔（R. M. Unger）指出，经典社会秩序理论主要有两个传统：一是工具主义理论或个人利益理论传统；二是合法性理论或共识理论传统③。实际上，法律性问题也就是法治意识问题，即民众关于法律的观念和态度问题。那么，准确地把握一个社会的法治意识的形态和特点，一个有效的途径就是通过经验

① 哈贝马斯．公共领域的结构转型．曹卫东，等译．上海：学林出版社，1999：128.

② 尤伊克，西尔贝．法律的公共空间：日常生活中的故事．陆益龙，译．北京：商务印书馆，2005：33.

③ 昂格尔．现代社会的法律．吴玉章，等译．南京：译林出版社，2002：23.

调查来获得事实材料。通过对纠纷及其解决机制的考察和研究，可以了解到现实社会中民众具有什么样的法治意识，又是怎样参与秩序建构的。通过这些事实，我们也能认识和把握社会转型中的法律与社会的关系问题即法律的社会性问题。

（二）纠纷的监测和化解问题

在现实生活中，基层纠纷的发生常常具有偶发性，较多纠纷是在偶然情境中发生的。在偶然发生的、多种多样的基层矛盾纠纷当中，实际也蕴含着一些必然的或规律性的问题。尽管纠纷和冲突是社会化的基本形式之一，即纠纷和冲突在现实社会中是客观存在、无法完全避免的，但是，对现实社会中发生的纠纷和冲突的考察和认识，有助于我们在社会生活中尽量减少或避免纠纷和冲突。更为重要的意义在于，对纠纷发生和演化的规律的把握将为我们更加有效地化解矛盾纠纷提供一些知识支持。

如果对基层矛盾纠纷加以动态监测，就可以从诸多繁杂的普通纠纷及其解决过程中了解和把握基层纠纷的总体形态、特征和变化规律。就具体的研究而言，对纠纷的动态监测，主要是通过在不同时点调查和考察社会成员所经历的矛盾纠纷以及所选择的纠纷解决方式实现的，因为纠纷总在社会成员之间发生，所以对不同个体成员所遇到的纠纷情况的调查和分析，可以反映出社会系统中的纠纷发生以及纠纷解决过程的总体情况。

对基层矛盾纠纷进行动态监测，不仅要关注人们在平常生活中经历了哪些矛盾纠纷，而且要关注人们在遇到不同纠纷时会选择什么样的方式和途径来解决纠纷问题，以及不同的纠纷解决方式最终达到了怎样的效果。对这些问题的调查，目的就在于探讨基层矛盾纠纷的化解机制问题，亦即何种化解机制能够有效地化解基层的矛盾纠纷。换个角度看，也就是从不同的矛盾纠纷化解经验之中，或许可以发现矛盾纠纷化解的一些具有规律性的东西。

（三）研究问题的学术意义

就学术意义而言，社会矛盾、社会冲突是社会学研究的核心领域之一。无论是马克思主义社会学还是当代西方社会学，对矛盾纠纷及社会冲突的考察和探讨，都是其核心内容之一。

经典马克思主义社会理论关于生产力与生产关系的矛盾、经济基础与上层建筑的矛盾的分析，为科学地认识和理解社会发展规律提供了重要指导。毛泽东的矛盾论将社会矛盾划分为敌我矛盾和人民内部矛盾两大类，是在结合中国革命和建设的具体实践基础上对马克思主义理论的丰富和发展。因而，对当代中国基层社会矛盾纠纷的经验研究，可以从中国社会建设和社会管理的具体经验中，推进马克思主义社会学的社会矛盾研究，促进马克思主义社会学的与时俱进和中国化，进一步繁荣和发展马克思主义社会学的社会矛盾理论。

此外，社会矛盾、社会冲突研究也是当代西方社会学的重要领域之一。对工业化国家所面临的各种社会矛盾、社会冲突的研究，形成了诸多重要的社会学理论，社会冲突论就是其中的代表之一。与结构功能主义社会学不同，社会冲突论将社会冲突视为"社会化"的一种形式，因而更为关注冲突在社会运行中的功能，及冲突的形成和演化机制。[①] 对转型中国的基层社会矛盾、纠纷及冲突的社会学考察和研究，一方面可以与西方社会学的社会冲突论进行对话，另一方面可以基于中国社会的经验，发展本土社会学的社会矛盾与社会冲突理论，这从一定意义上说也是实现中国社会学理论自觉的重要途径之一。

对民间纠纷及其化解机制的研究是新兴交叉学科"法社会学"或"法律与社会研究"所关注的主要问题，也是该领域的前沿问题。基层社会矛盾纠纷与民间纠纷在很大程度上是多交叉重合的，所以，根据中国基层经验来研究矛盾纠纷这一问题，也将丰富和拓展这一领域的研究，对该学科的建设和理论发展有着积极意义。目前，在中国法制社会建设的过程中，对法律与社会的关系的探讨，尤其是对法制的社会基础的系统考察和探究有着重要的学术和现实意义。关于民间纠纷及其解决机制问题的研究，是法律与社会研究的一个非常重要的研究视角。因为当人们在社会生活中遇到纠纷之后，既可以选择忍忍算了，也可以选择私了，还可以选择利用第三方力量，其中法制系统就是重要的第三方力量。那么，考察和研究民众在解决具体纠纷问题时是否选择法律途径，以及为什么选择那种纠纷解决方式，将会形成对民众与

① 科塞．社会冲突的功能．孙立平，等译．北京：华夏出版社，1989：6.

纠纷、民众与法律、法律与纠纷解决之间的关系的法社会学理论认识。

从学科发展的角度看，法律性或法治意识、社会秩序构建等问题都是法社会学的重要研究领域。依托经验研究，从社会转型期基层社会矛盾纠纷及其解决方式选择的视角，来考察和探讨现实社会中的法律性或法治意识问题，以及法律秩序的现状和特征，将对丰富和发展法社会学的法律性理论和社会秩序构建理论起到积极作用，同时也将对推动社会学取向的法社会学学科建设和发展具有重要的贡献。作为一门交叉学科，法社会学存在两个明显的取向：一是法学取向的法社会学，二是社会学取向的法社会学。法学取向的法社会学在法理学和法哲学的学科框架下，进一步关注和探讨法律与社会的关系问题。而且其对法律与社会关系的研究，注重“把社会事实放到一个法律框架中去衡量和剪裁”，即以合法性为中心来衡量法律现象。[①] 而社会学取向的法社会学则注重从中立的立场去考察一个社会的法律性，即注重法律在现实社会中的实际运作过程和实际效应。从某种意义上说，法学取向的法社会学在中国已有了一定的发展。然而，社会学取向的法社会学及其相关研究起步相对较晚，发展也较为滞后。尽管社会学家把法律视为社会系统的重要构成，但专门针对法律现象和法律过程的社会学研究目前还并不多。要推进社会学取向的法社会学的发展，就必须加强有理论指向的经验研究，因为注重理论指向的经验研究体现了社会学的学科特点，能发挥社会学视野的优势，并将交叉研究优势结合起来，从而可以更好、更快地推动法社会学的理论和方法的发展。

二、冲突、纠纷及其解决机制理论

社会矛盾和纠纷问题是多个学科共同关注和研究的重要问题，马克思主义理论、政治学、法学、社会学等学科都在探讨和研究社会矛盾和纠纷问题。不同学科虽由于理论和方法的传统存在差异，但关注的焦点问题是一致的，即社会中的矛盾关系及纠纷问题，只不过在研究范式上有着明显的区别。在关于社会矛盾或纠纷问题的研究方面，主要有两大类：一类是宏观推理研究；

---

① 朱景文．法社会学．北京：中国人民大学出版社，2009：1.

另一类是微观经验研究。

马克思主义理论、政治学及理论社会学对社会矛盾及纠纷问题的研究一般采用宏观推理研究范式。这一研究范式主要运用马克思主义的矛盾分析法及毛泽东的矛盾论思想，结合一般性经验感知或直觉经验，对社会关系的变迁和特征以及社会矛盾或纠纷冲突的表现形式、基本特征、主要成因、基本性质和解决对策进行一般性的推理分析和总结概括。

在理论社会学关于社会矛盾问题的研究方面，吴忠民对改革开放后中国现阶段的社会矛盾进行了梳理和分析，并总结出当前社会矛盾的六大特征："民生需求甚于政治诉求、干群之间矛盾突出、个案问题容易演化为整体化矛盾、诉求方式相对温和、解决社会矛盾存在两难境地、社会矛盾的演化空间大。"① 虽然，这一对社会矛盾问题的理论分析继承了理论社会学的社会关系、结构与功能分析传统，对于人们从整体上理解和认识社会变革过程中社会关系的变化及其带来的社会矛盾和社会问题有重要帮助，但是，就对社会矛盾及纠纷问题的现实状况的研究而言，社会学研究或许更应关注现实中的具体矛盾和纠纷问题，而不应仍笼统、抽象地讨论社会矛盾与纠纷问题。如果是为了创建关于社会矛盾或纠纷的一般理论的研究，就需要建立一种由具有普遍意义的定律或命题构成的理论体系。在经典社会学理论中，齐美尔（G. Simmel）构建了一种"社会化形式"的冲突或斗争理论。齐美尔提出："倘若在人们当中任何相互作用都是一种社会化，那么，斗争是最生动活泼的相互影响之一，它在逻辑上不可能局限在一个单一的要素上，它必然完全可以视为社会化。"② 在对社会冲突或纠纷争端的理论研究中，关键是要揭示和解释冲突与纠纷的社会学意义。如齐美尔在其理论分析基础上指出：

> 争端的另外一种社会学意义也在这里：不是它对各方的相互关系，而是它对每一方的内部的结构所具有的意义。日常经验表明，两个个人之间的争端多么容易不仅在他同其他人的关系中改变一个人，而且改变他自身。③

---

① 吴忠民．中国改革进程中的重大社会矛盾问题．北京：中共中央党校出版社，2011：1-6.

② 齐美尔．社会学：关于社会化形式的研究．林荣远，译．北京：华夏出版社，2002：178.

③ 同②219.

齐美尔关于社会矛盾冲突的理论，勾勒出了矛盾冲突的最基本形式或者说“社会化的形式”，同时也揭示了矛盾冲突的社会化功能，即社会矛盾冲突是推动社会运行和发展的重要动力之一。矛盾与冲突不仅先于这种统一，而且在它存在的每时每刻都在统一中发挥着作用。这样一种社会学理论为人们认识和看待社会矛盾、冲突和斗争提供了一个重要视角。

当代西方社会学中的社会冲突论这一理论流派，在很大程度上受齐美尔关于冲突或斗争的理论的影响。其更加关注社会冲突的功能，并试图寻找出社会冲突在社会中所发挥的功能的一些具有普遍意义的规律。如科塞（L. A. Coser）认为，冲突是价值观、信仰以及对稀缺资源的分配上的争斗。“冲突产生于个人、阶级或群体为寻求实现自己的美好理想而进行的斗争之中。”① 因而，只要不直接涉及基本价值观或共同观念，它的性质就不是破坏性的，反而对社会有好处。关于社会冲突的规律和功能，科塞提出了 16 个命题：

命题 1：冲突对群体聚合的功能；

命题 2：冲突的群体保护功能与安全阀制度的重要性；

命题 3：现实性冲突与非现实性冲突；

命题 4：冲突和敌对冲突；

命题 5：紧密社会关系中的敌意；

命题 6：关系越紧密，冲突越剧烈；

命题 7：群体结构中冲突的影响与功能；

命题 8：作为关系稳定指标的冲突；

命题 9：与外群体的冲突会增强内部团聚力；

命题 10：与其他群体的冲突限定群体结构及随之发生的对内部冲突的反应；

命题 11：寻找敌人；

命题 12：意识形态与冲突；

命题 13：冲突使对抗者结合；

命题 14：敌人统一的益处；

---

① 科塞．社会冲突的功能．孙立平，等译．北京：华夏出版社，1989：6.

命题 15：冲突建立并保持权力的平衡；

命题 16：冲突创造了联合和联盟。[①]

科塞认为："一个加强社会冲突理论研究的可行步骤应是使某些主要概念脱离'经典的'的社会学文献，并把这些概念作为进一步阐述问题的出发点，同时把它们与可靠研究成果和相关的理论资料联系在一起。"[②] 但是他自己并未采用这一研究策略，而是集中追踪齐美尔关于社会冲突的若干命题。他这样做的真正原因是，在齐美尔社会学理论那里，科塞找到了自己关于社会冲突也具有社会功能、冲突是群体形成和群体生活的基本要素这一理论命题的理论依据。从某种意义上说，科塞的社会冲突理论提供了一种从社会建设角度看待矛盾纠纷或冲突斗争的理论，像"安全阀制度"这一理论命题对于一个社会的社会治理和社会建设来说就有着重要启示意义。这样一种制度的建设将为社会中的冲突或斗争统合起来提供了可能，从而在使冲突或斗争为社会进步提供动力的同时，又能规避冲突或斗争可能带来的风险。安全阀制度是科塞针对社会系统对冲突的容忍度而提出的，可以被用来维护社会结构和个人的安全。在相对僵化的社会结构中，需要有这种制度转移行动者的目标。

达仁道夫（R. Dahrendorf）对现代社会冲突的研究也属于宏观推理研究范式。达仁道夫对社会冲突的理论阐述，不是强调冲突的功能，而是注重现代性与社会冲突的根源、特征及趋势。达仁道夫从政治与经济、公民社会、世界秩序等视角，探讨了现代社会的"阶级斗争"问题以及"阶级斗争之后"的问题。达仁道夫将现代社会中的冲突视为"民主的阶级斗争"，并认为：

> 这种冲突并非变得日益诉诸暴力和日益具有破坏性，而是通过各种组织和机构得到抑制，通过组织和机构，冲突可以在宪法制度之内得到表现。[③]

在达仁道夫看来，现代社会的冲突主要源自权利与权力的"抗争"。这种抗争是普遍的，但并非一种不可消除的斗争。因而对待社会冲突，比较理想

---

① 科塞．社会冲突的功能．孙立平，等译．北京：华夏出版社，1989：1－2.

② 同①14.

③ 达仁道夫．现代社会冲突．林荣远，译．北京：中国社会科学出版社，2000：141.

的办法就是正确地引导社会冲突：或者使冲突制度化，即使“阶级对立制度化”[①]；或者尽可能消除激烈的冲突形式，避免冲突以暴力的形式出现。

此外，美国社会学者米尔斯（C. Mills）也曾关注社会中的矛盾冲突问题，其研究可以说是理论与现实经验相结合的范式。米尔斯在其研究中强调运用社会学的想象力去探讨现实问题，提出：

> 无论他们关注的是什么问题，考察的社会现实的范围是狭小还是广泛，那些充满想象力地预见到他们工作前景的经典的社会分析家总是不断地问三种类型的问题：(1) 一定的社会作为整体，其结构是什么？它的基本组成成分是什么？这些成分又是如何联系的？…… (2) 在人类历史长河中，该社会处于什么位置？它发生变化的动力是什么？…… (3) 在这一社会时期，占主流的是什么类型的人？什么类型的人又将逐渐占主流？[②]

米尔斯正是按照这样的研究思路，从权力的竞争与不平等的角度，结合对美国社会现实的感知和分析，探讨了阶级或阶层之间的矛盾冲突的性质、特点，以及冲突在社会运行的现实中究竟发挥着什么样的作用。从某种意义上说，米尔斯的社会冲突论是基于对一般现实经验的总结而形成的一种具有批判性的社会理论，其意义在于为人们理解现实提供批评的眼光，而不是为了客观地描述社会冲突的现实状况，也不是为了构建一种关于冲突发生规律的宏观理论。

从社会冲突论的经典理论中，我们可以看到，关于社会矛盾、冲突或斗争的宏观推理研究，一般都要在一般原理与理论批判两条进路或两种范式之间做出选择。在社会冲突的宏观推理研究中，研究者所建立起的是关于社会冲突或斗争的一般原理，即一种社会冲突理论体系。在这些理论体系中，我们要么可以看到一些关于冲突的根源、结构、演化和功能的具有普遍意义的命题或定律，要么可以看到根据一般社会事实对现实提出的批判性的思想。宏观推理研究在事实描述、理论创建及理论批判之间徘徊，或是试图在两种进路之间找到一种“中庸”之道，这只能是一种理想的设想，其结果可能是

---

① 达仁道夫．现代社会冲突．林荣远，译．北京：中国社会科学出版社，2000：142.

② 米尔斯．社会学的想象力．北京：三联书店，2010：5.

削弱宏观推理研究的价值和意义。

目前，在哲学、政治学及科学社会主义等学科领域里，也有较多关于社会矛盾或纠纷冲突的宏观研究，这些研究主要聚焦于一般现实问题，讨论社会矛盾和社会冲突的一般成因、特点及影响。

在纠纷解决研究中，关于纠纷概念的界定和解释，法学与法社会学之间存在一定的差异。相对而言，法社会学对纠纷概念的理解，比法学范畴内的纠纷要宽泛得多。在法学范畴内，所谓纠纷，至少要达到双方申诉（bilateral claim）这一层次，即纠纷当事人双方各自提出了不同的权利、利益诉求、申明或主张。如往更高层次发展就是争执（dispute）和诉讼（litigiousness）。

法社会学在研究纠纷解决时，并不仅仅局限于人们在行动层面上表现出来的不和谐以及相冲突的纠纷，而是将纠纷概念的外延拓展到日常生活中人们在主观层面上的情绪和态度，也就是人们在生活中遇到或感受到的所有不公正，即所有的冤情（grievance）和争执或纠纷（dispute）。

法学对纠纷解决的研究，可能更加关注冲突双方在权利、责任和诉求上的分歧或差异，以及弥合或调和这些分歧或差异的最优选择。而社会学取向的法社会学则偏重于将纠纷理解为行动者不公正感受或意识的基本形态，以及这些主观的不公正感如何在行动层面上表现为不同形式的应对或解决策略。

（一）纠纷金字塔理论

在法社会学的纠纷解决研究领域里，关于纠纷概念及其构成的理论解释，存在一个基本范式，那就是纠纷金字塔（dispute pyramid）理论。这一理论自 20 世纪 80 年代由费尔斯丁勒（W. Felstinler）和萨拉特（A. Sarat）等人提出之后[①]，一直成为人们研究民间纠纷解决的一套有效的描述和分析工具。

纠纷金字塔理论是从经验现实中总结出的一种分析框架。它包括两个基本假设：第一，人们对生活中的冤情所做出的反应，包括从双方协商（bilateral negotiation），到双方主张、找第三方仲裁、提出诉讼等高低不同的层次，大多数的冤情在较低层次得以解决，只有少数冤情会上升到司法程序即

---

① FELSTINER W L F, ABEL R L, SARAT A. The emergence and transformation of disputes: naming, blaming, claiming.... Law and society review, 1980－1981, 15.

金字塔顶。第二，纠纷金字塔的结构取决于各个层次纠纷的解决情况。低层次纠纷解决比例减少，就会使高层次纠纷解决比例相应上升；上升到司法程序的纠纷越多（即纠纷金字塔顶越宽），越说明低层次的纠纷解决渠道较少为人们所选择。换句话说，如果让更多的人选择基层的纠纷解决方式，那么会大大减少正式法律意义上的纠纷。

麦宜生（Ethan Michelson）结合中国农村的经验，对纠纷金字塔理论做了进一步修正，提出了纠纷宝塔（dispute pagoda）的概念①。在对中国农村居民法律意识的问卷调查的分析基础上②，麦宜生发现纠纷金字塔的范式并不能很准确地概括中国农民的纠纷及其解决情况，因为在不同类型的纠纷和不同的纠纷解决方式之间，并不存在此消彼长的相互关系，基层组织和行政系统扮演了法院或司法系统的守门人（gatekeeper）。也就是说，纠纷宝塔各个层次之间的关系是相对封闭的，各个层次的纠纷及纠纷解决的比例的增长或下降，并不一定会导致其他层次尤其是塔顶结构的变化。而导致农民选择正式法律途径来解决纠纷，或将冤情上升到司法程序的主要影响因素是农民与行政系统的关系。农民与干部的关系越密切、干部的级别越高，越倾向于选择通过司法途径申冤或解决纠纷。

在纠纷金字塔及其结构的研究方面，值得关注或进一步探讨的问题是：纠纷金字塔底层的大量冤情通过容忍或双方协商来解决的现象，与人们关于法律的纠纷解决或冲突管理功能的意识有着怎样的联系？人们选择容忍或双方自行解决的方式究竟是出于节省成本，还是出于无奈，抑或是出于对司法系统的程序、效率和公正的不信任？另一个值得关注的问题是：为什么关系资源、纠纷类型等因素对是否选择司法途径解决纠纷有显著影响？纠纷的司法解决途径的运作模式与人们的选择会有怎样的联系呢？

（二）法律动员论

法律动员（legal mobilization）是指个人利用法律系统中的知识、人员和程序等法律资源的过程。在将法律视为冲突管理工具的工具主义理论范式中，

---

① MICHELSON E. Climbing the dispute pagoda. American sociological review，2007，72.

② 关于此次调查，参见：陆益龙．农民的守法行为及影响因素：对两个经典范式的检验．中国人民大学学报，2005（5）.

个人遇到纠纷时的法律动员情况成为考察的重点之一。

在纠纷解决研究中，如果遵循工具主义理论范式，就需要从个人的社会经济条件和能力条件与法律动员之间的关系角度，去考察人们为何选择法律的方式来解决纠纷，他们又是怎样利用法律资源的，以及哪些因素会影响个人利用法律资源的技能和结果。

如果我们将法律途径当作一种解决纠纷的理想工具或资源，那么，法律被动员和运用的情况就与个人使用法律的技能和经验有着密切关系。美国法律与社会研究领域曾流行将个人及其家庭的社会经济条件，尤其是受教育水平和收入状况作为考察个人使用法律技能或动用法律解决个人冤情或纠纷的影响因素的主要因素。在相关的研究中，他们有一个基本的预设，即在法律面前人人平等，法律资源是开放的，人们在法律动员方面的差别由个人的技能和经验的差异所致。①

对个人及其家庭社会经济因素与法律动员之间的关系的强调，代表着结构论的倾向，即在关于个人与法律的关系上，他们倾向于认为存在诸如个人受教育水平、收入、职业和家庭等结构性因素的影响，结构性因素决定着现实社会中人们与法律的互动关系。

然而，在建构论的研究中，虽然研究者也关注人们的法律动员，但行动者的主体意识和实践中的建构因素得到强调。在建构论者看来，人们与法律所发生的关系离不开日常生活，因此，日常生活的情境、个人在不同情境中的意识，以及特定实践中的互动情境等，都以不同的方式影响着人们对待法律的态度和行为。虽然不能排除结构性因素会在一定程度上影响个人的意识，但行动中的个人与法律的关系则主要是在特定情境中被人们建构起来的，由此才形成了现实中人们运用法律的多种形式。即便是同一个人，在不同情境中对法律的理解和态度也是不完全统一的，而会随实践、事件而不断变动，也就是会不断地建构自己与法律的关系。一个人可以在某种情境中敬畏法律，而在另一种情境中利用法律或对抗法律。

法律建构论认为，在法律工具化假设中，法律性的一些特质被忽视了。

---

① MILLER R，SARAT A. Grievance，claims，and disputes：assessing the adversary culture. Law and society review，1980－1981，15.

一个有相对固定结构的工具，其作用的结果常常是确定的，如钥匙。当我们用钥匙来开启对应的锁时，转动钥匙的动作必然导致一个确定的结果。但是，当人们动用法律时，其结果是不确定的，这就是法律性的一个重要特质。所以，建构论者对法律是工具这一假设进行了置换，他们“寻找一种替换方式，以便捕捉到对法律的这种解释，即将法律看作一种由社会建构和组织起来的手段，用来实现不同的目的，或表达不同的意义，这些目的和意义与他人密切相关，或更典型地，与他人对立”[①]。为了突出法律动员中的建构性特征，建构论者将法律拟喻为游戏或竞赛（games），并从规范性（normativity）、限制（constraint）、能力（capacity）和时空（time and space）四个维度将法律动员的特征解释为规范允许的不公平、提供不确定的结局、从经验中学习的技巧、共时性及文本化策略的运用。所以，纠纷解决研究的建构主义范式在探讨人们之所以选择运用正式的法律途径来解决纠纷问题时，关注的焦点通常是纠纷当事人对法律的规范、可能的结果、个人经验和时空场景的主观理解和建构。

由于纠纷解决研究的建构主义范式过于强调主观的、偶然的和实践的因素对个人选择解决策略的影响，因而这种解释较为容易走向相对主义化，也就是说，我们难以把握社会中的个人会选择什么样的策略来解决自己的冤情或纠纷。这样，我们的研究往往也会陷入不可知论或琐碎的直觉经验主义的困境之中，即我们只能对那些具体的纠纷案件或日常生活中的具体冤情加以理解，而要想找到普遍性的结构规律是很困难的。

在关于法律动员的研究方面，还有一种系统论倾向，即强调法律系统特征对个人的法律动员的影响作用。例如，格拉赫（M. Gallagher）在研究中国社会的法律动员时，认为人们接近法制系统的限制、法制系统解决问题的能力，以及法制系统解决问题的效率和效果等因素，在一定程度上影响着是否选择法律的途径来申冤或解决纠纷。也就是说，一些民间纠纷没有进入司法或正式法律系统，这并不意味着人们不愿选择法律方式，而可能是因为人们难以接近或难以获得法律资源，也可能是因为人们对法律解决问题的能力、

---

① 尤伊克，西尔贝．法律的公共空间：日常生活中的故事．陆益龙，译．北京：商务印书馆，2005：182-183.

效率及结果心存怀疑。① 对法制系统的客观因素的关注，显然为考察纠纷解决中个人与法律的关系提供了一个重要视角。因为在现实社会中，当人们遭遇冤情或纠纷时，可能并不存在选择或不选择法制系统的问题，而存在法制系统能否接纳的问题。尤其在当前中国社会转型过程中，法律资源是稀缺的，因而这种有限的资源可能并不一定被分配到普通的纠纷之中。

目前，对纠纷解决中的法律动员的研究，不同理论范式从不同角度探讨人们为何会选择或动用法律，以及怎样动用法律来解决纠纷。然而对法律动员的结果，它们似乎较少予以关注。无论人们是否运用法律的手段来申冤或解决纠纷，他们的冤情或纠纷是否解决了呢？或许，对这一问题的考察和研究，不仅能让我们认识和了解人们为何选择法律动员，而且有助于我们了解有多少冤情和纠纷能够通过法律动员来解决，又有多少冤情和纠纷不能够通过法律动员来解决。

（三）权威认同论

对民众纠纷解决方式、选择行为的研究，意义不仅在于对纠纷的认识，还包括对解决方式、选择行为背后的法治意识和权威观念的考察和理解，进而有助于探讨现实社会的秩序是如何建构起来的。一个共同体或社会的秩序，总要依靠某种权威认同。当人们认同或愿意服从某种权威时，这种权威也就在维系社会秩序中发挥着控制功能。那么，民众究竟认同或愿意服从什么样的权威呢？他们为何认同或愿意服从这些权威呢？这些问题实际上涉及一个共同体或社会的秩序基础。从某种意义上说，权威认同是维系一个共同体或社会的共同力量，在人们发生冲突或纠纷时，通常需要这种权威力量来均衡矛盾关系，而权威力量能否起到均衡的作用，则主要取决于人们是否认可某种力量具有权威性。

在纠纷解决研究中，我们探讨民众选择什么样的纠纷解决方式，一个重要的意义就在于我们从中可以把握民众的权威认同结构如何，即人们认可哪些权威，以及为什么会认可这些权威。人们选择某种纠纷解决方式，表明他们相信那种解决方式对解决纠纷或社会冲突是有效的，因而从另一个侧面也

---

① GALLAGHER M. Mobilizing law in China："informed disenchantment" and the development of legal consciousness. Law and society review，2006，40.

反映了这种方式可能在秩序维护中发挥了重要功能。例如，如果人们优先选择运用正式法律方式来解决自己所遇的纠纷——我们可以将法律方式视为法律或法制权威——那么选择法律方式解决纠纷能反映人们对法律权威的认同。如果人们优先选择向行政系统中的机构或干部申诉自己遇到的冤情或纠纷，那么这在一定意义上说明人们更倾向于认同行政权威。如果人们在面对冤情或矛盾纠纷时，不愿意找第三方力量来调解，而是选择私了或是容忍，则在一定程度上反映了人们对非正式权威或道义权威的认同，也就是说，非正式的权力或民间的某些规范促使人们自行解决冤情或纠纷。人们对非正式权威的认同一方面说明了一定社会里的秩序主要是通过非正式的规范、规则建构起来的，另一方面也反映出正式的权威如法律权威、行政权威在社会的某些领域或情境中的作用还是有限的。譬如在乡村社会，人们在纠纷解决中倾向于选择私了或容忍的策略，从某种意义上说，这反映了法律权威、制度权威在乡村秩序的建构中所起的作用依然有限。那么，乡村居民为何较少认同法律权威、行政权威呢？其中原因自然相当复杂，这也为纠纷解决的法社会学研究提供了进一步研究的课题。

当然，人们在选择纠纷解决方式时，会根据具体的纠纷类型和性质来确定自己的应对策略。针对不同的问题，他们会选择不同的解决问题的途径和方式。从这个意义上说，人们在生活中所认同的权威并非单一的、不变的，而是随着问题或纠纷解决的需要在发生变化。如对于邻里或家庭内一些小纷争或委屈，人们可能更多的是自己解决；而在经济利益或合同纠纷上，人们还是会倾向于诉诸法律。由此看来，仅从人们对纠纷解决方式的选择上来看权威认同和社会秩序的构成机理，可能存在一定的局限。不过，如果把权威的认同结构视为多元的而非单一的，那么或许能摆脱这一局限。在权威多元论看来，公正的实现离不开权威，但实现公正的权威在人们的观念里是多元的，如在乡土社会中，人们也会认同神性权威及其公正性。[①]

法律权力论范式主张将法律视为权力，而非将法律视为纠纷管理的工具。这样一种观念，“有助于我们分析规范性预期对于团体间及团体内之意义的形成过程，亦即这些规范性预期，对于那些既不创造这类规范，也不像孩子一样被社会化并接受这些规范的人而言，如何变成他们的义务的过程”。如果能

---

① 赵旭东．权力与公正：乡土社会的纠纷解决与权威多元．天津：天津古籍出版社，2003.

从社会经验的视角来分析这一过程，就需要重点关注人们实际上是如何与他人相处的，以及社会秩序、冲突与实体法或程序规范变革之间的关系，这样就能让我们清晰地把握法律与非法律之间的差别，从而使我们既不物化或神秘化法律，也不模糊化法律。[①] 法律作为一种权力，在纠纷解决中确实能发挥积极有效的作用，而且在很多情况下，法律的解决方式相较非法律的解决方式似乎更容易平息直接的冲突。但是，对法律权力及其资源的占有和使用，在有些情况下也会诱发新的矛盾和冲突，因为权力或资源的不平等占有和使用，本身就是社会冲突的根源之一。因此，法社会学不仅要关注纠纷解决过程中的法律运用，而且要从经验现实出发去掌握法律权力所诱发的冲突或纠纷的事实，并通过对这些事实的分析，来审视规范、程序和实体法规则如何界定法律权力或资源的配置问题，以及法律权力或资源的分配和使用在社会中产生了怎样的效应。

（四）法治意识建构论

在一些法社会学的纠纷及其解决机制研究中，对人们在日常生活中经历过的冤情或纠纷，以及所采取的行动策略的考察，其真实目的不是探究纠纷是怎么发生的，又是怎么化解的，对纠纷过程的研究主要作为一个切入点，其真正的研究旨趣在于通过对纠纷过程的考察，来探讨和理解一个社会的法律性，即现实社会中人们在与法和秩序相关的具体行为中所表现出的法治意识。

在人们的一般观念里，法律规则威严而神圣、公平且正义，是立法者、法官、律师、警察等法律人员建构起来、支撑法制秩序的系统。而且在“法律与社会”这一研究领域里，传统的理论范式隐含了把法律与社会置于二元对立关系的取向。然而，在《法律的公共空间：日常生活中的故事》一书中，尤伊克（P. Ewick）和西尔贝（S. S. Silbey）试图摆脱传统范式的局限，以日常生活为基点，来建构一种关于法律规则的平常性、多样性和变动性的新理论。

---

① 特克．在社会冲突中充当武器的法律//EVAN W. 法律社会学．郑哲明，译．台北：台湾巨流文化公司，1996：142－145.

关于“法律与社会”的关系问题，尤伊克和西尔贝选择了一个新的分析概念——法律性。选择用法律性（legality）而非法律（law），旨在区分广义的法律和狭义的法律。在其看来，广义的法律是指“权威来源”和“文化实践”，它们被普遍视为合法的（legal），因而也会在各种情况下以各种方式被运用；狭义的法律是指正式的法律，是“法律性的制度化形式”，或者说是“法律性被正式机构及其人员使用时的各方面”。①

在对看起来高度法制化的美国社会的法律性的研究中，尤伊克和西尔贝并没有选择对美国民众就法律态度和法律意识问题进行问卷调查，而是选择通过对普通民众在日常生活中经历过的纠纷故事的“深描”，来“析解”美国社会的法律性的基本形态和特征。选择这一研究策略，是因为：“法律性是在社会生活中呈现出的结构，它在不同的场所显现出来，这些场所包括但不仅仅局限在正式机构的场所之内。既然如此，那么法律性的运行，既作为一种解释性的框架，也作为一系列资源，通过这些资源，社会世界才得以建构起来。”② 作为一种分析策略，对法律性概念的使用超越了“法律与社会”研究的统一性范式所设定的边界，同时也摆脱了制度中心主义范式的局限性。所谓统一性范式，就是把法律具有中心性和统一性作为理论的前提；制度中心主义范式虽然淡化了法律统一性边界，但把理论视野仍局限在正式制度和正规机构之内，如法律条文、法院、律师事务所、法律程序等。

就法律性的特征而言，它是多样的、变动的。因为法律性是具体社会关系和结构的表现，所以平常生活中各种各样的人在各种各样的情境下，对法律和秩序的理解，以及解决问题、建构秩序的方式是在不断变化之中的。法律性的多样性和变动性特征，并不意味着削弱了法律在社会生活中的生存力，恰恰相反，正是多样性和变动性特征，使得法律能够具有更强的适应力和持久存在于社会生活中的动力。正如尤伊克和西尔贝所说：“法律性并非完全依靠诸如宪法、法律条例、法院判决等正式的法律或诸如合同履行这类国家权力的直接表现来支撑的。相反，法律性是长久的，因为它依赖并唤醒了日常

① 尤伊克，西尔贝．法律的公共空间：日常生活中的故事．陆益龙，译．北京：商务印书馆，2005：40-41.

② 同①41.

生活的平常图式。”[①] 通过对日常生活中与法律相关的故事的收集——这些故事包括交通肇事、强制险、法庭诉讼、报警、与保险官员和律师打交道等——尤伊克和西尔贝总结和概括出美国民众的三种法律意识，它们分别是：敬畏法律（before the law）、利用法律（with the law）和对抗法律（against the law）。

在结合对与每一种法律意识相对应的日常经验的分析基础上，尤伊克和西尔贝又勾勒出三种法律意识的具体维度和特征（见表0-1）。

表0-1　美国社会的三种法律意识图式

	敬畏法律	利用法律	对抗法律
规范	公正性、客观性	合法的不公正性、自我利益	权力、“强权即真理”
限制	组织结构	偶然性、闭合性	机构透明度
能力	规则、正式组织	个人资源、经验、技巧	社会结构（角色、规则、等级）
时间/空间	与日常生活相分离的场域	与日常生活共时	占用日常生活的时间和空间
原型	官僚制	游戏	凑合

资料来源：尤伊克，西尔贝．法律的公共空间：日常生活中的故事．陆益龙，译．北京：商务印书馆，2005：300.

对法律意识的认识和理解，可以从规范、限制、能力、时间/空间和原型五个维度去加以检视。在“敬畏法律”的法律意识中，人们把法律规范看作公正和客观的，这一意识是对那些正式的法律机构和法律制度的认识，通常在与自己日常生活相分离的时空场域中形成，其对应的社会结构原型就是正式的官僚机构或法律机构。

“利用法律”这一法律意识与人们将法律理解为一种“合法的工具”的观念相连。法律犹如日常生活中的游戏或竞赛，大家在接受一个共同规则的前提下，可以充分发挥自己的技巧、能力、资源优势，力争在游戏中“获胜”。所以，司法诉讼的“胜诉”与“败诉”并非由法律规范结构决定，而是与个人能动性及时空场域中的偶然性有密切关系。

在“对抗法律”的法律意识中，人们感觉到法律的规范并不如他们想象

① 尤伊克，西尔贝．法律的公共空间：日常生活中的故事．陆益龙，译．北京：商务印书馆，2005：34.

中那样客观公正，而是包含了权力，也就是“强权即真理”的逻辑，在面对法官武断、错误的判决，面对保险官员的不公对待时，人们只能像球场上的运动员那样服从权威的判决，但同时也可能采用一些策略来表示反抗。人们在法律面前的能力是由社会结构决定的，个人的地位、等级决定了他们的能动性。由于一些权力机构并不是完全透明的，因此人们在与这些权力机构打交道时，经常会浪费时间和精力。因此，面对这样的社会现实，人们在日常生活中，通常会选择“凑合”这样的回避策略，以示对权力的反抗。

尤伊克和西尔贝的法治意识建构论是一种从建构主义的角度来理解民众法律意识的研究范式。在建构论看来，法律不仅包括正式法律机构和制度的建设与运行，还包括人们在日常生活中所参与的法律性行为，如对法律、正义、规则、秩序和权力的理解，以及根据自己的理解而采取的相应行动。人们关于自己的冤情或纠纷的认识，以及寻求申冤或解决纠纷的方式，不过是在日常生活中参与法律性建构的一个侧面。在建构主义范式里，纠纷其实是日常生活中的平常事件，围绕着这些事件，人们形成了各种各样的法治意识，并在相应的法治意识的支配下，建构了我们社会的法律性或法治状况。[①] 所以，关于纠纷及其解决机制的研究，不宜仅局限于正式法律范畴之内，而要将研究视角拓展到社会生活中的法治建设或法律性的建构之中。

“法律与社会”领域中关于法治意识的研究，还有一个重要取向，那就是法律心理学的研究取向。这一研究取向主要强调对民众的法律态度与法律心理的实证研究，具体来说就是重点考察人们遵从法律的心理特征及心理机制。

关于法律在社会中的作用，一直有两个相互对立的思想传统，它们分别是：工具主义理论，又称个人利益理论；合法性理论，又称共识理论。在共识理论范式中，法律规范的正义与合法性被看作已经被民众深刻地理解和认同，即制度性规范已经内化为个人自身的行为规范，这就是法律对建构社会秩序的作用机制。[②] 也就是说，个人之所以遵守法律，社会秩序之所以可能，是因为人们对规范或法律形成了共识和认同，并自愿按照共同规范或法律规则来行事。集体成员对法律规范的信念，与法律规范的合法性相关，共识理

---

① 尤伊克，西尔贝．法律的公共空间：日常生活中的故事．陆益龙，译．北京：商务印书馆，2005：182-183.

② 昂格尔．现代社会的法律．吴玉章，等译．南京：译林出版社，2002：23.

论认为法律规范真正反映了他们的共同利益和需求。规范的合法性问题与价值合理性问题密切相关，工具主义理论在强调现代法律要以合理、公正的程序或形式来表现时，可能忽略了现代法律的价值合理性内涵。对规范性问题的关注，正是要突出现代法律价值合理性的重要性。[①] 法律规范中所涵盖的诸如正义、平等、自主和利益等合理价值，以及社会成员所具有的追求价值合理的精神观念，是现代法律秩序的重要基础。

在有关居民的法律态度或遵守法律的心理研究中，泰勒（T. Tyler）提供了一个经验研究的范例。在《人们为什么遵守法律》一书中，泰勒根据对美国芝加哥市民众的法律态度和守法意识的调查数据，分析并发现美国民众遵守法律的主要动因是法律规范意识，即对法律规范的遵从或服从意识。[②] 个人的法律规范认同度越高，选择守法行为的可能性越大。尽管程序正义也会影响人们的行为选择，但人们的行为更多地受到他们对规范和权威的合法性评价的影响。[③] 也就是说，民众的法律态度或法律意识的核心因素是他们对法律规范的合理性（legitimacy）的认识和评价。

此外，泰勒等人还通过对美国几个城市的人与警察和法院打交道的经历的调查访谈，分析了人们为什么、什么时候以及哪些人更倾向于服从警察和法院。研究发现，在与警察和法院的交往经历方面，存在着显著的族群差异。白人给警察打电话主要是求助于警察，而少数族裔与警察的交往通常是被警察制止，有些人常到法院去提出诉求，而有些人则通常到法院去应诉：这就是美国城市民众与法律机关交往互动经验的四个基本类型。个人经验的这种差异，不仅反映了个人行为在客观数量上的差别，也反映了个人对法律机关的态度和信任的主观建构的差别。

在对纠纷解决的经验研究中，玛丽（S. E. Merry）也概括了一种有关法律意识的理论——法律权利悖论（paradox of legal entitlement）。通过对美国工人阶级婚姻家庭纠纷及其解决过程的人类学考察，玛丽发现，那些遇到婚

---

① 陆益龙．影响农民守法行为的因素分析：对两种范式的经验验证．中国人民大学学报，2005（5）．

② TYLER T. Why people obey the law. New Heaven：Yale University Press，1990：122.

③ TYLER，T，HAO Y J. Trust in the law：encouraging public cooperation with the police and courts. New York：Russell Sage Foundation，2002：32.

姻家庭纠纷的人在向法院提起诉讼时，旨在通过法律的手段来达到“以牙还牙”、实现正义的目的，然而很多原告在经历法庭诉讼之后，却感到他们的法庭诉讼经验是令人沮丧、羞辱的，并且他们的案件也是以匆忙和非人性化的方式被处理的。也就是说，他们所想象的法律与他们所经历的法律形成巨大反差，由此造成人们对法律权利的认识的困惑。从这一现象，我们可以领会到，人们的法律意识其实具有双重性：一是人们对法律权利的想象，二是人们在经验中所感受到的法律权利。而在双重法律意识中，具体的经验起到重要的媒介作用。不同的法律经历，可能会导致不同的法律意识的形成。①

法治意识建构论范式的重要意义在于，通过对主体意识的关注，在结构与行动、法律与行为、规范与秩序之间搭建起一个重要的“媒介”，从而为理解现实社会中的纠纷、解决机制、法律和秩序等提供了一个重要视角。

（五）替代性纠纷解决机制论

在纠纷及其解决机制研究中，法学界一些学者针对诉讼过程的高成本及其局限性，提出了一种新理念，即替代性纠纷解决方式（ADR）。范愉系统地介绍了替代性纠纷解决方式的原理和中国经验，并在中国积极倡导非诉讼纠纷解决机制，建立多元的纠纷解决机制。范愉认为，“多元化纠纷解决机制的合理性归因于社会主体对纠纷解决方式需求的多样性”。社会形成多样的纠纷解决需求，主要受“利益和冲突的多元化”“社会主体关系的多元化”“价值观和文化传统的多元化”和“纠纷解决手段的多样化”等因素的影响。②

作为纠纷解决方式，替代性纠纷解决方式的替代性主要是相对于正规化、程序化的法律诉讼方式而言的，而且在法学意义上，是针对正式的、完整的诉讼程序而提出的。因为在法理学的程序正义论看来，当纠纷进入诉讼司法程序之后，理应严格按照法律规定的诉讼程序来做出如何处理纠纷的司法判决。唯有保持程序正义，才能保障纠纷解决的正当性和正义性。而在纠纷解决实践中，一些司法工作者发现，对有些纠纷来说，正式的诉讼程序并不是最理想的解决途径，换句话说，正式的诉讼程序也有一定局限性。一些灵活的手段虽然在正

---

① MERRY S E. Getting justice and getting even：legal consciousness among working-class Americans. Chicago：The University of Chicago Press，1990：137.

② 范愉．非诉讼程序（ADR）教程．北京：中国人民大学出版社，2002：11－12.

式司法程序之外，但往往可以更好地促使纠纷双方达成化解或解决纠纷的效果。所以，替代性纠纷解决方式首先在司法实践领域得以兴起。

在中国的文化传统中，用诉讼方式来解决双方的矛盾纠纷通常带有负的价值取向，也就是说，人们把诉讼解决方式视为“不得已而为之”的纠纷解决方式，即诉讼程序不是首选的纠纷解决方式。此外，在人们看来，诉讼具有不可逆性。如果纠纷当事人中有人将双方的争执“告到法院”，那就意味着“撕开面子了”，没有什么“情面”可留了，这样双方的关系也就再也不能修复了，只有“要么我赢，要么你赢”的单赢结局。所以，中国社会在纠纷解决方面，具有“不好讼”的传统。尤其是传统的乡土中国，甚至是一个“无讼”的社会，纠纷的解决和社会秩序的维护主要靠人们在生活中形成的“礼俗”[①]，即在基层社会共同体里人们认同的基本行为规范和道德准则，以及习俗规范。从价值层面来看，非诉讼纠纷解决方式而非替代性纠纷解决方式在中国属于主流的纠纷解决机制。即便在司法领域，非诉讼纠纷解决方式也运用得较为普遍，庭前调解、庭间调解和判后调解等多种多样的调解方式常被用来帮助纠纷双方化解矛盾。在基层，还存在多样的“法庭”形式，如农村“流动法庭”是通过非正式诉讼但又依靠法律的纠纷解决机制来管理和化解民间纠纷的。在制度安排方面，人民调解制度、信访制度的设置，更加凸显出非诉讼纠纷解决方式在对民间的抱怨、矛盾和纠纷的化解中的重要作用。

在纠纷解决的实践中，非诉讼纠纷解决方式被广泛运用，在劳动争议纠纷、消费者纠纷、交通事故纠纷以及多种民间纠纷的处理方面，仲裁、协商、调解等非诉讼纠纷解决方式得以运用。而且，在实践先行的基础上，一些非诉讼纠纷解决方式逐步走向制度化和规范化，如劳动仲裁机构、人民调解机构、协商公证法律服务机构大量兴起，在处理纠纷、化解矛盾方面发挥着重要的作用。

替代性纠纷解决方式在美国的广泛兴起，主要是在20世纪中叶以后[②]。美国社会可以说是一个较为典型的法律中心主义的社会，法律制度是建构社会秩序的核心。而且，美国法律体系较为注重程序的正义性和正当性，因此

---

① 费孝通．乡土中国 生育制度．北京：北京大学出版社，1998：50.

② MCMANUS M，SILVERSTEIN B. Brief history of alternative dispute resolution in the United States. Cadum，2011 (3).

在纠纷解决机制上，也较为注重通过正式的司法诉讼程序来解决人们之间的争执纠纷，以确保纠纷解决的正义性和正当性。对正式诉讼程序的偏重，也就意味着对非诉讼纠纷解决方式的排斥，因为他们担心程序的灵活变动可能会影响到纠纷处理的正义性和正当性。然而，在较多的纠纷处理实践中，司法实践者发现，不仅有些矛盾纠纷的解决占用了稀缺的司法资源，而且司法诉讼程序并非最理想的化解纠纷当事人之间矛盾争执的方法，而如果用其他方式、方法来替代司法诉讼程序，那么往往更有利于化解矛盾，并且更有利于纠纷双方就争执问题达成共识。尽管通过非诉讼纠纷解决方式来解决一些民间纠纷效果会更佳，但是，在纠纷解决过程中运用替代性纠纷解决方式也遭到法律界的一些人士的质疑和批评，他们认为在非正式程序中，法律的正当性和程序正义会受到严重影响。正是在这个意义上，替代性纠纷解决方式和理论逐渐引起美国法律界的关注、争论。为了应对质疑，替代性纠纷解决理论极力从法理的角度，为替代性纠纷解决方式的正义性和正当性提供理论依据，并为替代性纠纷解决方式走向规范化、制度化提供理论支撑。在替代性纠纷解决理论和实践不断发展的基础上，替代性纠纷解决方式在美国众多重要领域得到了认同。

目前，在美国可以运用的替代性纠纷解决方式主要有三大类：一是裁决型替代性纠纷解决方式（adjudicative ADR），二是评价型替代性纠纷解决方式（evaluative ADR），三是促和型替代性纠纷解决方式（facilitative ADR）。裁决型替代性纠纷解决方式是通过中立的裁决者，给纠纷双方做出一个捆绑的或非捆绑的裁决或意见，如仲裁就是其中较为典型的解决方式。评价型替代性纠纷解决方式是指律师和诉讼当事人呈现和评价具体案件中纠纷双方各自的诉求和争议的优势和弱点，评价主要包括同行评价（peer evaluation）、外行评价（lay evaluation）或简易陪审团审判（summary jury trial）、司法评价（judicial evaluation）等形式，其目的在于为纠纷双方提供对话的平台，以有助于他们接受一种解决纠纷的意见。促和型替代性纠纷解决方式主要是通过中立的第三方促进纠纷双方对话、讨论和达成和解协议，包括调解（mediation）、调和（conciliation）和达成共识（consensus building）。[①]

替代性纠纷解决理论的发展及其实践的推广，不仅让人们对诉讼纠纷解决方式有了重新认识，而且拓展了人们关于法律与非法律、程序正义与实质正义、形式解决与真正解决之间关系的视野。但是，不容忽视的是，替代性纠纷解决理论实际上是在法律中心主义的背景下提出和发展起来的，在其名称及理论内容中，都带有屈从于法律中心主义的倾向。然而在人类社会及法律发展的历史过程中，非诉讼纠纷解决方式本来就广泛存在于社会实践之中，因而是社会本源性的需要，而不是替代性方式，诉讼纠纷解决的方式才是现代法律发展的产物。

目前，在对矛盾纠纷的研究中，也存在一种概括性研究范式，即研究主要概括和论述当前中国社会矛盾的整体状况和特征。如有些研究主要从社会矛盾网络系统论和社会主要矛盾论两个宏观理论角度出发，论述和总结了当代中国社会矛盾的系统特征和各个领域的主要矛盾，以及不同阶段在应对和化解社会矛盾方面的主要策略和智慧。如有研究者认为，“20 世纪 90 年代，当中国的改革及社会转型进入深水区后，以前被小心避开的问题、各种深层矛盾都逐渐浮出水面，人民内部矛盾异常尖锐、复杂，突发性群体矛盾在全国各地不断发生，正确认识和处理人民内部矛盾成为人们普遍关注的热点问题”[②]。概括性研究范式，更多是从理论推导而非具体经验事实和系统化的经验事实出发的，它注重从一般理论来推导和概括矛盾纠纷的总体性状况和特征。

类似的研究还如《21 世纪初我国突出的社会矛盾与对策研究》和《转型期中国社会矛盾研究——以上海地区为例》。前者主要从社会分层、区域经济差距、“三农”问题、企业发展和社会问题等角度将当下社会矛盾分为多种类型，并探讨和分析了这些矛盾的主要成因、发展趋势和社会影响，提出将依法治国和以德治国结合起来的策略作为缓和及化解这些矛盾的基本对策。该项研究所关注的那些较为宏观的矛盾关系，在某种意义上类似于社会问题，也就是社会系统结构中存在的不协调的社会关系。虽然此项研究也注意到社会实践、社会行动与社会矛盾问题的关系，但是研究中所涉及的社会实践和

---

① MCMANUS M，SILVERSTEIN B. Brief history of alternative dispute resolution in the United States. Cadum，2011（3）.

② 于咏华．当代中国社会矛盾论．北京：九州出版社，2004：1.

社会行动依然是较为宏观的，如农村发展、企业发展、经济活动等，我们很难从具体的矛盾事件中看到社会矛盾是怎样产生、怎样演化的。虽然后者选择了以上海市作为理论分析的经验对象，但是该研究更多地运用一般性经验，而非系统地将具体经验事实即社会现实发生的具体矛盾冲突事件作为考察和分析的切入点，由此我们所能看到的是抽象的社会矛盾，而不是发生在社会中的具体矛盾和纠纷事实。[①] 此类概括性的矛盾研究，突出特点就是从宏观层面来对社会矛盾的整体情况和性质做一般理论判断，对于从总体上把握社会矛盾纠纷的一般性特征和趋势有一定的意义。

应该看到，关于当前中国社会矛盾冲突的宏观推论性研究对于丰富和发展马克思主义的社会矛盾论、增强人们关于社会矛盾的意识以及对缓和社会矛盾纠纷重要性的认识依然具有一定理论参考价值。但这类研究要想在理论性和实用性上有进一步突破，可能还需要超越这一研究范式自身的限制，要么致力于具有普遍意义的社会矛盾或社会冲突理论的创建，要么加强对系统经验事实材料的收集。

关于基层社会的矛盾纠纷问题的社会学研究，还有一种与概括性研究范式相对应的研究范式——微观经验研究范式。这一研究范式主要以现实社会中的具体经验或微观事件为切入点，通过对矛盾纠纷的社会事实或事件及其具体过程的考察和分析，以揭示社会矛盾纠纷形成的社会机理、演化过程，进而探讨如何预防和化解社会矛盾纠纷。

与宏观的理论研究不同，在微观经验研究中，社会矛盾、民间纠纷或社会冲突不仅指不统一、不协调、相对立、相抵触的抽象的社会关系，而且代表着具体的社会交往和互动形式，也就是具体的矛盾纠纷或冲突事实或事件。如一个村庄里的两个邻居为宅基地而发生了矛盾纠纷或冲突，像这样的具体事件或经验事实就是微观经验研究的出发点。迪尔凯姆（E. Durkheim）提出，社会学就是关于社会事实的学科。“社会学研究方法的最基本规则是，要将社会现象当作客观事物来看待。”因此，社会学对社会矛盾或冲突斗争的研究，不宜总停留在抽象概念和关系分析之上，而需要“从主观意识阶段迈向

① 沈立新．转型期中国社会矛盾研究：以上海地区为例．上海：华东师范大学，2004.

客观实际阶段”[1]，将研究重心落实到对具体社会事实经验的考察之上，或者说需要用具体事实材料来审视和检验那些宏观的社会矛盾和社会冲突理论。

微观经验研究一般会选择某些具体的现象或通过对个体的经验调查来就社会矛盾纠纷问题进行理论解释，因此，微观经验研究通常会聚焦于某个具体事实或具体问题，由此也就出现了不同的经验研究领域。目前，国内外关于基层社会矛盾纠纷的经验研究，主要集中在这样几个方面：

1. 维权和抗争事件

在法社会学里，个人或集体的维权和抗争行为是纠纷过程的一个阶段，维权就是人们在纠纷中对自己权益的主张和申诉。人们之所以主张权益，是因为他们觉得自己的权益受到了侵害或他们受到了不公待遇。而抗争则是在纠纷过程中与他们所认为的侵权者进行的对峙行为。无论是维权还是抗争，都属于具体的社会矛盾纠纷。对这些具体的社会矛盾纠纷进行考察和研究，能够让我们从动态角度看到现实社会中矛盾纠纷是怎样产生的，又是怎样演化的。

应星曾通过讲故事的方式回溯和追踪了一个乡的水库移民 20 多年来的上访之路及政府的摆平策略。其中移民上访故事所涉及的问题主要反映在四个方面：(1)“上访的谱系学”，即上访的各种类型、技术及需要解决的各种各样的“遗留问题”；(2)“弱者的反抗力学”，即移民所采用的“说、闹、缠”的上访策略；(3)“国家的摆平术”，也就是政府为应对移民上访而运用的各种摆平事件的权术；(4)“上访真相的生产”，即政府在汇报上访事件过程中的话语的生产。[2] 关于水库移民与政府安置之间的矛盾，以及移民上访过程及政府的摆平策略，应星认为：“在中国‘总体性’的社会制度安排中，移民上访运动既很少有体制外的资源可供动员，又存在着难以躲避的意识形态陷阱。因此，它是西方现有社会运动理论尚无法解释的中国社会中颇为特殊的一大景观。可以说，正是在水库移民的集体上访及政府对相应问题的反应、处理过程中凸显出了权力在中国社会运作的独特方式。”[3]

于建嵘则试图用“以法抗争”来解释农民的维权行动，并以此来说明农民处理和解决冤情和干群矛盾的机制或行动策略所发生的变化，即从“日常

① 迪尔凯姆．社会学方法的规则．胡伟，译．北京：华夏出版社，1999：13.

② 应星．大河移民上访的故事．北京：三联书店，2002：43－153.

③ 同②18.

抗争”“依法抗争”向“以法抗争”转变。农民所采用的“以法抗争”的策略主要包括:“上访”“宣传”“阻收”“诉讼和逼退”,以及“静坐和示威”等。农民的“以法抗争”属于有组织的抗争,“是以具有明确政治信仰的农民利益代言人为核心,通过各种方式建立了相对稳定的社会动员网络,抗争者以其他农民为诉求对象,他们认定的解决问题的主体是包括他们在内并以他们为主导的农民自己,抗争者直接挑战他们的对立面,即直接以县乡政府为抗争对象,是一种旨在宣示和确立农民这一社会群体抽象的‘合法权益’或‘公民权利’的政治性抗争”①。

欧博文(O'Brien)和李连江对中国农村维权抗争(rightful resistance)事件的研究,在对民政干部、组织干部、村民、抗争领导者、抗争参与者、上访者及记者和学者的访谈的基础上,试图通过对农民参加抗争的诉求、抗争的发起、抗争的策略、抗争的后果等问题的分析和解释,来说明中国农村社会里的公民意识和政治变迁情况②。在他们的研究中,当前的中国农民似乎并不像斯科特(J. Scott)眼里的东南亚农民,那里的农民往往在迫不得已的情况下才起来反抗,而如今中国农村的反抗事件似乎经常发生③。

2. 民间纠纷及其解决机制

民间纠纷可以说是基层社会的具体矛盾,即人们在社会生活中产生的冤情、不满、争执、冲突和纠纷。对民间纠纷及其解决机制的研究,有助于我们理解社会秩序的形成机制。在民间纠纷及其解决机制研究方面,笔者和杨敏曾运用乡村纠纷调查及中国综合社会调查数据,分析了当前民众在生活中所遇到的主要纠纷及所选择的纠纷解决方式,提出了纠纷多元及多元化解机制的观点④。郭星华等通过对民间纠纷现象的考察,探讨了纠纷解决中的法律运作问题,以及国家法与民间法的关系问题⑤。赵旭东通过对华北地区一

---

① 于建嵘.当前农民维权活动的一个解释框架.社会学研究,2004(2).

② O'BRIEN K, LI L J. Rightful resistance in rural China. Cambridge: Cambridge University Press, 2006: 5, 131.

③ SCOTT J. The moral economy of the peasant. New Heaven: Yale University Press, 1976.

④ 陆益龙,杨敏.关系网络对乡村纠纷过程的影响:基于2006CGSS的法社会学研究.学海,2010(2).杨敏,陆益龙.法治意识、纠纷及其解决机制的选择:基于2005CGSS的法社会学分析.江苏社会科学,2011(3).

⑤ 郭星华,陆益龙,等.法律与社会.北京:中国人民大学出版社,2005.

个村庄里村民运用民间宗教的方式来解决纠纷的现象的考察和分析，阐释了乡土社会中农民权威认同的多元化特征以及权威认同对村民选择纠纷解决方式的影响①。董磊明通过对一个村庄——宋村里的纠纷及其调解情况的实地考察，认为中国农村正在快速变迁的过程中，村民正在日益理性化，乡村社会呈现出“结构混乱”的态势，村庄共同体不断趋于解体，传统的地方性规范日益削弱，村庄无法内生出权威和秩序，所以今天的乡村社会更需要国家权力的进一步深入，以保证基本的秩序与公正，促进新的稳定结构早日形成②。刘正强试图通过对山东一个村庄内一起离婚案的纠纷与争执过程的分析，建构起“事件与文本的交互式分析路径”，以求反思“法律元素对乡村秩序及文化造成的扰动，实现事件与文本的‘互释性’理解”③。代志鹏通过对基层法院所判决的纠纷案例的分析，试图对民间纠纷的司法解决方式用生产与再生产理论进行解释。其研究显示，判决作为法律系统解决民间纠纷的基本形式，原本应具有权威性而被纠纷当事人认同。但由于判决是法官在一定的社会情境中的社会行动结果，而法官在面临角色冲突的时候，其行动具有多元特征，由此也就生产出多元的判决结果，即一个案件的判决会出现一波三折。④

无论是问卷调查还是个案研究，社会学关于民间纠纷及其解决机制的研究，显现出对纠纷、法律及秩序结构与变迁的客观中立立场，以及对这些现象加以理论解释的追求。尽管基于数据的量化分析及基于个案的理论建构，对于纠纷及其解决机制的认识和理解还存在较多局限，但不容置疑的是，通过具体的纠纷事实来研究纠纷问题，依然是一条有效和可信的研究路径，这条路走起来会更为踏实。

强世功则通过对农村一起“依法收贷”事件及其过程的分析，阐述了中国农村的司法实践所具有的社会背景及特点，并据此研究提出“事件-过程分

① 赵旭东．权力与公正：乡土社会的纠纷解决与权威多元．天津：天津古籍出版社，2003.

② 董磊明．宋村的调解：巨变时代的权威与秩序．北京：法律出版社，2008：1.

③ 刘正强．新乡土社会的事件与文本：鲁县民间纠纷的社会学透视．上海：上海社会科学院出版社，2012：22.

④ 代志鹏．司法判决是如何生产出来的：基层法官角色的理想图景与现实选择．北京：人民出版社，2011：212.

析法”在法律与社会研究中的重要性①。徐昕对纠纷解决的研究，主要基于司法系统的统计数据对纠纷形式、特征、原因、当事人构成及解决方式进行了分析，提出了“诉讼爆炸”是一些大城市的法院面临的严重挑战②。范愉系统地介绍了司法系统内的民事纠纷如何通过替代性纠纷解决方式获得解决，建构了基于中国司法实践的非诉讼纠纷解决理论和实务体系③。此外，还有一些关于纠纷、冲突及解决机制的研究，也是在法学的背景下或是从法学的视角来分析纠纷、冲突、争执的形式、成因及解决和预防的法律与社会机制的④。

关于纠纷及其解决机制的法学取向的研究所具有的一个显著特征就是紧紧围绕正式法律系统这一中心，从某种意义上说就是坚持法律中心主义。即便在探讨纠纷的非法律性原因和解决方式时，也是参照正式法律这一中心标准而展开的。这一特点自然是学科特质和属性所决定的，因为对于法学学者来说，关注正式法律、捍卫正式法律是他们理所当然的选择。

国外法社会学关于纠纷及其解决机制的经验研究主要提出了纠纷金字塔理论。如前所述，萨拉特等提出的纠纷金字塔理论认为，一个社会的纠纷常常会呈现出金字塔形的特征，即虽然社会中的矛盾纠纷及争执冲突很多，但只有很小一部分的纠纷会进入正式的司法系统即诉讼程序，大多数纠纷一般在基层就已经被解决了⑤。按照纠纷金字塔理论的逻辑，可以推导出这样一条规律：纠纷在基层解决得越多，进入正式司法系统的纠纷就越少；如果让更多的纠纷在基层就得以化解，就不致出现“诉讼爆炸”现象。麦宜生在对中国农村纠纷及其解决方式的调查数据的实证分析基础上，提出纠纷宝塔这一概念。麦宜生用纠纷宝塔概念替代纠纷金字塔概念，主要是想说明，从中国农村的纠纷及其解决经验来看，农村基层纠纷及其解决机制在结构上呈现宝塔形。宝塔形的纠纷及其解决机制特征，是指纠纷解决的各个层级并不是

---

① 强世功．乡村社会的司法实践：知识、技术与权力．战略与管理，1997（4）．

② 徐昕．迈向社会和谐的纠纷解决．北京：中国检察出版社，2008：13．

③ 范愉．非诉讼纠纷解决机制研究．北京：中国人民大学出版社，2000．

④ 顾培东．社会冲突与诉讼机制．北京：法律出版社，2004．何兵．和谐社会与纠纷解决机制．北京：北京大学出版社，2007．

⑤ MILLER R，SARAT A. Grievances，claims，and disputes：assessing the adversary culture. Law and society review，1980－1981，15．

相通、变动的，上升到最高层或塔顶的纠纷规模，并不是由纠纷在基层被解决的情况决定的。是否爬到纠纷宝塔顶部，即运用法律和行政正义系统来解决纠纷，与纠纷当事人的社会经济特征有密切关系。那些与法律系统和行政系统有一定关系，即拥有法律关系资源的人会更倾向于爬到纠纷宝塔的顶部。[①]

玛丽通过对美国基层法院中蓝领阶层人士的家庭和邻里纠纷案的考察和分析，认为“自治、自主、个人主义及容忍的文化价值观使得基层法院成为人们解决家庭和邻里问题的最近道德权威机构”，而“应享合法权利（legal entitlement）的自相矛盾为美国社会及其基于自由主义的法律秩序带来了一种根本性的困境”[②]。

从这些研究可以看出，在对纠纷及其解决机制的经验实证研究中，研究者不仅关注纠纷事实，而且基于经验事实建构了不同的关于纠纷解决机制以及法律与社会关系的社会学理论。尽管从经验到理论的升华过程，其间的逻辑和解释或许还存在疑问，但这些研究对纠纷及其解决机制的法社会学理论或多或少有所贡献。

3. 社会冲突及其根源

近些年来，随着人们对中国社会转型与发展过程中的社会矛盾、社会冲突问题越来越关心，社会学的调查研究也开始关注现实社会中的社会冲突问题及其成因。由于此类研究有较强的现实关怀，因而其更加注重对社会矛盾或社会冲突的社会根源的探讨，目的在于通过对矛盾冲突根源的认识和把握，预防和控制矛盾冲突。中国社会科学院的相关研究课题组就当今中国的社会矛盾冲突问题进行了一次问卷调查，李培林等人通过对这一调查数据的分析，用阶层意识的分析法探讨了当前中国社会冲突的主观意识方面的问题。他们认为，人们的阶层认同与阶层冲突意识呈负相关关系，更多的认同较高阶层的人认为现在和将来阶层之间的冲突较小，更多的认同较低阶层的人则认为阶层冲突会更严重；在影响人们对阶层的主观认同的诸多因素中，父辈的社会地位影响最为显著；此外，城市居民的自我阶层认同具有“向下偏移”的

---

① MICHELSON E. Climbing the dispute pagoda. American sociological review，2007，72.

② MERRY S E. Getting justice and getting even：legal consciousness among working-class Americans. Chicago：The University of Chicago Press ，1990：181－182.

倾向，即“偏低层的认同”。在调查数据的实证分析基础上，他们还得出了一个结论，即认为当前中国城市社会中正在产生一种新的社会矛盾和社会冲突类型，这些矛盾冲突主要是由社会价值观念的分化造成的。①

张静则从结构-制度及历史-变迁等维度来探究社会冲突的结构根源，其研究主要聚焦于中国社会冲突的来源和秩序转化、公共组织角色变化的政治后果、秩序稳定的社会基础、社会利益的组织化特点、阶级组织化不活跃的原因，以及社会建设可借鉴的历史经验。在经验研究方面，其通过对农村土地纠纷、财产纠纷、劳动纠纷等事件的考察，讨论了制度规则的变动性、秩序的二元整合以及行动中的法律等理论问题。②

对社会冲突及其根源的经验研究，主要是在对中国现实经验事实的考察和分析的基础上，探讨了社会成员的主观意识及观念与社会冲突的关系，以及社会冲突的结构和客观性根源。这些研究对从整体上和理论上理解和认识现实中的社会矛盾或社会冲突的性质和根源具有一定贡献。但这些研究同样面临着研究所获得及所用的经验事实的信度和效度的局限问题。

关于法律性与秩序建构问题，苏力对法治的本土社会文化基础及农村基层司法制度的研究，可以说是对从社会学的角度理解和认识法律及法治建设的一个重要贡献，尽管其研究方法并非社会学的实证方法。在如何理解法律和现代法治建设这一问题上，苏力认为，主张依靠政府强制力来建立起现代法律体系，或者是倡导建立起与国际社会接轨的法律制度，都属于“变法”，而不是法治建设。法治建设需要“依据和利用本土资源”，“利用本土资源可以超越传统，而不是恢复中国的法律传统，可以建立与中国现代化相适应的法治”③。至于法治建设中的本土资源利用问题，苏力所指的就是对社会现实生活中的习惯惯例、规则和制度的关注和重视，而非强调通过“变法引出制度变化”，或通过“法律移植”来建立与现代化和市场经济相适应的法律制度④。在法治建设如何依据和利用本土资源这一问题上，苏力重点考察了中

---

① 李培林，等．社会冲突与阶级意识：当代中国社会矛盾问题研究．北京：社会科学文献出版社，2005.

② 张静．社会冲突的结构根源．北京：社会科学文献出版社，2012.

③ 苏力．法治及其本土资源．北京：中国政法大学出版社，1996：3，6.

④ 同③10.

国的司法实践特别是基层司法实践。因为在他看来，“要保证法律规则的统一性、普遍性、一定的前瞻性，同时又不失灵活性、丰富性、现实性，司法具有立法无法替代的优点”[①]。通过对中国基层司法实践的考察和分析，可以揭示“司法实际具有的特点，打破那种以法条主义的‘法治观’构建起来的司法与立法的概念分离，承认司法的现实。这种反思可以避免一些不切实际的空谈，力求在一种局限之内追求可能的最佳，将一个不着边际的问题化解成一些可以操作的问题”[②]。从某种意义上说，苏力关于法律与社会或社会的法治建设的研究，在理论解释上具有较为浓厚的社会学色彩，然而在研究意图上，依然保留着布莱克（D. Black）所说的“法学模式”的典型特征，即研究是为了“实践的”目的[③]，也就是要回答中国法治建设的实践应该是怎样的，以及如何去推进法治建设；而社会学模式的研究则是为了“科学的”解释，即回答社会中的某个事物是什么样的，以及为什么是这样的。

在法律与社会关系研究方面，尤伊克和西尔贝尝试用一种“新模式”来加以描述。她们展示了“法律与社会问题的新模式如何引发了对法律、文化和社会具有激进意义的重新界定，以及如何将经验研究的焦点从正式的法律转向平常的互动和关系，正是在这种互动和关系之中，并通过这种互动和关系，法律才得以运转”[④]。正是基于对日常故事及互动关系的经验考察和分析，尤伊克和西尔贝勾勒出了美国社会的三种法律意识图式：敬畏法律、利用法律和对抗法律。这三种法律性或曰法律意识图式，主要是从规范、限制、能力和时间/空间、原型五个维度来展示的。[⑤] 虽然尤伊克和西尔贝的研究显示的是美国社会的经验，但她们提出的法律性或法律意识建构论，以及从日常互动和关系的视角来探讨法律与社会关系的经验研究方法论，无疑对法社会学的经验研究具有重要学术价值。

关于法律与社会秩序问题，昂格尔提出：“经典社会理论讨论社会秩序的舞台是由两种思想传统之间的斗争所建立的。一种传统可以被称为工具主义

---

① 苏力．送法下乡：中国基层司法制度研究．北京：中国政法大学出版社，2000：5.

② 同①6.

③ BLACK D. Sociological justice. New York：Oxford University Press，1989：21.

④ 尤伊克，西尔贝．法律的公共空间：日常生活中的故事．陆益龙，译．北京：商务印书馆，2005：54.

⑤ 同④70－71，187.

理论或个人利益理论，另一种传统则是合法性理论或共识理论。”① 在昂格尔的研究中，其目的不仅仅是揭示这两种传统各自的缺陷，并由此在两种传统之间寻求综合与调和之路，其真正的意图是说明现代性与社会秩序问题之间的关系。昂格尔认为：“当我们使用解释性方法研究现代社会中的意识与经验的辩证关系以及当我们检验这个社会不能解决秩序问题的含义时，我们就能够掌握现代性最深刻的本质。”② 昂格尔强调从现代性的视角去思考和研究社会中的法律和秩序问题，并强调社会理论要寻求科学与形而上学和政治之间的结合，这样一种理论观点有着浓厚的后现代主义色彩，对于法社会学形成反思意识或反思精神或许有一定作用。但它把所有问题最终都归结到现代性问题之上，而现代性问题又是现代社会发展无法规避的问题，因此这样的归结和概括实际上是在消极地逃避问题，而不是在积极地探究解决具体问题的方法。

三、法社会学的视角与方法

本研究所要研究的问题主要是：转型社会的基层矛盾纠纷的动态监测情况如何？如何更加有效地化解基层矛盾纠纷和防范纠纷的社会风险？概括起来看，这两个问题实际上就是关于基层社会的矛盾纠纷的动态监测和化解机制问题。

针对所要研究的核心问题，在具体研究路径上，本研究选择通过经验调查研究的路径，去考察和分析基层社会实际发生的矛盾纠纷情况以及矛盾纠纷解决的具体过程及具体经验，由此达到对现实中的矛盾纠纷加以监测的目的，同时从中亦可了解和把握矛盾纠纷的化解机制，即了解到什么样的机制更加有利于矛盾纠纷的化解。

在对基层矛盾纠纷的调查研究方面，本研究主要通过三种调查方式来监测和了解基层矛盾纠纷：一是综合社会调查，二是纠纷专题调查，三是纠纷个案调查。通过综合社会调查，可以从更加宏观的维度来监测全国范围内基

---

① 昂格尔．现代社会的法律．吴玉章，等译．南京：译林出版社，2002：23.

② 同①254.

层矛盾纠纷的发生及解决方式的选择情况，以及民众对法律与秩序的主观态度和评价情况。纠纷专题调查主要从法社会学的角度来对民间纠纷及其解决机制加以经验考察和实证研究。运用纠纷个案调查方式，重点对一些具有典型意义的纠纷案例进行深入、详细的考察，从中可监测到基层矛盾纠纷的具体发生、演化和解决的过程及机制。通过三种调查研究路径，是为了实现两个主要研究目标：一是建构基层矛盾纠纷的动态监测机制，亦即探讨如何实现对基层矛盾纠纷的动态监测。二是建构基层矛盾纠纷有效化解与风险防范机制，亦即探索有效的纠纷化解和风险防范的机制。具体研究思路如图 0-1 所示：

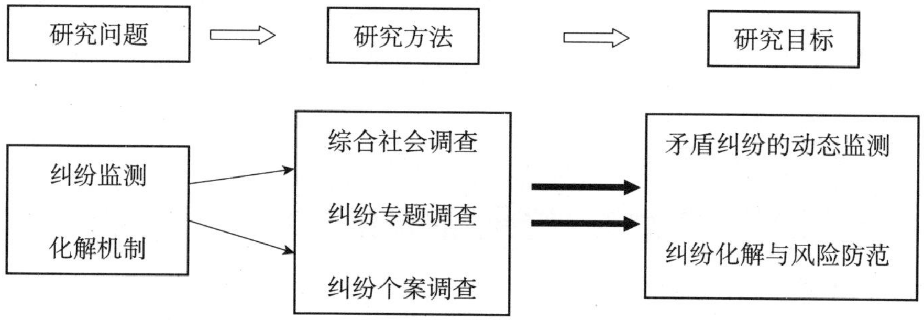

图 0-1　本研究的进路

在研究问题、研究方法和研究目标明确之后，究竟应采取何种方法去推进具体的研究呢？为有效地回答两个方面的研究问题，本研究选择了社会学的经验研究策略，即立足于对基层经验事实的调查研究，来考察、把握和分析基层社会的具体矛盾纠纷的形态、特征、发生原因、演化过程、解决方式、解决后果，以及矛盾纠纷潜在的各种社会风险和预防风险的有效机制。在具体的经验研究中，主要采用定量研究与定性研究相结合的方法。运用定量研究方法，主要是利用调查数据，掌握和分析基层矛盾纠纷的总体情况和态势，分析影响纠纷形成、纠纷演化和纠纷解决的社会经济因素。在纠纷个案调查中，主要运用定性研究方法，分析和探讨基层纠纷演化的内在机制，以及纠纷个案所蕴含的关于社会风险发生的原理和机制。通过定量分析与定性分析的结合，可以更全面地揭示基层矛盾纠纷的基本态势以及建构有效化解基层矛盾纠纷机制的路径。

四、调查、数据及个案

所谓基层纠纷，就是指在平常生活中发生的矛盾、冲突和纠纷。平常生活指的是普通个体的日常生活，因而，把握基层纠纷状况的有效途径就是了解现实生活中个体社会成员所经历的纠纷。对基层矛盾纠纷进行动态的监测，一个可操作的方法就是调查了解个体社会成员所遇到的纠纷情况，被访者所报告的纠纷情况可组成有助于对基层纠纷状况加以总体把握的基本信息。在对基层矛盾纠纷及化解机制的动态监测中，我们主要运用了四种社会调查及其数据：一是中国综合社会调查（CGSS），二是 2010 年“法律与农村居民生活调查”[①]，三是 2016 年和 2018 年“城市矛盾纠纷动态监测电话调查”，四是纠纷个案调查。

（一）中国综合社会调查

中国综合社会调查是一种大型综合性抽样社会调查，调查范围涉及城市和农村，调查样本的选取采用标准 PPS 抽样原理，随机在全国范围内抽取样本。因此，从理论上看，调查结果基本能反映全国的基本情况。用其调查社会矛盾纠纷及其解决的问题，能从宏观层面揭示和反映中国在社会快速转型过程中出现的主要矛盾纠纷及其特征，以及解决这些纠纷的主要途径和方式。

本研究在关于基层纠纷的基本状况，以及对一些具体纠纷如水环境纠纷的实证考察和分析中，运用了 2010 年和 2015 年中国综合社会调查的数据，以从宏观层面对纠纷发生及纠纷解决的基本状况进行监测。之所以运用 2010 年中国综合社会调查的数据，是因为在该年的调查问卷的基本模块中，设置了个人在近期所遇到的纠纷情况，以及个人选择纠纷解决方式倾向方面的问题，因而调查所获得的关于基层纠纷及其解决机制方面的信息相对较多。2015 年中国综合社会调查设置了专题法治建设板块，通过此板块的数据，可考察城乡居民的法治意识以及对法治建设状况的态度和评价。

---

① 本书中根据行文需要，有时简称为“2010 年乡村纠纷调查”。

（二）2010 年“法律与农村居民生活调查”

“法律与农村居民生活调查”是一项关于乡村纠纷及其解决机制的法社会学专门调查，开展这一调查的主要意义在于为民间纠纷及其解决机制的法社会学研究提供经验材料。该项调查借鉴了美国芝加哥大学在法社会学经验调查中所使用的调查问卷，通过调查不仅可以了解民间纠纷的发生情况，而且可以了解到居民解决纠纷的倾向，以及对纠纷解决效果和法律系统的评价情况。通过对调查数据的分析，还可把握法律与社会的关系状况，也就是法律在纠纷解决中的地位和作用。

该项调查分别在 2002 年和 2010 年进行，调查所用问卷的内容大体相同。2010 年的调查属追踪调查，主要在江苏省太仓市、陕西省横山县（今榆林市横山区）、重庆市忠县、河南省汝南县、湖南省沅江市各抽选 1 个乡镇，并在每个乡镇抽取 5 个村，每个村抽取 100 个样本进行问卷调查。虽然这一调查没有采用标准随机抽样法，但农村样本的选取是在不同地域范围内进行的，因而也在一定程度上反映出农村社会的矛盾纠纷状况及农村居民的法治意识的特征。问卷调查涉及财产所有权、农田农地、环境污染、用水、医疗、债权、债务、计划生育、消费、婚姻、邻里、劳动、农业负担、家庭、干群矛盾、人身伤害、财产损害、子女教育等共计 20 类矛盾纠纷问题，并调查了农村居民在过去 5 年中遇到这些矛盾纠纷问题的情况，以及解决纠纷的过程。

此项调查对法社会学关于民间纠纷及其解决机制的研究具有重要价值，调查数据所包含的信息较为丰富，对于分析和研究基层纠纷的发生情况、潜在风险、化解机制及其所反映的法律性问题有较大价值。

（三）2016 年和 2018 年“城市矛盾纠纷动态监测电话调查”

电话调查是借助通信手段对个体社会成员开展行为和态度调查的一种调查方法。虽然电话调查所询问的问题很有限，但它对于动态地把握某种社会现象和社会态度具有一定优势。我们采用电话调查，主要目的在于动态地了解基层社会的纠纷发生状况以及居民选择纠纷解决方式的情况，同时亦可动态监测居民的心态和观念情况。

2016 年“城市矛盾纠纷动态监测电话调查”是在 2016 年 11 月实施的。

调查的抽样框为中国移动、中国联通、中国电信各号段用户的电话号码，包括手机号码。抽样方法为电脑随机拨号抽样法，其中在北京市共获得有效样本 500 个，在石家庄、太原、济南、哈尔滨、昆明等 5 个城市各获得有效样本 200 个，整个调查获得有效样本共计 1 500 个。抽样的用户接通率为 25.46％，整体项目样本获取的成功率为 9.97％。

2018 年"城市矛盾纠纷动态监测电话调查"是在 2018 年 5 月实施的。本次调查的抽样方法是电脑随机拨号抽样法，分别随机抽取中国移动、中国联通、中国电信各号段用户。本次调查涵盖北京、石家庄、太原、济南、哈尔滨、昆明共 6 个城市，每个城市各抽取 100 个有效样本。抽样的用户接通率为 21.65％，整体项目样本获取的成功率为 5.6％。

（四）纠纷个案调查

为了更加具体、深入地研究现实社会中矛盾纠纷的形成和演化机制，以及纠纷化解机制、潜在社会风险和风险防范机制，本研究选取了一些纠纷个案进行深入调查和分析。个案的选取具有偶遇抽取的性质，选取其中一些个案是由于其便于调查了解，另一些个案则是研究者偶然遇到的。

纠纷个案主要包括发生在河南省、河北省、甘肃省、云南省、广西壮族自治区等地的纠纷案件。对这些纠纷个案进行调查，主要是为了更加深入地解读纠纷过程和化解机制。

虽然纠纷个案的选取是非随机的，但个案研究的意义在于对机制的深入剖析。个案材料作为已发生的事实，对于理解社会生活中的纠纷及其化解机制来说，具有重要的分析性和反思性意义。再者，纠纷事件在现实中并非常态化的现象，因而对其进行观察和调查通常需要通过偶遇的方式去获得信息。

就调查数据的时效性而言，虽然研究中所使用的调查数据在时间上距当下有一定年限，即呈现的事实不是当前事实，但是，这并不意味着调查数据会失效或过时。用于学术研究的大型社会调查一般需要经历较长时间的实施过程，因而要达到及时跟进较为困难。关于调查数据时效性问题，可能需要相对地看待，也就是要根据所要研究的问题来应对数据的时效性。在纠纷的法社会学经验研究中，所要探讨的重要问题是纠纷化解机制和演化机制问题，因而不同时点的数据资料对于我们分析和理解这些问题都具有较高的效度和信度。

第一章　乡村纠纷的发生及其解决状况[①]

乡村社会的关系结构、生产方式和生活方式皆不同于城市社会，乡村居民在生产生活中的互动行为和人际关系具有乡村社会的特点。但乡村社会同样有各种各样的矛盾纠纷，只是不同纠纷的发生情况和解决方式具有不同特征。当下，受传统纠纷文化、法治建设状况及现代性因素的综合影响，乡村社会的纠纷在类型、成因、解决方式和演化过程上都已变得愈加复杂，因而值得关注[②]。具体到乡村社会的平常现实，纠纷及其解决机制又呈现出什么样的形态和特征呢？本章分析了 2010 年“法律与农村居民生活调查”的数据，主要目的在于描述和揭示 20 种左右矛盾纠纷的发生状况、纠纷解决方式的选择情况和实际效果，以及纠纷解决中的暴力风险，由此监测乡村纠纷的基本态势和潜在风险。

一、乡村社会的纠纷发生状况

在乡村社会的变迁和转型过程中，基层矛盾纠纷会呈现出什么样的状况呢？乡村纠纷的发生情况如何，可以通过纠纷的发生率反映出来。所谓纠纷的发生率，在这里主要是以被访者报告 5 年内自己遇到过或有过某种纠纷的比例来表示的，亦即 5 年内有过某种纠纷的人所占的百分比。从对 20 种矛盾纠纷的调查结果来看（见图 1－1），当前乡村矛盾纠纷发生率处于前三位的分别为：（1）财产损害补偿纠纷，发生率为 20.6％；（2）邻里纠纷，发生率

---

① 孟根达来、邢婧宇、黄彦婷同学参与本章数据处理和写作。

② 郭星华，等．现代法治建设与传统文化变迁．北京：中国人民大学出版社，2018：136.

为 17.9%；(3) 环境污染方面的纠纷，发生率为 15.4%。

发生相对较多的纠纷主要有：(1) 劳动纠纷，发生率为 10%；(2) 债权纠纷，发生率为 8.8%；(3) 农田农地方面的纠纷，发生率为 8.6%；(4) 财产所有权方面的纠纷，发生率为 8.4%；(5) 用水方面的纠纷，发生率为 8%；(6) 婚姻纠纷，发生率为 5.9%；(7) 消费方面的纠纷，发生率为 5.6%；(8) 计划生育方面的难题或分歧，发生率为 5.3%；(9) 人身伤害纠纷，发生率为 5.2%；(10) 家庭纠纷，发生率为 5.1%。

此外，还有发生率在 5%以下的乡村纠纷，这些纠纷包括：医疗纠纷 (4.5%)，债务纠纷 (3.9%)，人身伤害、财产损害或其他指控 (3.4%)，农业负担纠纷 (2.9%)，子女教育纠纷 (2.5%)，干群纠纷 (2.3%)，其他纠纷 (2%)，等等。

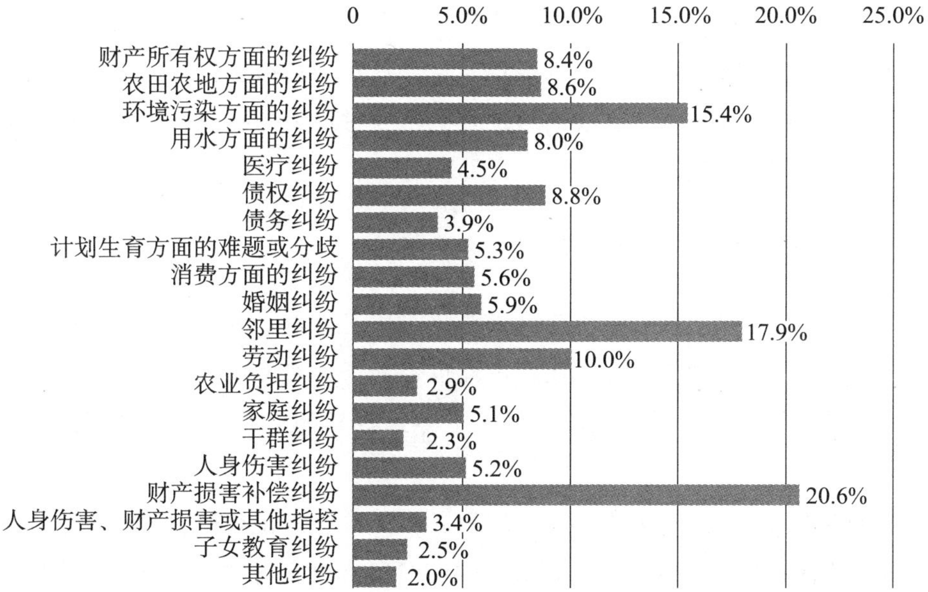

图 1-1　农村居民主要纠纷概况 (N=2 987)

资料来源：2010 年法律与农村居民生活调查。

从图 1-1 来看，除财产损害补偿纠纷、邻里纠纷和环境污染方面的纠纷之外，乡村社会的矛盾纠纷发生率皆处于相对较低水平，因为在 5 年内遇到这些纠纷的人所占比例较小。这在一般乡村调查中也得到一定的印证，在向村民问及村里纠纷发生情况时，常常会得到这样的反馈：“现在村子里人少了，人都出去了，很少有纠纷。”所以，总体来看，乡村社会矛盾纠纷的发生水平没有出现上升的趋势。

值得关注的是，乡村环境污染方面的纠纷则凸显出来，这或许与在工业化和乡村资源开发过程中，环境问题给乡村居民生活带来了越来越突出的影响有关。此外，乡村劳动纠纷的发生水平显现出来，可能反映出较多乡村劳动力在外出打工即非正式的就业状态下所面临的公正待遇和权益保障问题。

虽然纠纷是乡村社会运行的构成部分之一，但纠纷总会给秩序带来一定的冲击，如范愉认为："纠纷是与秩序相对应的范畴，纠纷的发生意味着一定范围内的协调均衡状态或秩序被打破。"①

二、乡村主要纠纷的结构及特征

监测基层社会的纠纷，不仅需要把握主要类型纠纷的发生情况，对主要类型纠纷的结构和特征的考察也很重要。乡村纠纷的结构反映的是哪些人之间发生了纠纷、哪些人会被卷入纠纷之中；乡村纠纷的特征则是通过纠纷所涉及的问题而反映出来的。

（一）财产所有权方面的纠纷

改革开放以来，随着城市化、工业化的快速推进，城市扩张、基础设施建设以及园区开发建设大量兴起，由此也带动了大量的土地征用，在此过程中土地用途和权属关系的变动，引发了各式各样的产权纠纷以及征地补偿纠纷。

在调查问卷中，当被问及"在过去五年中，您家在获得宅基地或建房权方面有没有遇到过问题"时，有8.44%的村民给出了肯定的回答，由此反映出财产所有权方面的纠纷发生率为8.4%。

关于财产所有权方面的纠纷，有10%的纠纷涉及土地产权的纠葛。当被问及"这次麻烦是否涉及征用土地"时，选择"是"的村民占52%，表明一半以上的财产所有权方面的纠纷与征地有直接关系。由此也反映出，在乡村社会生活中，征地矛盾日益凸显出来。

---

① 范愉．纠纷解决的理论与实践．北京：清华大学出版社，2007：70.

财产所有权方面的纠纷是在农村土地集体所有制的大背景下发生的，那么，财产所有权方面的纠纷与集体利益是否相关呢？针对这一问题，调查进一步询问了“这次麻烦是不是一次涉及多位村民利益的集体纠纷”，有14.4％的村民回答“是”。

在问及“在这次麻烦中，和您发生冲突的对方是谁”时，得到的最多的回答是“本村村民”，比例达到49％。由此表明，乡村社会中财产所有权方面的纠纷更多地发生在邻里之间。在乡村社会现实生活中，人们的建房行为主要是私人行为，各家各户都可按照自己的意愿和想法来建房，较少受到限制，而且建房行为背后常有攀比心理，即有一种非显性的竞争关系。邻里之间在建房时常有比高、比大的倾向，这种攀比心理和非显性的竞争关系难免引起一些矛盾、冲突和纠纷。

此外，乡村财产所有权方面的纠纷的发生，还与乡村社会的土地产权特性有一定关系。在乡村社会，一些产权具有共有性和变动性，这种共有性和变动性的特征为权益纷争提供了空间和余地。例如，村落里有共有道路、水塘、山丘、滩地等公地，这些公地有时可能会被某个村民先占而获得默认的私人产权，然而这种产权规则可能得不到村民认可；或者当多个村民占用公地时，产生矛盾纠纷就难以避免。

（二）农田农地方面的纠纷

在传统乡土社会中，人与土地有着难以分割的关系，如费孝通所说：“直接靠农业来谋生的人是粘在土地上的。”① 土地之于农民，是生活的重要依靠，他们即便离开世界，也要“入土为安”。目前，随着大量乡村劳动力向外流动，非农就业和收入的地位和作用迅速提高，农田农地的重要性已不像以往那样显著，但农田农地之于乡村社会的生产和生活而言，依然占据重要位置，只是乡村居民在农田农地的使用方面有了一些变化而已。既然农田农地依然是乡村社会的重要资源，人们的平常生活与之仍密切联系，那么围绕农田农地的交互行为和社会关联也就较为频繁，在此互动过程中也就可能出现纠纷现象，因为只要有互动关系和行为，产生分歧或冲突就难以避免，

① 费孝通．乡土中国 生育制度 乡土重建．北京：商务印书馆，2014：7.

如科塞提出的冲突命题："一种关系内部没有冲突不能成为其基础稳固的标志。"①

在乡村纠纷的问卷调查中，当被问及"在过去五年中，您家是否因农田的使用问题与他人或组织产生矛盾"时，8.61%的被访者回答"有"过此类纠纷经历。从这一统计结果来看，乡村农田农地方面的纠纷并不是很突出。

那么，农田农地方面的纠纷是否关系到多数村民的集体利益呢？关于这一问题，26%的农田农地方面的纠纷与村民集体利益有关联。由此看来，乡村社会的农田农地方面的纠纷具有群体性特征，因为此类纠纷常常与群体或集体的利益联系起来，其中的利益纠葛不仅仅存在于个体之间，而可能涉及更大范围的群体或集体利益。这一纠纷特征可能与农田农地的属性有关，由于在乡村社会中，虽然农田农地由个体农户承包和使用，但农户之间的农田农地的关联性较大。尤其在农村土地集体所有制的框架下，一些与耕地相关的权益仍具有集体性。在发生农田农地方面的纠纷时，涉及集体利益的可能性由此也就增大了。

近些年来，随着农村土地确权工作的推进，农田农地的产权会得到进一步细化和明晰。土地产权边界的明晰化，有利于减少和规避因产权不明确或公共空间模糊而引发的纠纷和矛盾。

（三）环境污染方面的纠纷

环境污染问题是工业化、城市化、现代化进程中的普遍问题和共性问题。虽然乡村社会的生产和生活方式所造成的环境污染相对而言较小，但乡村往往是环境污染的受害者或是环境污染中的弱势一方，因为乡村的农、林、牧、渔业的生产受生态环境条件的影响较大，环境风险给农业带来的风险巨大。受环境问题影响程度越大，村民对环境的关心程度越高。② 随着乡村居民面临的环境污染问题越来越突出，他们的环境意识和环境维权意识也在不断增强。因此，乡村社会涉及的环境污染方面的纠纷有增长之趋势。例如，在陕西横山县的调查过程中，村民们反映的一个突出的环境污染问题就是石油、

① 科塞．社会冲突的功能．孙立平，等译．北京：华夏出版社，1989：68.

② 洪大用，卢春天．公众环境关心的多层分析：基于中国 CGSS 2003 的数据应用．社会学研究，2011 (6).

煤矿和天然气开采给乡村环境和农民的农业生产带来的负面影响。广大农民从石油、煤矿和天然气开采中并没有获得明显的收益机会，相反，矿产开采产生的废水对农民的耕地和农业生产却造成了明显的负面影响。

关于乡村环境污染问题，调查问及被访者在过去五年中，在环境污染方面遇到过的纠纷情况，结果显示，有 15.43%的村民表示在过去五年中遭遇过环境污染方面的纠纷。从这一调查结果看，目前环境污染方面的纠纷已经成为乡村社会的一个相对突出的问题，同时也反映出，环境污染问题已经给乡村居民的生产、生活造成了较大影响。

从有环境污染方面的纠纷经历的被访者所反映的情况看，乡村环境污染方面的纠纷主要由三种环境问题引发：一是河道污染，占 51%；二是大气污染，占 40%；三是工业污染，占 9%。

河流之于乡村来说常常具有生命线的意义，因为很多村庄是沿河流而建的，村民的生活用水取自河流，生产用水也取自河流。一旦河道受到污染，那么村庄的生存安全必将受到威胁。所以，乡村居民在感知到与自己生存密切相关的河道遭受污染之后，起而抗争也就不难理解了。特别是当农民的生产和经营利益因环境污染而遭受损失时，他们的维权意识就会被唤醒。如果发生某种诸如中毒之类的环境污染事件，那么农民会选择采取环境抗争行动。①

除河道污染问题之外，乡村居民反映的另一个突出的环境污染问题是大气污染，由此引发的纠纷占 40%。或许，乡村居民在纠纷中所提及的大气污染问题与城市居民所感受到的雾霾问题并不相同，村民因大气污染而与污染方发生纠纷，通常与具体工业废气排放危害村民生产生活直接相关。

环境污染问题带来的影响往往不仅涉及个人利益，而且可能涉及一定范围内的群体或集体利益，因而乡村环境纠纷也就可能不是个体间的普通纠纷，而是涉及范围更大的群体或集体纠纷。针对这一问题，调查进一步询问被访者："这次麻烦是不是一次涉及多位村民利益的集体纠纷?"有近 85%的被访者回答"是"，表明乡村环境污染方面的纠纷中的 85%关涉村民的集体利益。

---

① 朱海忠．环境污染与农民环境抗争：基于苏北 N 村事件的分析．北京：社会科学文献出版社，2013：6.

这一调查结果不仅反映出乡村环境污染方面的纠纷的突出特点，而且发出一个重要信号，那就是乡村环境污染方面的纠纷具有较大的集体行动风险。也就是说，当乡村社会因环境污染问题而引发纠纷时，参与纠纷的人可能是群体或集体，而在群体或集体参与纠纷时，发生群体性事件的风险会大幅上升。

（四）用水方面的纠纷

对于乡村社会来说，水是一种重要的资源，因为农业是乡村的基础产业，农业生产离不开水资源。在中国北方地区，特别是在干旱、半干旱地区，农业属于灌溉农业，所以农业生产对灌溉的依赖度较高，农业用水量相对较大，农业用水量占总用水量的63%，其中灌溉用水量占农业用水量的九成以上。[①]随着水资源稀缺程度的不断提高，水资源的竞争性使用越来越激烈，由此产生用水矛盾和用水纠纷也就在所难免。从2010年乡村纠纷调查情况看，近8%的乡村居民在五年内遇到过用水方面的纠纷。由此看来，乡村用水方面的纠纷的规模不大，此类矛盾纠纷尚未凸显。

那么，乡村用水方面的纠纷是否涉及村民的集体利益呢？关于这一问题，调查显示，有36%的用水方面的纠纷与多位村民的利益相关联。由此表明，水资源的公共属性和较强的竞争性会使得乡村用水方面的纠纷具有较强的群体性纠纷取向。

在乡村用水方面的纠纷中，纠纷和冲突的对象主要包括：本村村民、电业局与自来水公司。电业局和自来水公司代表着村庄外部的力量，当村民在取水过程中用电和自来水公司在取水时，三者在利益上可能有冲突之处，也可能在互动中发生摩擦。

（五）医疗纠纷

近些年来，医患关系显现出紧张趋势，医疗纠纷凸显出来。2002—2012年间，全国“医闹”事件年增长10%，63%的各级医院曾遭遇“医闹”事件[②]。那么，在乡村社会，医疗纠纷会呈现何种状态呢？从2010年乡村纠纷调查

---

① 冯保清．我国节水灌溉利益相关者关系分析．农村水利，2013（21）.

② 张晶．正式纠纷解决制度失效、牟利激励与情感触发：重面相中的“医闹”事件及其治理．公共管理学报，2017（1）.

查情况看，有4.49%的村民提到了近五年内遭遇过医疗纠纷。这一结果反映出乡村的医疗纠纷的发生水平相对较低，医疗纠纷并不十分突出。

从乡村医疗纠纷的起因来看，大多数医疗纠纷起因于普通疾病（或轻伤）的医疗过程。70%以上的医疗纠纷由普通疾病（或轻伤）导致，而严重疾病（或重伤）引起的医疗纠纷仅占28.4%。

就乡村医疗纠纷的对象而言，乡村医疗纠纷主要以县医院、村卫生所为主要对象，并没有出现省级以上的综合医院。由此看来，乡村医疗纠纷主要是乡村居民在就医治病过程中与基层医疗机构之间发生的矛盾纠纷，其中的主要对象是县级医院和村级医疗卫生机构，因为这些医疗机构是乡村居民就医相对较频繁的机构，因而与其发生矛盾纠纷的可能性随之增大。

（六）债权纠纷

农业生产经营是一种周期性和季节性较强的过程，在此过程中，农户通常要面对较多的自然风险和市场不确定风险。因此，保持预防性储蓄对于农户而言是一种生计策略选择。然而有些农户的储蓄水平较低、脆弱性相对较大，在面对特殊困难或紧急需要时，往往难以达到自给自足，由此借贷行为也就成了乡村社会常见的事。

在乡村社会，当人们急需资金时，通过正规金融机构进行借贷的情况并不太多。即便是用于某项投资，从银行或信用社获得贷款的机会也一般很少。因而，乡村较为普遍的借贷行为主要是通过非正式的渠道发生的——有些是通过亲戚关系相互借贷，有些则是通过民间的高利贷渠道。

那么，乡村居民的具体借贷情况究竟如何呢？针对这一问题，当调查询问“在过去五年中，您或您家人有没有借给别人钱”时，有43.32%的被访者回答有过借贷行为，表明近一半的乡村居民在平常生活中会有一些借钱的行为，借贷现象在乡村较为普遍。

在借给别人钱款的过程中，出现债权纠纷的比例为8.82%，这一数字说明，不到10%的乡村借贷者会遇到债权纠纷，亦即乡村因借贷而产生的纠纷并不多。

尽管乡村社会的借贷行为主要是通过非正式的渠道而进行的，但借贷纠纷的发生率并不凸显，表明乡村社会生活中的借贷关系处于良性状态。维持良好的借贷关系而不发生纠纷，关键在于社会信任，由于乡村社会中的特殊信任良好[①]，且较多乡村借贷是通过特殊关系如亲戚朋友关系而进行的，所以彼此之间能够维持良好的信任与诚信关系。人们之所以愿意借给别人钱，是因为借钱人与自己关系较密切，彼此熟悉且相互信任。

（七）债务纠纷

债务纠纷是指在个人向他人借贷的过程中产生的不愉快、摩擦、争执等不均衡关系和行为，如借款人违背约定提前索要还款而引起的不愉快、关于借款数额和归还期限的争议等。在乡村社会，有熟悉关系的人之间的借贷行为虽有信任和互助的特点，但时常也会引发一些相应的纠纷。为了解乡村居民向他人借款的情况，调查中有这样的问题："在过去五年中，您或您家人有没有借过或欠过别人的钱？"调查结果显示，47％的人在五年之内有过向他人借钱的行为。由此表明，向他人临时借钱的行为在乡村社会是较为普遍的，平常生活的实际状况也确如调查所反映的。因为生活之中难免有各种各样的应急需要，向身边人借钱求助是生活中的正常现象。

当个人向别人借款时，就形成了一种债务关系。那么，乡村社会的债务纠纷发生状况如何呢？针对这一问题，调查询问被访者"在此过程中，您或您家人是否与他（指债权人）发生过严重的分歧或问题"，调查结果显示，只有3.86％的借款人在五年中遇到过因借款而发生的纠纷。由此看来，与债权纠纷的发生率（8.8％）相比，债务纠纷的发生率明显较低。

乡村社会债务纠纷相对较少发生，在较大程度上与乡村债务关系的特点有关。村民向别人借钱，一般情况下是在共同体内进行的，即要么在亲属共同体内借贷，要么在关系共同体内借贷。共同体的意义在于提供了信任的基础，也给守信提供了约束条件。所以正如滕尼斯指出的那样：人们可能会上"坏的社会"的当，但没有"坏的共同体"的说法[②]。

---

① 林聚任，等．社会信任和社会资本重建：当前乡村社会关系研究．济南：山东人民出版社，2007：159.

② 滕尼斯．共同体与社会：纯粹社会学的基本概念．林荣远，译．北京：商务印书馆，1999：53.

（八）计划生育方面的难题或分歧

20 世纪 80 年代，计划生育政策作为一项基本国策而全面推行，目的是有效控制人口增长速度和人口规模，以缓解人口与资源环境之间的紧张关系。当时计划生育政策在城市的具体措施是倡导和推行“一孩”政策，即独生子女政策，要求一对夫妇只生一个孩子。在农村地区，大多推行“一孩半”政策，即考虑到农村大多数地方有生男偏重的生育意愿，所以第一胎生育女孩的夫妇，间隔一定年限后可申请生育第二胎。计划生育政策在乡村社会执行的过程中，常与农民发生摩擦甚至激烈的冲突，因为农民的生育意愿与政策要求存在着一些不一致和冲突的地方。目前，国家计划生育政策已经调整，随着“三孩”政策的出台，以及社会文化与生活方式的变迁，乡村计划生育工作对居民生育行为的控制逐步放松，因而总体来看，政策执行与乡村居民的直接互动已经减少，计划生育方面的纠纷呈现减少的趋势。

为了了解乡村社会计划生育方面的矛盾纠纷的基本状况，2010 年乡村纠纷调查向被访者询问了这一问题：“在过去五年中，您或您家人是否因计划生育问题与村干部或他人产生矛盾?”结果显示，有 5.26％的被访者回答自己或家人在五年内曾经遭遇过计划生育方面的矛盾纠纷。从这一结果看，乡村计划生育方面的纠纷的发生率并不高，这表明此类矛盾纠纷实际上在乡村已不是突出的问题。

由于计划生育问题主要涉及个体家庭的利益，较少与村民集体利益相关联，因此此类纠纷很少会卷入较多村民。调查也显示，只有 3.82％的计划生育方面的纠纷与集体利益有关联。由此表明，乡村计划生育方面的纠纷主要是乡村个体家庭与相关政策执行部门之间的纠纷，这一方面的纠纷有可能让乡村家庭及其家族成员卷入进来，但演变为集体性纠纷的可能性较小。

关于计划生育方面的纠纷产生的原因，调查显示，主要有两种：一是“已经生下孩子，但因为没有生育指标，孩子不合法”，此类占比 39.1％。二是“在已经怀孕的情况下却没有拿到生育指标”，此类占比 34％。此外，“没有申请到生育指标而无法怀孕”占比 12.8％，其他原因占比 14.1％。

就根本原因而言，乡村计划生育方面的纠纷是由居民的生育意愿与政策规制和控制行为之间的张力所导致的。从现实经验来看，乡村社会的生育主体或家庭有着较为强烈的生男偏重的意愿，或者说是“追求生男”的生育兴趣，这种生育兴趣并非完全是由传统观念决定的，而可能是在乡村社会特定场域中形成的一种趋同心理和兴趣。[①] 如果乡村家庭的生育兴趣与计划生育政策规制和控制行为不相冲突，就不会产生纠纷；反之，就可能产生纠纷。

（九）消费方面的纠纷

消费是平常生活的重要构成，生活所需的物质资料的获得就是在消费过程中实现的。虽然消费行为以物质资料为对象，但消费过程包含了重要的社会互动和社会交换关系，那就是产品和服务的提供者与消费者之间的关系。

在传统的乡村社会，消费方式主要是自给自足，即产品和服务的提供者主要是自己和自己的家庭，商品消费相对较少，因而消费关系较为单一，消费纠纷也就相对较少出现。如今，随着市场转型，商品消费已成为乡村社会消费的主要模式。从乡村居民的衣食住行，到农业生产资料的获得，基本上都以商品消费的方式展开。由于在商品消费过程中必然涉及消费者与提供者的权益关系问题，因而乡村消费方面的纠纷也会随着消费行为和商品消费的增多而出现增长的趋势。

那么，乡村居民在消费方面遇到的纠纷情况究竟如何呢？为了解这一问题，我们在调查中向被访者询问："在过去五年中，您或您家人是否因为购买冰箱、电视机等大宗消费而与卖方在产品质量或保修方面产生过严重分歧？"调查结果显示，有5.56％的被访者在五年内遇到过消费方面的纠纷。

至于乡村消费方面的纠纷是否关涉村民集体利益，统计结果显示，仅有1.23％的乡村消费方面的纠纷涉及多个村民的利益。由此表明，消费方面的纠纷更多的还是消费者个体与产品和服务的提供者在商品交换过程中出现的分歧和关系失衡现象。

当前，乡村社会在现代化的过程中，也出现了鲍德里亚所说的"不断增长的物、服务和物质财富所构成的惊人的消费和丰盛现象"[②]，尽管有些农村仍是精准扶贫的对象。在进入了消费社会的乡村，人们的消费行为也在一定

---

① 陆益龙．生育兴趣：农民生育心态的再认识：皖东T村的社会人类学考察．人口研究，2001(1).

② 鲍德里亚．消费社会．刘成富，全志钢，译．南京：南京大学出版社，2000：6.

程度上被广告之类的符号掩盖了真相，所以，当人们觉醒并要求维护自己真正权益的时候，消费方面的纠纷也就难以避免。

（十）婚姻纠纷

在现代社会，婚姻关系是两个自然人通过法律形式确立的组合在一起的社会关系，婚姻关系一般也指夫妇关系，是组成家庭的基础。婚姻纠纷也就是婚姻关系出现的问题、冲突和纷争。如果存在婚姻关系的两个人之间出现矛盾和裂痕，就可能引发一系列纷争，如财产分割、子女监护、经济赔偿、精神补偿等方面的诸多纷争。

婚姻纠纷的主要表现形式就是离婚，亦即婚姻关系的解除。一般而言，乡村社会的离婚现象相较城市社会要少，离婚率也相对较低。那么，乡村社会的现实情况究竟怎样呢？从 2010 年乡村纠纷调查来看，当被问及“在过去五年中，您或您家人是否解除过婚约或离过婚”时，有 5.87%的被访者回答五年内自家有离婚现象发生。这一结果反映出，乡村社会的离婚率水平相对而言不高，但也不像人们想象的那样低。有近 6%的乡村家庭出现过离婚现象，这说明离婚在乡村已经不是很少见的现象了。

离婚其实本身就是一种冲突关系，亦即“夫妇冲突”①。正是婚姻双方难以调和的矛盾和冲突导致婚姻的解体，所以离婚过程必然伴随着相应的纠纷过程，只是纠纷的激烈程度有所不同而已。为了解乡村离婚事件中是否出现较严重的纠纷，调查进一步询问了被访者家里所经历的离婚事件中是否发生过严重的纠纷，结果显示，34.1%（三分之一左右）的离婚事件中发生过严重的纠纷问题，三分之二的离婚事件中并没有发生严重纠纷，属于较为平和地分离和解体。

如今，随着乡村社会的现代化转型，乡村社会越来越开放。特别是在乡村劳动力大量外流的大背景下，婚姻关系的稳定性受到价值观变化、城乡婚姻市场二元化分化等结构性因素的挑战，乡村社会的内在调节与均衡机制在一定程度上受到冲击，乡村离婚率出现上升的趋势。在流动性、开放性较小的社会，局部的婚姻市场会有一个自平衡的机制，亦即在一定区域内婚姻的

---

① 瑟先科．夫妇冲突．陈一筠，译．北京：中国妇女出版社，1984：2.

供求关系基本上能达到均衡。而如今，乡村婚姻市场受到大市场不平等结构的挤压，内部平衡机制被打破。例如，在对华北地区农村的实地调查中，研究者发现乡村婚姻成本飞涨（如天价彩礼）、婚姻压力大幅度上升、离婚现象显著增多。出现这些现象的根本原因在于开放社会的城乡不平等问题，如乡村社会流行起的一个惯例是订婚的前提是在城里买套房，由此隐喻着，如果你满足不了这个条件，那么城里人会满足。这一现象所反映的其实是社会经济不平等会造成乡村婚姻市场的失衡，会诱发更多的婚姻解体。以往乡村婚姻之所以相对稳定，较少出现离婚现象，是因为：对于乡村男性来说，娶妻的成本比较高，离婚后再婚的难度更大；对于乡村女性来说，离婚的成本一般非常高，特别是乡村社会的文化价值观会贬低离婚女性，所以乡村女性离婚后再婚的选择范围非常小。而由于目前乡村婚姻市场竞争性很强，离婚女性在婚姻市场中的地位发生转变。如果乡村不能重构以责任伦理和情感伦理为中心的婚姻家庭文化价值观，那么乡村社会婚姻关系的和谐稳定将受到严重挑战。

（十一）邻里纠纷

传统乡土社会是一种熟人社会，邻里关系是基于生活共同体而形成的熟人关系，邻里之间在经常性的互动中形成了亲密的守望相助的关系，正如费孝通所概括的那样："熟悉是从时间里、多方面、经常的接触中所发生的亲密的感觉。"[①] 然而，乡村邻里之间也可能因共同资源而相互竞争，在竞争性互动交往中，产生各种各样的冲突和纠纷也就在所难免了。

在2010年乡村纠纷调查中，当问到"在过去五年中，您或您家人是否曾与邻居发生过纠纷？"时，结果显示，有17.9%的被访者回答经历过邻里纠纷。乡村社会曾流行一句谚语："远亲不如近邻。"这反映的是在乡村社会生活中，邻里之间在守望相助方面的重要性。然而从调查情况看，邻里之间的纠纷却成为乡村社会中的一种发生频率相对较高的纠纷。乡村邻里纠纷的发生显得较为突出，其原因可能有两个：一是在乡村日常生活中，邻里之间的互动和交往的机会更多，因而在交互作用过程中产生矛盾纠纷的机会也随之

---

① 费孝通．乡土中国 生育制度 乡土重建．北京：商务印书馆，2014：10.

增多。二是，在乡村社会快速转型与变迁的过程中，观念和规则的变迁影响着社会关系和人们的行为选择，邻里纠纷的凸显则是这一影响的表现。

从邻里纠纷发生的频率来看，在五年中发生过一次的占62.5%，发生过两次的占25.8%，发生过三次的占8.7%，发生过四次的占1.9%，发生过五次及以上的占1.1%。这一结果反映出，乡村邻里纠纷在发生频率上还不是很高，大多数有此种纠纷经历的人五年中也只经历过一两次，这在一定程度上反映出乡村邻里纠纷的偶发性较强，邻里之间在日常生活中偶尔会因某项琐事而发生纠纷。

邻里和睦是乡风文明的重要标志之一①。虽然乡村邻里纠纷是日常生活中的一些插曲，但纠纷的相对多发在一定意义上反映出社会变迁带来乡村秩序维持机制的变化，同时意味着乡村社会的治理需要关注这种变化，并在乡村建设和乡村治理中做出相应的应对。

（十二）劳动纠纷

改革开放之后，农村社会经济体制的变革解放了广大农村劳动力，农民不再被集体土地束缚，“面朝黄土背朝天”，完全依附于农业生产劳动。市场机制为广大农村劳动力提供了非常多的非农就业机会。目前，在乡村社会，虽然农业生产劳动具有基础性的意义，但不容忽视的是，乡村居民的生计方式已经不再是单纯的农业生产，而是兼业劳动。也就是说，无论是对于个体劳动者来说，还是对于农户来说，都已经不能仅仅依靠农业生产，而是需要兼顾发展其他产业，如外出务工，或是经营服务业、加工业，等等。

乡村现实情况是怎样的呢？从社会调查的结果来看，当被问及“在过去的五年中，您是否为别人干过活”时，有48%（接近一半）的被访者回答在五年内有过被雇用或务工的经历。由此可见，务工或为别人劳动已是乡村社会中较为普遍的一种现象。

乡村社会的劳动纠纷在微观经验层面上是指乡村劳动者在劳动过程中与他人发生的各种摩擦、冲突、争议和纷争；如果从宏观理论层面上看，反映

---

① 宣朝庆，郝光耀．乡风文明如何形塑：以农村建房中邻里纠纷为中心的思考．中国农业大学学报，2018（3）．

的就是转型期底层社会的劳工问题或农民工问题[①]。在微观经验层面上，乡村劳动纠纷常表现为乡村外出务工者在为别人劳动的过程中，可能会发生劳动报酬、劳动合同、工资发放、工伤补偿等方面的纠纷。从宏观理论层面上看，在社会转型过程中，乡村大量劳动力已被纳入工人阶级的行列，农民工在生产劳动过程中所遇到的一系列问题反映的其实是其底层社会地位与不平等的制度之间的矛盾和张力。

随着外出务工或是受雇于他人的乡村劳动力越来越多，而且他们大多采取非正式的非农就业形式，因而劳动关系主要是非正式的关系，即提供劳动但没有签订正式书面劳动合同，而是通过某种非正式关系，以口头约定为依据。在非正式劳动关系中，劳动者与雇用者之间往往会就一些约定内容产生争议，并可能发生矛盾纠纷。在曾经一段时间内，拖欠农民工工资的现象较多，由此而引发的纠纷和群体性事件也随之大幅增多。

那么，乡村居民所遭遇的劳动纠纷状况究竟如何呢？2010 年乡村纠纷调查的结果显示，有 10.04%的人在为别人劳动的过程中遇到过纠纷。相对而言，这一结果反映了劳动纠纷在乡村社会中的发生率还不是很高。有十分之一的受雇劳动者在五年内遭遇过劳动纠纷。

如果再从乡村劳动纠纷发生的次数来看，调查结果显示，56.3%的纠纷经历者五年中遭遇过一次劳动纠纷，五年内遭遇两次劳动纠纷的纠纷经历者有 31.9%，遭遇三次和四次劳动纠纷的纠纷经历者分别占 7.6%和 4.2%。由此看来，在有劳动纠纷经历的人当中，大多数人在五年内遭遇的纠纷次数为两次及以下，反映出劳动纠纷发生的频率不高。

关于乡村劳动纠纷会不会关涉到村民的集体利益，从调查结果来看，有近 14%的乡村劳动纠纷涉及多位村民的利益。由此看来，乡村劳动纠纷与集体利益的关联程度虽不是很高，但也不算很低，表明乡村劳动纠纷常常会牵涉到一些集体利益。既然纠纷牵连集体利益较多，那么纠纷演变成集体纠纷的风险会增大。

乡村劳动纠纷并不一定发生在乡村，较多的乡村劳动纠纷可能是乡村劳动力在外出务工过程中遭遇的，因而乡村劳动纠纷的重要组成部分是农民工

① 沈原．社会转型与工人阶级再生产．社会学研究，2006（2）．

在城市遭遇的纠纷，这类矛盾纠纷涉及劳资关系，属于劳资纠纷的组成部分。近些年，农民工因劳资纠纷而发起的集体罢工事件时有发生，这些事件反映了农民工群体的利益诉求随着社会经济水平的发展也在发生转变，农民工群体的利益诉求已从对“底线型”利益的需求转型为对“增长型”利益的需求。在争取“增长型”利益的过程中，农民工群体采取集体行动是他们的一种行动策略选择。[①] 因为要满足“底线型”利益需求，政府只需通过政策和立法的途径，就可以有效解决问题；而要满足“增长型”利益需求，则需要劳资双方进行博弈和谈判才能有效解决。对于农民工群体而言，只有通过集体行动的力量，才能争取到相应的谈判筹码。

改革开放 40 年来，乡村流动劳动力即农民工为工业化、城市化发展做出了巨大贡献，然而，在对于外来务工人员合法劳动权益的保障和待遇改善及提高方面，却仍有较大的提升空间。更好地保障农民工的合法权益，更公正地对待劳动者，进行更公平的收入分配，将是从结构性、制度性维度消解乡村劳动纠纷的重要途径。

（十三）农业负担纠纷

农业负担纠纷可以说是乡村社会特有的一种纠纷类型，从某种意义上说也是特定历史时期乡村的一种突出矛盾纠纷。了解这一纠纷，需要把握其相应的社会背景。孙秀林将产生此类纠纷的大背景描述为：“20 世纪 90 年代之后，基层政府为了应对机构与人员膨胀问题，越来越多地依赖各种非制度化的、随机性的筹资手段，包括乡镇企业上缴利润、管理费、乡镇统筹资金，以及各种集资、摊派、捐款、收费、罚没等。”[②] 对于农民来说，农业负担主要来自两大块：一是农业税，即农民承包集体土地从事农业生产经营需要向国家缴纳的税；二是“三提五统”费，即农村户籍人口需要向乡镇政府和村级组织缴纳的提留款和统筹费，也被农民描述为“人头费”[③]。农业负担纠纷主要集中在第二块，很多纠纷和冲突的根源在于这些税费的合法性和合理性

---

① 蔡禾．从“底线型”利益到“增长型”利益：农民工利益诉求的转变与劳资关系秩序．开放时代，2010（9）.

② 孙秀林．华南的村治与宗族：一个功能主义的分析路径．社会学研究，2011（1）.

③ 陆益龙．农民负担问题的再认识．安庆师范学院学报，2001（3）.

都面临着严重的危机，由此也引发了较多干群纠纷。

为了解乡村农业负担纠纷状况，2010 年乡村纠纷调查向被访者提出了这一问题：“在过去五年中，您或您家人是否在缴纳农业负担方面与他人或村委会发生过纠纷?”调查结果显示，2002 年的农业负担纠纷发生率为 15.9%，2010 年仅为 2.9%，农业负担纠纷发生率降低了 13 个百分点。这一结果表明，乡村农业负担纠纷明显减少，且减少的幅度比较大。农业负担纠纷从 2002 年相对比较凸显，到 2010 年已经较少发生。出现这一显著变化的原因主要是，2006 年推行的新农村建设政策包含一项重大改革举措，那就是全面取消农业税费。因此，自 2006 年后，中国农村迈入了“后税费时代”①。从农业负担纠纷的调查结果来看，这一改革已经在实际中发挥了显著效应。

关于农业负担纠纷的涉及面，调查问及：“这次麻烦是不是一次涉及多位村民利益的集体纠纷?”结果显示，有 29.9%的纠纷涉及多位村民的利益。从这一结果来看，农业负担纠纷的涉及面较大，引发群体性纠纷或集体事件的风险可能也比较大。

目前，各种农业税费负担已经全面取消，农民不再需要向国家和政府缴纳农业方面的税费，这大大减少了农民的农业负担导致的矛盾纠纷。农业税费的改革经验表明，在矛盾纠纷发生较多的地方，存在的不合理性问题也较多。防范矛盾纠纷，维持良好秩序，需要消除不合理的因素，其中包括不合理的制度和行为。

（十四）家庭纠纷

家庭是社会的细胞，是由有着最为亲密关系的成员组成的社会单位。尽管在家庭内部，成员之间有着非常密切的血缘和情感上的关系，但这并不意味着在亲属关系中就不会发生矛盾纠纷。

在这里，乡村家庭纠纷主要指个人在赡养老人和财产分割方面与家人发生的纠葛与纷争。调查问卷中的问题是：“在过去五年中，您是否在赡养老人或财产分割等方面与家人发生过纠纷?”调查结果显示，有 5.1%的被访者回

---

① 陆益龙．社会主义新农村建设的背景、模式及误区：一种社会学的理解．北京大学学报，2007（5）．

答在五年内经历过此类纠纷。这一结果反映出，乡村社会家庭内部也存在一定程度的矛盾纠纷。5.1%的比例虽不算高，但也显示乡村家庭生活中存在着一些问题。

在乡村社会，以血缘关系为纽带构成的家族关系网络广泛地存在着[①]，随着乡村的现代转型和文化变迁，乡村家族联系可能已经不全是弗里德曼所说的“社会结构之宗教联系”[②]，而更多的可能是情感和文化上的联系。虽然个人与家族成员之间存在矛盾和冲突是社会互动所不可避免的，但纠纷的增多反映了家庭和家族文化观念及相应行动方式的变迁。

一方面，乡村家庭因养老问题而发生的纠纷与当前乡村流动的现实有一定关系，越来越多的年青一代离家打工，平时难以顾及家中的养老事务，而当家中老人需要赡养和照顾的时候，亲子之间、兄弟姐妹之间可能为养老问题而发生纠纷。

另一方面，乡村社会孝道传统和敬老文化的式微、人们价值观的变化也对家庭中因养老而起纠纷产生影响。以往，在敬老文化价值观里，人们会把养老视为天经地义的，而如今的情况却发生了巨大变化。

此外，乡村家庭中因财产分割而起纠纷的现象有增长趋势，此类纠纷的增多与乡村的快速发展有一定联系，因而可视其为“发展性矛盾纠纷”。例如，在一些乡村的城市化开发过程中，家中的房屋、宅基地、村籍成员权的股份分红等方面，显现出了比以往、比人们预期大得多的利益。在有巨大利益可图的情况下，再加上家庭财产的权益边界往往存在较多模糊或未加明确界定的地方，家庭成员之间在以往可能不会起纷争，现在却觉得“值得一争”，由此“见利忘义”的家庭纠纷也就明显增多了。

（十五）干群纠纷

干群关系亦即干部与群众之间的社会关系，是乡村社会结构和社会治理过程中的一种重要社会关系。良好的干群关系对于乡村治理的顺利推进以及乡村社会的和谐稳定意义重大，因为只有在干群关系融洽的状态下，才有利

---

① 杨善华，刘小京．近期中国农村家族研究的若干理论问题．中国社会科学，2000（5）．

② 弗里德曼．中国东南的宗族组织．刘晓春，译．上海：上海人民出版社，2000：171．

于各种治理措施实施。

在2006年以前，农业税费未取消，乡村干部的一项工作就是向广大农户收取农业税费。这项工作在农民看来就是向他们“要钱”，一些农民常常因为不愿缴纳或是不能缴纳这些税费而与基层干部发生直接冲突，由此也就容易引发纠纷。在农业税费收缴体制下，乡村基层干部扮演了“公共资源的垄断经营集团”角色[①]。这一角色本身就蕴含着与广大农民之间的结构性矛盾，因此产生一些纠纷也属正常。

从对2002年和2010年调查结果的比较来看，乡村干群纠纷的发生率总体上相对较低，2010年干群纠纷的发生率明显下降，表明2006年全面取消农业税费使得之后的乡村干群纠纷大大减少。2002年乡村干群纠纷的发生率为4.8%，到了2010年则下降为2.3%，反映了乡村干群纠纷减少了一半以上。

关于乡村干群纠纷的发生次数，调查进一步问及：“在过去五年中，这样的麻烦总共有几次?”结果显示，79.3%的有干群纠纷经历者在五年内只经历过一次干群纠纷，五年内经历过两次的占11.8%，五年内经历过三次和四次的分别占7.4%和1.5%。这一结果反映出，乡村干群纠纷并非多发和频发的纠纷。从发生规模和次数来看，乡村干群纠纷不是很突出。

乡村干群纠纷的发生率相对较低，是否意味着乡村干群处于一种和谐、协调的状态呢？从乡村政治变迁角度来看，乡村基层组织的角色已发生改变。以往，基层组织更多的是上级政府的代理者，负责传达、实施各项行政命令。如今，基层组织在扮演上级政府的代理人的同时，也会兼顾村民的利益主张，因为村干部需要依靠村民自治选举产生。村干部与村民之间关系的双重性，使得村干部在具体政策实施过程中，需要兼顾彼此的利益，因而也就不容易出现激烈的干群冲突[②]。

进入新时代，随着国家一系列惠农政策的实施——包括精准扶贫和乡村振兴的推进、计划生育政策的松动、乡村扫黄除恶专项整治行动等，乡村政治生态将发生巨大改变，干群之间的关系也会随之变迁。尽管干群纠纷可能

---

① 张静．基层政权：乡村制度诸问题．上海：世纪出版集团，上海人民出版社，2007：51.

② 陆益龙．后乡土中国．北京：商务印书馆，2017：224.

还会在一定范围内发生，但干群之间的结构性矛盾和张力将得以明显缓和。从这个意义上说，乡村社会的干群纠纷的社会风险水平将是很有限的。干群纠纷引发社会危机和社会动荡的风险较小，与20世纪90年代相比，显现出了明显的下降趋势。这样一种现状在某种意义上也反映了乡村治理的大环境在发生转变，为改善乡村治理创造了有利条件。

（十六）人身伤害纠纷

人身伤害纠纷是指与人身损害有关的纠纷。在司法领域，此类纠纷属于"人身损害赔偿案"，如最高人民法院的相关司法解释提出："因生命、健康、身体遭受侵害，赔偿权利人起诉请求赔偿义务人赔偿财产损失和精神损害的，人民法院应予受理。"在现实社会生活中，当个人遭受人身伤害时，通常会出现较为严重的损失或损害，其中既有财物方面的损失，也有精神方面的损害，如因身体受伤而出现误工损失、支付医疗费损失和精神上的损害。人身伤害事件的发生一般有两种情形：一种是侵害方故意伤害，另一种则是侵害方非故意伤害或意外伤害。无论是哪一种情形，对于受害方来说，都可能要求对其损失予以赔偿。在此过程中，常常会引发一些纠纷。

关于乡村社会中人身伤害事件的发生情况，调查结果显示，有5.2%的人在五年内曾遭遇过人身伤害，这一比例不算很高，表明人身伤害问题虽在乡村时有发生，但并不突出。

乡村居民在遭遇人身伤害之后，会不会就其损失而向侵害方索取赔偿呢？就此问题，调查进一步问及："您或您家人是否曾试图向人身伤害人索取经济或其他损失赔偿？"结果显示，46%（接近一半）的人身伤害事件受害方会向侵害方索取赔偿。由此看来，虽然人身伤害事件引起索赔的纠纷比例较高，但有超过一半的人并没有提出索赔，表明乡村居民对人身伤害的宽容度比较高，亦即在伤害所造成的损失不太大的情况下，受害方可能不会提出索赔要求。

为进一步了解乡村人身伤害事件的发生情况，调查询问了被访者在五年内遇到过此类事件的次数。结果显示，五年内遇到过一次此类事件的占94.2%，表明人身伤害事件在乡村社会并非多发事件，而是偶发事件。

关注乡村人身伤害纠纷，主要目的在于预防暴力纠纷的风险，因为在一定情境之中，人身伤害纠纷容易演变为更严重的暴力纠纷①。所以，针对人身伤害纠纷，采取及时有效的处理和管控措施，避免事件演变和升级显得格外重要。

（十七）财产损害补偿纠纷

财产权益涉及居民的核心利益，当个人因他人而遭受财产方面的损失时，实质上也就构成了财产损害补偿纠纷，因为个人已经遭受财产方面的利益损害。个人因他人而遭受财产方面的损害的原因多种多样，有些是故意损坏或有意侵害，有些则是过失行为所致。既然财产方面的问题关系到人们的核心利益，那么乡村财产损害补偿纠纷对乡村秩序也会有重要的影响。

为了解乡村居民财产损害补偿纠纷的发生情况，调查向被访者询问了这一问题："在过去五年中，是否有其他人对您的财产造成过损失（例如过失、故意损坏，盗窃，诈骗，等等）?"从调查结果来看，遭遇过财产损害补偿纠纷的被访者占 20.6%，表明此类纠纷在乡村的发生率比较高。

通过进一步询问财产损害的侵害来源，调查显示，有 53%的人指向了偷盗者，反映了乡村居民所遭遇的财产损害主要缘于偷盗行为。此外，有 12%的侵害来源于本村村民。

总体来看，乡村居民所遭遇的财产损害补偿纠纷主要反映出乡村社会的一种状态。盗窃行为或小偷小摸、诈骗可能成为乡村居民遭受财产损害的主要原因。由于乡村治安条件较为有限，加上大量青壮年劳动力外出，自治联防功能弱化，因而乡村的一些地方成为社会治安的薄弱环节，也成为盗窃、诈骗等以侵财为目的的犯罪的"重灾区"。2010 年乡村纠纷调查所显示出的问题，在一定意义上也反映了乡村居民财产损害问题的相对凸显及其原因。

（十八）人身伤害、财产损害或其他指控

在乡村社会交往互动中，个人既可能是人身伤害、财产或其他方面损害的受害方，也可能是这些伤害或损害的侵害方。通过对这方面问题的考察，可从一个侧面监测和了解微观层面的个体行为倾向和秩序状态。就社会结构

---

① 邢朝国．情境、情感与力：暴力产生的一个解释框架．中国农业大学学报，2014（1）.

和社会秩序的基础而言，对个体人身和财产权益的保障状况会集中反映社会控制机制功能的发挥状况，因为对于社会整合来说，社会控制机制在其中具有重要的作用①。

为了解乡村社会人身伤害和财产损害行为的发生情况，我们在调查中询问了被访者在过去五年中是否曾对他人造成人身伤害或财产损害。结果显示，有3.4%的被访者曾对他人造成过人身伤害或财产损害。这一结果表明，在乡村社会，伤害或损害行为的发生不是很突出。

当伤害或损害行为发生后，在有些情况下受害方不会提出指控或要求索赔，在有些情况下受害方会提出指控并要求赔偿。一旦提出指控，就意味着人身伤害、财产损害纠纷将进入具体的纷争阶段，亦即对于各方面损失的界定和赔偿标准的确定，受害方的主张和侵害方的意见或许并不完全一致，由此也就可能引发更为激烈的冲突和纠纷。

那么，究竟有多少侵害行为会遭到受害方的指控呢？从调查情况来看，有19.2%的人身伤害或财产损害行为实施者受到了指控。由此表明，在乡村社会，人们对一些人身伤害或财产损害行为的宽容度还是比较高的，大多数的侵害行为并未受到受害方指控。

由于人身及财产权益的重要性，因而对相关纠纷的关注和重视尤为必要。这些方面的纠纷发生越少，越能反映出社会关系和社会秩序的和谐安定。如果此类纠纷多发且呈增长趋势，那就意味着社会风险在增大。

（十九）子女教育纠纷

子女教育是每个家庭的重要关切，因为对于一个家庭来说，子女便是他们的未来。在如今的乡村社会，家庭的规模随着计划生育政策的推进已经趋于小型化，独生子女家庭和直系家庭的比重明显增长②。乡村家庭结构的变迁也会影响到家庭的一些决策和行为，由于家庭子女数在减少，因此子女的重要性随之提高，对子女的教育投资的重视程度也在提高。

那么，随着乡村居民对子女教育越来越重视，他们在与学校和教师的联

---

① 帕森斯．现代社会的结构与过程．梁向阳，译．北京：光明日报出版社，1988：131.

② 王跃生．当代中国家庭结构变动分析．中国社会科学，2006（1）.

系与互动过程中会不会产生一些分歧和纠纷呢？针对这一问题，2010 年乡村纠纷调查向被访者提问："在过去五年中，您是否因子女的受教育问题与教师或学校发生过问题？"调查结果显示，乡村子女教育纠纷的发生率为 2.5%，这一结果反映出乡村居民较少因子女教育而与学校和教师发生纠纷，亦即子女教育纠纷在乡村并不突出。

为了解乡村子女教育纠纷的性质问题，调查进一步询问了相应纠纷是否关涉到集体利益。结果显示，有 5.6%的乡村子女教育纠纷会涉及集体利益。由此看来，多数乡村子女教育纠纷属于个体间的纠纷，只有很少一部分纠纷与集体利益有关，这意味着乡村子女教育纠纷演变为集体性纠纷或引发集体性事件的可能性处于较低水平。

子女教育纠纷的发生，可能更多还是与教育利益相关联，当事人在争取各方教育利益时可能会起一定的纷争。由于"教育的所有参与者，无论国家、社会群体、家庭还是受教育个体，都有着十分明确而又相互关联的教育利益"①，而不同的参与者所关注和要求的教育利益是不同的，因此在彼此联系互动的过程中，产生一定矛盾纠纷也是正常的。

三、乡村纠纷解决方式与纠纷管理

纠纷是产生于社会互动的一种非均衡性关系，这种非均衡性社会关系一般会集中体现于一个或多个具体事件之中。随着纠纷事件的历时性变化，纠纷关系会历经产生、演变与解决的动态性过程。

无论是对于个体还是社区乃至社会而言，虽然纠纷的发生属社会生活和交往互动中的一种构成——其发生既有偶然因素也有必然因素的影响，但纠纷总是需要应对、需要解决、需要管理的。考察乡村居民在纠纷发生后所选择的纠纷解决方式和纠纷管理策略，以及对纠纷解决效果的评价，一方面可以了解基层民众在纠纷解决过程中的偏好和倾向，另一方面，纠纷解决方式和纠纷管理及其效果评价也从一个侧面反映出秩序的形成机制和基础，从中

---

① 刘精明．国家、社会阶层与教育：教育获得的社会学研究．北京：中国人民大学出版社，2005：4.

也能监测到基层纠纷的一些潜在风险。

法社会学的经验研究在考察人们遭遇不同类型的纠纷所选择的纠纷解决方式时，通常将纠纷解决方式分为三个主要类型：忍忍算了、双方自行解决和寻求第三方介入解决[①]。在这里，我们首先考察了乡村居民在遇到纠纷时究竟选择了其中的哪一种解决方式；然后，进一步考察了在纠纷解决过程中其他村民参与纠纷解决的情况，目的是监测和探讨第三方力量介入纠纷解决后纠纷升级及发生群体性纠纷的风险；此外，还考察了纠纷当事者在求助于第三方力量介入纠纷解决后的效果评价，以及什么样的第三方力量的纠纷解决效果最符合预期。

(一) 财产所有权方面的纠纷的解决方式

财产所有权方面的纠纷是乡村社会中一种较为常见的纠纷，村民们在建房以及占有和使用宅基地时，常会出现一些争议，由此可能引发相应的纠纷。由于纠纷所涉及的实际是财产所有权问题，权属问题很重要，而争议的标准又互不统一，因而解决起来往往有一定难度。

在现实社会中，乡村居民究竟会选择哪一种方式来解决或管理自己的纠纷呢？从调查情况看（见表 1－1），26.4％的纠纷当事者会采取忍让态度应对纠纷，41.2％的纠纷当事者会选择直接找对方解决问题，32.4％的纠纷当事者则会向他人或有关部门求助。这一结果反映出，乡村财产所有权方面的纠纷的当事者更倾向于双方自行解决纠纷，寻求第三方介入解决纠纷的占近三分之一。

表 1－1　　您或您家人是如何解决这次问题的?

	频率	有效（％）	累积（％）
吃点亏，忍了算了	66	26.4	26.4
自己找对方解决	103	41.2	67.6
请人帮忙或找有关部门帮助解决	81	32.4	100.0
总计	250	100.0	

资料来源：2010 年法律与农村居民生活调查。

① 陆益龙．转型中国的纠纷与秩序：法社会学的经验研究．北京：中国人民大学出版社，2015：6.

在纠纷当事者寻求第三方介入解决财产所有权方面的纠纷的过程中，58.2%的人会在自己家庭内部寻求帮助，38%的人选择在自家之外寻求部分其他家庭提供支持，仅有2.5%的人的求助对象涉及很多家庭（见表1－2）。由此看来，乡村财产所有权方面的纠纷的解决主要在当事双方及其家庭内展开，所涉及的范围相对有限。在解决此类纠纷的过程中，当事者或许认为双方的纷争主要是相互之间的事，其他人的介入对问题解决帮助不大，所以多数纠纷当事者要么选择“吃点亏，忍了算了”，要么“自己找对方解决”。

表1－2　　在寻求帮助的过程中，村里有多少家庭参与其中？

	频率	有效（%）	累积（%）
只有我自己家	46	58.2	58.2
有部分家庭	30	38.0	96.2
有很多家庭	2	2.5	98.7
不知道	1	1.3	100.0
总计	79	100.0	

资料来源：2010年法律与农村居民生活调查。

在解决财产所有权方面的纠纷的过程中，寻求第三方介入解决的当事者大多认为其求助行为的结果达到预期——有78.1%的求助者觉得求助其他人达到了自己期望的纠纷解决结果，还有2.7%的人认为结果比自己预期的要好，但也有21.9%的求助者认为纠纷解决并未达到自己期望的结果（见表1－3）。总体来看，对于寻求第三方介入解决财产所有权方面的纠纷的结果，当事者基本上是满意的。在乡村社会的纠纷解决中，当纠纷主体寻求第三方从中斡旋时，一般会找那些关系亲密、说话有分量、脸面较大的人来进行调解①，所以达到的结果一般会比较良好。

表1－3　　求助最终达到的结果是否符合期望？

	频率	有效（%）	累积（%）
比期望的要好	2	2.7	2.7
和期望的差不多	55	75.4	78.1
未达到期望	16	21.9	100.0
总计	73	100.0	

资料来源：2010年法律与农村居民生活调查。

① 栗峥．面向村落：纠纷解决中的乡土逻辑与法治偏差．学术探索，2010（1）．

在纠纷解决过程中，不同的纠纷解决方式、不同的策略会产生不同的结果。对于纠纷当事者而言，纠纷解决结果固然很重要，但人们一般也会在意纠纷解决方式。从调查的情况看（见表1－4），78.3％的求助者认为个人或部门在帮助解决财产所有权方面的纠纷的过程中采用的方式基本符合期望，有1.4％的求助者认为纠纷解决方式好于预期，20.3％的求助者则认为求助对象所采取的纠纷解决方式不符合自己的期望。

表1－4　　那些个人或部门解决问题的方式是否符合期望？

	频率	有效（％）	累积（％）
比期望的要好	1	1.4	1.4
和期望的差不多	58	78.3	79.7
未达到期望	15	20.3	100.0
总计	74	100.0	

资料来源：2010年法律与农村居民生活调查。

尽管大多数寻求第三方介入解决财产所有权方面的纠纷的当事者对解决方式和达到的结果基本满意，但仍有20％左右的人对第三方的介入方式及结果并不满意，这在一定意义上体现出乡村财产所有权方面的纠纷的复杂性，以及纠纷解决的难度。第三方处理问题的结果和方式未达到当事者的期望，原因是多方面的，既有第三方的威信、策略和效力方面因素的影响，也与纠纷当事者主观期望的特殊性有关。

（二）农田农地方面的纠纷的解决方式

土地是农民的重要衣食之源和情感寄托，农田农地矛盾往往涉及乡村居民的重要利益。历史遗留及外来人口等问题带来的农田农地边界不清、土地承包经营权的流转导致的权属不明、城镇化背景下的建设征地等都可能引发农田农地方面的纠纷。所以，农田农地方面的纠纷是乡村社会常见的一种纠纷类型。

农田农地方面的纠纷是具有典型农村性质特征的纠纷类型，与城市社会里的纠纷存在诸多差别，在解决方式上，尤其是对司法的需求有性质上的不同[①]。

---

① 梁平．多元化纠纷解决机制的制度构建：基于公众选择偏好的实证考察．当代法学，2011（3）．

那么，在现实中，乡村居民究竟选择何种方式来解决农田农地方面的纠纷呢？从表 1-5 的统计结果来看，在遭遇农田农地方面的纠纷的 253 名被访者中，30.4%的村民虽然认为自己吃了亏，但还是选择忍忍算了，46.7%的村民会直接自己找对方解决，另有 22.9%的村民通过向他人或有关部门寻求帮助解决问题。

表 1-5　您或您家人是如何解决这次问题的？

	频率	有效（%）	累积（%）
吃点亏，忍了算了	77	30.4	30.4
自己找对方解决	118	46.7	77.1
请人帮忙或找有关部门帮助解决	58	22.9	100.0
总计	253	100.0	

资料来源：2010 年法律与农村居民生活调查。

在寻求帮助解决农田农地方面的纠纷的过程中，54.2%的村民的援助力量来源于所在家庭内部，有 30.5%的村民会寻求村里其他家庭的支持，还有 15.3%的村民会向很多家庭寻求帮助（见表 1-6），这一比例在各类纠纷解决方式中处于较高水平，因此围绕农田农地产生的纠纷，在其解决过程中存在着随着众多农户的介入和参与而升级成为群体性纠纷的可能性。

表 1-6　在寻求帮助的过程中，村里有多少家庭参与其中？

	频率	有效（%）	累积（%）
只有我自己家	32	54.2	54.2
有部分家庭	18	30.5	84.7
有很多家庭	9	15.3	100.0
总计	59	100.0	

资料来源：2010 年法律与农村居民生活调查。

农村居民在解决农田农地方面的纠纷时，有近 23%的人会寻求第三方，包括请其他人或相关部门介入来解决问题。那么，对于第三方力量的介入，纠纷当事者是否感到满意呢？从调查情况看，有 74.6%的农田农地方面的纠纷的解决结果好于期望或接近期望，有 25.4%的纠纷解决结果没有达到当事者的预期（见表 1-7）。整体而言，第三方介入解决农田农地方面的纠纷的结果基本符合农村居民期望。

表 1-7　求助最终达到的结果是否符合期望？

	频率	有效（%）	累积（%）
比期望的要好	1	1.7	1.7
和期望的差不多	43	72.9	74.6
未达到期望	15	25.4	100.0
总计	59	100.0	

资料来源：2010 年法律与农村居民生活调查。

从表 1-8 的调查结果来看，有 74.6%的纠纷当事者在寻求第三方介入解决纠纷的过程中对第三方解决问题的方式表示满意，也有近四分之一的当事者对第三方解决纠纷的方式不满意，认为未达到自己的期望。

表 1-8　那些个人或部门解决问题的方式是否符合期望？

	频率	有效（%）	累积（%）
比期望的要好	0	0.0	0.0
和期望的差不多	44	74.6	74.6
未达到期望	15	25.4	100.0
总计	59	100.0	

资料来源：2010 年法律与农村居民生活调查。

就乡村农田农地方面的纠纷的解决与管理而言，乡村居民在发生此类纠纷之后，更倾向于选择忍忍算了和双方自行解决，而有 20%左右的人会求助于第三方力量来解决纠纷。从纠纷当事者对农田农地方面的纠纷的解决方式的评价情况来看，这一纠纷一般会在较小范围内得到令人满意的解决，演变为大规模群体性事件的风险相对较低。

（三）环境污染方面的纠纷的解决方式

近年来，伴随农村经济社会的改革深入，工业化、城镇化进程持续推进，农村环境污染问题凸显，环境污染方面的纠纷随之增多。2010 年乡村纠纷调查显示，有 432 名被访者报告在五年内遭遇过环境污染方面的纠纷，此类纠纷发生率较高，仅次于乡村邻里纠纷而成为第二大乡村社会基层矛盾纠纷。

面对环境污染问题，处于受害和弱势地位的农民，很难直接与污染制造者相抗衡，因为污染制造者一般是工厂等组织。农民如果要依法维权抗争，那么通常会选择集体行动的方式[1]。

在实际中，乡村居民在遭遇环境污染问题之后，会采取什么样的方式来应对呢？从调查结果看，有26.4%的环境污染方面的纠纷的当事者会选择“吃点亏，忍了算了”，而有26.2%的当事者会选择直接自己找对方解决，更多的当事者则会选择向第三方求助来解决问题，比例达到47.4%。这一结果显示，乡村环境污染方面的纠纷的解决方式与财产所有权方面的纠纷、农田农地方面的纠纷有着明显的差别。在解决环境污染方面的纠纷时，选择让第三方介入解决问题的人相对更多，而且采取集体行动的可能性明显增大，因为乡村居民在求助他人或相关部门时，一般会有较多的人参与，而较少出现个体单独行动的情况。

关于乡村环境污染方面的纠纷解决中的群体性事件风险问题，从纠纷解决过程中所涉及的范围就可以看出。在寻求他人或相关部门帮助的过程中，66.3%的村民会通过寻求很多家庭的加入来推动纠纷的解决，30.8%的村民会寻求部分其他家庭的帮助，仅有2.9%的村民将帮助范围局限在自己家庭内部。由此可见，在环境污染方面的纠纷的解决过程中，有较多乡村居民寻求第三方介入并有大量家庭参与进来，其原因可从这样几个方面来理解：首先，环境污染带来的水污染、空气污染、土地污染等问题直接影响到农村居民的身体健康与农业发展等根本性事项，被影响的农村居民对此容忍度较低。其次，环境污染事件过程较为复杂，处理难度较大，需要外部性力量的支持和帮助，包括其他村民的援助及行政司法系统的介入等。再次，环境污染的外部性和危害结果的公共性决定了受到侵害的对象通常并非个体，已经受到侵害和未来可能受到侵害的村民群体都有足够的动力加入解决环境污染方面的纠纷的队列中。此外，由于村民个体不具有与组织化程度较高的工厂、企业等污染单位直接谈判的地位，因此处于弱势的乡村居民只能通过集体行动的方式来实现与力量强大的污染方的抗衡。在这个意义上，乡村居民的集体行动实际上相当于斯科特所说的“弱者的武器”[2]。然而，在大量村民加入解决矛盾纠纷的过程中，环境污染方面的纠纷的解决过程极有可能演化为乡村

---

① 童志峰．政治机会结构变迁与农村集体行动的生成：基于环境抗争的研究．理论月刊，2013(3).

② 斯科特．弱者的武器．郑广怀，等译．南京：凤凰出版传媒集团，译林出版社，2007：2.

居民维权抗争的群体性事件。

当第三方力量介入乡村环境污染方面的纠纷解决后，起到什么样的效果呢？求助第三方的纠纷解决方式是否符合乡村居民的期望呢？从调查结果来看，虽然超过一半的人觉得求助第三方解决环境污染方面的纠纷的结果符合或超过预期，但也有41.8%的人表示求助的结果未达到期望。

同样，在对第三方解决问题的方式的评价方面，仅7.4%的求助者认为环境污染方面的纠纷的解决方式比期望的要好，50.8%的求助者认为第三方采取的解决方式和期望的差不多，但也有41.8%的求助者表示第三方解决问题的方式未达到自己的期望。总体看来，在乡村环境污染方面的纠纷解决中，尽管有相对更多的人会选择求助于第三方参与纠纷解决，然而，从当事者的评价情况看，他们中有较多的人对第三方介入的结果和解决问题的方式不太满意。这一结果反映了乡村环境污染问题和环境污染方面的纠纷的复杂性以及解决难度更大。与此同时，存在这些问题可能与政策大环境也有关系，那种重经济增长的压力型行政体制和轻环保的污染保护主义，使得受环境污染之害的农民难以获得补偿①。亦即在污染制造者受到庇护的情况下，污染受害者的合理诉求的满足会变得困难。

环境污染方面的纠纷解决中存在的较高不满意度，以及纠纷解决过程中的集体行动倾向，预示着乡村环境污染方面的纠纷存在较大的社会风险和秩序风险。有效地化解乡村环境污染方面的矛盾纠纷，可能需要将治标与治本紧密结合起来。只有在源头上治理好环境问题，才能从根本上减少环境污染方面的纠纷。要有效治理环境污问题，可能需要根据时代特征，推进复合型的环境治理方式②。

（四）用水方面的纠纷的解决方式

水与乡村社会的生产和生活密切相关，同时，水又是一种非常重要的资源，既具有共有性又具有排他性。所以，在乡村社会生产与生活之中，围绕生活用水和生产用水常常会起一些纠纷，如上下游用水者在分水、取水和用

---

① 张玉林．政经一体化开发机制与中国农村的环境冲突．探索与争鸣，2006（5）．

② 洪大用．复合型环境治理的中国道路．中共中央党校学报，2016（3）．

水等方面的矛盾纠纷。

那么，在用水方面的纠纷发生后，乡村居民会选择何种方式来解决纠纷呢？2010年乡村纠纷调查结果显示，有38%的纠纷当事者会选择“吃点亏，忍了算了”的策略，有44.9%的纠纷当事者会选择直接找对方解决，只有17.1%的当事者会向他人或相关部门等第三方寻求帮助。这一结果反映出，乡村用水方面的纠纷主要表现为内部矛盾纠纷，因而在纠纷解决方式上也具有更高的容忍度和内部性。对于纠纷双方来说，要么选择容忍，要么双方私自处理。

如果进一步考察乡村用水方面的纠纷当事者向他人或相关部门寻求帮助的具体情况，那么在求助对象中，仅有自己家参与问题解决的占24.3%，有部分其他家庭参与纠纷解决的占59.5%，处于主体地位，有16.2%的纠纷会有很多家庭参与到纠纷解决过程之中。统计结果所反映的是：在乡村居民解决用水方面的纠纷时，那些选择向其他人求助以解决纠纷的当事者，通常会让更多的家庭参与进来。由于用水行为及相关利益具有高度关联性，因此纠纷当事者会寻求利益或用水需求与自家相一致的家庭参与纠纷解决。例如，乡村社会时常会出现的两个村庄的村民为争水而发起的械斗现象，实际就是由用水方面的纠纷演化而成的群体性事件。

那么，乡村居民在寻求其他人帮助解决用水方面的纠纷时，解决的结果是否达到期望呢？调查结果显示，有13.9%的求助者认为求助第三方解决纠纷的结果比期望的要好，表明他们对第三方的纠纷解决方式较为满意。有77.8%的求助者表示最终的纠纷解决结果与期望的差不多，即对求助结果基本满意。此外，也有8.3%的求助者认为最终结果没有达到期望，即对第三方的解决结果不满意。总体而言，乡村用水方面的纠纷的当事者对第三方参与纠纷解决的结果的满意程度比较高，表明当事者选择求助第三方的纠纷解决方式的实际效果较为良好。

在求助其他人参与用水方面的纠纷的解决过程中，其他人或相关部门解决问题的方式是否符合当事者的期望呢？从调查的情况来看，第三方解决问题的方式比当事者预期的要好的占8.3%，绝大多数是和当事者的预期差不多，占83.4%，而未达到当事者期望的占8.3%。就统计结果而言，乡村用水方面的纠纷的当事者对第三方解决问题的方式是比较满意的。

随着水资源的稀缺性不断增强，缺水或用水紧张问题在乡村特别是在北方干旱、半干旱地区将日益突出，乡村用水方面的纠纷有可能增多。在用水方面的纠纷的解决过程中，群体之间的暴力事件易于发生。因此，防范乡村用水方面的纠纷风险，需要预防和减少此类矛盾纠纷的发生。而预防用水方面的纠纷的发生，则需要不断完善对水资源这一流动资源产权进行清晰界定的制度[①]。如果水权制度安排日益公平合理，那么将有助于减少因产权模糊而发生的利益纷争。

(五) 医疗纠纷的解决方式

医疗纠纷在乡村并非多发，但偶尔也会发生。乡村医疗纠纷的起因主要有：一方面，乡镇卫生院、村级诊所以及私人诊所的服务层次和医疗技术水平相对较低，医疗卫生资源较为不足，加之卫生行政机关对乡村医生准入资格审查和诊疗行为的监管相对宽松，这些都为医疗事件与医疗纠纷的发生埋下了隐患。另一方面，乡村患者与医生之间在疾病和诊疗行为方面存在信息不对称，两者可能在缺乏有效沟通的情形下发生冲突和纷争。

在遭遇医疗纠纷的情况下，乡村居民究竟会采取何种方式来解决纠纷呢？对这一问题的认识可结合 2010 年乡村纠纷调查提供的信息：有 32.1%的当事者会选择“吃点亏，忍了算了”，47.8%的当事者会选择“自己找对方解决”，20.1%的当事者则选择“请人帮忙或找有关部门帮助解决”。从这些信息可以了解到，乡村居民更多地选择容忍和私了的方式来解决医疗纠纷。

选择求助第三方来解决医疗纠纷的乡村居民究竟如何评价纠纷解决结果呢？调查结果显示，有 7.4%的纠纷当事者认为第三方的解决结果比期望的要好，81.5%的当事者表示纠纷解决结果基本符合自己的预期，有 11.1%的当事者则认为第三方的处理结果没有达到自己的期望。这一统计数据反映出，乡村医疗纠纷的当事者在求助第三方解决纠纷时，总体上对最终处理结果比较满意，只有少数人对纠纷解决结果不满意。

至于当事者对第三方处理医疗纠纷方式的评价，调查显示，有 7.1%的

---

① 陆益龙．流动产权的界定：水资源保护的社会理论．北京：中国人民大学出版社，2004：259.

当事者对第三方的解决方式不满意，认为其解决问题的方式没有达到自己的期望，有 82.1％的当事者认为第三方的解决方式与自己期望的差不多，也有 10.8％的当事者表示第三方的纠纷解决方式要好于自己的期望。由统计结果可以看到，如果乡村居民求助于第三方来处理医疗纠纷，那么他们对第三方解决问题的方式的满意程度相对较高，仅有很小比例的人对此不太满意。由此也说明，在乡村医疗纠纷的解决过程中，由第三方参与解决，进行一些调解，让纠纷双方达到相互谅解，有助于医疗纠纷的化解。

由于医疗纠纷常常关涉到个人的身体、生命安全，而且对医患关系的冲击和影响较大，因此当医疗纠纷发生之后，有效化解纠纷对于建构良好的医患关系和医疗秩序来说，有着十分重要的意义。和谐的医患关系的建立是一项系统工程①，其中也包含对医疗纠纷的有效化解。

（六）债权纠纷的解决方式

乡村社会的民间借贷行为在生活中较为常见，关系亲近者之间经常会因应急、办大事等原因相互借贷。随着农村经济的快速发展，民间的借贷行为在增多，因借贷发生的纠纷也相应增加。乡村社会的债权纠纷主要指借款人未能履行借款时的口头约定或书面契约，这种违约行为导致债权人经济或财产利益受损，由此而起导致纷争。

债权纠纷会直接关系到经济利益和财产权益问题。债权人出于好意或为获取利息而将钱款出借给借款人，如遇到借款人不守信如约归还钱款，债权人的利益就会受损，因而纠纷在双方之间会比较激烈。而现实中的情形是，债权纠纷往往会面临两种尴尬局面：一是借款人因无力偿还钱款而不按约定归还借款；二是借款人不守信，不愿意归还钱款。无论是哪一种情形，对于债权人来说，纠纷都是比较难以解决的。

在乡村社会，债权人在债权纠纷发生后会选择什么样的方式来解决纠纷呢？从调查情况来看，10.9％的债权人会选择“吃点亏，忍了算了”。65.2％的债权人会直接找借款人协商，双方自行解决纠纷。当双方难以自行解决纠纷时，债权人会使用寻求他人帮忙调解或诉诸法律等权威途径，让第三方力

---

① 赵信会，等．民事医患纠纷解决机制研究．北京：中国人民公安大学出版社，2015：6.

量督促或强制借款者履约，选择寻求第三方介入解决纠纷的占比23.9%。统计结果反映出，乡村债权纠纷主要是两个自然人或两个家庭之间的权益性冲突，双方的冲突或分歧相对明确，争议相对较少，纠纷的内容就是借款的偿还问题。在此问题的解决上，选择双方自行解决的占主导，接近三分之二。由于债权纠纷直接关系到自己的财产权益，因此选择忍忍算了的债权人比较少，只有在借款额度很小或是借款人关系特别亲近的人时，债权人才会忍忍算了，否则都会争取索回借款。那些自己无法索回借款又不甘忍忍算了的债权人，通常会选择第三方解决方式，如诉讼，有些民间借贷人还可能找专门的催债人代为催还借款。

进一步考察债权人寻求第三方帮助的情况，可以了解到参与纠纷解决的第三方的范围。超过九成的村民在自己家庭内部寻求帮助，不到一成的村民寻求村庄中部分其他家庭的支持，债权纠纷的参与者由此局限在有限范围内。这进一步说明，乡村债权纠纷的解决主要限制在当事者双方及其家庭内部，虽然这一纠纷问题的解决可能有一定难度，但纠纷演变为群体性事件的风险较小。

那些债权人在向第三方求助之后，会对纠纷解决结果以及第三方解决问题的方式有什么样的评价呢？从这些评价中，我们又能得到关于纠纷与秩序、纠纷解决与社会风险的哪些认识呢？关于债权人对第三方纠纷解决结果的评价，有16.7%的人认为纠纷解决最终达到了比自己期望更好的结果，有44.4%的人认为纠纷解决结果基本符合自己的期望，还有38.9%的人认为纠纷解决结果并没有达到自己的期望——这一比例相对较高。从调查数据中，我们可以了解到，乡村债权纠纷的第三方解决方式所达成结果的满意度相对较低，表明即便债权人求助于第三方来解决纠纷，结果也往往并不会与自己的期望相符。这也意味着，较多乡村债权纠纷一旦发生，解决起来就有较大的难度。

在对第三方纠纷解决方式的评价方面，有18.8%的债权人表示纠纷解决方式比自己期望的要好，近一半的纠纷解决方式与期望的相差无几，但同时也有31.3%的人认为第三方纠纷解决方式并未达到自己的期望。由此表明，一部分纠纷当事者对第三方解决纠纷的方式也不太满意，或许是因为第三方介入债权纠纷的效力相对较为有限。

虽然债权纠纷主要是个体间在借贷过程中发生的矛盾与关系失衡现象，但债权纠纷的影响同样具有社会性。此类矛盾纠纷及其解决情况会在一定程度上影响社会信任和社会资本状况。因为当借款人不能信守承诺而如期归还借款时，必将影响到债权人的信心和信任，而债权人的信心和信任度又将影响到其向其他人的借贷行为。所以，对于一个社会来说，提高社会信任程度非常必要。如福山认为，信任源于良性政治生态，既是经济的，更是社会与文化的，信任理念会在经济社会中塑造巨大力量[①]。减少和解决债权纠纷，从根本上还是要加强信任社会建设，增强社会成员的信任理念和诚信意识。

（七）债务纠纷的解决方式

此次调查的乡村债务纠纷主要是指别人在向自己索要借款的时候与之发生的分歧，调查结果显示，债务纠纷在乡村社会的发生率相对较低。

如果债务人与债权人在索要借款过程中发生一些分歧，如还款时间、还款方式等，那么债务人会采取什么方式来解决纠纷呢？从乡村纠纷及其解决的调查情况看，5.1％的当事者会选择隐忍，61.6％的债务人会选择直接找债权人协商自行解决，还有33.3％的当事者会求助于第三方从中斡旋来解决纠纷——可能包括调解、诉讼、担保和协助解决。由此可见，在债务纠纷解决方式上，选择忍忍算了这一方式的较少，因为此类纠纷直接与财产利益挂钩。大多数人选择双方自行解决，因为借贷纠纷毕竟是双方之间的问题，通过双方协商可能更有利于问题的解决。但在双方无法协商解决的情况下，人们也会选择寻求第三方介入来解决问题。

在寻求帮助的过程中，92.3％的村民的求助对象只涉及自己家庭，7.7％的村民向本村内部分其他家庭寻求帮助，因此债务纠纷的参与者相对较少。这一结果反映出，债务纠纷主要是自己的事情，在纠纷解决过程中，所涉及的范围也集中在自家，因而纠纷演化升级的风险相对其他纠纷要小。当然，如果纠纷能得到有效化解，那么对信任社会及和谐社会建设总会具有积极、正面的意义。

当债务纠纷当事者寻求第三方介入解决时，他们对纠纷解决结果是如何

---

① 福山．信任：社会美德与创造经济繁荣．桂林：广西师范大学出版社，2016：12.

评价的呢？调查结果显示，7.7％的纠纷解决结果比当事者期望的更好，69.2％的纠纷解决结果基本符合期望，23.1％的纠纷解决结果未达到期望。这一结果所包含的意义是，在债务纠纷解决中，采取第三方介入解决纠纷的方式具有良好的效果，因为债务纠纷属于财物关系型纠纷，如果第三方能提供有力帮助，那么容易促使矛盾关系达到均衡。

至于债务纠纷当事者对第三方解决问题方式的评价，调查结果显示，84.6％的人认为第三方纠纷解决方式与自己的期望相近，7.7％的人觉得第三方纠纷解决方式比自己期望的更好，还有7.7％的人则认为第三方纠纷解决方式尚未达到自己的期望。由此表明，大部分债务人对第三方纠纷解决方式是比较满意的，这也从一定意义上反映了第三方参与纠纷解决是一种被广泛认可的方式。

债务纠纷在解决方式上更多趋向于双方自行解决，这与纠纷性质有密切关系，因为在双方因财物关系而起的纠纷中，通过双方自行协商沟通，更有利于纠纷的化解。在双方自行解决不了纠纷的情况下，向第三方求助也具有良好的纠纷解决效果。

（八）计划生育方面的难题或分歧的解决方式

随着计划生育政策作为国家的基本国策全面推行，在政策执行过程中对生育数量的控制与乡村居民的生育需求存在一定冲突，由此也就时常发生一些计划生育方面的纠纷。

在遇到计划生育方面的纠纷时，乡村居民会选择何种方式来解决问题呢？从调查情况看，有25.8％的人会选择“吃点亏，忍了算了”，有52.9％的人则选择“自己找对方解决”，还有21.3％的人选择“请人帮忙或找有关部门帮助解决”。这一结果反映了乡村计划生育方面的纠纷的解决方式的非正式性特征，乡村居民更倾向于选择容忍或自行解决等非正式方式来解决纠纷，而选择通过第三方或正式途径解决纠纷的相对较少。

当乡村居民向第三方求助来解决计划生育方面的纠纷时，会有哪些家庭参与进来呢？调查结果显示，有94.1％的村民在寻求帮助的过程中只涉及自己所在的家庭，5.9％的纠纷涉及本村内部分其他家庭的参与和帮助。这一结果反映出，在乡村计划生育方面的纠纷的解决过程中，参与者主要在自家内部，涉及范围很小，因而影响范围很有限，纠纷演化升级为大规模群体性纠纷的可能性相对较小。

在寻求第三方帮助的情况下，计划生育方面的纠纷的当事者会对纠纷解决结果有怎样的评价呢？就调查结果而言，有87.9%的人表示纠纷解决结果与自己的期望差不多，而有12.1%的人对纠纷解决结果并不满意，认为结果未达到自己的期望。这一结果所包含的意义是，乡村居民在选择第三方参与解决计划生育方面的纠纷时，总体看满意度比较高，这意味着第三方解决方式之于计划生育方面的纠纷解决有较高的效力。

至于当事者对第三方解决计划生育方面的纠纷的方式的评价，调查显示，有90.9%的人对第三方纠纷解决方式表示满意，认为参与纠纷解决的其他人或相关部门在解决问题方式上与自己的期望差不多，只有9.1%的人表示，第三方解决问题的方式未能达到自己的期望。这一结果意味着，第三方解决方式之于乡村计划生育方面的纠纷的解决而言，具有较高的效力，适用于此类纠纷的解决。

乡村计划生育方面的纠纷的产生与计划生育政策在乡村的执行紧密相连，施行多年的计划生育政策已取得了预期的人口控制效果，基本达到了政策目标，但对政策的得失和调整的争论也越来越激烈①。如今，计划生育政策从对“单独二孩”政策的调整，到“全面二孩”再到“三孩”政策的实施，意味着计划生育政策已发生实质性改变，强制性的计划生育工作将渐渐淡出乡村社会舞台，因而乡村计划生育方面的纠纷也将随之减少，由计划生育引起激烈社会冲突的风险将大大降低。

（九）消费方面的纠纷的解决方式

随着农民收入水平的提高，消费需求和消费意愿逐步增强，农村消费市场日趋活跃。然而消费环境的不尽如人意使得流通于农村的商品时常存在假冒伪劣等质量问题，服务和售后体系亦不完善，围绕消费产生的纠纷日益增加。

当乡村居民遭遇消费方面的纠纷时，会按照自己的行事逻辑来解决问题。

① 位秀平，吴瑞君．中国计划生育政策反思．哈尔滨工业大学学报，2013（6）．

从调查的情况来看，有 17.1% 的村民会选择“吃点亏，忍了算了”，有 74.4%的村民会直接找对方解决问题，有 8.5%的村民会寻求第三方介入解决。这一结果反映出，乡村居民更倾向于通过自己的力量来解决所遇到的消费方面的纠纷，较多的人会直接与对方私了，而很少选择第三方介入的解决方式。至于在此类纠纷中较少有人选择求助第三方，一个重要原因可能就是当事者对纠纷解决的成本与收益关系的考量。有些消费方面的纠纷涉案金额较小，找第三方解决问题也就显得不值得，还不如自己找对方解决见效快。

因为消费是个体与商家之间的交互行为，所以纠纷当事者在寻求帮助的过程中，求助对象全部都来自自己所在的家庭，而并没有其他家庭的介入。由此表明，乡村消费方面的纠纷的解决即便是寻求他人帮助，也主要是自家人参与，这反映了乡村消费方面的纠纷的解决趋于依赖自身力量。

既然乡村消费方面的纠纷的当事者的求助对象主要是自家人，那么当事者对求助对象的参与会有较高的满意度。调查的结果也验证了这一假设，共有 92.9%的当事者对求助的结果是满意的，其中有 21.4%的当事者觉得最终解决结果超过了自己的期望，仅有 7.1%的当事者觉得最终结果没有达到自己的期望。所以，总体来看，乡村消费方面的纠纷当事者对求助对象的处理结果的满意度是比较高的。

在对求助对象解决问题方式的评价方面，有 42.9%的人认为纠纷解决方式比期望的要好，有 50%的人觉得纠纷解决方式与自己期望的方式接近，而有 7.1%的人觉得纠纷解决方式未达到自己的期望。

在消费社会来临的时代，消费纠纷及其解决是日常生活的一个组成部分。消费纠纷的发生及其增多趋势，可能与鲍德里亚所论及的消费社会中出现的“新的分离”有关[①]，当消费者与商品及服务提供者之间产生分离关系时，消费纠纷发生的风险也将随之增大。

（十）婚姻纠纷的解决方式

随着乡村社会的变迁，乡村开放程度日益提升，乡村居民的婚姻观念也随之发生了一些变化。个体主义价值观以及开放的现代婚姻观念在乡村社会

① 鲍德里亚．消费社会．刘成富，全志钢，译．南京：南京大学出版社，2000：43.

影响越来越广，使得个体对不满意婚姻的容忍度有所降低，乡村社会婚姻关系的不稳定性在提高。加之城乡差别及社会经济不平等的加剧，使得乡村社会的婚姻市场面临的压力越来越大，这在一定程度上加剧了婚姻的不稳定性。乡村婚姻纠纷主要是围绕婚姻缔结与解体过程而产生的各种纠纷。由于乡村社会的婚姻关系受习俗规则影响较大，因而一旦发生纠纷，矛盾和纷争可能就不仅仅是作为婚姻主体的两个人之间的事，而会演变为关涉到双方家庭甚至包括媒人在内的冲突和纷争。因此，乡村婚姻纠纷的解决较为复杂。

在现实社会中，乡村居民在婚姻纠纷发生后，究竟是如何解决纠纷的呢？2010 年乡村纠纷调查结果显示，有 21.2%的纠纷当事者会选择“吃点亏，忍了算了”，有 36.7%的当事者会采取直接找对方私下解决的方式，有 42.1%的纠纷当事者会选择向第三方求助解决的方式。从这一数据来看，乡村居民有选择寻求第三方来解决婚姻纠纷的倾向，其中就包括通过向法院提起诉讼的方式来解决婚姻纠纷，这就意味着在婚姻纠纷解决方式上，通过法律途径来解决纠纷呈现增多趋势。

如果有更多的婚姻纠纷当事者选择第三方来解决纠纷，那么他们对这一纠纷解决方式有什么样的评价呢？他们是否对纠纷解决结果满意呢？调查的结果显示，有 78.3%的婚姻纠纷当事者感到第三方介入的纠纷解决结果与自己的期望差不多，而仍有 21.7%的人表示纠纷解决结果并未达到自己的期望。这一数据所包含的意义是：虽然求助第三方的纠纷解决方式之于乡村婚姻纠纷解决而言具有一定效力，但纠纷当事者对解决结果的满意度只为一般，表明在乡村婚姻纠纷解决中，第三方解决方式仍有较大的局限。

至于婚姻纠纷当事者对第三方解决方式的评价，调查结果显示，有 82.6%的纠纷当事者对第三方解决方式基本表示满意，但仍有 17.4%的纠纷当事者对第三方解决方式不太满意，认为未达到自己的期望。从这一结果来看，在乡村婚姻纠纷解决过程中，第三方介入纠纷解决的方式相对而言较为良好，比较符合当事者的期望。

从对乡村婚姻纠纷解决方式的考察情况看，在婚姻纠纷发生后，有较多的乡村居民会选择第三方介入解决纠纷的方式，其中便包括法律诉讼的途径。然而，有较高比例的当事者对第三方的纠纷解决结果并不满意。这一特征从某种意义上反映了刘思达等人的总结：农村法律服务处于一种“边疆”分散状态，各种互不排斥的纠纷解决渠道构成了一个“迷宫”，农民的纠纷被镶嵌在其中，往往得不到满意的解决[①]。

（十一）邻里纠纷的解决方式

乡村社会是一个熟人社会，邻里之间相互熟识且交往密切。在较为频繁的日常社会交往互动过程中，邻里不免产生各种各样的摩擦和纠葛，或许正因如此，邻里纠纷成为当前乡村社会中发生率最高的纠纷类型。

当邻里纠纷发生之后，纠纷当事者会选择何种方式来解决纠纷呢？从2010年乡村纠纷调查的情况来看，有39.7%的纠纷当事者会保持隐忍的态度，认为“吃点亏，忍了算了”，有45.4%的当事者会选择直接找对方自行解决纠纷，也有14.9%（所占比重较小）的当事者寻求他人或有关部门帮忙化解纠纷。这一结果意味着，乡村邻里纠纷尽管发生频率较高，但解决的难度相对较小，有许多纠纷在双方容忍之后不了了之，或者由双方自行想办法解决。

那么，在寻求第三方帮助解决邻里纠纷的过程中，会有多少家庭参与其中呢？调查结果显示，有68.7%（超过三分之二）的村民的求助对象局限在自己的家庭内部。有31.3%的村民的求助对象会涉及部分其他家庭。这一结果所包含的意义是，乡村邻里纠纷的解决一般在有限、可控的范围之内，纠纷解决的个体性特征明显，演化为群体性纠纷的风险较小，但不排除在第三方解决不了纠纷的情况下引发个体性上访事件的可能性。

在乡村邻里纠纷当事者求助于第三方介入解决纠纷之后，他们对第三方的纠纷解决结果会有什么样的评价呢？关于这一点，调查结果显示，在对第三方纠纷解决结果的评价方面，有23.4%的当事者对第三方介入解决邻里纠纷的结果给予较高评价，认为解决结果好于自己的期望，有63.6%的当事者认为纠纷解决结果与自己期望的差不多，只有13%的当事者觉得纠纷解决结果没有达到自己的预期。从这一调查结果中，我们或许可以理解，尽管诉诸第三方解决邻里纠纷的人并不多，但第三方介入解决乡村邻里纠纷的效果还是良好的。尤其当双方争执不下时，权威第三方介入，通过有效的调停、劝和及协调工作，往往更加有助于纠纷双方矛盾的化解。所以，在乡村基层治

---

① 刘思达，吴洪淇．法律边疆地区的纠纷解决与职业系统．社会学研究，2010（1）．

理中，调处基层矛盾纠纷虽是小事，但意义却是重大的。

在乡村居民对第三方纠纷解决方式的评价方面，调查结果显示，有23.1%的人表示第三方纠纷解决方式比自己期望的更好，有65.4%的人觉得第三方纠纷解决方式基本符合自己的期望，仅有11.5%的人认为第三方纠纷解决方式未达到自己的期望。总体来看，乡村居民对第三方在化解邻里纠纷的过程中所采用的方式是比较满意的，由此也说明第三方参与乡村邻里纠纷解决具有较好的适用性。

乡村社会的邻里纠纷主要是私人领域的事务，而且从此类纠纷的解决方式的实际状况来看，也还主要集中在私人领域里，当事人要么忍忍算了，要么双方自行解决，而通过第三方渠道解决的相对较少。但从对第三方解决方式的总体评价来看，第三方参与邻里纠纷解决也是一种有效渠道。而第三方渠道不仅仅包括法律渠道，那种半正式、半行政的基层治理力量对化解此类纠纷可能更加有效。从历史角度来看，传统乡村社会中的那种治理传统——被黄宗智称为“集权的简约治理”[①] ——正是通过纠纷解决机制来实施基层治理的，并由此而有效地维持着基层社会秩序。

（十二）劳动纠纷的解决方式

劳动纠纷是指在劳动关系形成和实践过程中产生的纠纷。在市场经济转型过程中，中国乡村经济结构也在发生变迁并带来劳动关系的日益复杂化和多元化。随着乡村经济的活跃，不少农民在从事家庭农业生产的同时，也会为别人或在附近的工厂、农场从事一些短期劳务活动来促进家庭增收，劳动报酬标准、工资支付等问题随之而来。此外，在二元经济发展的大格局下，乡村出现大量劳动力外流现象，很多乡村青壮年劳动力涌入城市，进入制造业、建筑业、餐饮服务业、服装加工业等劳动密集型行业。然而由于部分企业用工制度不完善，工作环境常常不达标，薪资问题、工伤问题时有发生，乡村居民在外出劳动过程中，也常被卷入一些劳动纠纷之中。如农民工欠薪问题曾一度较为多发，此类问题实质上就是乡村劳动力所遭遇的

---

① 黄宗智．集权的简约治理：中国以准官员和纠纷结局为主的半正式基层行政．开放时代，2008（2）.

劳动纠纷。

当乡村居民遭遇劳动纠纷时，他们往往会采取何种方式来应对问题呢？从2010年乡村纠纷调查情况看，有26.4%的人会选择自认吃亏，忍忍算了，有50%的人会直接找对方自行解决问题，有23.6%的人会选择向他人或有关部门求助解决纠纷。由此看来，在乡村劳动纠纷解决中，求助第三方力量来解决纠纷的并不多，不到四分之一。而就劳动纠纷的特点而言，纠纷是雇用者与劳动者之间的矛盾关系，劳动者往往处于弱势地位，因此劳动者要依靠自身力量来解决纠纷似乎较为困难。为了更有效地解决纠纷问题，寻求第三方力量的帮助也就显得更为重要。然而在实际中，多数遇到劳动纠纷的乡村居民并没有寻求第三方的帮助。这其中有两种可能性：一是劳动者获得第三方帮助来解决纠纷的难度很大，所以很多人没有这种想法；二是纠纷当事者觉得不需要第三方介入也能很好地解决纠纷。

在寻求他人帮助解决劳动纠纷的过程中，又会有哪些家庭参与进来呢？调查结果显示，有72.7%的人求助的对象来自自己的家庭，有27.3%的人会寻求其他家庭的支持。这一结果表明，乡村居民在寻求第三方帮助的过程中，并不会有大范围的动员，而仍然倾向于限制在个体家庭的范围之内。所以，农民工为讨薪而发起的集体性事件一般只是其中的一小部分。

在寻求他人或相关部门帮助解决劳动纠纷之后，纠纷当事者会对第三方的帮助有怎样的评价呢？结果显示，14.7%的人觉得劳动纠纷的解决结果比自己期望的要好，61.8%的人认为纠纷解决结果和自己期望的差不多，23.5%的人认为纠纷解决结果并没有达到自己的期望。这一结果反映的是，乡村劳动纠纷的第三方解决方式并未达到很理想的化解纠纷的效果，仍有较多纠纷的解决未能让当事者满意。

在对第三方纠纷解决方式的评价方面，调查显示，64.7%的人表示求助对象解决问题的方式和自己的期望的差不多，14.7%的人认为求助对象的纠纷解决方式比自己期望的要好，而20.6%的人则认为求助对象的纠纷解决方式没有达到自己的期望。由此表明，第三方解决劳动纠纷的方式不是很理想，仍有一定的提升空间。

在现代化、城镇化的大背景下，乡村劳动力的流动在一定时期内将是一种新常态，“农民工”问题也将是这一发展阶段的典型问题之一。虽然“农民工”问题的产生有一定的制度根源①，但它也是社会经济结构转型带来的问题之一。随着国家对农民工社会政策的逐步调整②，这一群体的权益保障制度将不断得以完善，这在一定程度上会减少劳动纠纷的发生，让劳动关系朝着更加和谐的方向发展。

（十三）农业负担纠纷的解决方式

在2006年农业税费取消之前，农民常常因缴纳农业税费而与乡村基层组织和政府发生一些矛盾纠纷。对于广大农民来说，缴纳税费可能是一种家庭经济负担，因而在缴纳税费问题上，他们往往会与征收者发生一些摩擦或冲突。

当农业负担纠纷发生时，村民们会选择何种方式来应对呢？从调查情况来看，有51.2%（超过一半）的纠纷当事者会选择以容忍的态度来应对纠纷，这一比例在所有纠纷类型中最高。有36%的当事者会直接找对方协商解决问题，有12.8%的当事者会寻求他人或有关部门的帮助来解决问题。调查的结果意味着，乡村农业负担纠纷的解决方式更倾向于以农户忍忍算了为主。

至于在农业负担纠纷当事者寻求帮助解决纠纷时其他家庭的参与情况，调查结果显示，有81.8%的纠纷只有当事者自己的家庭参与，有18.2%的纠纷会有其他家庭参与。这一数据反映出，在农业负担纠纷的解决过程中，所涉及的范围主要局限在个体农户之内，亦即面临纠纷的农户一般会独自应对和处理农业负担纠纷，纠纷解决一般不会有较大的波及面。

在第三方解决农业负担纠纷的结果方面，当事者会有怎样的评价呢？关于这一问题，调查情况显示，当事者对求助第三方的纠纷解决结果的评价总体上并不高，有9.1%的当事者认为纠纷解决结果好于自己的期望，有45.5%的当事者表示纠纷解决结果基本上符合自己的期望，但有45.4%的当事者觉得第三方的纠纷解决结果并未达到自己的期望。由此看来，在农业负担纠纷的解决中，通过求助第三方来解决纠纷，效果并不太令人满意。或许正是因为第三方参与解决对纠纷化解帮助不大，所以选择求助第三方的人相

---

① 卢晖临．“农民工问题”的制度根源及其应对．人民论坛·学术前沿，2011（6）.

② 潘泽泉．国家调整农民工社会政策研究．北京：中国人民大学出版社，2013：1.

对较少。

至于农业负担纠纷当事者对第三方纠纷解决方式的评价，调查结果显示，有 9.1%的当事者认为第三方纠纷解决方式比自己期望的更好，有 72.7%的当事者认为第三方纠纷解决方式与自己期望的差不多，有 18.2%的人认为第三方纠纷解决方式未达到自己的期望。从这一结果来看，当事者对第三方纠纷解决方式基本上是满意的，尽管纠纷解决结果不尽如人意。

乡村农业负担纠纷主要是社会结构性冲突在具体行动中的表现，纠纷发生的根源在于农业税费征缴问题上的紧张关系与结构，而具体表现为农业税费征缴互动过程中的纠葛和抗争行为。对于农户来说，解决此类纠纷的关键有两个方面：一是自己，二是政策。要么自己忍受，要么政策变革。在政策未发生变革的情况下，纠纷在某种意义上仅是农户作为弱势群体的一种反抗策略而已，类似于斯科特在《弱者的武器》中论及的农民的日常式抗争策略[①]。

（十四）家庭纠纷的解决方式

发生在家庭成员之间的家庭纠纷，常常是因赡养老人的责任分担、财产分割等问题而产生的矛盾和纷争。家庭纠纷从表面上看是家庭的小事、琐事，实际上它往往是难以解决的纠纷。越是亲近的人之间发生矛盾，一旦撕开面子起了纷争、冲突，矛盾就会演变得越深、越难化解。那么，乡村居民在发生家庭纠纷之后，究竟是如何解决纠纷的呢？

从 2010 年乡村纠纷调查情况来看，有 37.2%的人会选择“吃点亏，忍了算了”，有 49.0%的人会选择直接与产生矛盾的家庭成员沟通协商来解决问题，另有 13.8%的人会选择向他人会或有关部门求助，如请村干部调解或到法院提起诉讼等。统计结果反映的是，乡村居民在家庭纠纷的解决方面仍倾向于自行解决方式，即纠纷当事者自行解决纠纷问题，要么自己忍忍算了，要么直接找对方解决。从另一个角度看，选择第三方介入解决方式的当事者相对较少，这反映了第三方介入之于家庭纠纷的解决的作用还是较为有限的，家庭纠纷的解决关键还在于当事者双方的共同努力。

---

① 斯科特．弱者的武器．郑广怀，等译．南京：凤凰出版传媒集团，译林出版社，2007：1.

家庭纠纷是由家庭内部矛盾关系引发的，具有较明显的内部性，亦即家庭内部的私事，所以在纠纷解决方式上，人们也倾向于在家庭内部解决，这与民间俗话所说的“家丑不可外扬”相一致，所以对于家庭纠纷也尽量不寻求外人的介入。即便是寻求帮助，通常也尽量在自家内部，这一纠纷解决方式所具有的特点在纠纷解决的第三方参与情况中也得到了较为充分的体现。调查情况显示，有70%的家庭纠纷当事者在求助别人时，会将求助范围限定在较小的家庭内部，有25%的家庭纠纷当事者会请其他家庭介入，只有5%的家庭纠纷解决会涉及很多家庭。这一结果意味着，乡村家庭纠纷解决方式具有较为明显的内部性，其外溢效应在解决过程中体现得较少，更多的外部影响可能体现在社会伦理与社会风尚方面。

在解决家庭纠纷的过程中，如果当事者求助于其他人，那么他们对纠纷解决的最终结果是否满意呢？关于当事者对第三方介入后家庭纠纷的解决结果的评价情况，调查显示，10%的当事者对第三方介入后家庭纠纷的解决结果的评价是比自己期望的更好，60%的当事者则认为第三方介入后家庭纠纷的解决结果与自己期望的差不多，而有30%的当事者表示第三方解决结果并未达到自己的期望。

在对第三方介入的家庭纠纷解决方式的评价方面，调查结果显示，有15%的人认为第三方介入的纠纷解决方式优于自己的期望，有60%的人认为第三方纠纷解决方式与自己期望的相差无几，还有25%的人则对第三方纠纷解决方式不满意，认为未达到自己的期望。从统计结果中，我们可以理解家庭纠纷的当事者对第三方纠纷解决方式的评价趋于一般，有较多的人对第三方纠纷解决方式并不满意，在这个意义上，第三方纠纷解决方式之于家庭纠纷而言，其有效性存在较大局限。这一问题或许与家庭纠纷的特殊性有一定关系，毕竟家庭纠纷主要发生在具有亲近关系的家庭成员之间，更多的是因家庭内部事务而起的纷争，因而要化解其中的矛盾纠纷，关键还在于家庭成员之间的相互协商和努力。

就调查所获得的经验信息而言，乡村居民在解决家庭纠纷方面仍具传统性特点，人们更倾向于在私人领域范围内解决家庭纠纷问题，而不太倾向于将家庭纠纷解决伸展到公共领域。当然，如今随着乡村社会结构及文化观念的变迁，进入公共领域来解决的乡村家庭纠纷也在逐渐增多。但总体来看，乡村家庭纠纷解决的外溢风险相对较小。

（十五）干群纠纷的解决方式

乡村干群纠纷反映的是乡村社会中干部与群众、政府与农民之间的一种紧张关系，此类纠纷的发生具有一定的结构性条件，对此类纠纷解决方式的选择倾向也在一定意义上反映出结构性关系的危机风险，亦即对抗性事件发生的风险。

在实际中，当乡村居民与乡村干部发生纠纷之后，究竟会采取何种方式来加以应对呢？调查显示，乡村干群纠纷发生得相对较少，在乡村社会已不太突出。在发生干群纠纷后，有32.8%的人选择忍让，有同样比例的人选择直接找对方解决，有34.4%的人选择求助于第三方。这一调查结果意味着，乡村干群纠纷解决方式趋于多元化，在忍忍算了、双方自行解决和寻求第三方介入解决三种类型的纠纷解决方式中，人们的选择未显现出明显的差异，表明在解决此类纠纷上没有突出的倾向，而是各有各的选择。

在寻求第三方介入解决干群纠纷的过程中，有60.9%的求助者纠纷解决的援助力量来源于家庭内部，有17.4%的求助者会向村庄中其他家庭寻求帮助，还有21.7%的求助者会向很多家庭寻求支持。这一结果反映出，虽然乡村干群纠纷的发生率并不高，但当事者将求助力量扩大至村庄内很多家庭的比例却相对较高，表明干群纠纷仍然是演化为群体性事件的主要风险源之一，因而有效地在基层化解干群纠纷就显得十分重要。

乡村干群纠纷的当事者在向第三方求助之后，是否对纠纷解决感到满意呢？从调查情况来看，有9.2%的求助者认为第三方的解决结果比自己期望的要好，有57.4%的求助者对第三方的解决结果基本满意，认为结果和自己预期的差不多，有33.4%的求助者认为第三方的解决结果并没有达到自己的期望，因而感到不满意。

从统计结果来看，有4.8%的求助者觉得第三方解决方式优于自己的期望，有57.1%的求助者认为第三方解决方式与自己期望的差不多，这些求助者对第三方解决方式持满意态度，但也有38.1%的求助者认为第三方解决方式并未达到自己的期望，因而可能对第三方解决方式不甚满意。根据此结果，可以了解到在乡村干群纠纷解决中，当事者对第三方解决方式基本满意，但第三方解决方式也存在较大的局限。

乡村干群纠纷有一定的特殊意义，因为此类纠纷反映的是地位不同的群体之间的分歧及矛盾关系。在基层化解此类纠纷尤为重要，因为在个体解决纠纷的过程中会不断扩大影响范围，由此构成较大社会风险。在现实中，基层群众为解决干群纠纷问题，更容易走上访之路，而信访渠道又较为拥塞不畅[①]，由此积压的社会怨气会不断增强，对基层秩序构成的风险也会增大。

（十六）人身伤害纠纷的解决方式

个人如果因打架斗殴、交通事故、物体损害等造成身体上的伤害，通常会与肇事方就赔偿或补偿问题而产生一些纠葛和争执。此时，人身伤害的受害方会选择什么方式来应对纠纷呢?

从 2010 年乡村纠纷调查情况看，仅有 11.8%的受害方在遭遇此类纠纷时选择“吃点亏，忍了算了”，这反映出人身伤害事件严重损害了个人的身体健康和生命安全等重要权益，因此人们对人身伤害纠纷的容忍度较低。更多的人则会积极寻求其他方式来解决纠纷，其中 36.8%的受害方会直接找对方自行解决纠纷，51.4%（超过一半）的受害方会向他人或有关部门寻求帮助解决问题。

调查还显示，人身伤害纠纷受害方在寻求帮助的过程中，有 85.7%的人的求助范围在自己家庭内部，有 14.3%的人会向其他家庭寻求帮助。这一结果意味着，乡村人身伤害纠纷的解决方式及过程，更多地表现为个体性或局部性地解决纠纷，扩展和演化为群体性事件的风险相对较小。

在乡村人身伤害纠纷的解决过程中，受害方在寻求第三方帮助解决纠纷之后，究竟会对第三方解决纠纷的结果和方式如何评价呢? 关于第三方纠纷解决结果的评价情况，调查结果显示，有 6.3%的求助者认为第三方的纠纷解决结果比自己期望的更好，有 78.1%的求助者认为结果与自己期望的基本相符，也有 15.6%的求助者认为第三方纠纷解决结果未达到自己的期望。

关于受害方对第三方纠纷解决方式的评价，调查结果显示，求助者对参与纠纷解决的第三方处理问题方式的评价与对纠纷解决结果的评价相同。调查的结果所包含的意义是：在涉及人们重要权益受损与补偿的纠纷解决中，

① 陈柏峰．农民上访的分类治理研究．政治学研究，2012（1）.

第三方参与解决纠纷的效果及方式是比较令人满意的，这可能意味着第三方在解决纠纷的过程中，能够坚持公正原则，较为合理、有效地解决争执问题。

乡村人身伤害纠纷涉及人们的身体及安全等重要权益，人身伤害赔偿或补偿问题的公正解决，通常需要第三方权威的及时、有效介入，因此，公力救济在此类纠纷解决与管理中有着重要意义。公力救济并不一定要通过诉讼渠道来解决纠纷，行政性质的纠纷调处往往更具灵活性[①]，在公正、合理地解决此类纠纷中能够发挥积极功能。

（十七）财产损害补偿纠纷的解决方式

财产权是个人及其家庭的重要权益，如果个人或其家庭的财产遭受他人的损坏或侵害，就会产生财产损害问题，由此也就会产生财产损害补偿方面的纠纷。财产损害补偿纠纷属于典型的民事纠纷，在解决此类纠纷时，人们常常选择诉讼方式，让司法机关来做出权威裁决。

在乡村社会，当人们遭受财产损害补偿纠纷时，有26.7%的当事者会选择“吃点亏，忍了算了”，不与对方计较自己的财产损害，有29.7%的当事者则会选择直接找对方解决赔偿或补偿问题，有43.6%的当事者会选择请他人或有关部门等第三方帮助解决问题。从这一调查结果可以了解到，乡村财产损害补偿纠纷的解决方式以寻求第三方介入解决为主，由此也反映了第三方解决方式较为适用于财产权益方面纠纷的解决。

从法社会学的角度看，之所以有较多的乡村居民会选择第三方介入解决财产损害补偿纠纷，一方面是因为当人们的财产这一重要个人权益受到损害时，一般难以选择忍忍算了的方式。当受害者无法获得补偿或双方就损害补偿僵持不下且难以协商解决的时候，让具有权威的第三方出面调解或进行裁决，对于纠纷解决可能更为有效。

在当事者寻求第三方帮助的过程中，所涉及的范围究竟有多大呢？调查结果显示，有84.1%的当事者的求助范围局限在自己家庭内部，有13.6%的当事者会让其他家庭参与其中，有2.3%的当事者会让很多家庭参与其中。

---

① 梁平．多元化纠纷解决机制的制度构建：基于公众选择偏好的实证考察．当代法学，2011(3).

就乡村财产损害补偿纠纷解决的第三方介入情况看，此类纠纷解决主要在当事者家庭范围之内进行，波及的范围不大，因而引发大规模群体性事件的可能性较小。

当事者在求助第三方解决财产损害补偿纠纷后，会对纠纷的处理结果有怎样的评价呢？从调查情况看，有 2.6％的纠纷当事者认为解决结果比自己期望的要好，有 39.5％的当事者觉得纠纷解决结果与自己期望的差不多，但有 57.9％的当事者表示纠纷的处理结果没有达到自己的期望，因而对纠纷解决结果并不满意。这一调查结果表明，在乡村社会，虽然在财产损害补偿纠纷的解决中有较多的人求助于第三方介入，但从当事者的评价中可以发现，实际上第三方解决此类纠纷的效果并不令人很满意。

在财产损害补偿纠纷当事者对第三方纠纷解决方式的评价方面，调查结果显示，有 41％的人认为第三方纠纷解决方式与自己期望的差不多，有 2.6％的人觉得第三方纠纷解决方式比自己期望的要好，但有 56.4％的人认为第三方纠纷解决方式并没有达到自己的期望。由此表明，在财产损害补偿纠纷的解决中，当事者对第三方纠纷解决方式并不满意，或第三方纠纷解决方式与当事者的认知和期望有一定差距。

目前在乡村社会，财产损害补偿方面的纠纷属于常见、多发的纠纷类型。在此类纠纷过程中，当事双方常因侵权责任、受害程度、赔偿额度、支付方式等问题而产生较大分歧，再加上财产权益是人们的核心利益，因而纠纷解决起来要面临种种困难。即便是纠纷进入了司法领域，法院最终依法做出了判决，也会因为其他复杂因素而难以解纷止争，这也就是有较多求助第三方解决财产损害补偿纠纷的当事者感到不满意的原因之一。

（十八）人身伤害、财产损害或其他指控纠纷的解决方式

与财产损害补偿纠纷相对应，个人也可能因为自己的故意或非故意行为而使他人身体或财产受到损害，由此而被要求赔偿相关损失。当此类纠纷发生后，有 6.3％的当事者会选择容忍，有 31.3％的当事者会选择直接与对方自行解决，有 62.4％的当事者会请他人或有关部门帮忙解决问题。调查结果表明，当个人面对赔偿他人损失的纠纷时，更倾向于选择第三方介入解决。

受到他人指控并要求赔偿，意味着被他人认定为实施了人身伤害、财产

损害等侵害行为，对被指控者而言，他们需要承担起相应的后果和赔偿责任。因此在此类纠纷发生后，多数当事者会积极与对方沟通，或借助权威第三方力量理清事实和消除矛盾。

在受到指控而向第三方寻求帮助解决纠纷的过程中，有80%的当事者在自己家庭内部寻求支持，也有20%的当事者会将求助范围扩大至其他家庭。这一结果反映出，人身伤害、财产损害纠纷的解决，波及的范围主要在当事者家庭内部，向外扩展的范围相对有限。

在人身伤害、财产损害纠纷的解决过程中，当事者向第三方求助之后，会对纠纷的处理结果有怎样的看法呢？根据对调查数据的分析，有33.3%的当事者认为第三方帮助解决纠纷的结果比自己期望的要好，有44.5%的当事者认为第三方解决结果基本符合自己的期望，还有22.2%的当事者表示第三方处理纠纷的结果并没有达到自己的期望。

在对第三方纠纷解决方式的评价方面，有44.4%的当事者认为第三方纠纷解决方式比自己期望的要好，还有55.6%的当事者觉得第三方纠纷解决方式与自己期望的差不多，而没有不满意的评价。这一结果反映了乡村居民在解决人身伤害、财产损害纠纷的过程中，对第三方解决纠纷的评价还是较为良好的，这也表明第三方解决方式较适用于此类纠纷的化解。

在乡村社会，人身伤害、财产损害纠纷发生得相对较少。这一类纠纷的解决方式以第三方参与解决为主，较多的当事者选择寻求第三方介入解决，表明这一纠纷解决方式对于解决此类纠纷具有一定的效力。

（十九）子女教育纠纷的解决方式

2010年乡村纠纷调查将子女教育纠纷作为一个纠纷种类，此类纠纷主要指被访者或家人是否因孩子教育的事与学校或教师发生矛盾纠纷。在某种意义上，子女教育纠纷有一些特殊之处，因为纠纷主要为孩子的教育之事而起，纠纷双方则是家庭与学校。那么，在子女教育纠纷的解决方式上，是否也具有一些特殊之处呢？

调查结果显示，乡村居民在遇到子女教育纠纷时，有26%的人会选择忍忍算了，有58.9%的人选择直接与教师或学校协商解决问题，有15.1%的人则请求他人或有关部门帮助解决问题。从这一调查结果中，我们可以了解到子女教育纠纷由于未直接触及乡村居民的重大利益，因此对于此类纠纷，人们还是倾向于自行处理和解决问题。

为了解决子女教育纠纷而求助第三方的，所求助的范围也主要局限在自己家庭内部。调查的结果也显示，有83.3%的求助者是在自己家庭内部寻求帮助和支持的，仅有16.7%的求助者会将求助范围扩展至其他家庭。由此可见，即便有第三方参与子女教育纠纷的解决，其范围也是很小的，因而子女教育纠纷解决的波及面一般不会太大。

在求助第三方解决子女教育纠纷之后，当事者对纠纷解决结果有什么样的评价呢？调查显示，有18.2%的当事者认为第三方纠纷解决结果比自己期望的更好，有72.7%的当事者认为第三方纠纷解决结果与自己期望的差不多，有9.1%的当事者表示第三方纠纷解决结果未达到自己的期望。

在对第三方纠纷解决方式的评价方面，有18.2%的当事者表示第三方纠纷解决方式比自己期望的要好，有72.7%的当事者认为第三方纠纷解决方式和自己的期望基本上相符，有9.1%的当事者觉得第三方纠纷解决方式未达到自己的期望。

根据统计分析所提供的信息，我们可以对第三方解决乡村子女教育纠纷的方式有这样的理解：当人们求助于第三方来解决子女教育纠纷问题时，他们对最终的纠纷解决结果和解决方式都比较满意。由此表明，第三方的介入有利于乡村子女教育纠纷的化解，能够有效地解决当事者为之起纷争的问题。

乡村社会子女教育纠纷并不多发，人们在纠纷解决方式与管理策略的选择上，倾向于自我解决。少数诉诸第三方来解决的，当事者对纠纷的解决结果和方式都较为满意，表明第三方在此类纠纷解决中，能够较好地澄清纠纷中的事实和责任。当事者求助于第三方解决纠纷，正是出于双方有自己无法调和的矛盾与冲突①，第三方在把握事实和责任的基础上，通过调解或裁定即可化解矛盾和纠葛。

（二十）其他纠纷的解决方式

在乡村社会的现实生活中，矛盾纠纷是复杂多样的，除上述19种重要纠

---

① 赵旭东．民事纠纷解决中合意形成机制的检讨与反思：以当事人视角下的合意为中心．法学家，2014（1）.

纷类型外，还有其他类型的纠纷发生。

那么，在解决方式的选择上，其他纠纷的解决会呈现什么样的特征呢？从实际调查情况看，在解决其他纠纷方面，有42.9％的涉事村民会选择忍让的方式，有25％的当事者会直接找对方自行解决，有32.1％的当事者会求助于第三方帮助解决问题。

对于那些寻求第三方帮助的当事者来说，求助对象的范围究竟有多大呢？调查结果显示，有66.6％（即三分之二）的求助者将其求助范围局限在自己家庭内部，有27.8％的求助者会向其他家庭求助，只有5.6％的求助者会寻求很多家庭参与其中。这一结果表明，其他纠纷在解决过程中升级演化的风险相对较小。

在对第三方参与解决其他纠纷的评价方面，有18.8％的当事者表示纠纷解决结果好于自己的预期，有62.4％的当事者认为第三方纠纷解决结果与自己预期的差不多，也有18.8％的当事者对第三方解决结果表示不满，认为纠纷解决结果未达到自己的期望。

在对第三方纠纷解决方式的评价方面，有87.5％的当事者认为第三方纠纷解决方式要好于和基本符合自己的期望，仅12.5％的当事者认为第三方纠纷解决方式未达到自己的期望。由此可见，乡村居民对第三方参与解决其他类型纠纷的评价趋于良性。

通过对于乡村居民对20种类型的纠纷解决方式与管理策略选择的考察，可以发现这样一些共性特征：首先，乡村社会纠纷解决机制趋于个体性和内部性。较多乡村居民在解决纠纷过程中，倾向于通过个体的和乡村内部的力量与方式来处理问题。其次，乡村社会纠纷解决机制是多元的。实证经验反映了乡村社会实际上存在多样的、具有特定功能的纠纷解决方式①，人们会根据纠纷的特点及需要，选择不同的解决方式——包括诉讼和非诉讼的方式——来解决纠纷。此外，乡村纠纷的解决效果及演化走势具有多样性，根据不同纠纷所涉及的利害关系重要程度以及矛盾化解的难易度，乡村纠纷的秩序风险有高有低。

---

① 范愉．纠纷解决的理论与实践．北京：清华大学出版社，2007：221.

四、乡村纠纷解决中的暴力风险

个人的暴力行为既是对社会秩序构成威胁的重要因素，也是引发普通民间纠纷和使冲突升级的直接因素。如果在纠纷解决中出现暴力倾向，那么，纠纷演化为暴力纠纷和重大事件的风险就会上升。因此，考察纠纷解决中的暴力使用状况，目的在于监测和预判普通纠纷演化为暴力事件的风险。

在2010年乡村纠纷调查中，对纠纷解决中的暴力使用及倾向的考察主要体现在三个问题上。一是询问有纠纷经历的被访者："在解决纠纷的过程中，是否发生过打架、殴打、人身伤害、财物破坏等行为?"二是继续询问："发生过这样的行为，是谁先动手?"三是询问没有使用暴力的被访者："那有没有任何一方准备或声称要使用这样的手段?"

乡村纠纷解决过程中的暴力使用及暴力倾向问题，与犯罪学意义上的暴力犯罪行为有一定区别。犯罪学对暴力行为的解释主要从工具性、理性的角度，亦即把暴力视为有目的犯罪的工具或手段，而乡村纠纷中的暴力使用或暴力纠纷，通常与情境、情感以及力的较量有关①。在纠纷解决过程中，受特定情境、特定情绪以及当事双方的势力均衡状态的影响，纠纷过程可能诱发暴力行为甚至暴力事件。这些行为虽然不同于犯罪行为，但也可能演变为刑事案件，也就是"民转刑"的纠纷演化。正是在这个意义上，预防乡村纠纷解决过程中的暴力风险就显得非常重要。

(一) 财产所有权方面的纠纷解决中的暴力使用状况

在财产所有权方面的纠纷的解决过程中，只有19户发生过打架、殴打、人身伤害、财物破坏等行为，只占此类纠纷的7.9%，而92.1%的纠纷在解决过程中没有发生过暴力冲突事件（见表1-9)。这一结果表明，乡村居民在解决财产所有权方面的纠纷时，使用武力或发生暴力冲突的情况并不多，亦即纠纷的暴力风险较低。

---

① 邢朝国．情境、情感与力：暴力产生的一个解释框架．中国农业大学学报，2014（1).

表 1-9　　财产所有权方面的纠纷解决中是否使用暴力

	频次	有效（%）	累积（%）
是	19	7.9	7.9
否	219	92.1	100.0
总计	238	100.0	

资料来源：2010 年法律与农村居民生活调查。

在使用了暴力的案例中，究竟是谁先动手的呢？根据调查提供的信息（见表 1-10），大多数人指出“是对方先动手”，占 57.9%；其次是“两方同时动手”，占 26.3%；最后是“是我方先动手”，占 10.5%。从统计结果可见，人们大都会把纠纷引发的暴力冲突归因于对方，要不然就是认为双方都有责任。

表 1-10　　财产所有权方面的纠纷解决中谁先使用暴力

	频次	有效（%）	累积（%）
是我方先动手	2	10.5	10.5
是对方先动手	11	57.9	68.4
两方同时动手	5	26.3	94.7
分不清谁先动手	1	5.3	100.0
总计	19	100.0	

资料来源：2010 年法律与农村居民生活调查。

在没有发生过暴力行为的案例中，是否存在使用暴力的倾向呢？从调查情况看（见表 1-11），有 88.6%的人表示两方都没有准备或声称要使用暴力，仅有 5.9%的人表示双方都准备或声称要使用暴力。在纠纷解决过程中，有没有准备或声称要使用暴力手段，能够反映纠纷暴力升级的可能性。调查结果表明，财产所有权方面的纠纷解决中潜在暴力冲突的可能性不高。

表 1-11　　财产所有权方面的纠纷解决中谁准备或声称要使用暴力

	频次	有效（%）	累积（%）
两方都没有准备或声称	194	88.6	88.6
两方都准备或声称	13	5.9	94.5
只有我方准备或声称	1	0.5	95.0
只有对方准备或声称	11	5.0	100.0
总计	219	100.0	

资料来源：2010 年法律与农村居民生活调查。

（二）农田农地方面的纠纷解决中的暴力使用状况

乡村居民在解决农田农地方面的纠纷的过程中，发生暴力行为或暴力事件的情况如何呢？2010年乡村纠纷调查显示，乡村居民在解决农田农地方面的纠纷时，只有6.4%的人报告曾发生过打架、殴打、人身伤害、财物破坏等事件，93.6%的农田农地方面的纠纷在解决过程中并未出现使用暴力的情况。这一结果说明，较少农户会因为农田农地的使用问题而采取过激的行动，这从另一个角度也反映出乡村居民在纠纷解决中使用暴力的情况并不突出。

当在纠纷过程中出现使用暴力的现象时，当事者会做出什么样的责任分析呢？从2010年乡村纠纷调查情况来看，有45.5%（占多数）的当事者声称“是对方先动手”，有36.4%的当事者则表示“两方同时动手”。这一调查结果进一步验证了社会冲突外部归因的特点，也就是对社会冲突发生、升级原因的认识，人们往往倾向于认为是对方的原因或至少与对方有密切关系。例如在对农田农地方面的纠纷解决过程中的暴力行为和暴力事件的归因中，人们大都不会将暴力的根源指向自家，而会强调对方先动手或双方同时动手。

那么，在没有发生暴力冲突的案例中，是否存在潜在的暴力风险呢？关于这一问题，调查结果显示，有83%的纠纷当事者表示两方都没有打算用暴力冲突来解决问题。这一结果意味着，农田农地方面的纠纷解决过程中潜在的暴力风险不高。

准备或声称要使用暴力手段既代表一种潜在暴力风险，也可视为冲突中的威胁策略。在冲突理论里，威胁被视为一种“争斗之术”，这一策略不同于暴力，不具有内在破坏性或危害性①。但暴力威胁也会刺激冲突双方的情绪，从而可能引发真正的暴力行为，因而也具有潜在危险性。

（三）环境污染方面的纠纷解决中的暴力使用状况

在解决环境污染方面的纠纷的过程中，有95.5%的案例没有发生打架、殴打、人身伤害、财物破坏等暴力冲突事件，仅有4.5%的纠纷在解决中出

---

① 普鲁特，金盛熙．社会冲突：升级、僵局及解决．王凡妹，译．北京：人民邮电出版社，2013：77.

现了使用暴力的现象。从这一结果可见，环境污染方面的纠纷的解决过程引发的暴力冲突较少。

在出现使用暴力的案例中，究竟是谁先使用暴力的呢？从调查情况看，有 57.8%的当事者认为对方在这次暴力冲突事件中是先动手的一方，而没有人认为是自己先动手继而引发暴力冲突，各有 21.1%的当事者认为“两方同时动手”和“分不清谁先动手”。这一结果同样反映了人们对纠纷解决中的暴力事件的归因有外部归因倾向。

在没有发生暴力冲突的环境污染方面的纠纷案例中，有 93.6%的纠纷当事者指出两方都没有准备或声称要使用暴力，而只有 6.4%的案例有使用暴力的准备。从这一结果可以了解到，乡村居民在应对环境污染方面的纠纷时，使用暴力的倾向并不明显，因而纠纷转化为暴力纠纷的风险较低。

乡村居民在遭遇环境污染方面的纠纷时，由于纠纷对象往往是强势的企业组织，因此他们在势力较量上明显处于弱势。如果使用暴力手段，那么自己可能要蒙受更大损失。所以，在纠纷解决中使用暴力的现象不多，反映的是纠纷当事者在纠纷解决方式选择上具有理性特征。

（四）用水方面的纠纷解决中的暴力使用状况

用水方面的纠纷在乡村社会时有发生，在解决此类纠纷的过程中，当事双方是否会因此而发生暴力行为呢？调查结果显示，乡村居民在解决用水方面的纠纷的过程中，仅有 18 个纠纷案例有打架、殴打、人身伤害、财物破坏等暴力行为的发生，占此类纠纷总数的 8.9%，有 91.1%的用水方面的纠纷未发生暴力事件。这一结果意味着，乡村用水方面的纠纷解决中发生的暴力事件不多，说明乡村居民并不倾向于使用暴力来解决用水方面的纠纷。

在使用暴力或发生暴力事件解决用水方面的纠纷的案例中，当事者对先动手一方的回忆是这样的：没有人表示“是我方先动手”，41.2%的人回忆“是对方先动手”，也有 41.2%的人回忆“双方同时动手”。此外，还有 17.6%的人表示“分不清谁先动手”。从这一调查结果看，人们对用水方面的纠纷解决中的暴力事件所做的归因，具有明显的“去自我化”的倾向，也就是不会主动认可暴力事件的发起者或责任方是自己一方。

在那些未发生暴力事件的用水方面的纠纷案例中，是否具有潜在暴力呢？

从调查情况看，有89.3%的当事者表示“两方都没有准备或声称要使用这样的手段”，仅有10.7%的当事者反映双方曾有使用暴力的准备或声称。这一调查结果说明，乡村居民在应对用水方面的纠纷时，发生暴力事件的可能性不高。

虽然关于乡村纠纷的问卷调查结果显示的是，人们在处理用水方面的纠纷时，较少有暴力事件发生，但在现实经验中，一些特定的情境往往会引发暴力事件，因为暴力纠纷的发生一般需要有相应的情境条件①。在水资源严重短缺和用水紧张的地方，如果用水者之间的矛盾不能及时化解，就容易衍生出暴力行为的情境和情绪，发生暴力事件的风险也就会不断上升。

（五）医疗纠纷解决中的暴力使用状况

近年来，恶性医闹事件、暴力伤医事件时有发生，这些事件的导火索便是医疗纠纷，亦即因患者及其家属对医院或医生的诊疗和服务产生不满而引发的纠纷。在纠纷未得到有效化解的情况下，或在解决纠纷的过程中，有些人容易采取极端暴力行为而导致恶性事件发生。

那么，在乡村社会，人们在遇到医疗纠纷问题时，会不会使用暴力行为来解决纠纷呢？根据2010年乡村纠纷调查，乡村居民在解决医疗纠纷过程中发生打架、殴打、人身伤害、财物破坏等暴力事件的并不多，仅有4%的医疗纠纷案例中出现暴力现象，96%的医疗纠纷在解决中未发生暴力事件（见表1-12）。从这一调查结果看，虽然乡村医疗纠纷解决中出现过暴力行为，但发生暴力纠纷的比例相对较低。

表1-12　医疗纠纷解决中是否使用暴力

	频次	有效（%）	累积（%）
是	5	4.0	4.0
否	120	96.0	100.0
合计	125	100.0	

资料来源：2010年法律与农村居民生活调查。

在发生过暴力冲突的案例中，有60%的人认为“是我方先动手”，没有

① 邢朝国．情境、情感与力：暴力产生的一个解释框架．中国农业大学学报，2014（1）.

“是对方先动手”的案例，“两方同时动手”和“分不清谁先动手”的案例各有20%（见表1-13）。从这一结果来看，医疗纠纷的解决确实有一些特殊性。当普通患者难以与医院一方沟通，双方信息不对称比较严重，且自己的病情在医疗过程中加重，经济上又有了损失时，往往会产生过激情绪，由此而动手。在这种特定的社会情境中，暴力根源大都来自“我方”也是可以理解的。

表1-13　医疗纠纷解决中谁先动手

	频次	有效（%）	累积（%）
是我方先动手	3	60.0	60.0
是对方先动手	0	0.0	60.0
两方同时动手	1	20.0	80.0
分不清谁先动手	1	20.0	100.0
总计	5	100.0	

资料来源：2010年法律与农村居民生活调查。

那么在那些没有发生暴力事件的医疗纠纷案例中，是否还有一些潜在的暴力风险呢？为了解这些问题，可以进一步分析2010年乡村纠纷调查的相关结果。调查结果显示（见表1-14），在没有发生实际暴力事件的117个纠纷案例中，有90.6%的纠纷当事者回忆在纠纷解决过程中“两方都没有准备或声称要使用这样的手段”，也就是说，有准备或声称要使用暴力手段的案例仅占9.4%，其中6%的当事者表示“只有我方准备或声称要使用这样的手段”。从这一结果来看，在医疗纠纷解决中，“自我”一方在解决问题时使用暴力手段的潜在风险还是存在的，这或许与医疗纠纷的特点及后果有一定的关系。在医患关系失衡状态下，患者容易受情绪和情境影响而选择使用暴力方式来处理问题，以达到“以牙还牙”的非理性报复目的。

表1-14　医疗纠纷解决中谁准备或声称要使用暴力

	频次	有效%	累积%
两方都没有准备或声称	106	90.6	90.6
两方都准备或声称	2	1.7	92.3
只有我方准备或声称	7	6.0	98.3
只有对方准备或声称	2	1.7	100.0
总计	117	100.0	

资料来源：2010年法律与农村居民生活调查。

通过对乡村医疗纠纷解决中的暴力使用情况和潜在暴力风险的监测，可以发现这样一种动向：乡村居民在应对和处理医疗纠纷问题上，有一定的非理性暴力风险，尽管发生的暴力事件不多，但产生的社会影响却可能较大。

（六）债权纠纷解决中的暴力使用状况

在乡村社会，债权纠纷属于典型的民事纠纷，且纠纷主要在个体或家户之间发生。债权纠纷的事因是经济利益上的纠葛。

在解决债权纠纷的过程中，乡村居民是否会使用暴力呢？债权纠纷解决中发生暴力事件的潜在风险有多大呢？关于这些问题，2010 年乡村纠纷调查结果显示，在解决债权纠纷的过程中，有 10.7%的案例发生过打架、殴打、人身伤害、财物破坏等行为，与其他类型的纠纷相比，暴力行为发生率相对较高。债权纠纷是在经济交往中发生的，为何在其解决中有比较高的暴力行为发生率呢？出现这一现象的原因，可能是在还款交涉与互动情境中，双方都容易在情绪失控时采取暴力行为。

在被问及“发生过这样的行为，是谁先动手”时，调查结果显示，暴力事件发生主要“是我方先动手”和“是对方先动手”，有 55.6%的案例“是我方先动手”，有 44.4%的案例“是对方先动手”，没有“两方同时动手”和“分不清谁先动手”的情况。这一结果表明，乡村居民在解决债权纠纷的过程中，暴力冲突的根源来自纠纷双方的互动，债权人和债务人在交涉中，都有使用暴力的倾向。当讨债与还债行为激发双方的愤怒情绪时，就容易产生暴力行为。

在没有发生过暴力冲突的 77 个案例中，有 85.7%也不存在暴力冲突的倾向，即双方都没有准备或声称要动用暴力。但有 7 人（9.1%）选择了“只有我方准备或声称要使用这样的手段”，也各有 2.6% 的人表示“只有对方准备或声称要使用这样的手段”和“两方都准备或声称要使用这样的手段”。

虽然乡村债权纠纷是经济上的纠葛，但纠纷解决中暴力行为发生率却相对较高，这可能与纠纷双方的互动情境有关。

（七）债务纠纷解决中的暴力使用状况

关于债务纠纷解决中的暴力使用状况，调查显示，在 38 例债务纠纷中，只有 2 例发生了打架、殴打、人身伤害、财物破坏等行为，表明发生暴力的可能性不算太大。

关于乡村债务纠纷解决中的潜在暴力风险，调查显示，在36个没有发生过暴力冲突的案例中，有86.1%没有潜在的暴力冲突可能，当事者选择的是“两方都没有准备或声称要使用这样的手段”，即使用暴力手段来解决纠纷。有5.6%的当事者表示“两方都准备或声称要使用这样的手段”，有8.3%的当事者回忆“只有对方准备或声称要使用这样的手段”，而没有人表示“只有我方准备或声称要使用这样的手段”。

乡村债务纠纷解决中的暴力使用及潜在的暴力风险相对较少，因为大多数债务人通常希望债权人在还款问题上给予通融，而并不会指望通过暴力来解决问题，毕竟欠债一方有还款的义务。

（八）计划生育方面的难题或分歧解决中的暴力使用状况

在乡村社会，计划生育工作曾是一个冲突多发的领域。在相关部门执行计划生育政策——如生育指标审批、节育、超标生育罚款等工作——的过程中，常常会引发与当事农户的冲突，而且有较多的暴力冲突。那么，在实际中，乡村居民是否倾向于采用暴力手段来对抗计划生育方面的纠纷呢？关于这一问题，2010年乡村纠纷调查的结果显示，在150个有过计划生育方面的难题或分歧的案例中，仅仅有一例发生过打架、殴打、人身伤害、财物破坏等行为，占此类纠纷的0.7%。由此看来，在乡村计划生育方面的纠纷解决中，使用暴力的现象并不多，与想象有一定差距。

在计划生育方面的纠纷解决中使用暴力的一个个案中，当事者表示“是我方先动手”。由于案例数量太少，因此这一结果并不代表普遍性的特征。

在其他没有发生暴力冲突的计划生育方面的纠纷中，有94.6%的当事者回忆“两方都没有准备或声称要使用这样的手段”，仅有5.4%的纠纷出现“只有对方准备或声称要使用这样的手段”的情况。从这一结果来看，在计划生育方面的纠纷的解决过程中，乡村居民使用暴力的潜在风险较低。这一结果也比较合情合理，毕竟在计划生育方面的纠纷中，农户所要面对的是计划生育工作部门，双方在力量上具有不对称性，普通居民只会对一些强制执行措施做出一些应对，而不会主动地使用暴力手段来加以应对。

通过对乡村计划生育方面的纠纷解决中的暴力使用情况和潜在风险的监

测，可以得到这样一种认识，那就是乡村居民并不会主动使用暴力手段来解决计划生育方面的纠纷，而现实中曾在乡村计划生育政策实施过程中发生的对抗和冲突行为，可能与一些工作方式有关。

（九）消费方面的纠纷解决中的暴力使用状况

消费方面的纠纷一般不是两个个人之间的纠纷，而是个体消费者与相关企业组织之间的纠纷。那么，个人在解决消费方面的纠纷时，会不会使用暴力手段呢？从调查情况来看，消费方面的纠纷的解决中基本不会发生打架斗殴等暴力事件。这一结果也意味着，在处理消费方面的纠纷问题上，人们一般不会选择暴力手段。

既然没有人使用暴力手段来解决消费方面的纠纷，那么是否存在潜在暴力风险呢？从调查情况来看，有96.3%的当事者表示“两方都没有准备或声称要使用这样的手段”，只有3.7%的当事者表示有人准备或声称要使用暴力手段。这一调查结果可以反映出，乡村居民在消费方面的纠纷解决中发生暴力事件的风险不高。

通过对2010年乡村纠纷调查结果的分析，可以了解到在消费方面的纠纷的解决过程中，由于纠纷当事者之间直接交涉的机会可能较少，而且争执的问题主要是经济上的问题，因而发生暴力冲突的可能性相应较小。

（十）婚姻纠纷解决中的暴力使用状况

在乡村社会，婚姻纠纷并不多发，但是，从调查情况来看（见表1-15），乡村居民在解决婚姻纠纷的过程中，有24.5%的纠纷案例发生过打架、殴打、人身伤害、财物破坏等暴力行为。与其他纠纷类型相比而言，乡村婚姻纠纷解决中出现暴力事件的风险较大。乡村婚姻纠纷解决中出现较多的暴力现象，主要与乡村婚姻纠纷的特点有关。婚姻纠纷既包括当事双方情感的纠葛，又包含双方家庭复杂的经济利益纷争，再加上纠纷解决过程中双方直接互动的情境较多，无形中给滋生暴力事件提供了较多空间。这一结果也验证了乡村暴力纠纷的情境模型①，亦即暴力行为的发生与冲突的情境是分不开的。

---

① 邢朝国．情境、情感与力：暴力产生的一个解释框架．中国农业大学学报，2014（1）.

表 1-15 婚姻纠纷解决中是否使用暴力

	频次	有效（%）	累积（%）
是	13	24.5	24.5
否	40	75.5	100.0
总计	53	100.0	

资料来源：2010年法律与农村居民生活调查。

在发生暴力事件的纠纷案例中，调查显示（见表1-16），“是对方先动手”的占46.2%，“是我方先动手”与“两方同时动手”的均占15.4%，另有23.1%的案例“分不清谁先动手”。这一结果反映出，乡村居民对婚姻纠纷解决中暴力行为的归因以对方归因为主，同时存在多种归因，表明暴力现象的发生具有复杂性。

表 1-16 婚姻纠纷解决中谁先动手

	频次	有效（%）	累积（%）
是我方先动手	2	15.4	15.4
是对方先动手	6	46.1	61.5
两方同时动手	2	15.4	76.9
分不清谁先动手	3	23.1	100.0
总计	13	100.0	

资料来源：2010年法律与农村居民生活调查。

关于乡村婚姻纠纷解决中的潜在暴力风险，有80.5%的当事者表示“两方都没有准备或声称要使用这样的手段”，有19.5%的当事者表示有人准备或声称要使用暴力手段。由此看来，虽然多数人不会诉诸暴力，但婚姻纠纷解决中的潜在暴力风险比较高。

虽然乡村婚姻纠纷是两个家庭内部及之间的事务，发生率也不高，但在纠纷解决中却有较高的暴力事件发生风险，因而此类纠纷化解对预防纠纷演化和升级有着重要的意义。

（十一）邻里纠纷解决中的暴力使用状况

乡村邻里之间由于在日常生活中交往互动较多，因而时常会因琐事而发生纠纷，且拌嘴打架的现象也时有发生。那么，在乡村邻里纠纷发生后，出现暴力现象的情况究竟怎样呢？调查结果显示，有7.3%的邻里纠纷在解决中会出现暴力冲突，这一发生比例不算高，表明大多数邻里纠纷还是以理性非暴力方式处理的。

在发生暴力事件的邻里纠纷案例中，有52.9%（占多数）的当事者认为“是对方先动手”，有20.6%的当事者认为“两方同时动手”。由此反映，乡村居民对邻里纠纷解决中暴力事件的归因，以对方归因为主，亦即把原因主要归咎于对方。

至于乡村邻里纠纷的潜在暴力风险，调查结果显示，在没有发生暴力冲突的447个邻里纠纷案例中，有82.8%的当事者表示“两方都没有准备或声称要使用这样的手段”，这也就意味着绝大多数乡村邻里纠纷在解决过程中未出现暴力行为倾向。与此同时，不可忽视的是，乡村邻里纠纷解决中也存在一定的潜在暴力风险，有9.2%的当事者回忆双方都曾准备或声称要使用暴力手段，有6.5%的当事者回忆对方曾准备或声称要使用暴力手段。总体看来，乡村邻里纠纷解决中的潜在暴力风险水平比较高。一些风险之所以没有转化成暴力事件，可能是因为纠纷得到了有效调解。

通过对2010年乡村纠纷调查结果的分析可以了解到，乡村邻里纠纷是一种多发的民间纠纷，在纠纷解决中人们使用暴力手段的情况并不多，但其潜在的暴力风险比较高。邻里纠纷如果得不到有效化解，演化为暴力纠纷的可能性就会升高。

（十二）劳动纠纷解决中的暴力使用状况

乡村劳动纠纷主要是个人与用工者或单位之间的纠纷，个人因为劳动报酬或其他权益保障而与用工者产生纠纷。那么，当事者会不会采取暴力手段来解决问题呢？调查结果显示，乡村居民并不太倾向于使用暴力手段来解决劳动纠纷。在139起劳动纠纷中，只有5起在解决的过程中发生过打架、殴打、人身伤害、财物破坏等行为，占3.6%，这一比例相对较低。

至于在劳动纠纷解决中出现的暴力事件，当事者究竟会做怎样的归因呢？从调查情况来看，认为“是对方先动手”的有2起，占40%，认为“是我方先动手”“两方同时动手”和“分不清谁先动手”的各有1起，各占20%。这一结果表明，劳动纠纷当事者将暴力事件发生原因归结为多个方面，亦即认为事件的起因是复杂的。

乡村劳动纠纷的潜在暴力风险有多大呢？关于这一问题，2010 年乡村纠纷调查结果显示，在没有发生暴力冲突的例子当中，“两方都没有准备或声称要使用这样的手段”的有 111 起，占 86.0%，有 14%的劳动纠纷存在潜在暴力风险。相对而言，乡村劳动纠纷在解决过程中仍存在一定的潜在风险。

劳动纠纷关系到劳动者权益问题。在现实社会中，乡村劳动者由于自己的辛苦劳动得不到应有的权益保障，加之处于与用工者势力不均衡的情境中，可能会采取一些非理性的手段，这也就是时常发生的讨薪群体性事件的原因所在。

（十三）农业负担纠纷解决中的暴力使用状况

在 2010 年乡村纠纷调查中，农业负担纠纷的发生较少。那么，农民因农业负担问题而与基层组织或政府发生纠纷时，会不会发生暴力行为呢？调查结果显示，在 71 个农业负担纠纷案例当中，只有 1 个案例发生过打架、殴打、人身伤害、财物破坏等行为，仅占 1.4%，有 98.6%的纠纷未出现暴力现象。由此可见，乡村社会的农业负担纠纷解决中暴力事件发生率相对较低。这一调查结果与底层抗争论的原理似乎有一定差别，底层抗争论强调底层农民会对不合理的索取或压迫进行积极抗争①，包括采取暴力手段和集体行动的策略。

在使用暴力手段解决农业负担纠纷的案例中，事件究竟是哪一方挑起的呢？针对这一问题，调查结果显示，当事者认为对方是暴力事件的发起者，亦即对方归因。

关于乡村农业负担纠纷解决中的潜在暴力风险问题，调查结果显示，在其余的 70 个没有涉及暴力事件的案例中，有 65 个“两方都没有准备或声称要使用这样的手段”，占没有涉及暴力事件案例的 92.9%，只有 7.1%的案例准备或声称要使用暴力。由此看来，在解决农业负担纠纷方面，暴力冲突发生的潜在风险并不高。

农业负担问题曾经是乡村社会发生冲突的焦点问题之一，对于广大农户

---

① 于建嵘．抗争性政治：中国政治社会学的基本问题．北京：人民出版社，2010：8.

来说，缴纳农业税费毕竟是一种负担，因而他们大多是不情愿缴纳的。正因如此，围绕农业税费征缴的冲突也就时常发生。但从调查经验中我们可以了解到，农业负担纠纷其实并不多发。而且即便发生了农业负担纠纷，农民选择使用暴力手段的风险也不太高。

（十四）家庭纠纷解决中的暴力使用状况

家庭纠纷是家庭成员因赡养老人和财产分割而起的纷争，纠纷过程夹杂着情感与利益的纠葛，虽然当事者之间关系很亲近，但这并不意味着纠纷解决中不会出现暴力行为。在特定情境中受情绪影响，家庭纠纷解决中时常也会出现暴力冲突。那么，在实际生活中，乡村居民解决家庭纠纷会不会使用暴力呢？关于这一问题，2010 年乡村纠纷调查结果显示，在 121 例家庭纠纷案例中有 6 例出现了使用暴力解决纠纷的情况，占比 5%，而有 95%的家庭纠纷解决并未出现暴力现象。这一结果反映出，乡村家庭纠纷解决过程中虽偶尔有使用暴力的情形，但发生暴力事件的风险并不高。

在家庭纠纷解决中出现使用暴力现象的原因归结方面，调查显示，有 83.3%的当事人把原因归结于对方，认为是对方先动手的。有 16.7%的当事者则提出分不清是谁先动手的，即暴力行为发生的原因不清。

至于家庭纠纷解决中的潜在暴力风险，调查显示，在没有发生过暴力行为的 114 个家庭纠纷案例中，有 102 例“两方都没有准备或声称要使用这样的手段”，占 89.5%，有 8 例“两方都准备或声称要使用这样的手段”，有 4 例则“只有对方准备或声称要使用这样的手段”，亦即有 10.5%的家庭纠纷在解决过程中潜在暴力风险。

从家庭纠纷解决中暴力使用情况及潜在暴力风险来看，虽然家庭纠纷是在亲近关系人之间发生的矛盾，但矛盾化解的难度并不一定低，并且也存在暴力冲突的倾向。一旦关系亲近的人之间发生激烈冲突，亦即俗话所说的“撕破脸”而大打出手，矛盾关系就更难化解，关系就更难修复。

（十五）干群纠纷解决中的暴力使用状况

干群纠纷是乡村社会中的一种常见纠纷，特别是在农业税费改革之前和计划生育政策严厉执行时期，在乡村干部与村民打交道的过程中，既存在着复杂的矛盾，也会引发一些暴力冲突。那么，乡村干群纠纷解决中出现暴力现象的情况如何呢？调查结果显示，有 4.9%的干群纠纷解决中出现了使用暴力的情况，而有 95.1%的干群纠纷解决中没有出现使用暴力的情况。这一结果表明，乡村干群纠纷解决中虽有暴力现象，但并不多发。

关于干群纠纷解决中谁先使用暴力的问题，调查显示，在发生过暴力冲突的 3 个案例中，有 1 个“是我方先动手”，其余 2 个“是对方先动手”。由此看来，对于纠纷当事者来说，暴力行为的起因主要在对方。

如果说乡村干群纠纷解决中实际使用暴力的行为并不多，那么干群纠纷解决中会不会有潜在暴力风险呢？从调查情况来看，在其余没有发生过暴力行为的 58 个干群纠纷案例中，有 52 个（占 89.7%）当事者表示双方都没有准备或声称要使用暴力，有 1 个当事者表示双方都准备或声称要使用暴力，有 2 个当事者表示只有我方准备或声称要使用暴力，有 3 个当事者表示只有对方准备或声称要使用暴力。这一结果表明，乡村干群纠纷解决中存在一定的暴力风险，当双方矛盾及纠纷问题未得到有效解决而处于僵持不下的状态时，情绪的激化就可能引发过激的暴力行为。

乡村干群纠纷具有一定特殊性，不同于两个个体间的民间纠纷，而是关涉到基层的干群关系。虽然干群纠纷解决中实际发生的暴力事件并不多，但此类纠纷解决中的暴力事件的社会效应相对较大，也是乡村群体性事件发生的重要源头之一。

（十六）人身伤害纠纷解决中的暴力使用状况

人身伤害纠纷主要是由他人的某种侵害行为而引起的，有些侵害行为本身就是故意做出的暴力行为。那么，乡村居民在遭受伤害而出现身体健康或安全方面的损失之后，究竟会不会采取暴力手段来加以应对呢？调查结果显示，在 61 例人身伤害纠纷案例中，有 15 例（占 24.6%）在解决的过程中发生过打架、殴打、人身伤害、财物破坏等行为，有 75.4%的人身伤害纠纷并未出现暴力现象。此结果反映出，乡村人身伤害纠纷在解决过程中发生使用暴力现象的比例相对较高，这可能与此类纠纷的性质特点有关，有些当事者在遭遇人身伤害之后，可能会按照“以牙还牙”的原则而向对方使用暴力来加以回应。

至于对使用暴力行为的归因，调查结果显示，有 80%的纠纷当事者将事件起因归结于对方，认为“是对方先动手”。而认为“两方同时动手”和“分不清谁先动手”的共占 20%。这一调查结果可以反映出，在对暴力事件的归因方面，当事者一般倾向于做对方归因，亦即把事件的起因和责任向对方推卸，而较少认为自己是暴力事件的发起者。当然，这种归因特点符合人们的社会心理。人们在归因方面，总是倾向于把不好事情的原因归结于他人，而把好的事情的原因归结于自己。而使用暴力毕竟不是好的事情，所以他们倾向于把责任推给他人而非自己。

在人身伤害纠纷解决中，还有没有潜在的暴力风险呢？关于这一问题，从调查结果来看，在解决人身伤害纠纷的过程中，有 67.4%的纠纷当事者回忆两方都没有准备或声称要使用暴力，有 17.4%的当事者表示两方都准备或声称要使用暴力，有 4.3%的当事者回忆只有我方准备或声称要使用暴力，有 10.9%的当事者则表示只有对方准备或声称要使用暴力。这一结果反映出，人身伤害纠纷解决过程中存在较高的暴力风险，即在处理纠纷问题时，人们有“以牙还牙”的倾向。

由于人身伤害纠纷关系到人们的身体健康和人身安全等重大利益关系，而造成伤害和损失往往与暴力行为有密切关系，因而此类纠纷在解决过程中，实际出现的暴力现象相对较多，潜在的暴力风险也比较高。所以，及时有效地化解人身伤害纠纷，控制纠纷的局面，避免纠纷解决的情绪化情境显得非常重要。

（十七）财产损害补偿纠纷解决中的暴力使用状况

财产损害补偿纠纷所涉及的是经济利益，在解决此类纠纷的过程中，经济补偿的手段通常是有效的。如果使用武力，就会使纠纷更加复杂化。因而，从理性选择的角度来看，人们会更倾向于采取经济手段而非暴力手段来解决财产损害补偿纠纷。那么，在实际生活中，乡村居民的选择是否符合理性选择原则呢？从调查情况看，在 96 例与财产损害补偿有关的纠纷中，仅有 1 例产生了暴力冲突，发生过打架、殴打、人身伤害、财物破坏等行为。由此看来，乡村居民在财产损害补偿纠纷解决中，更趋向于理性地选择。

在这一起发生暴力行为的个案中，纠纷当事者回忆是双方同时动手的。

由此表明，财产损害补偿纠纷解决中发生的暴力事件，可能是在交涉互动中因情绪而偶然发生的事件。

在财产损害补偿纠纷解决过程中，潜在的暴力风险会有多高呢？从2010年乡村纠纷调查的情况来看，有92.1%的当事者表示双方都没有准备或声称要使用暴力解决问题，仅有7.9%的当事者回忆在纠纷解决过程中有人准备或声称要使用暴力。由此可见，在乡村居民索要财产损害补偿的过程中，发生暴力事件的潜在风险比较低。

通过对乡村居民解决财产损害补偿纠纷过程中暴力使用情况的调查分析，我们可以了解到此类纠纷的解决方式总体上趋于理性，较少发生暴力事件，而且纠纷进一步演化升级为暴力纠纷的风险不高。这与财产损害补偿纠纷的性质特征有一定关联，对于经济利益纷争，人们还是倾向于通过经济手段来解决。

（十八）人身伤害、财产损害或其他指控解决中的暴力使用状况

当事者因自己的侵害行为而使别人的人身和财产遭到伤害或损害，以致被别人控诉和要求赔偿损失。面对被指控和索赔的情形，当事者会不会在争执过程中采取暴力手段来解决呢？针对此问题，2010年乡村纠纷调查结果显示，在13个发生过此类纠纷的案例中，有7例（占53.8%）发生了打架、殴打、人身伤害、财物破坏等行为，而没有使用暴力的案例占46.2%。这一结果意味着，虽然人身伤害、财产损害纠纷在乡村并不多发，但其解决方式以暴力解决居多，亦即暴力行为发生率很高，这可能与纠纷当事者的行为特征有一定关系。

而在暴力行为的起因方面，调查结果显示，7例中有5例“是我方先动手”，占71.4%，而“是对方先动手”和“两方同时动手”的各1例，各占14.3%。从这一结果来看，在此类纠纷解决中发生暴力事件，主要是己方先动手而引起的。而且当事者对暴力事件的归因倾向于自我归因，而不是将责任归结于对方，反映出当事者的性格和行事风格更具有攻击性。在已对别人的人身或财产造成伤害或损害的情况下，并没有选择忍让，而是继续采取暴力手段来处理问题，反映出此类纠纷的当事者更具有攻击性，且法治意识较为淡薄。

除了已发生的暴力事件之外，在解决人身伤害、财产损害纠纷的过程中，潜在的暴力风险是不是也很高呢？关于这一问题，从 2010 年乡村纠纷调查情况看，只有 28.6％的当事者回忆双方都没有准备或声称要使用暴力手段来解决问题，换句话说，有 71.4％的纠纷在解决过程中存在着潜在的暴力风险，只是它们得到了有效调解而没有演化为暴力事件。

乡村社会人身伤害、财产损害纠纷解决中的暴力使用状况调查表明，此类纠纷解决的暴力倾向较为突出，而且潜在的暴力风险非常高。这一问题产生的原因是多方面的，可能与当事者的行为特质有较强相关性。因而，在此类纠纷的管理和治理中，有效调节情绪，控制和防范暴力冲突升级尤为重要。

（十九）子女教育纠纷解决中的暴力使用状况

子女教育纠纷是孩子家长与学校或教师因子女教育方面的问题而发生的矛盾纠纷，此类纠纷可能更多涉及双方沟通中的分歧，直接的利益纷争相对较少。在这种纠纷的解决中，乡村居民会不会使用暴力呢？对于此问题，调查结果显示，在 68 例发生过子女教育纠纷的案例中，仅有 1 例出现过打架、殴打、人身伤害、财物破坏等行为，其余 67 例均无此类现象发生。由此可见，涉及子女受教育问题而与学校或教师产生的纠纷，在解决过程中发生暴力事件并不多见，表明人们并不倾向于通过诉诸暴力来解决子女教育方面的问题。

在这起出现暴力事件的案例中，当事者表示“是我方先动手”的，即自己是暴力事件的发起者。对这一结果，可以从偶发性的视角来加以理解，也就是说，在解决子女教育纠纷的过程中所发生的暴力事件，可能是在特定情境中受某种偶然因素的刺激，从而引发激烈情绪，并进而诱使当事者使用暴力。但在总体上，纠纷解决中的暴力倾向是不明显的。特别是在非直接的利益冲突解决中，出现情绪失控和暴力情境的情形并不会太多。

在那些没有出现暴力行为的案例中，是否有潜在的暴力风险呢？从调查情况来看，在 67 例没有出现暴力行为的子女教育纠纷中，有 63 例（占 94％）的当事者表示两方都没有准备或声称要使用暴力来处理问题，仅有 6％的当事者表示双方都曾准备或声称要使用暴力。总体看来，乡村居民解决子女教育纠纷的潜在暴力风险不高。

子女教育纠纷在乡村社会并不多发，人们在解决这一类型纠纷的过程中，很少使用暴力手段，而且潜在的暴力风险比较低。这与此类纠纷的特点有关，人们在非直接利益冲突中，更趋向于采取平和的手段来解决问题。

（二十）其他纠纷解决中的暴力使用状况

其他纠纷是指除上述纠纷之外的各种纠纷。在解决这些纠纷的过程中，是否会出现暴力事件呢？调查结果显示，其他纠纷共发生 49 起，其中在 3 起（占 6.1％）纠纷中出现过打架、殴打、人身伤害、财物破坏等行为，没有发生过暴力事件的其他纠纷占 93.9％。

在发生过暴力事件的 3 起纠纷中，“是我方先动手”“是对方先动手”和“两方同时动手”各占 1 起。由此看来，在其他纠纷解决中，暴力事件的发起者各有不同，表明事件的起因多种多样。

那么，其他纠纷解决中的潜在风险如何呢？从调查情况来看，在没有发生过暴力冲突的纠纷案例中，有 73.9％的纠纷当事者回忆“两方都没有准备或声称要使用这样的手段”，有 4.3％的当事者表示“两方都准备或声称要使用这样的手段”，有 13.1％的当事者表示“只有我方准备或声称要使用这样的手段”，有 8.7％的当事者称“只有对方准备或声称要使用这样的手段”。这一结果表明，其他纠纷解决中的潜在风险水平达到了 26.1％，亦即有 26.1％的其他纠纷解决中有可能发生暴力事件。

通过对乡村其他纠纷解决中暴力使用状况和潜在风险的考察，我们可以了解到乡村居民在解决其他纠纷时实际使用暴力手段的情况并不多，但潜在的暴力风险却比较高。也就是说，如果一些纠纷得不到有效化解而处于僵持不下的状态，发生暴力事件的可能性就会上升。在这个意义上，将纠纷化解在基层，将冲突控制在萌芽之中，对于防范暴力风险意义重大。

五、小结

对乡村社会 20 种类型的矛盾纠纷的发生率、结构特征、解决方式选择、纠纷解决效果评价、纠纷解决中的暴力倾向进行分析，目的在于从基层、日常视角来监测来自各种纠纷的秩序风险，亦即各种矛盾纠纷及其解决过程所包含的影响秩序稳定的风险，尤其是群体性事件和暴力事件可能导致的秩序危机。

2010年乡村纠纷调查的对象是随机抽取的个体被访者，虽然他们对调查所做出的回答主要反映其个人及其家庭所遇到的纠纷及其解决情况，但将这些个体所提供的信息综合起来，也能反映出社会系统中的纠纷及风险状况。因为，各种纠纷的发生率以及各种解决方式的选择情况会代表社会系统中纠纷及其影响的状况和趋势。

2010年乡村纠纷调查所考察的纠纷，主要是乡村社会生活中居民个人之间的矛盾纠纷，这些纠纷可以说是生活性矛盾纠纷①，与生活中的互动及利益关系相关联。虽然乡村日常生活中的纠纷主要是个体间的冲突关系，但纠纷随着演化也会不断蔓延到个体、家庭、社区之外，乃至社会系统之中，进而影响到社会秩序。

对乡村基层纠纷的监测显示出，财产损害补偿纠纷、邻里纠纷和环境污染方面的纠纷已成为较为凸显的纠纷。这些纠纷的多发，反映出乡村居民对财产安全的关注，同时也从侧面反映出乡村社会治安状况和安全环境还有待进一步改善，以及需要改善对乡村居民财产安全提供保障的机制。

乡村邻里纠纷的多发，虽与邻里之间较为频繁的交往互动有一定关系，但它也在一定意义上说明了乡村社会交往规则、秩序基础发生了一些变化。价值、规则和权威的多元，影响和支配了多元行动方式，由此会使得行动冲突增多。乡村邻里纠纷的凸显，不仅影响个体农户之间的关系，也影响社区的和谐关系。因而，多发的邻里纠纷对乡村治理提出了一些警示和启发。

乡村环境污染方面的纠纷较为突出，而且，在环境污染方面的纠纷的解决过程中，出现群体性事件的风险非常高。乡村环境污染方面的纠纷的多发，反映了环境污染问题已经影响乡村社会。而在解决纠纷的过程中，乡村居民总是处于弱势地位。为了与造成污染的企业组织相抗衡，他们倾向于采取集体行动的策略。因此，对环境污染方面的纠纷的化解显得格外重要。如果处于弱势地位的农户在遭遇环境污染方面的纠纷时，其权益得不到有效的保障，

---

① 陆益龙．后乡土中国．北京：商务印书馆，2017：227.

那么发生群体性事件的可能性较大，对公共秩序的稳定会造成较大的冲击。

在纠纷解决方式的选择上，总体来看，乡村居民更倾向于自行解决。在多种纠纷的解决过程中，他们以忍忍算了和双方自行解决为主，选择寻求第三方介入解决纠纷问题的并不占主流。这意味着，乡村居民在解决纠纷的过程中，并不倾向于选择公共正义系统来解决纠纷。然而，不可忽视的事实是，在有些难以解决的纠纷事件中，越来越多的人开始诉诸法律。法律诉讼在一些产权和经济权益类纠纷的解决中有增多的趋势，但是，从乡村居民对第三方纠纷解决的评价来看，有些纠纷的第三方解决并不能够很好地满足当事者的期望。

纠纷过程中的暴力行为是导致纠纷复杂化和升级的重要因素，普通民间纠纷在出现暴力现象之后往往会朝着严重的刑事案件甚至恶性群体性事件方向演化。考察和监测基层纠纷中的暴力使用情况和潜在暴力风险，就是要了解和把握矛盾纠纷中暴力事件的发生机制，进而在乡村纠纷治理中采取积极有效的措施，防范暴力纠纷及其潜在风险。从对乡村纠纷解决中暴力使用状况及潜在暴力风险的监测情况来看，乡村居民在纠纷解决中使用暴力的情形并不多，只有在人身伤害、财产损害类纠纷解决中，出现暴力事件的风险相对较高。总体来看，乡村基层纠纷解决中的暴力事件主要是在一些特定情境下由情绪失控而引发的暴力冲突。因此，有效预防乡村纠纷解决中的暴力事件和群体性事件，及时地控制情境和当事者的情绪显得非常重要。

第二章　城市矛盾纠纷的动态监测状况

现代城市社会无论是在结构还是在生活方式方面，与乡村社会皆有着较大区别。因而，在城市社会生活中，矛盾纠纷的发生、形态、演化以及解决方式都具有现代城市性的特征。对城市社会矛盾纠纷的动态监测，旨在把握和了解城市社会运行过程中的协调状态以及社会秩序中的潜在风险。

本章主要运用2016年和2018年的城市矛盾纠纷动态监测电话调查数据，描述和揭示北京市及其他五个省会城市的矛盾纠纷发生状况以及市民所反映的矛盾问题。在此基础上，分析和探讨城市社会矛盾纠纷的基本形势及动态趋势问题。

一、城市社会矛盾纠纷的发生机制问题

从社会冲突论的角度看，矛盾、纠纷和冲突皆属于冲突性、非均衡的社会关系状态。在一般意义上，矛盾纠纷及冲突普遍存在于社会之中，如科塞所言，“冲突是一种社会化的形式”[①]。从冲突关系的主体构成角度看，矛盾纠纷不外乎四大类型：一是个人与个人间的矛盾纠纷，亦即个体社会成员之间发生的矛盾纠纷；二是个人与组织之间的矛盾纠纷，也就是个体成员与组织、机构或团体之间发生的矛盾纠纷；三是组织与组织之间的矛盾纠纷，即社会中具有法人地位的组织或机构之间发生的矛盾纠纷；四是群体与群体之间的矛盾纠纷，即社会中由众人构成的不同群体之间的矛盾、冲突。

矛盾纠纷和社会冲突的发生，是在社会共生与竞争关系下出现的对立和纷争状态。就纠纷与冲突的主体而言，主要有个人与个人、个人与组织、组

---

① 科塞．社会冲突的功能．孙立平，等译．北京：华夏出版社，1989：6.

织与组织、群体与群体之间的矛盾纠纷和冲突。

个人与个人、个人与组织、组织与组织以及群体与群体之间的纠纷和冲突的发生，从本质上看，主要与互动行为、权力、利益和资源有密切关系。在互动过程中，可能会因为某些偶发的、情绪的因素而发生纠纷甚至冲突。在权力竞争领域，纠纷和冲突不仅发生在个体之间，而且常常会以集团间的矛盾和冲突的形式出现。因为利益而发生纠纷和冲突是较为普遍化的，社会中的许多矛盾纠纷和社会冲突皆因利益纷争而起。由于一个社会的资源在一定时期内是相对有限的，无论是个体还是组织或群体，都会尽可能争取更多资源，由此可能在资源竞争过程中发生各种各样的矛盾纠纷与社会冲突。作为一个快速发展中的大都市，北京市也会面临诸多因资源竞争而发生纠纷和冲突的风险，例如城市居民与乡村居民群体之间、本地人与外地人群体之间、不同社会阶层之间、不同行业之间、不同单位之间等，为了发展而争夺资源，从而引发矛盾纠纷甚至社会冲突的风险都比较大。

二、城市社会矛盾纠纷的动态监测方法

从某种意义上说，矛盾纠纷的存在是绝对的，任何社会都会有各种各样的矛盾纠纷甚至冲突，但任何社会都需要管控矛盾纠纷与冲突。管控社会矛盾纠纷和社会冲突，其实质就是不要让普通矛盾纠纷演化为危及秩序稳定的系统性社会冲突，避免让普通的民事纠纷演化和升级为群体间激烈的矛盾、冲突乃至具有破坏性的事件。事物的变化都有一个过程，普通的、个体间的矛盾纠纷演化为群体间的、大规模的社会冲突、社会动荡，通常离不开基层社会的“发酵”或建构过程。因此，如果我们能对基层矛盾纠纷的社会建构与演化过程加以动态监测，就能更及时地把握基层矛盾演变的基本规律，进而可以有针对性地对每一阶段的矛盾加以缓和或化解，以预防基层矛盾积压而对系统秩序稳定构成风险。

对城市社会的矛盾纠纷进行动态监测可以从两个方面切入：一是通过客观指标进行的动态监测，二是通过主观指标进行的动态监测。

通过客观指标进行的动态监测主要是对城市社会基层实际发生的矛盾纠纷及相关社会事实的观测和分析，以把握矛盾纠纷的客观态势。在具体操作

方法上，可由信访部门、基层法院、派出所、街道人民调解室以及社区等机关上报并汇总阶段性（一月或一季度）及一年内基层辖区所发生的不同类型的矛盾纠纷的总体规模以及相对趋势。在监测指标设计上，可以进行两个维度的区分：一是总体规模指标与相对趋势指标之分；二是生活性矛盾指标与结构性社会矛盾指标之分。总体规模指标就是在一定阶段内矛盾问题和事件发生的总量。相对趋势指标包括矛盾纠纷的发生率和矛盾纠纷发生的变化幅度，而发生率可以用发生矛盾人次占辖区常住人口的比例来测量，变化幅度可用矛盾纠纷发生增减速率来测量。

针对结构性社会矛盾，在客观指标监测方面，还需要有一些专门的指标，包括衡量社会差别的收入差距指标（如基尼系数），反映权力不对等性或因权力而造成的社会矛盾，如干群矛盾、个人与组织或机构的矛盾以及民众应对机关权力而采取的集体行动等的指标，反映社会关系的均衡性的指标，如集团之间矛盾冲突的发生频率、族群之间矛盾的发生次数等。

另一种矛盾纠纷动态监测方法是主观指标监测法。这一方法运用抽样社会调查研究原理，直接对基层民众的反应和主观态度进行调查，并在此基础上监测和分析基层社会的矛盾态势和秩序风险。虽然主观指标监测法主要依靠公众的主观作答，但这并不意味着所监测的结果具有主观随意性，因为对公众的直接调查也能够有效地反映基层社会的运行状态。在推进社会治理现代化的进程中，社会治理的策略调整和实践都需要在充分信息基础上做出科学决策，而及时的民意调查通常能提供有价值的信息。所以，主观指标监测法已经被广泛运用于现代社会治理的决策咨询之中。

对城市社会矛盾纠纷进行动态监测的主要目的就是考察和预测城市基层社会的矛盾关系对秩序稳定可能构成的风险，所以在主观指标设计方面，我们可以根据“社会气场”理论、社会心态理论以及集体行动理论原理，设置“纠纷现状”“解决方式”“行动倾向”和“社会心态”四个维度的指标（见表 2－1）。

“纠纷现状”和“社会心态”维度的指标可以监测基层民众主观的“冤气与怨气”指数。在关于群体性事件的社会学研究中，有一种“气”的理论解释，即认为底层民众通常是“为气而斗争”[①]，群体性事件的爆发，往往与社

① 应星．“气”与中国乡村集体行动的再生产．开放时代，2007（6）．

会中的“气”相关。如果从“气”的角度来理解社会运行与社会秩序，那么社会系统就犹如一种“社会气场”，当“气场”的压力不断增大时，一方面反映出社会结构的封闭性，另一方面也预示着过高的“气压”可能会对系统的稳定和秩序构成风险。“社会气场”与基层民众的社会心态有关，不平衡的社会心态是生成怨气的基础，如果有较多的民众具有不公平感，那么将意味着“社会气场”的压力会增强。对基层民众“冤气与怨气”指数的监测，通常主要是对居民的公平感、相对剥夺感和社会冲突意识等方面的基本状况进行抽样调查。如果社会中认为自己遭遇不公、认为社会不公平、对生活不满的人的比例很高，就反映出这个社会的“气压”很高，秩序稳定面临很高风险。

表 2－1　　城市矛盾纠纷动态监测问题

监测维度	监测问题
纠纷现状	1. 在此前一年内，您是否遭遇过与政府机关或其工作人员的纠纷或摩擦？ （1）是（大约________次） （2）否 2. 在此前一年内，您是否遭遇过与其他个人的纠纷或摩擦？ （1）是（大约________次） （2）否 3. 在此前一年内，您是否遭遇过与某个组织的纠纷或摩擦？ （1）是（大约________次） （2）否
解决方式	4. 当您与他人或机构发生矛盾纠纷时，您是否想用武力自己解决？ （1）是 （2）否 5. 当您与他人或机构发生矛盾纠纷时，您是否想运用法律来解决？ （1）是 （2）否 6. 当您与他人或机构发生矛盾纠纷时，您是否想动员众人采取行动？ （1）是 （2）否
行动倾向	7. 总体来说，您是否认为自己得到了公平的待遇？ （1）是 （2）否 8. 当您身边发生抗议活动时，您是否会参加？ （1）是 （2）否

续前表

监测维度	监测问题
社会心态	9. 您认为当前最严重的问题是： （1）交通问题 （2）环境问题 （3）社会治安问题 （4）其他问题（________） 10. 总体来说，您对政府工作人员的评价是： （1）非常满意 （2）满意 （3）不满意 （4）非常不满意 11. 总体来说，您对警察的评价是： （1）非常满意 （2）满意 （3）不满意 （4）非常不满意 12. 总体来说，您对法院的评价是： （1）非常满意 （2）满意 （3）不满意 （4）非常不满意

设置“解决方式”的监测维度，主要是为了调查和把握城市社会基层民众在遇到不同类型的矛盾纠纷之后，一般会倾向于选择什么样的解决方式。不同的矛盾纠纷解决方式会对矛盾的演化产生重要影响，也影响到矛盾纠纷是否真正得到化解。

普通纠纷演变为冲突性的集体行动，实际上也就打破了正常而稳定的秩序，因为无论集体行动造成怎样的后果，其发生本身就意味着众人暂停本职工作和常规生活而参与集体行动①，这实际上已经影响了秩序的稳定。所以，对基层民众集体行动倾向的监测，主要是为了预测基层社会集体行动发生的可能性。如果具有较强集体行动倾向的人比例较高，就可能意味着集体行动发生的风险较高。

对市民的“社会心态”加以动态监测，可以在不同程度上反映个人对社会运行状况的主观感受和主观态度。如果一般市民的社会心态趋于平和、趋于积极乐观，则反映出城市社会关系的融洽度和和谐度相对较高，那么发生系统性秩序问题的可能性相对降低。

通过对城市社会基层矛盾纠纷的动态监测，可以及时了解和把握基层社会运行基本状态的信息。要将动态监测信息运用于基层社会治理的实践之中，推进社会治理的科学化，还需要在动态监测基础上，结合社会治理理论和实践经验，建立起基层矛盾及维稳风险的评估体系。维稳风险评估实际上就是对监测结果及其意义从理论和实践经验上加以诠释和揭示。

---

① 奥尔森．集体行动的逻辑．陈郁，等译．上海：上海人民出版社，1995.

通过对即时监测到的基层矛盾纠纷信息和社会冲突意识进行系统评估，结合基层矛盾纠纷化解及社会治理的经验，甄别出那些频发或高发的基层矛盾，特别是对涉及干群关系和群体性矛盾纠纷问题等方面的基层矛盾加以重点分析和评估，可以判断这些矛盾演化或被建构为大规模社会冲突的风险或可能性的大小，并针对这些基层矛盾纠纷的成因及演化的规律而采取多元共治的措施，及时有效地将一些矛盾纠纷化解在基层。

三、北京市矛盾纠纷监测的基本状况

专门考察和分析北京市的基层矛盾纠纷，主要是考虑到首都在社会稳定中的重要地位。首都城市社会秩序的稳定状况对大局稳定有较为直接的影响，因此，监测和了解北京市基层矛盾纠纷的发生情况以及潜在社会风险，对于维护社会系统的秩序稳定和协调运行也就具有重要意义。

对北京市矛盾纠纷的动态监测所采用的方法是电话调查，调查分别在2016年11月和2018年5月实施。电话调查的抽样框为中国移动、中国联通、中国电信各号段用户的电话号码，包括手机号码。抽样方法为电脑随机拨号抽样法。2016年抽取有效样本500个，整个调查的抽样用户接通率为25.46%，整体项目样本获取的成功率为9.97%。2018年的电话调查采用相同的问卷，抽取100个有效样本。抽样的用户接通率为21.65%，整体项目样本获取的成功率为5.6%。

电话调查由于受时间的制约，因而调查内容相对简练，所调查的内容的深度和广度都较为有限，然而对于及时反映社会民意或基层民众的社会心态则具有一定效力。通过对市民的一些重要民意和社会态度的抽样调查，亦可揭示城市社会生活以及社会系统运行的基本状态。

图2-1的分析结果显示，北京市民个人间纠纷的发生率有较大的上升幅度，从2016年的15%上升到2018年的46%。就2018年的状况而言，近一半的市民表示在一年中与他人有过纠纷。这一结果反映出首都城市社会的矛盾纠纷呈凸显之趋势。

再从市民与政府机关间纠纷的发生情况看，动态监测的结果显示（见图2-2），首都城市社会中个人与政府机关的矛盾纠纷发生率也有较大幅度的上

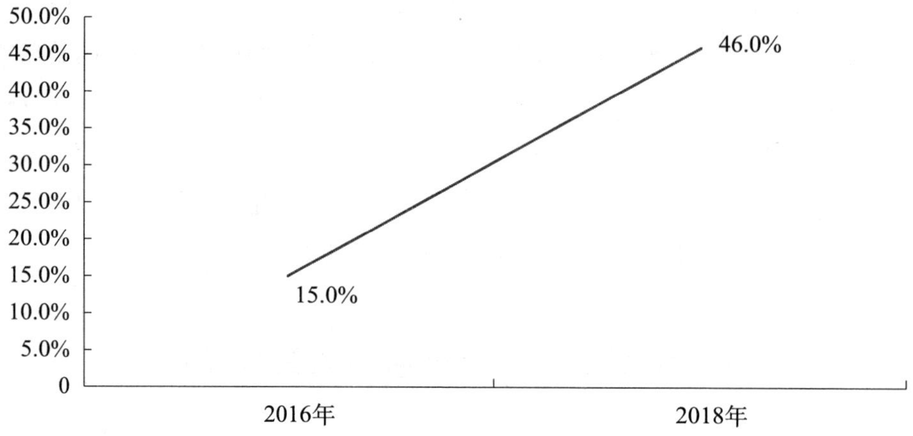

图 2-1　北京市民个人间纠纷的发生情况

资料来源：2016 年和 2018 年城市矛盾纠纷动态监测电话调查。

升，从 2016 年的 8.4%上升至 2018 年的 37%，亦即超过三分之一的市民在一年中与政府机关发生过某种矛盾纠纷。由此看来，市民与政府的关系出现不和谐的情况呈增长之趋势。

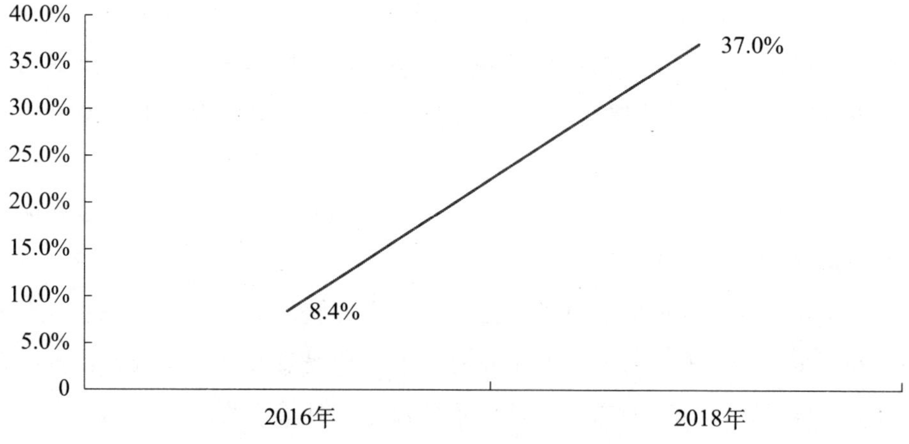

图 2-2　北京市民与政府机关间纠纷的发生情况

资料来源：2016 年和 2018 年城市矛盾纠纷动态监测电话调查。

在个人与组织机构间纠纷的发生情况方面，动态监测的结果显示（见图 2-3），2016 年北京市民与组织机构间的矛盾纠纷发生率为 4.4%，2018 年这一比例达到了 13%，增长了近两倍，表明首都市民与组织机构间的纠纷也呈现明显的增长态势。

从 2016 年和 2018 年的调查结果来看，北京市民矛盾纠纷的发生率呈现

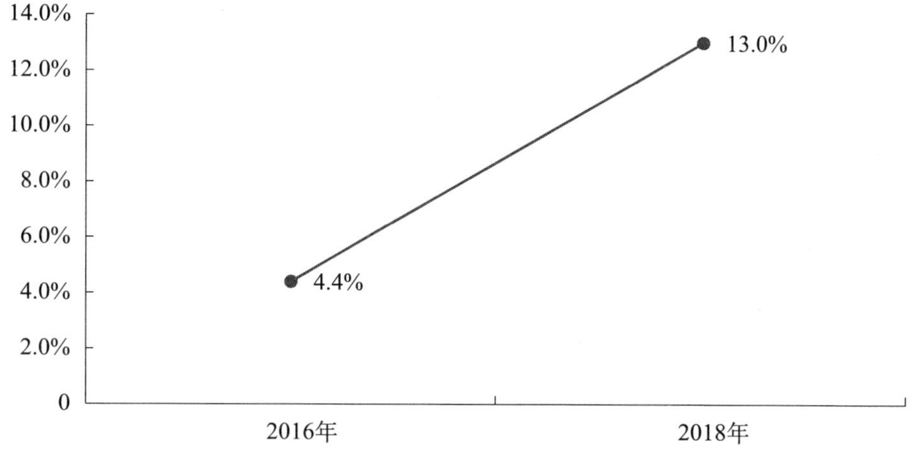

图 2-3 北京市民与组织机构间纠纷的发生情况

资料来源：2016 年和 2018 年城市矛盾纠纷动态监测电话调查。

出较为明显的上升趋势。虽然其中包含了一定的抽样偏差，但从增长的幅度来看，矛盾纠纷发生情况总体上是趋于上升的。首都市民矛盾纠纷发生率的上升虽不一定意味着城市社会关系的恶化，但也在一定程度上反映出不和谐社会因素在增长。

市民在调查中所报告的纠纷可能属于广义的纠纷，也就是在社会生活中与他人或组织机构之间发生的摩擦、纠葛、争议等具有冲突性的社会互动行为。社会学意义上的纠纷与法学意义上的纠纷有一定的差别，因为一般的纠纷只有在司法系统中立案后才会转化为纠纷案件，而法学所讨论的纠纷就是“格式化”了的纠纷案件[①]。如果市民将生活中的一般矛盾和委屈都看作纠纷，那么所报告的纠纷增多可能是由于纠纷范畴的扩展。

当然，针对市民报告的纠纷发生率上升问题，也需要从社会变迁的角度来关注城市秩序的变化。在某种意义上，城市纠纷发生率的上升，或多或少与城市的社会关系和秩序状况有一定的关联。至于纠纷现状对首都城市社会秩序构成什么影响，则需要有更进一步的考察和研判。

从图 2-4 的监测结果来看，在 2016 年，北京市民遇到矛盾纠纷时想通过武力方式自行解决纠纷的占 13.2%，86.8%的市民则没有这一倾向。到了 2018 年，北京市民想运用武力自行解决纠纷的倾向上升至 16%，表明越来越

① 朱涛．纠纷格式化：立案过程中的纠纷转化研究．社会学研究，2015（6）．

多的市民想使用武力来处理纠纷。这一动态监测结果反映出，一部分市民对矛盾纠纷的处理具有个体、非正式、非理性的倾向，这一纠纷解决方式可能并不能真正化解矛盾纠纷，而只能解一时之气，其结果可能是引发次生的矛盾纠纷，或者使矛盾纠纷进一步恶化。选择使用武力自行解决纠纷的比例有所升高，但升高的幅度不是很大，这反映了城市纠纷解决中的暴力倾向没有表现出明显增强的趋势。

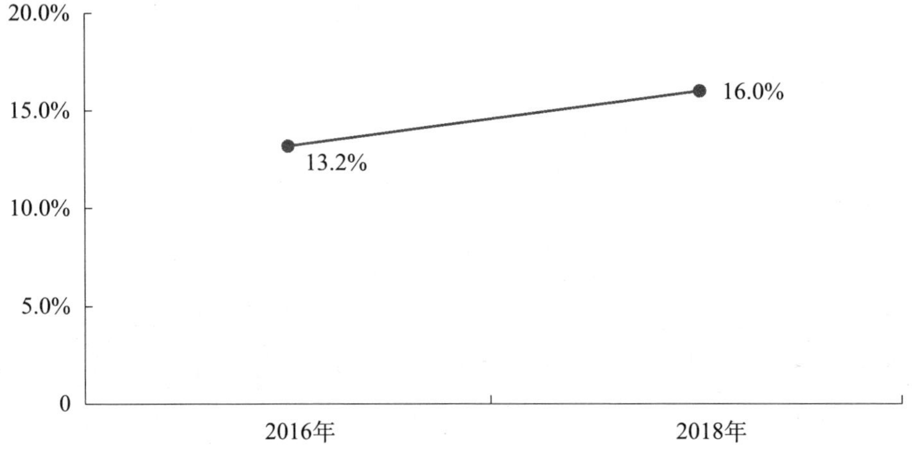

图 2-4 北京市民选择武力解决纠纷的倾向

资料来源：2016 年和 2018 年城市矛盾纠纷动态监测电话调查。

与使用武力自行解决纠纷相对应的是，如果市民在遇到纠纷时选择法律途径来解决纠纷，或是选择其他第三方参与纠纷解决，那么在一定意义上反映出纠纷解决机制具有理性化的特征。

图 2-5 显示了北京市民在面对矛盾纠纷时运用法律途径来解决纠纷的意识的基本情况。从动态监测结果看，2016 年，85.4%的北京市民有运用法律途径来解决纠纷的意识，而 14.6%的市民并没有运用法律途径来解决矛盾纠纷的意识。他们之所以没有想运用法律途径来解决纠纷，或许是因为他们认为有些矛盾纠纷的解决没有必要诉诸法律，或许是因为他们在处理矛盾纠纷时的法律意识还不太强。2018 年的调查结果显示，85%的北京市民会选择运用法律途径来解决纠纷。比较起来看，没有出现像纠纷发生率那样的大幅上升情况。由此表明，在应对和化解基层社会生活中的矛盾纠纷方面，居民选择法律途径解决纠纷的意识和意愿是较为强烈的，这与其他一些实证研究所

发现的情况似乎有些不同——这些研究认为城市居民有着“非制度化解纷偏好”①，但其实在主观层面上，市民对纠纷的法律解决途径其实有较广泛的认同。市民在主观上倾向于选择法律途径来解决纠纷的现象，或许要从法治建设进程中法治宣传的效果角度来理解，由此也可了解到当前城市纠纷解决与法律的关系的现状。

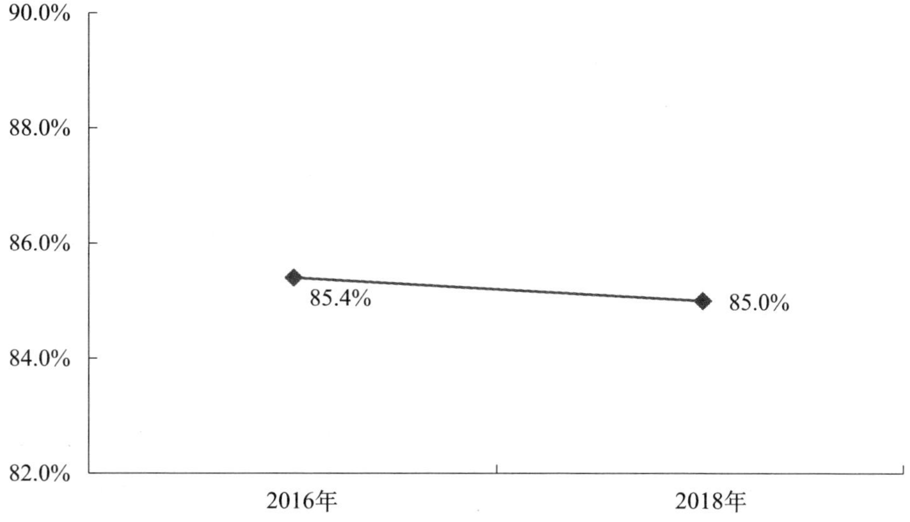

图 2-5　北京市民选择法律解决纠纷的倾向

资料来源：2016 年和 2018 年城市矛盾纠纷动态监测电话调查。

在现实生活中，为了增强自己在纠纷解决中的力量，或为了取得优势与主动，纠纷当事者也会选择动员周围的众人关注乃至参与到纠纷解决之中。在这种情况下，纠纷通常会发生转变，亦即可能从个体间纠纷演变为群体纠纷，因为在纠纷解决过程中，群体参与使得矛盾冲突双方不再局限在纠纷当事者之间，而是波及所有参与者。所以在这个意义上，如果普通纠纷具有动员众人参与纠纷解决的倾向的话，这些纠纷发生演化与转变的风险就会明显增大。考察个人会不会动员众人参与纠纷解决，也可从一个侧面了解社会秩序中的不稳定风险。

图 2-6 反映的是北京市民在遇到纠纷时，想动员众人来参与解决矛盾纠纷的情况。从动态监测的结果来看，2016 年有 17.6%的市民回答在遇到纠纷

① 梁平．多元化纠纷解决机制的制度构建：基于公众选择偏好的实证研究．当代法学，2011(3)．

时，可能会动员众人来解决纠纷，而82.4%的市民则没有这一想法；2018年有18%的市民表示想动员众人来解决纠纷，而没有这一意向的市民占82%。由此可见，北京市民在纠纷解决中动员群体力量的倾向不是很凸显，变化也不大。

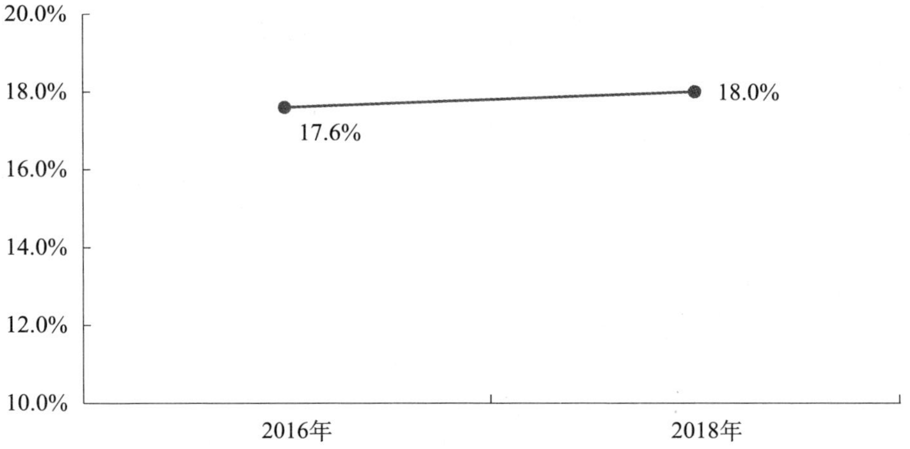

图2-6 北京市民动员众人解决纠纷的倾向

资料来源：2016年和2018年城市矛盾纠纷动态监测电话调查。

在解决矛盾纠纷的过程中，如果让众人参与，那么无形中会让矛盾纠纷演化为更加复杂的纠纷，因为矛盾纠纷的当事者规模扩大，自然使矛盾冲突关系增多。此外，动员众人参与矛盾纠纷解决，也相当于动员一种群体性事件。所以，对这一矛盾纠纷解决方式的监测，能从一个侧面反映出市民组织动员群体性事件的倾向和可能性。

就目前的监测情况看，18%左右的市民具有组织动员群体性事件的意识与倾向，也就是说，当这些市民遇到一些矛盾纠纷时，如果纠纷没有得到及时化解，那么这些人有可能会寻求众人参与进来，由此引发群体性事件的可能性会大大提高。目前这一水平不算很高，但也不算很低。因此，注重有效化解基层矛盾纠纷，遏制在矛盾纠纷解决中动员群体性事件，变得越来越重要。

图2-7显示的是北京市民参加群体性事件的倾向以及变化情况。从动态监测的结果来看，2016年，有22.6%的北京市民具有参加群体性事件的倾向，也就是说，如果他们身边发生了群体性事件，他们就可能会参与其中。77.4%（超过四分之三）的北京市民则没有参加群体性事件的倾向。到了

2018 年，参加群体性事件的倾向明显增强，有 36％的北京市民表示会参加身边的群体性事件，这一比例较之 2016 年提升了近 14 个百分点，可见这一倾向的变化是比较明显的。

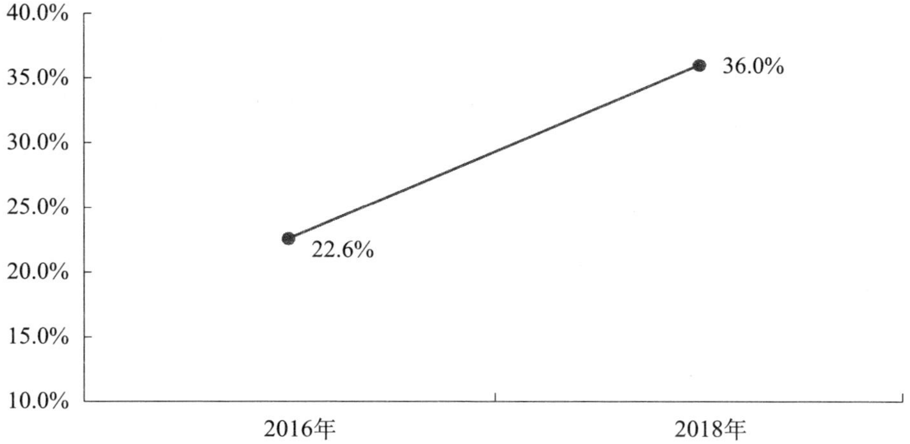

图 2－7　北京市民参加群体性事件的倾向

资料来源：2016 年和 2018 年城市矛盾纠纷动态监测电话调查。

群体性事件是公民表达意见和利益诉求的一种方式，但一些群体性事件往往会演变为危及社会秩序稳定的直接诱因，因为参与群体性事件的人员的守法意识是有差异的，一些参与人员会利用这样的群体性事件，对社会秩序和社会安全造成破坏。

2016 年，有 22.6％的北京市民有参加群体性事件的倾向，这表明有近四分之一的北京市民在身边发生群体性事件时，可能会参与其中。这一比例可以说还不算很高，即市民参加群体性事件的倾向还不是很突出。但 2018 年有 36％的北京市民具有参加群体性事件的倾向，这一监测结果值得关注和重视。首都城市通常是群体性抗争行动较为突出的地方。集体上访行动都倾向于到首都北京。如果北京市民参加群体性事件的倾向性较强，就会强化和扩大首都城市社会中群体性事件的影响。因此，要加强对市民参加群体性事件的正面引导，对那些可能会参加群体性事件的市民加以法制教育，增强市民的守法意识。

市民的公平感反映的是市民对社会公平状况的主观感受和评价。虽然主观公平感并不代表实际的公平程度，但可以从一个侧面反映出基层社会中的怨气程度。一个社会中感到自己获得了公平待遇的人越多，社会中的怨气就会越少，社会氛围也就显得越平和；相反，如果社会中有很多人感到自己受到了不公平的待遇，那就表明社会中的怨气很多，发生冲突和过激事件的风险也会加大。

图 2-8 是对北京市民的公平感的动态监测情况。从数据来看，2016 年，有 26.6%的北京市民认为自己受到了不公平的待遇，超过四分之一；有 73.4%的市民觉得自己所受的待遇是公平的，即接近四分之三的市民具有公平感。由此，可以将 2016 年北京城市公平感指数看作 73.4。

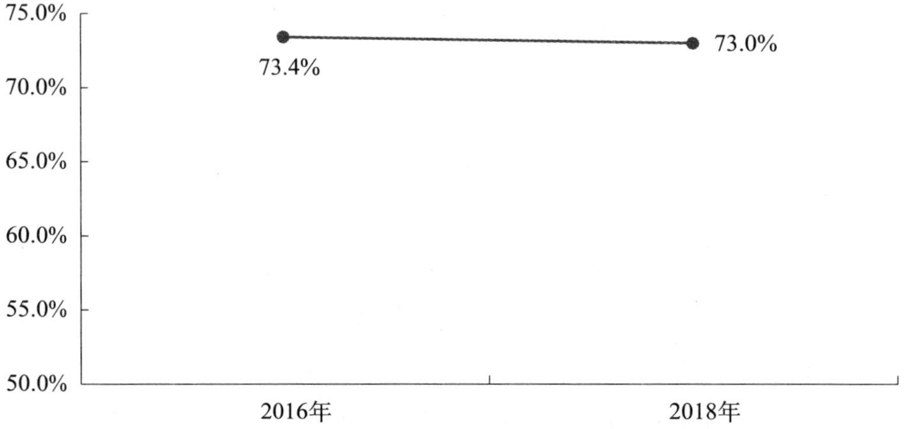

图 2-8 北京市民的总体公平感

资料来源：2016 年和 2018 年城市矛盾纠纷动态监测电话调查。

从 2018 年的调查情况看，北京市民的公平感似乎有所下降。有 27%的市民具有不公平感，有 73%的市民认为社会总体是公平的，公平感指数为 73。就总体水平而言，北京市民的公平感指数不算很高，表明仍有较多的市民对自己在社会中的待遇有不满足的地方，或者说有较多市民心中存有怨气。不过，北京市民的主观公平感变化不大，既没有出现明显的上升，也没有出现明显的下降。

所以，对于首都城市社会建设而言，还需要关注社会公平问题。影响居民主观公平感的因素是复杂多样的，可能还需要进一步深入研究在不同阶段，有哪些因素更容易让市民产生不公平感。在此基础上，有针对性地解决不公问题，减少市民的怨气，促进社会公平感的提高。

虽然民众对公权力机关的评价和态度主要是个人主观意见，但主观评价也在一定意义上反映着客观的现实。在社会秩序的维续中，政府发挥着重要功能。民众对政府的态度可以说是一种民意，反映出民众与政府之间关系的协调状况。考察市民对政府的评价（见表 2-2），正是为了了解官民关系的和谐状况。

表 2-2　北京市民对政府部门的评价情况

	非常满意	满意	不满意	非常不满意	总计
2016 年	6.2%	70.2%	19.6%	4.0%	100.0%
2018 年	29.0%	51.0%	18.0%	2.0%	100.0%

资料来源：2016 年和 2018 年城市矛盾纠纷动态监测电话调查。

从表 2-2 的监测情况来看，2016 年，有 6.2%的市民对政府部门及其工作人员非常满意，表示满意的占 70.2%，表示不满意的占 19.6%，表示非常不满意的占 4%。总的看来，76.4%的市民对政府部门的评价是积极、满意的，而对政府部门有不满评价的市民占 23.6%，接近四分之一。持有极端态度（包括“非常满意”和“非常不满意”）的市民所占比例并不是很高，分别为 6.2%和 4%，总共为 10.2%，这从一个侧面反映出广大市民对政府部门的评价和意见并未表现出特别之迹象，总体趋于平和。2018 年，对政府做出“非常满意”评价的市民达到 29%，做出“满意”评价的市民占 51%，即对政府表示满意的市民共占 80%；而对政府部门表示不满意的市民共占 20%。由此看来，北京市民对政府的满意度有所提高，不满意程度则有所降低。

政府既是为民服务的行政系统，也是维持社会秩序和社会生活正常运转的主导力量。民众与政府的关系是最为重要的社会关系，这一维度关系的稳定是社会秩序稳定的基石，同样，这一维度的矛盾纠纷也是最值得关注的。如果干群纠纷或民众与政府部门的矛盾纠纷增多，那么对社会秩序稳定构成的威胁也将是最大的。所以，在维持社会秩序稳定的工作中，促进和谐的干群关系、良性的政民关系是关键。

干群关系、政民关系如何，可以通过民众对政府的一般评价了解和把握大体的情况。在民主法治国家，监测干群关系和政民关系的途径和方式就是通过民意调查把握民众对政府和领导人的支持率。这种监测方法虽不能揭示具体的问题，但可以把握民众与政府关系是否处于良性。就动态监测的结果而言，2018 年，80%的北京市民对政府部门是满意的，仅有 2%的北京市民对政府做出“非常不满意”的评价，表明首都北京的民众与政府的关系是良性的、正常的，而且民众的满意度在一定程度上有所提高。当然，市民与政府之间的关系还有进一步改善的空间，毕竟还有20%左右的市民心存不满情绪。

公安系统在维持社会秩序稳定和社会安全方面具有重要地位，广大市民对警察的满意度，在一定程度上反映出市民对公安系统的评价情况。市民对公安系统的评价（见表2-3）也能在一定意义上反映警民关系的情况和社会秩序的维持情况。

表2-3　　北京市民对公安系统的评价情况

	非常满意	满意	不满意	非常不满意	总计
2016年	7.8%	73.8%	14.6%	3.8%	100.0%
2018年	26.0%	57.0%	14.0%	3.0%	100.0%

资料来源：2016年和2018年城市矛盾纠纷动态监测电话调查。

从表2-3的统计数据来看，2016年，有81.6%的北京市民对警察是“满意”和“非常满意”的，表明大多数市民对公安系统及其在维护社会秩序方面的工作是满意的。有18.4%的市民则对警察有“不满意”和“非常不满意”的评价，表明有近两成市民对警察有不满情绪。2018年，有83%的北京市民对公安系统做出“非常满意”和“满意”的评价，满意程度比较高，只有17%的市民对公安系统表示“不满意”和“非常不满意”。比较起来看，北京市民对公安系统的满意度虽变化不大，但有所提高。

警察是重要的执法者，警察的执法行为在维护公共秩序和公共安全中起到主要的作用。市民对警察给予满意评价，可能从一个侧面反映市民对当前的城市公共秩序和社会治安状况是满意的。市民对警察有不满意的评价，其原因可能有多种，既可能是对警察群体的执法行为方式不够满意，也可能是对警察群体的执法公正性不够满意，还可能是对公安系统执法效果不够满意。无论出于何种原因，市民对警察的不满意评价和不满态度，都会增加警民之间不和谐的风险，不仅对树立执法权威不利，也对维持社会秩序稳定不利。因为当社会发生矛盾冲突时，通常需要公安系统的执法者去应对和处理，如果有很多民众本来就对警察不满，引发警民冲突的风险就会加大。

法院是司法系统的重要机构，法院与矛盾纠纷的解决有密切的关系，一些诉诸法律解决的矛盾纠纷，需要通过法院系统的调解和判决来处理和管理。因此，纠纷解决和纠纷管理在较大程度上与法院系统相关。如果通过法律途径来处理和解决的纠纷，在法院系统中处理和化解不当，就会进一步引发次生的矛盾纠纷，甚至是群体性事件。市民对法院系统的满意度能从一方面反映法院的司法公正是否得到市民的认可，让市民感到满意。

表 2－4 呈现了北京市民对法院系统的评价情况。从动态监测结果来看，2016 年，有 85.4％的北京市民对法院系统是“满意”和“非常满意”的，而表示“不满意”和“非常不满意”的市民占 14.6％。这一数据表明，广大市民总体上对法院系统是比较满意的，与法院系统的关系是较为正常的，那些对法院系统极为不满的市民仅占 1.2％，比例很有限。由此看来，广大市民对法院系统在维护司法正义方面的工作是较为认可的。2018 年的调查结果显示，93％的北京市民对法院系统做出满意的评价，其中“非常满意”占 30％，而对法院系统表示不满的市民仅占 7％。由此表明，北京市民对法院系统的评价非常良好，这一结果也反映出目前北京的司法系统在市民心目中的印象大大改善。

表 2－4　　北京市民对法院系统的评价情况

	非常满意	满意	不满意	非常不满意	总计
2016 年	5.2％	80.2％	13.4％	1.2％	100.0％
2018 年	30.0％	63.0％	6.0％	1.0％	100.0％

资料来源：2016 年和 2018 年城市矛盾纠纷动态监测电话调查。

虽然广大市民对城市突出问题的认知和评价具有主观性，但认知的总体情况也能反映出城市社会在运行过程中面临的突出问题和主要矛盾，这对城市治理和城市社会建设而言，具有一定的参考价值，因为这些信息有助于我们从总体上把握主要矛盾和主要问题。

表 2－5 显示的是对北京市民关于城市突出问题的动态监测结果。从结果来看，2016 年，在对城市交通问题、环境问题、社会治安问题及其他问题的认知方面，42.6％的北京市民认为最突出的问题是环境问题，27.4％的市民认为最突出的问题是交通问题，21.2％的市民认为最突出的问题是社会治安问题。2018 年的调查显示，44％的市民认为最突出的问题是环境问题，34％的市民认为最突出的问题是交通问题，21％的市民认为最突出的问题是社会

治安问题。由此可见，市民较为关注和关心的城市问题首先是环境问题，而且关心的程度在提升；其次是交通问题，市民对此问题的关注度有了明显的提高，从 27.4%提高到 34%，表明北京城市交通问题已经让越来越多的市民感受到了不便。也有一部分市民认为社会治安问题突出，反映出社会治安问题仍是首都城市的社会问题之一。

表 2-5　　北京市民对城市突出问题的认知情况

	交通问题	环境问题	社会治安问题	其他问题	总计
2016 年	27.4%	42.6%	21.2%	8.8%	100.0%
2018 年	34.0%	44.0%	21.0%	1.0%	100.0%

资料来源：2016 年和 2018 年城市矛盾纠纷动态监测电话调查。

对北京城市基层矛盾纠纷的动态监测，目的是从基层民众所反映的问题和所表达的态度中把握社会矛盾与社会风险的状态和趋势，并根据这些经验和信息，去理解改革进程中的一些重大社会矛盾问题①。从动态监测的结果来看，北京城市基层矛盾纠纷发生率有明显的上升趋势，在这些纠纷增多的现象背后，可能隐含了首都城市运行中存在的一些不和谐因素，对于这些隐患，需要进一步研究和判断。

四、五城市矛盾纠纷监测的基本状况

为把握和监测城市社会基层矛盾纠纷的状况和趋势，在重点考察首都北京的矛盾纠纷态势的同时，我们还在全国省会城市中随机抽取 5 个城市进行了电话调查。电话调查的主要目的就是及时把握城市社会基层民众在纠纷发生和观念态度方面的基本情况。

在对城市基层矛盾纠纷发生情况的动态监测方面，调查主要向被访者询问在一年内与其他个人之间、与政府机关及其工作人员之间以及与组织机构之间是否发生过矛盾纠纷，由此可以了解到三种主要类型的纠纷在城市社会中的发生比例。

市民个人间的矛盾纠纷主要是在社会生活中发生的各种不协调、相冲突

---

① 吴忠民. 中国改革进程中的重大社会矛盾问题. 北京：中共中央党校出版社，2011：1.

的关系和行为。虽然个人间的纠纷在个体交往互动中产生，并主要涉及个人之间的权益和关系，但此类纠纷的发生率也会在一定意义上反映城市社会关系的和谐程度以及社会运行的协调程度。从动态监测的结果来看（见图 2-9），2016 年五城市市民的个人间纠纷的发生率为 20%左右，其中哈尔滨市为 16%，济南市为 21%，昆明市为 18%，石家庄市和太原市均为 19%。到 2018 年，五城市市民的个人间纠纷的发生率有了大幅提高，达到 40%左右，其中哈尔滨市为 37%，济南市达到 54%，昆明市达到 48%，石家庄市为 44%，太原市为 43%。

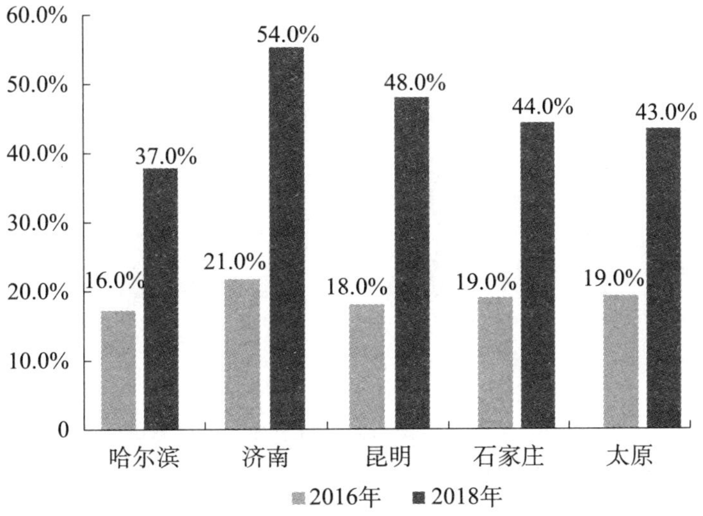

图 2-9 五城市市民个人间纠纷的发生情况

资料来源：2016 年和 2018 年城市矛盾纠纷动态监测电话调查。

就五城市市民个人间纠纷的发生率水平及变动情况而言，城市基层矛盾纠纷有凸显的趋势，即发生率相对较高且增长较快。这一结果在某种意义上印证了有关“社会转型期矛盾纠纷凸显论”的观点，即认为中国改革和社会转型进入深水区，不仅一些深层矛盾渐渐显现出来，而且人民内部矛盾日益复杂①。对于监测结果的解读，需要从相对的、总体的角度来看待，而不宜将其视为一种绝对的、确定的水平。但是，通过抽样调查所获得的信息对于从总体上把握和了解城市社会矛盾纠纷的状况和态势具有

① 于咏华．当代中国社会矛盾论．北京：九州出版社，2004：1.

参照意义。

图 2－10 显示的是五城市市民与政府机关及其工作人员间纠纷的发生情况。从调查数据看，2016 年五城市市民与政府机关间的矛盾纠纷发生水平相对较低，大多在 10％以下，其中哈尔滨市为 6.5％，济南市为 16.5％，昆明市为 4.5％，石家庄市为 8％，太原市为 6.5％。而 2018 年的调查显示，五城市市民与政府间矛盾纠纷发生率均在 20％以上，增长幅度较大。在五城市中，济南市和昆明市的市民与政府机关间纠纷的发生率相对较高，分别为 36％和 33％。

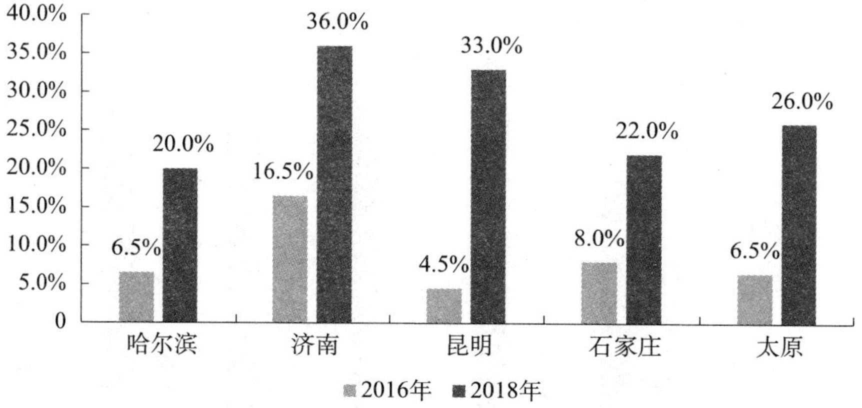

图 2－10　五城市市民与政府机关间纠纷的发生情况

资料来源：2016 年和 2018 年城市矛盾纠纷动态监测电话调查。

考察市民与政府机关之间纠纷的发生情况，主要是为了了解在平常社会生活中，个人与政府之间互动关系的状态。如果纠纷发生较少，那么可以从一个侧面反映出市民在与政府机关打交道的过程中，出现不协调、冲突或问题较少，意味着市民与政府的关系处于较协调运行状态。相反，如果纠纷发生较多，就反映出市民与政府的互动渠道、互动关系在实际运行中存在这样或那样的不协调、不顺畅之处。动态监测的结果显示出五城市市民与政府机关间纠纷的发生率有明显提高，虽然其中的影响因素比较复杂，但会在一定意义上反映出城市社会居民与政府之间的互动关系可能面临着更多的问题，需要引起重视和关注，以及进一步的研究。

市民与组织机构间的纠纷反映出城市社会中个人与组织的关系状况。从图 2－11 来看，五城市市民与组织机构间纠纷的发生率都有明显的上升，其中济南市、昆明市和太原市的此类纠纷发生率更为突出，2018年，分别上升到22%、20%和18%。

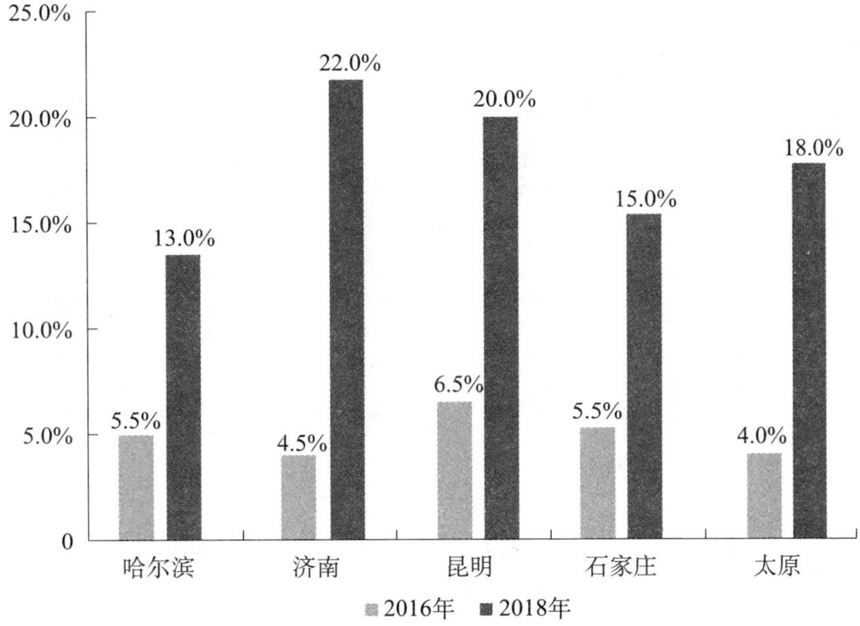

图 2-11　五城市市民与组织机构间纠纷的发生情况

资料来源：2016年和2018年城市矛盾纠纷动态监测电话调查。

市民在遇到纠纷时选择什么样的方式来解决问题，会对纠纷的后续演化产生较大的影响。对基层矛盾纠纷的动态监测专门考察了市民选择武力解决纠纷的倾向，主要目的就是把握基层纠纷转化升级的风险。

从图2-12的监测数据来看，2018年五城市市民选择武力解决纠纷的占比在10%左右，除济南市略有上升之外，其他四城市的这一比例相较2016年都有所下降。由此看来，五城市市民使用武力自行解决纠纷的倾向有减弱之趋势。在纠纷解决中暴力、任性的倾向减弱，会对纠纷解决机制的理性化发展起到一定促进作用。而且，理性地解决矛盾纠纷，也将有助于降低社会交往互动中的一些冲突与破坏的风险。

与选择武力解决纠纷的倾向相对应的是，如果人们在发生纠纷之后选择法律途径来解决问题，则在某种意义上代表着社会中的纠纷解决趋于制度化、理性化。虽然纠纷解决中法律运用并非唯一途径，亦非最理想方式，社会中也可能会出现如一些学者提出的“法律越多秩序越少的

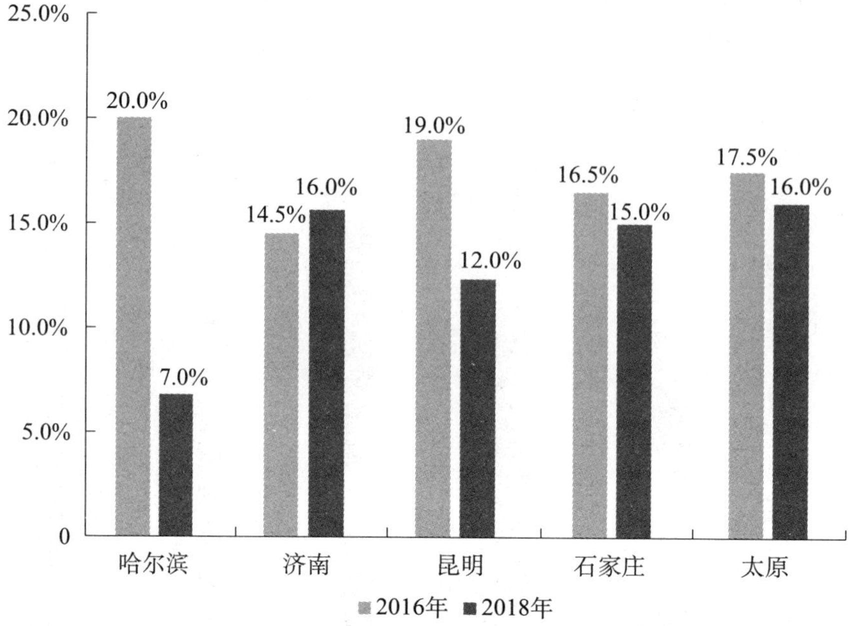

图 2-12　五城市市民选择武力解决纠纷的倾向

资料来源：2016 年和 2018 年城市矛盾纠纷动态监测电话调查。

困境”[①]，但是正是在这个意义上，考察市民在解决纠纷过程中具有的运用法律的意愿和倾向，可以把握和了解基层矛盾纠纷的解决机制的特征以及纠纷所蕴含的不确定风险。

从图 2-13 的动态监测数据来看，2016 年，五城市市民选择法律解决纠纷的倾向的占比在 75%左右，其中哈尔滨市为 75.5%，济南市为 84.5%，昆明市为 78.5%，石家庄市为 81.5%，太原市为 72.5%。到了 2018 年，五城市市民选择法律解决纠纷的倾向有明显提高，总体上达到 90%左右，其中昆明市最高，达到了 96%。城市市民在纠纷解决中使用法律的倾向，从一个侧面反映出城市市民对法律的认识面已有了明显的扩展，越来越多的市民了解、认识了法律，并有了使用法律解决纠纷的意愿。这一格局的形成或许正是法制宣传和法治建设所产生的社会效应。

图 2-14 显示的是五城市市民在遇到纠纷时动员众人解决纠纷的倾向。从数据来看，2016 年，五城市市民动员众人解决纠纷的比例在 22%左右。

① 郭星华，等．现代法治建设与传统文化变迁．北京：中国人民大学出版社，2018：12-13.

2018年的调查显示，哈尔滨市、济南市和石家庄市市民动员众人解决纠纷的倾向上升到30%及以上，其中济南市的比例最高，达35%，即三分之一左右的市民在遇到纠纷时会想到动员众人参与纠纷解决；昆明市和太原市的市民动员众人解决纠纷的倾向有所下降，分别从23.5%下降至22%、从27.5%下降至19%。

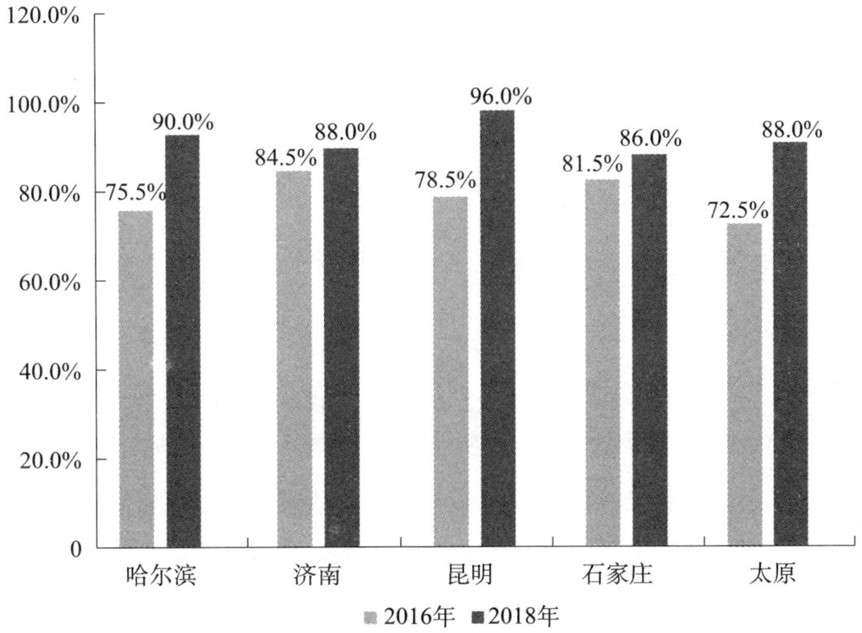

图2-13　五城市市民选择法律解决纠纷的倾向

资料来源：2016年和2018年城市矛盾纠纷动态监测电话调查。

之所以监测市民是否会选择动员众人来参与矛盾纠纷的解决，是因为普通民间纠纷通常在众人介入之后发生质的转化和升级。例如，医疗纠纷升级为医闹事件，一般都是在群体动力的作用下发生的。有效地化解基层矛盾纠纷的一个重要目的就是尽可能阻断个体间纠纷转化为群体性纠纷的链接机制，因为在群体动力作用下，会产生去个体责任的社会心理或群体心理，受这种社会心理或群体心理影响，群体成员做出非理性行为选择或产生群体动乱的风险就会加大。这就类似于社会冲突升级模型中所讨论的结构-心理与行为的关系[①]，冲突

① 普鲁特，金盛熙．社会冲突：升级、僵局及解决．王凡妹，译．北京：人民邮电出版社，2013：77.

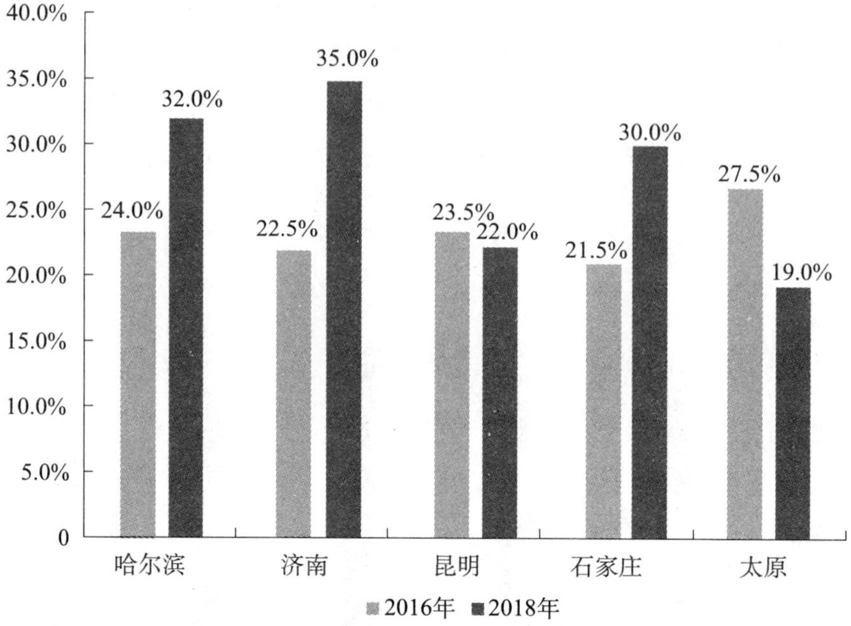

图 2-14　五城市市民动员众人解决纠纷的倾向

资料来源：2016 年和 2018 年城市矛盾纠纷动态监测电话调查。

是被化解了还是升级或激化了，在较大程度上受到冲突结构和社会心理因素的影响。如果参与冲突的人员规模扩大了，那么结构自然会发生变化，冲突行为也会随之发生变化。

图 2-15 反映的是五城市市民的总体公平感情况，了解市民对社会总体公平程度的个人评价，真正的意义在于把握社会成员对待社会的态度，或者说，市民的主观公平感会在一定意义上体现出一个社会在特定阶段的社会心态状况。一个社会中认为社会总体上非常不公平的人所占比例较高，说明该社会的社会心态出了问题。而社会心态出现问题，根源可能在社会结构和社会体制之中。相反，一个社会中认为社会总体上公平的人所占比例较高，反映出该社会的社会心态比较好，社会关系的和谐程度也就相应较高。从这个意义上看，市民的公平感虽不是社会公平程度的客观反映，但可从主观维度折射出社会运行的协调程度，同时也是社会风险的一个重要预警指标。所以，许多此类抽样调查都可能问及被访者的公平感。

从实际监测结果来看，五城市市民的总体公平感处于中等水平。比较 2016 年和 2018 年的市民总体公平感水平，哈尔滨市和济南市两个城市的市

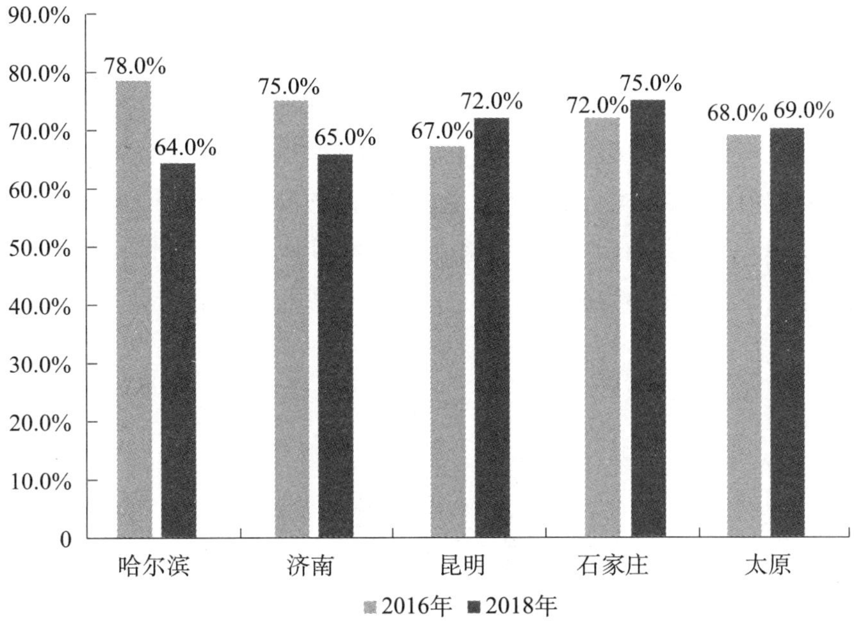

图 2-15　五城市市民的总体公平感

资料来源：2016 年和 2018 年城市矛盾纠纷动态监测电话调查。

民总体公平感水平有了较大幅度下降，昆明市、石家庄市和太原市三个城市的市民总体公平感水平有了小幅提升。

城市市民的总体公平感水平是相对的、变动的，其水平及变动情况受多种复杂因素的影响，但也在一定意义上反映出社会结构、社会分配领域以及社会运行中的一些问题及变化。因此，对城市市民总体公平感下降问题，或者说对持极端态度即认为社会非常不公平的人所占比例较高的现象，需要加以重视。因为这些社会态度可能与某些社会问题有某种关联。

群体性事件是由组织起来或未组织起来的众人参与的集体行动，有些事件是为了表达某种利益诉求，有些事件则是抗争性或对抗性的活动，亦即针对某个冲突目标而采取集体的抗争行动。虽然群体性事件的发生有一些直接的导火索或起因，但一个社会群体性事件的发生频率和影响面往往离不开相应的社会环境和民众基础，因为群体性事件的一个基本条件就是有众多人参加。如果民众参加群体性事件的意愿或倾向不强烈，那么发生群体性事件或群体性事件影响扩大的风险自然会大大降低。一些关于群体性事件的研究显示，当前群体性事件发生的原因和诱因有一个共性特征，那就是与真实的利益受损和弥散的怨恨有关①。

从图 2－16 的动态监测结果来看，五城市市民参加群体性事件的倾向相对比较高。2016 年，哈尔滨市有 36.5％的市民愿意参加，济南市有 31％的市民愿意参加，昆明市有 33.5％的市民愿意参加，石家庄市有 33％的市民愿意参加，太原市有 28.5％的市民愿意参加身边的群体性事件。到了 2018 年，除了济南市之外，其他四个城市有参加群体性事件倾向的市民比例皆有所下降，其中哈尔滨市的下降幅度最大，下降了 16.5 个百分点。

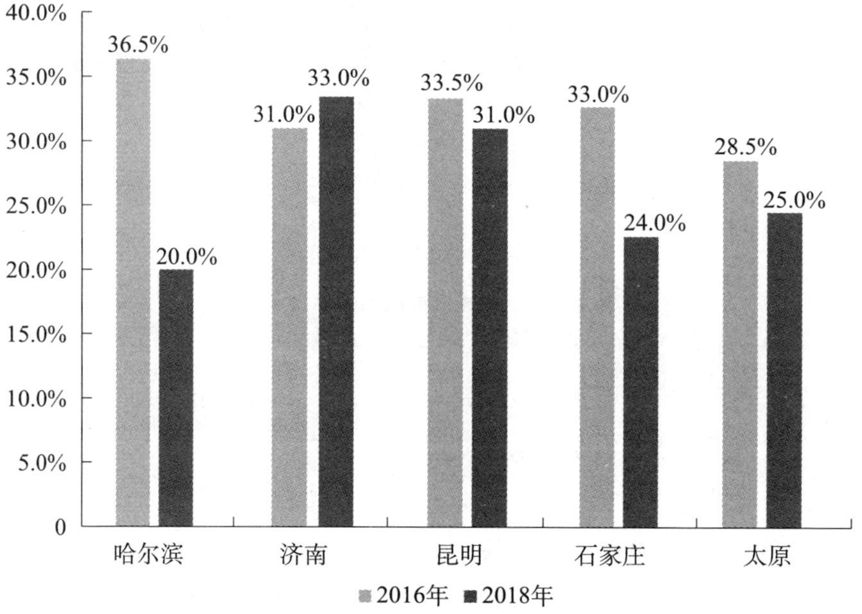

图 2－16 五城市市民参加群体性事件的倾向

资料来源：2016 年和 2018 年城市矛盾纠纷动态监测电话调查。

就五城市市民参加群体性事件的倾向的状况及变化趋势而言，一方面需要关注具有参加群体性事件倾向的市民为何占比相对较高，这与何种社会现实有较强相关。这一问题有待进一步研究。另一方面，需要关注市民参加群体性事件倾向的变动情况，尤其是济南市为何上升，哈尔滨市为何下降，以及变动与城市社会运行和社会治理的哪些客观事实相关。这些问题也有待更进一步的考察和分析。

① 刘能．当代中国的群体性事件：形象地位变迁和分类框架再构．江苏行政学院学报，2011(2).

城市社会的协调运行与和谐有序会给市民的生活奠定宏观的、结构性的基础，而要维持城市的良性运行与协调发展状态，就需要及时有效地解决城市运行中的一些突出问题。在某种意义上，城市突出问题可以说是一定阶段城市的主要社会矛盾，这些问题可能影响和波及城市社会生活的方方面面，其中包括基层矛盾纠纷及其解决。因而在这个意义上，城市突出问题属于一种潜在的风险。

从表 2-6 的调查结果来看，在城市交通问题、环境问题、社会治安问题及其他问题四类问题中，市民普遍反映的突出问题便是环境问题，这一问题在五个城市中，而且在 2016 年和 2018 年都处在最为突出的位置，排在第一位。其次是交通问题，除了太原市和昆明市以外，其他城市的市民都认为交通问题是排在第二位的突出问题。在太原市和昆明市，市民反映社会治安问题较为突出，2018 年的调查显示，两市均有 32%的市民认为城市突出问题是社会治安问题。

表 2-6 五城市市民对城市突出问题的认知情况

	2016 年	2018 年	2016 年	2018 年	2016 年	2018 年	2016 年	2018 年
突出问题	交通问题		环境问题		社会治安问题		其他问题	
哈尔滨	19.0%	28.0%	58.5%	47.0%	16.5%	25.0%	6.0%	0%
济南	32.0%	29.0%	34.5%	39.0%	22.5%	29.0%	11.0%	3.0%
昆明	21.0%	29.0%	54.0%	35.0%	19.5%	32.0%	5.5%	4.0%
石家庄	27.0%	25.0%	45.5%	50.0%	14.5%	23.0%	13.0%	2.0%
太原	20.0%	14.0%	47.0%	52.0%	23.5%	32.0%	9.5%	2.0%

资料来源：2016 年和 2018 年城市矛盾纠纷动态监测电话调查。

图 2-17 呈现的是五城市市民对政府部门的评价情况。从动态监测的结果来看，五城市市民对政府部门的满意度处于良好状态，且有提高的趋势。2018 年，各城市市民对政府部门的满意度都有所提高，其中太原市提高的幅度最大，从 74.5%提高至 83%，提高了近 9 个百分点。

市民对政府部门的满意度是人们主观体验和互动过程中的认知和态度，人们对政府部门的满意度也可以说是“公民—政府”反馈路径的重要组成部分，政府行为、作风以及民众的期望、态度和个体特征等多方面因素都会影响到满意度①。就动态监测情况而言，五城市的市民-政府关系总体上是良性

① 贾其凡，等．行为公共管理学视角下公众的政府满意度：概念、测量及影响因素．公共行政评论，2018（1）．

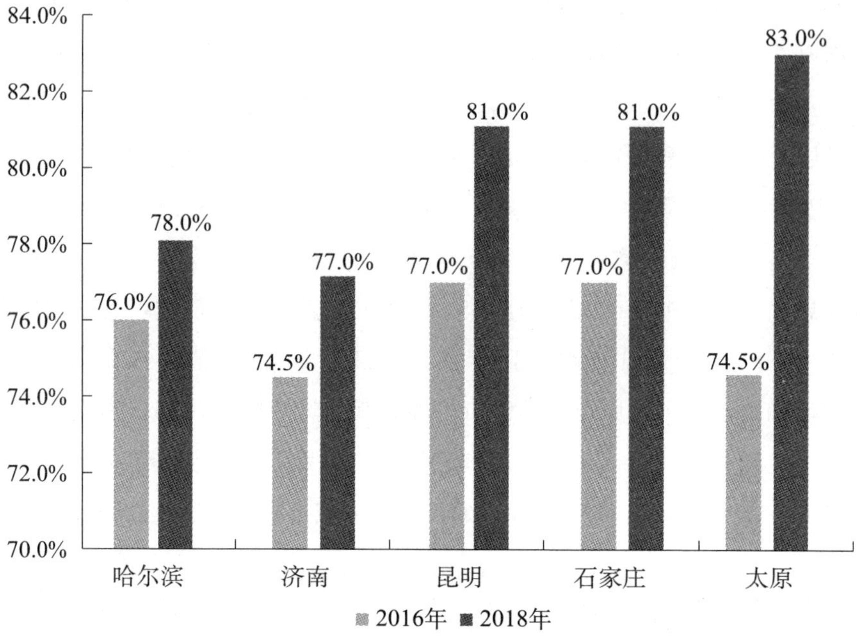

图 2－17　五城市市民对政府部门的满意度

资料来源：2016 年和 2018 年城市矛盾纠纷动态监测电话调查。

的，且有改善之趋势，因为在市民-政府关系维度上，矛盾及不稳定的风险相对较为有限。

图 2－18 反映的是五城市市民对公安系统的满意度。从调查结果来看，2016 年，哈尔滨和济南两市有 74.5％的市民对公安系统表示“满意”和“非常满意”，昆明市有 78.5％的市民对公安系统做出满意评价，石家庄市有 85％的市民对公安系统表示满意，比例最高，太原市有 72％的市民对公安系统表示满意，比例最低。2018 年的调查则显示，哈尔滨、太原和济南三市的市民对公安系统的满意度明显上升，而昆明市和石家庄市的市民对公安系统的满意度有了小幅下降。

考察市民对公安系统的主观评价，主要目的是从居民的主观体验和态度中，了解和把握社会运行和社会秩序的状态与动态，因为居民的主观意识是在相应的社会现实中产生的，也是对社会现实状况的一种反映形式。

在纠纷解决和秩序维护方面，公安系统作为一种重要的公共权力机关，发挥着重要的功能。在现实生活中，人们在交往互动过程中所发生的摩擦、冲突、对抗和纠纷，特别是在公共领域里发生的纠纷事件，通常需要警察介

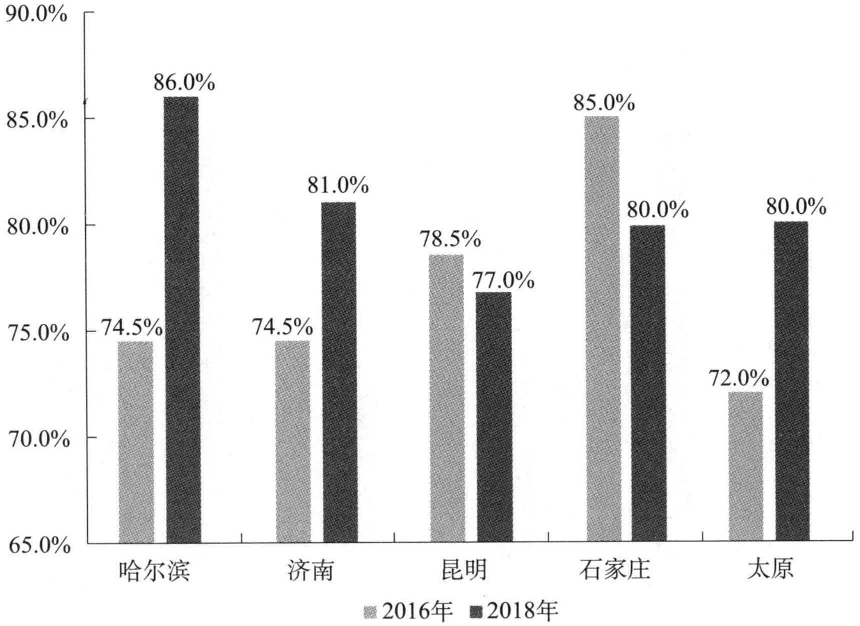

图 2-18 五城市市民对公安系统的满意度

资料来源：2016 年和 2018 年城市矛盾纠纷动态监测电话调查。

入处理。所以在这个意义上，居民对警察的满意程度，可能反映出居民对警察的执法和矛盾纠纷处理行为的认知情况和态度。

图 2-19 显示的是五城市市民对法院系统的满意度。调查结果反映出，五城市市民对法院系统的主观评价比较良好，五个城市都有 80%以上的市民对法院系统表示“满意”和“非常满意”。相应地，对法院系统不满意的市民相对较少。从市民对法院系统满意度的变化情况来看，仅有济南市和昆明市两个城市的市民对法院系统的满意度有所下降，其他三个城市的市民对法院系统的满意度皆出现了明显的提高，其中哈尔滨市的变化最明显，市民对法院系统的满意度从 80.5%提高到了 89%。

法院系统是纠纷解决的重要渠道之一，有较多的纠纷会诉诸法律，进入司法诉讼程序，并最终以法律方式来加以解决。考察市民对法院系统的评价情况，是为了从另一个侧面了解市民对司法权威的认同情况以及纠纷法律解决机制的效力。不过，居民的主观评价只是主体体验和社会互动的总体印象，并不代表客观的实际状况。城市市民对法院系统较高的满意度，表明他们在现实的体验中，对法院的总体印象是比较良好的。此外，由于普通市民很少

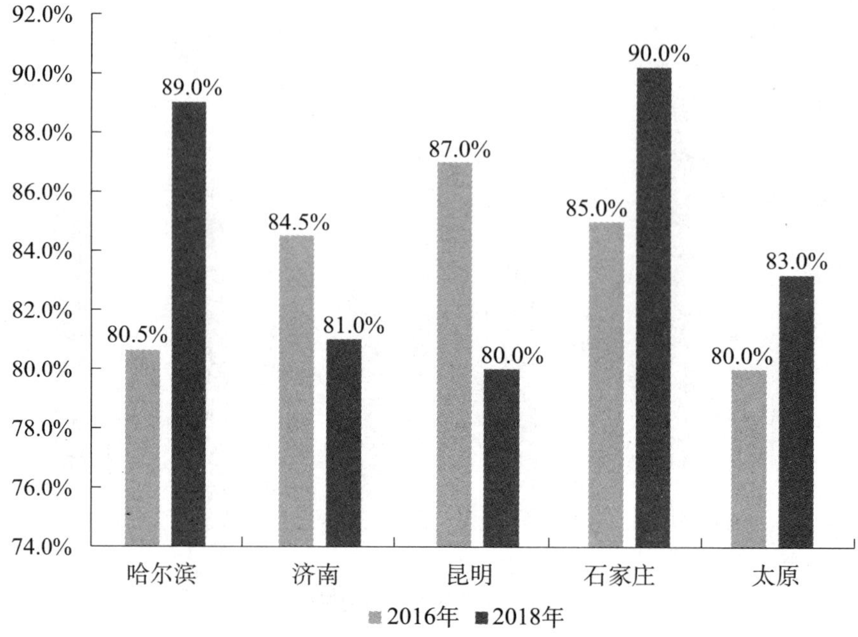

图 2-19　五城市市民对法院系统的满意度

资料来源：2016 年和 2018 年城市矛盾纠纷动态监测电话调查。

与法院打交道，因此他们在模糊认知的情况下也可能会给出好的评价。

五、小结

中国社会处于快速转型的过程中，城镇化正以较快的速度推进，城市社会的发展和运行状况之于社会整体而言，已经显得越来越重要。就基本性质而言，中国基层社会的构成已不再是乡土社会，而是像一些学者提出的“城乡中国”①。“城乡中国”的概念所指的就是基层社会由城市和乡村两个部分构成，城市与乡村在人口和空间上共同构筑起中国社会。因而城市的协调运行与良性发展对于转型中的中国社会而言，具有举足轻重的作用。

动态地监测城市社会矛盾纠纷的发生及其解决情况，主要目的是从平常的视角来审视和把握社会系统运行的总体状态以及各种潜在风险。从对城市

---

① 刘守英，王一鸽．从乡土中国到城乡中国：中国转型的乡村变迁视角．管理世界，2018（10）．

基层矛盾纠纷的动态监测结果来看，可能需要辩证地对待城市社会运行中的问题。一方面，城市基层社会矛盾纠纷的发生率虽然总体上不算高，但上升的趋势以及城市间的差异较为明显。另一方面，在基层纠纷解决方面，虽然城市市民对法律解决途径等制度化、理性化纠纷解决方式有强烈的倾向，但纠纷解决过程中群体性事件发生的风险也较高。

调查所反映的主要是民众的主观感知状态，不完全代表具体的客观状况。城市社会矛盾纠纷及其解决中的问题，仍有待进一步的研究和分析，以了解和认识基层矛盾纠纷发生及演化的成因以及具体影响因素，揭示社会运行与秩序稳定的潜在风险，探寻为有效防范风险而改善社会治理的可行路径，以及积极应对风险挑战而可以采取的变革措施和行动。

第三章　基层纠纷及其社会风险的动态监测

一个社会何以能保持常态化的、良性的运行？这是社会学所要探讨的基本问题之一。对这个问题的探索和研究，可以有多种视角和进路，而平常视角是容易被忽视却又很有效的认识视角。平常视角就是从基层社会的平常生活中去考察和把握社会运行的规律。为揭示社会健康、稳定运行的机制，我们是否可以从基层社会存在和发生的矛盾纠纷中去预知社会常态化运行所面临的风险呢？如果对影响社会正常运行的风险进行监测是可行的，那么如何实践这样的监测呢？在这里，我们将进一步探讨通过对基层纠纷及其解决机制的抽样调查来监测社会健康、稳定运行面临的风险的基本原理和方法。

一、基层纠纷与社会风险问题及相关理论

基层纠纷是指在基层社会生活过程中产生的个人与他人、个人与组织机构之间的不满、冤屈、争执和纠纷。法社会学的纠纷金字塔理论曾区分了进入正式司法程序的纠纷和基层纠纷，认为那些进入了法院、仲裁机构审理解决的纠纷其实不过是纠纷金字塔的塔尖而已，大多数纠纷并没有上升到纠纷金字塔的塔尖，基层部分的纠纷占更高的比例。[①] 纠纷金字塔理论概括了一个社会的纠纷总量和结构特征，即在一个时点上一个社会其实有一定量的矛盾纠纷，其中进入正式司法领域的纠纷只占很小的比例，大多数纠纷会在基层以多种形式出现或以多种方式得以解决。从纠纷金字塔结构来看，既然基

---

① FELSTINER W L F，ABEL R L，SARST A. The emergence and transformation of disputes：naming，blaming，claiming… . Law and society review，1980－1981，15.

层纠纷占据更大比例，且与进入正式司法程序中的纠纷有密切关系，即处于基层或是在基层解决的纠纷越多，进入司法领域的纠纷就越少，那么，由此看来，对社会运行中纠纷问题的探讨和研究，更需要关注基层纠纷。

如果说纠纷金字塔代表的是社会纠纷的总量和结构模型，那么纠纷宝塔反映的则是基层纠纷的解决机制模型。所谓纠纷解决机制，是指人们在平常生活中遇到纠纷时所选择的解决方式和途径。通常，纠纷解决方式主要包括：忍忍算了、一方使用武力解决、双方自行解决、请求非正式第三方调解、诉诸正式权威第三方解决。纠纷宝塔理论根据对中国农村居民的纠纷及其解决机制的经验调查（2002 年），认为中国基层纠纷的总体形态类似于宝塔形。从农户报告的至少一起纠纷的解决机制来看，有近 47%的人选择双方自行解决，占据多数，有 33%的人选择忍忍算了，仅有 20%的人选择通过诉诸多种形式的第三方力量来解决问题。[①] 在关于基层纠纷形态的形成问题上，纠纷宝塔理论不同于纠纷金字塔理论，它不关注纠纷在基层或非正式程序中的解决情况，而强调人们诉诸官方正义系统的情形，认为基层纠纷之所以多数没有通过法院、警察等官方正义系统来解决，主要是因为制度以及人们与官方机构的关系资源是纠纷进入官方正义系统的障碍。

无论是纠纷金字塔理论还是纠纷宝塔理论，所探讨的问题都主要是法律或正式权威之于纠纷及其解决的意义。它们虽关注到基层纠纷，但对基层纠纷之于社会系统及其运行的关系和意义并未加以更多注意。因而，它们对什么样的纠纷总量和什么样的纠纷解决机制模型会构成影响社会常态化运行的风险这一问题，也就没有做进一步的探索和讨论。

如果从结构的视角来看基层纠纷问题，就往往会注重结构因素对纠纷事实的作用，而忽视纠纷在社会背景中的动态演变过程及其意义。由此，纠纷过程论注意到，纠纷不仅是一种对立关系结构，而且是一个关系演变的过程。就过程而言，纠纷的演变主要有三个阶段：第一阶段是冤情，即人们在社会生活中感到遭遇不公、冤屈和损失；第二阶段为冲突（conflict），即由冤情引发相互对立、争执和冲突的关系；第三阶段则为纠纷（dispute），即双方

① MICHELSON E. Climbing the dispute pagoda. American sociological review，2007，72.

因争执和冲突而产生纠缠并诉诸法律系统。[①] 纠纷过程论为理解和认识纠纷问题提供了另一种视角，从这个视角，人们可以注意到纠纷的动态性与可变性，可以探索纠纷会发生怎样的演变，以及这些演变是怎样发生的。虽然纠纷过程论提出了纠纷演变的三个阶段，但它对不同阶段演变之于社会常态化运行的意义却未做进一步的探讨。

关于纠纷的演化与社会运行之间的关系问题，一些研究从社会矛盾的角度分析了改革开放以来中国社会矛盾纠纷的宏观特征及演变态势，认为社会矛盾的演化空间比较大。所谓演化空间比较大，指的是一些小的矛盾纠纷可能会演变为较大的社会矛盾，一些个案问题也可能演化为影响整体运行的矛盾。[②] 此外，社会矛盾论还有一种观点，即认为新时期是矛盾的凸显期，深层矛盾浮现出来，人民内部矛盾异常尖锐，突发群体性事件不断发生，这些都与改革和社会转型进入深水区有关，因为改革的深化会触及深层利益调整[③]。根据一般性经验现实，在宏观层面对影响社会运行和社会稳定的重大社会矛盾加以研判，可引起人们对社会生活中的纠纷事件和矛盾关系的重视。然而，仅有宏观的判断并不能提供关于矛盾纠纷演化过程和社会风险生成机制的具体认识，而要防范矛盾纠纷演化为社会风险，则需要对演化过程与生成机制有更为具体、更为确切的认识。

在探讨基层纠纷问题时，社会学自然会联系到社会冲突。矛盾、纠纷和冲突这三个范畴有密切的内在联系，都反映着社会中的对立与争端，但不同概念又有不同的侧重点。社会学的社会冲突论对冲突的讨论，更多侧重于功能的论述和分析。如齐美尔认为社会冲突就是争端和斗争，是“社会化的形式”，其社会学意义不仅在于改变相互关系，而且在于改变自身[④]。科塞提出：“冲突产生于个人、阶级或群体为寻求实现自己美好理想而进行的斗争之中。”冲突具有 16 种社会功能规律。[⑤] 达仁道夫对社会冲突的探讨，已经关注到冲突所具有的暴力性和破坏性，提出现代社会的冲突的根源在于权利与

---

① NADRE W，TODD H. The disputing process. Columbia：Columbia University Press，1978：1-40.

② 吴忠民．中国改革进程中的重大社会矛盾问题．北京：中共中央党校出版社，2011：1-6.

③ 于咏华．当代中国社会矛盾论．北京：九州出版社，2004：1.

④ 齐美尔．社会学：关于社会化形式的研究．林荣远，译．北京：华夏出版社，2002：219.

⑤ 科塞．社会冲突的功能．孙立平，等译．北京：华夏出版社，1989：6.

权力的抗争。尽管这种抗争是普遍存在的，但其既不是一种不可消除的斗争，也不一定是暴力的和破坏性的。关键是通过制度化和组织机构的抑制，来消除激烈的暴力冲突和冲突的破坏性。[①] 诚然，即便在社会常态化运行过程中、在社会稳定状态下，也无法排除冲突或纠纷的存在。冲突或纠纷普遍存在，我们可以将其视为一种“社会化的形式”，甚至不可否认的是，冲突可能还具有一些积极功能。但是，这并不意味着可以忽视冲突或纠纷所携带的社会风险，毕竟冲突或纠纷是“社会火山”的喷发口，是社会运行走向非常态的重要风险源。因此，探讨和监测社会冲突和基层纠纷的发生规模、水平和性质，对于预知冲突和纠纷是否会演化为激烈的暴力和破坏性形式尤为重要。

在某种意义上，风险社会理论为我们理解和认识当下社会的冲突和纠纷及其对社会系统运行的影响提供了一个重要视角——社会风险。在贝克（Wrich Beck）看来：“现代性正从古典工业社会的轮廓中脱颖而出，正在形成一种崭新的形式——（工业的）‘风险社会’。”那么，为何现代性的社会就是风险社会呢？那是因为：“占据中心舞台的是现代化的风险和后果，它们表现为对植物、动物和人类生命的不可抗拒的威胁。”[②] 虽然风险社会理论主要从宏观理论层面探讨了有关工业社会的“反思性现代化”问题，但其提出的“风险”概念对于我们考察和研究当前社会中的一些具体问题（如纠纷和冲突问题），具有重要的参考意义。风险问题在经济、安全领域已经受到高度关注，而在社会领域，对风险问题的认识似乎并不很清晰，因此对社会风险的关注和考察仍处于摸索阶段。目前国内关于社会风险问题的探讨，主要集中于两个方面：一是项目建设的社会风险评估，属于应用性的社会评估研究；二是社会稳定风险研究和评估，把社会风险视为影响社会稳定的负面因素。如一些研究强调在国家治理和社会治理中，要注重和改善社会稳定风险评估的机制。[③] 虽然社会风险会对社会稳定构成威胁，但社会风险并不仅仅局限于社会稳定范围之内，社会安全以及社会系统的协调、常态化运行也会存在一些风险。

---

① 达仁道夫．现代社会冲突．林荣远，译．北京：中国社会科学出版社，2000：142.

② 贝克．风险社会．何博闻，译．南京：凤凰传媒集团，译林出版社，2003：2，7.

③ 张玉磊．多元主体评估模式：重大决策社会稳定风险评估机制的发展方向．上海大学学报，2014（6）.

就基层纠纷与社会风险的关系而言，从“社会气场”理论的角度看，一些基层纠纷可能反映的是基层民众“为气而争”①。这些抗争和争端也会产生一定的“气场”和“气压”，当一定社会场域中的纠纷不断增多，且化解渠道存在问题时，这一场域中的“气压”就会不断增大，由此也就会构成毁坏系统的风险。既然风险来自社会场域中的“气压”，那么通过对“气压”强度的监测就可以把握和预知风险的程度。

关于对基层矛盾纠纷及其影响社会正常秩序的风险的动态监测问题，笔者曾结合西部民族地区的现实特征，提出运用客观指标和主观指标两种途径加以监测。运用客观指标的监测指可以通过信访部门、法院、派出所、街道和社区纠纷调解室等官方机构上报并汇总基层纠纷发生规模和演化趋势；运用主观指标的监测可以设置“纠纷状况”“社会距离”“社会满意度”和“集体行动倾向”四个维度，再根据四个维度设计相应的问题加以测量，然后通过抽样社会调查把握基层民众对不同问题回答的百分比的分布情况，由此可监测与基层纠纷相连的社会风险状况。

无论我们所处的社会是否为“风险社会”，我们的社会生活乃至社会运行中都会有各种各样的不确定性。所以，从风险的角度来探讨矛盾纠纷和社会冲突问题，从风险的角度来理解社会建设和社会治理，一方面将丰富纠纷及其解决机制研究的内容，另一方面也将有助于推进风险社会研究从理论研究走向具体经验研究。

二、基于纠纷调查对风险进行动态监测的原理

就一般意义而言，纠纷“反映的是社会成员间具有抵触性、非合作的，甚至滋生敌意的社会互动形式或社会关系”。在社会学取向的法律与社会研究中，“纠纷概念的外延拓展到日常生活中人们在主观层面上的情绪、态度和关系，也就是人们在生活中遇到或感受到的所有不公正，即所有的委屈、冤情

① 应星．“气”与中国乡村集体行动的再生产．开放时代，2007（6）.

和争执或纠纷”[①]。将纠纷的外延从客观行动事实扩展至主观意识倾向，无疑使纠纷的社会意义更加丰富，对纠纷的考察和探究对于认识社会运行而言也就更为重要。

显现为对峙、冲突行动的纠纷，确实已经对均衡的社会关系、稳定的社会秩序和常态的社会运行构成直接的影响。例如，当一个社会成员与他人发生纠纷事件时，就意味着纠纷当事双方的正常生活秩序都会发生改变，这种改变直接体现为他们以往常规化的时空秩序会因此被打破，当事双方必须花一定时间来应对和解决纠纷问题，必须到非常规生活空间里去处理纠纷问题。显性纠纷事件对正常社会秩序和社会常态化运行的影响往往较为容易被认知，因为已经发生的事件迫使人们去面对、去解决。而那些潜性纠纷（也就是人们在主观意识上感受到的不公、冤屈和不满）虽然没有转变为冲突和纠纷行动，但对正常社会秩序和社会常态化运行其实也构成了一定的威胁，而且这种威胁或危险往往既不容易被认知，也不太容易引起重视。相对于客观的纠纷事件，主观意识中的纠纷倾向对社会常态化运行构成的风险可能更大。一方面，虽然已发生的纠纷事件直接影响正常秩序，但随着事件的暴发和纠纷的化解，其对社会系统和社会运行的风险也会降低。相反，民众的不公感、冤屈感和不满情绪则会对社会系统运行构成巨大的潜在风险，因为这种潜性纠纷隐藏着巨大的纠纷演化空间。另一方面，当客观纠纷事件发生后，人们容易发现问题和症结所在，只要纠纷问题解决和处理得当，就能化解风险。而民众主观意识中的纠纷倾向往往是难以认知和把握的，一旦这种潜性的怨气积压到一定程度后“喷发”出来，就会造成类似“社会火山”喷发的破坏性后果，因而其潜在风险更为巨大。

如何才能对潜性纠纷加以把握呢？如何对基层民众主观意识中的纠纷倾向加以认知呢？对于民众主观上对他人和社会的感受与态度，社会心理学常用“社会心态”来进行总体概括，也就是通过对社会现象及一般经验的了解和分析，判断并概括出一定时期社会总体的心理特征和精神面貌。[②] 这种从总体上对民众的主观意识倾向和态度的判断，虽有助于我们抓住某一时期民

---

① 陆益龙．转型中国的纠纷与秩序：法社会学的经验研究．北京：中国人民大学出版社，2015：41-42.

② 周晓虹．改革开放以来中国社会心态的变迁．中国社会科学辑刊，2009.

众社会心态的突出特征和演变态势，但总体性的判断往往带有研究者的认识和选择等主观倾向，从而使得这种总体判断的效度和信度存在较大的局限。

要对基层纠纷（包括行动层面的纠纷事件和主观层面的怨气）加以更为客观、确切的把握和认知，社会学的调查研究方法既是常用的也是相对较为有效的途径。通过社会调查，不仅可以获得基层民众所报告的纠纷事件发生情况方面的信息，也能掌握和了解基层民众的一些主观意识和选择倾向。对基层纠纷的调查，既可以采用问卷调查方法，也可以运用访谈调查方法。调查的问题主要涉及民众普通的、日常的事件、交往、人际关系、态度和评价，以及平常交往中遇到的挫折和反应。例如，有一项关于美国民众的法治意识与法律在社会中的运行情况的法社会学研究，通过分层抽样和访谈调查方法对普通美国民众日常生活中的普通事件和平常观念进行了调查和分析，由此勾勒出了美国社会的法治意识图式，并揭示出法律权力运行过程中的主要问题。[①]

在对基层纠纷的调查中，最基本的问题就是询问被访者在生活中是否有过纠纷经历。第一个问题是："在此前一年内，您是否遭遇过与政府机关或其工作人员的纠纷或摩擦?"这一问题主要用来考察基层民众与政府机关之间的纠纷情况。政府与居民之间的关系或者说干群关系是一种重要的社会关系，在社会运行中作用较大，也是较为关键的社会风险源。通过调查此类纠纷的发生比例，可以了解民众与政府间的关系状态以及潜在风险的程度。

第二个问题是："在此前一年内，您是否遭遇过与其他个人的纠纷或摩擦?"通过这一问题，可以了解基层社会中个人间纠纷的发生率。回答与他人有过纠纷的被访者在样本中所占比例，可以被用来表示某一时期调查的个人间纠纷发生率。

第三个问题是："在此前一年内，您是否遭遇过与某个组织的纠纷或摩擦?"向被访者询问这一问题主要是为了了解个人与组织间纠纷的发生情况。在现代社会中，越来越多的人成为组织或机构的成员，社会运行与组织或机构的运行状况的联系越来越密切。个人与组织间纠纷的发生情况能从一个侧面反映出个人与组织的关系及组织的运行情况。如果调查显示的个人与组织

---

① 尤伊克，西尔贝．日常生活与法律．陆益龙，译．北京：商务印书馆，2015：359.

间纠纷的发生比例越高，则个人与组织间关系的紧张度越高，组织运行的潜在风险越高。

对基层纠纷的调查还包括关于纠纷解决机制的问题。向被访者询问这方面的问题，主要是为了掌握民众在遇到纠纷时选择解决方式的倾向。这方面的问题有三个："当您与他人或机构发生矛盾纠纷时，您是否想运用法律来解决?""当您与他人或机构发生矛盾纠纷时，您是否想用武力自己解决?""当您与他人或机构发生矛盾纠纷时，您是否想动员众人采取行动?"第一个问题主要用来考察民众选择理性的、法律的途径解决纠纷问题的情况。愿意选择通过法律途径解决纠纷的人的比例越高，则意味着基层纠纷潜在的风险越小，因为较多的纠纷通过正式法律途径解决，反映出社会中的纠纷仍处于理性和规则的控制之下，对稳定的社会秩序构成的威胁相对较小。第二和第三个问题主要用来监测基层纠纷演化为暴力冲突和群体性事件的风险。如果个人在解决纠纷时倾向于使用武力，那么普通纠纷演化为恶性暴力冲突事件的可能性大增，因为武力方式非但无助于纠纷解决，反而会对社会秩序构成更大的威胁。在基层纠纷演化过程中，以牙还牙、用武力摆平，通常会成为人们解决纠纷的方式。有此种选择倾向的人的比例越高，对正常秩序构成的风险越大。此外，在基层纠纷解决过程中，双方当事者还可能选择动员众人采取集体行动或集体上访等方式来寻求纠纷问题的解决。如果基层社会中具有这一选择倾向的人的比例较高，那么也预示着基层纠纷的潜在风险较大。因为在通常情况下，对于普通的民间纠纷来说，只要双方当事者心平气和地去解决，或是通过第三方来加以解决，纠纷就不会对社会秩序和运行产生威胁。如果让更多的其他人员卷入纠纷，就有可能使普通纠纷演化为威胁正常秩序的群体性事件。

从法社会学角度看，民众的一些不公感也属于基层纠纷的范围。例如，民众在职务晋升、工资待遇、福利分配方面，可能会对单位、机关的做法有不满情绪，由此产生不公感。这种不公感虽并未转化为行动上的争端和冲突，但实际上也属于一种潜性纠纷。由于潜性纠纷是基层民众的一种主观感受和评价，因此要把握基层这一动向，较为有效的方法就是社会调查。为了掌握基层潜性纠纷，我们在调查中设置了两类问题：一是民众公平感问题，如"总体来说，您是否认为自己得到了公平的待遇"；二是民众对政府和法律机关的评价，如“总体来说，您对法院的评价是：非常满意、满意、不满意、非常不满意”。潜性纠纷虽主要反映基层民众的主观和态度倾向，但也可作为考察社会风险的重要参考指标。例如，在对失业风险监测指标的研究中，研究者不仅将登记失业率和调查失业率作为基础指标，而且将民众的一些主观意识和态度作为参考指标①。在基层社会中有不公感、对政府和法律机关评价极其不满的人所占比例越高，也就意味着基层潜性纠纷越多，对社会稳定和常态化运行构成威胁的风险越大。因为民众的不公感反映的是“社会怨气”程度，是社会动荡的重要源头。基层社会对权威机关做出“非常不满意”的评价则意味着社会不满情绪高涨、对抗态度明显。国际上通常会采用两个指标来衡量社会动乱的风险，一是客观指标基尼系数，二是民众不公感指标。这表明，基层民众的主观感受和态度倾向是测量社会风险的重要指标之一。

对社会风险概念的界定和测量方法，社会学与公共管理学的理解存在较大差异。在公共管理学和社会保险研究中，社会风险被界定为个体风险的集合。所谓个体风险，也就是导致破坏性事件的脆弱性条件和因素。测量社会风险的典型方法主要与消费的变化有关，如最大可能福利损失最小化、既定阈值下消费损失概率最小化、给定收益变化范围内预期收益率最大化。② 由此看来，社会风险被界定为个体在社会生活中的风险。而社会学意义上的社会风险是指社会系统和正常秩序在社会运行过程中遭遇破坏的可能性。社会风险虽与个体生活风险有某种联系，但并非个体风险的集合，社会风险与个体风险的风险主体有着本质差异。

综合上述对基层纠纷与社会风险之间相关关系的分析，可建构起基于基层纠纷调查的社会风险监测指标体系（见图 3－1）。

图 3－1 显示的是通过对日常生活中的纠纷和民众的主观倾向的调查，来监测基层纠纷可能影响社会秩序和社会常态化运行的风险。虽然调查所把握的是被访者个体的经验事实，但个体不同反应的比例则可说明社会系统和社会运行在不同方面的总体情况，亦即社会成员的行为和态度在社会中产生破坏性影响的可能性的大小。

---

① 陈仲常．失业风险监测预警指标体系研究．统计与决策，1998（6）．

② 黄英君．社会风险管理：框架、风险评估与工具运用．管理世界，2013（9）．

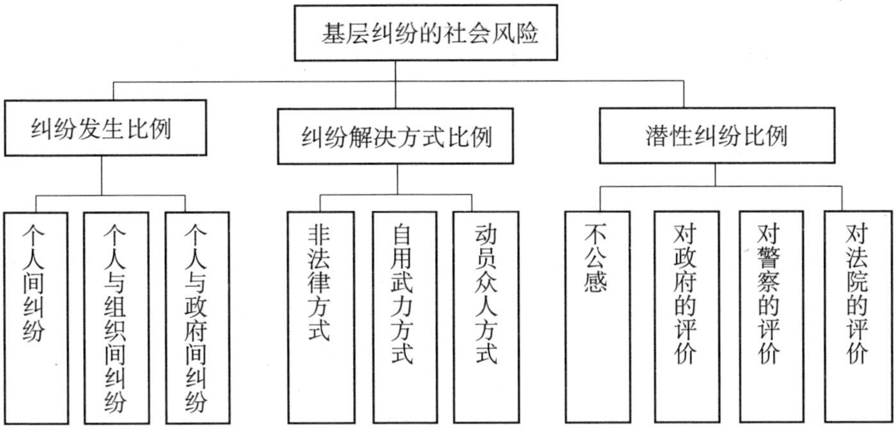

图 3-1　基于基层纠纷调查的社会风险监测指标体系

因为纠纷发生比例、纠纷解决方式比例和潜性纠纷比例所蕴含的风险可能有所差异，所以我们对三个分项指标分别赋予了 0.2、0.4 和 0.4 的权重系数，由此得出了测量基层纠纷社会风险系数的方法：

$$R_d = 0.2P_d + 0.4P_r + 0.4P_l$$

上式中的 R_d 是指基层纠纷的社会风险系数（0～1）。P_d 为调查基层纠纷的平均发生率，也就是个人间纠纷、个人与组织间纠纷和个人与政府间纠纷的发生率的加权平均比例，即：$P_d = (P_{d1} + 2P_{d2} + 3P_{d3})/6$。$P_r$ 代表基层民众选择非法律方式、自用武力方式和动员众人方式三种纠纷解决方式的平均比例。考虑到不同方式的作用大小，我们对三项做了加权平均，具体为：$P_r = (P_{r1} + 2P_{r2} + 3P_{r3})/6$。$P_l$ 代表基层潜性纠纷的平均比例，是根据调查基层民众的四种主观感受和评价而计算出的，其中包括具有不公感的民众比例，对政府和法律机关评价为“非常不满意”这一极端值的比例。对这四项进行加权平均可得：$P_l = (2P_{l1} + 2P_{l2} + P_{l3} + P_{l4})/6$。将三个分项指标综合起来，即可构成基层纠纷社会风险系数的监测方法：

$$R_d = 0.2[(P_{d1} + 2P_{d2} + 3P_{d3})/6] + 0.4[(P_{r1} + 2P_{r2} + 3P_{r3})/6] + 0.4[(2P_{l1} + 2P_{l2} + P_{l3} + P_{l4})/6]$$

基于基层纠纷的调查情况来监测社会常态化运行的风险，主要是依据基层社会关系的协调程度和社会怨气的压力程度来预测社会风险程度。监测的社会风险系数在 0 至 1 之间，系数越大，意味着社会常态化运行面临的风险越高。

三、基层纠纷和社会风险动态监测的实践

为对基层纠纷及社会风险进行动态监测，2016 年 10 月，我们运用电话调查方法就基层纠纷和民众心态问题进行了调查。此次电话调查选取了北京市，并在全国随机抽取了石家庄市、太原市、济南市、哈尔滨市、昆明市共 6 个城市。调查采用电脑随机拨号抽样法，抽样框为中国移动、中国联通、中国电信各号段用户的电话号码。最后，在北京抽取有效样本 500 个，其他 5 个城市各 200 个，共计 1 500 个。抽样的用户接通率为 25.46％，整体项目样本获取的成功率为 9.97％。

通过对基层纠纷的电话调查，可以发现目前基层社会矛盾纠纷的发生情况和趋势（见图 3－2），从结果分析来看，并未显现出纠纷凸显的特征，这与一些研究认为的当前社会矛盾和较为严重的社会冲突具有多发和增加趋势的观点似乎并不完全一致①。就基层民众报告的一年内的纠纷发生率而言，个人间纠纷发生率相对较高，为 17.4％，而个人与组织间纠纷和与政府间纠纷的发生率都处于较低水平，分别为 4.9％和 8.4％。就地区间比较而言，北京市的基层纠纷发生率略低，济南市的基层纠纷发生率相对较高，其中个人间纠纷和个人与政府间纠纷的发生率都是最高的。不过总体来看，地区间的基层纠纷发生率没有显著差异。

对基层纠纷潜在风险进行认识和预测，仅仅关注纠纷发生情况是不够的，因为矛盾纠纷和社会冲突的发生虽可能影响正常秩序，但也是社会生活与社会运行的一个组成部分。基层纠纷的影响还要看人们会选择什么方式或途径来处理和化解纠纷，纠纷解决方式的选择倾向在较大程度上影响着基层纠纷的演化方向。

从图 3－3 的调查结果来看，基层民众在面对纠纷时，愿意选择法律途径解决问题的占大多数，总体上只有 17.9％的人有选择非法律方式的倾向。此外，大多数人也不具有自用武力来解决纠纷的倾向，只有 16.1％的人具有这一倾向。在动员众人参与纠纷解决的倾向方面，比例相对较高，占 21.7％。

---

① 胡联合，等．影响社会稳定的社会矛盾变化态势的实证分析．社会科学战线，2006 (4).

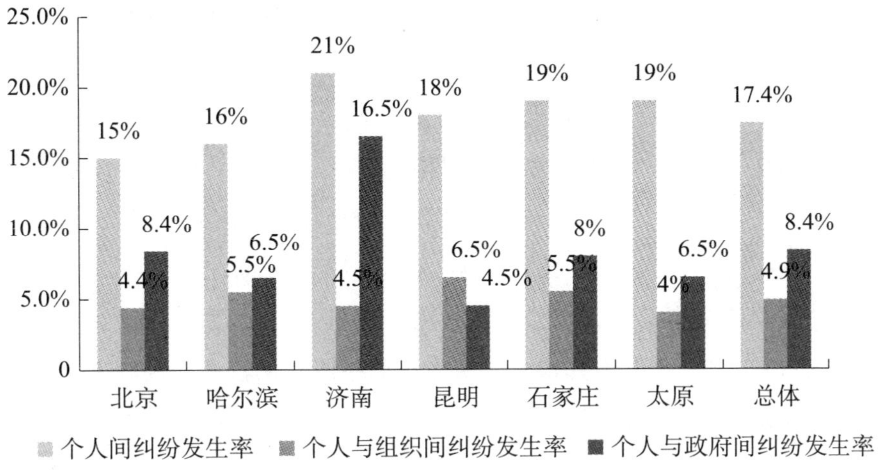

图 3－2　一年内基层纠纷的发生率

资料来源：2016 年城市矛盾纠纷动态监测电话调查。

就基层纠纷解决方式选择倾向的地区间差异而言，北京市市民更倾向于理性，而哈尔滨市市民的法制意识显得较为淡薄，更多的人倾向于自用武力解决纠纷，在太原市，因纠纷引发群体性事件的风险最高，因为更多的人（27.5%）具有动员众人来解决纠纷的倾向。此外，从纠纷解决方式的选择倾向来看，昆明市的基层纠纷的化解也显得较为重要，如果不增强法制宣传和对基层矛盾的协调与化解，那么基层纠纷演化为暴力事件和群体性事件的风险相对较高。

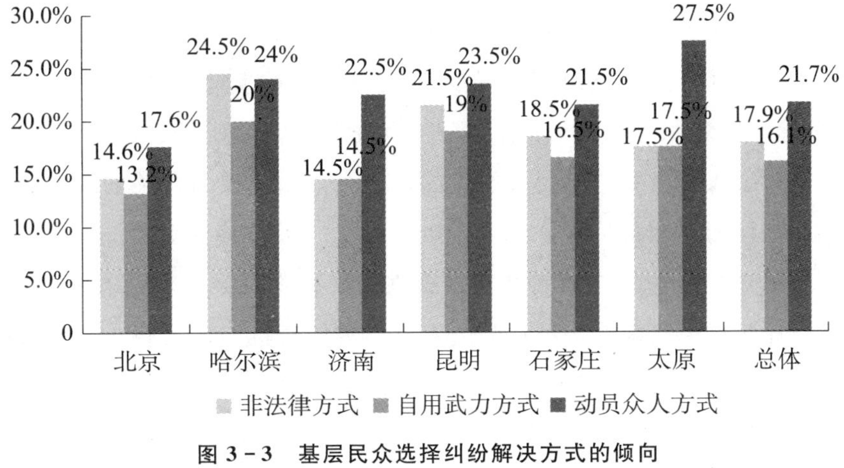

图 3－3　基层民众选择纠纷解决方式的倾向

资料来源：2016 年城市矛盾纠纷动态监测电话调查。

虽然被访者的公平与不公感从表面上看只是一种主观的感受，但从社会调查的分布比例来看，它能从一个侧面反映社会关系的协调程度和社会运行的状况。感到自己遭受不公待遇的人的比例越高，在一定意义上反映出“社会怨气”的压强越大，潜在的破坏性风险也越大。有较高比例的民众感受到不公平，反映出社会中的权力和制度规则可能存在某种问题[①]。

图 3 - 4 显示的是 6 个城市民众的不公感的分布情况。从总体来看，72.5%的民众认为自己受到了公平的待遇，而具有不公感的人占 27.5%（四分之一左右），这个比例不算很高。因为从一些国际比较调查经验来看，北欧福利国家民众的社会不公感相对较低，但也会达到 30%，而有些东欧国家的这一比例有时会超过 70%。具有不公感的民众比例相对较低，表明目前基层社会的“怨气”总体上还不是很突出，基层潜性纠纷的社会风险不大。不过，值得关注的是，太原市和昆明市两地，基层民众的不公感相对较高、较为突出，两地有不公感的民众都超过了 30%。民众不公感是监测社会运行风险的一个较为灵敏的指标，民众不公感升高问题则是一个很复杂的社会问题，不仅与经济系统中的收入和财富分配不公问题相关，也与政治系统中的权力腐败问题有关，还与社会的建构有一定联系。因此，缓解民众的不公感，降低这一潜性纠纷的社会风险，既需要综合施策，也需要深入研究，发现主要矛盾，有针对性地改进基层社会的治理。

民众与公权力机关之间保持和谐统一的关系对社会常态化运行来说至关重要，而如果两者关系处于紧张甚至对立冲突状态，其潜在的社会风险就会随之大增。在社会主义制度设计中，公权力机关的基本属性是“为人民服务”。因此，民众在与政府及法律等公权力机关交往互动的过程中，会根据这一原则而对公权力机关的行为有相应的期望。如果公权力机关的现实行为与民众的原则性期望相距甚远，就可能招致民众的不满甚至引发抗争行为。虽然说基层民众的抗争行为是制度安排提供的一种维权渠道和机会[②]，但无论是从历史还是从现实来看，民众与公权力机关的对抗与冲突行为，导致破坏性事件和社会动荡的风险都是比较高的。因此，对社会常态化运行风险的监

---

① 李春玲．社会不公平感源自何方．企业文化，2006（4）．

② O'BRIEN K，LI L J. Rightful resistance in rural China. Cambridge：Cambridge University Press，2006：131.

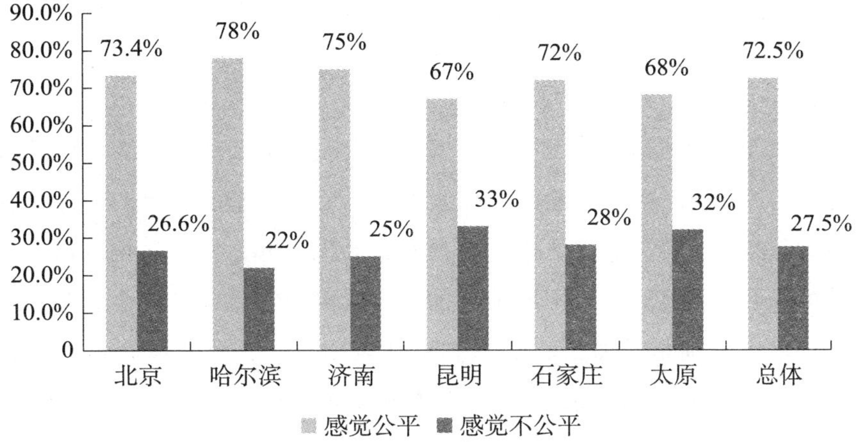

图 3－4 基层民众的不公感

资料来源：2016 年城市矛盾纠纷动态监测电话调查。

测，需要重点考察基层民众与公权力机关之间的关系状态。

表 3－1 显示的是基层民众对政府、警察和法院等公权力机关做出“非常不满意”评价的分布情况。之所以只把“非常不满意”评价一项纳入监测指标，是因为它属于负面的极端评价。从理论和现实经验看，极端观念和极端行为所包含的社会风险一般更大。

表 3－1 基层民众对政府和法律机关的极端评价（%）

地区	对政府非常不满意	对警察非常不满意	对法院非常不满意
北京	4.0	3.8	1.2
哈尔滨	7.5	4.0	4.0
济南	3.0	3.5	4.0
昆明	0.5	2.5	0.5
石家庄	3.0	2.5	1.0
太原	6.0	3.0	3.0
总体	4.0	3.3	2.1

资料来源：2016 年城市矛盾纠纷动态监测电话调查。

从表 3－1 的统计结果来看，基层民众对公权力机关做负面极端评价的比例并不高。对政府做负面极端评价的占 4%，对警察和法院做负面极端评价的比例分别为 3.3%和 2.1%，由此反映基层社会中特别有怨气和有极端倾向的现象并不突出，潜性纠纷的社会风险还不是很高。从地区间比较来看，哈尔滨市和太原市两地民众对政府的负面极端评价比例相对较高，昆明市的民众则对公权力机关较少有负面极端评价。

根据2016年城市纠纷调查的结果，运用社会风险系数的计算方法，最后形成基层纠纷社会风险的监测结果（见图3-5）。基层纠纷社会风险系数的总体水平为0.140，这一水平可以说并不高，反映出基层社会的运行总体上处于较为正常、平稳的状态之中，出现对社会系统和社会秩序构成威胁的社会动乱的风险并不高。比较不同地区的社会风险监测结果，社会风险相对较高的三个城市分别是太原市、哈尔滨市和昆明市，其社会风险系数分别为0.160、0.151和0.148，而北京市的社会风险水平相对较低。

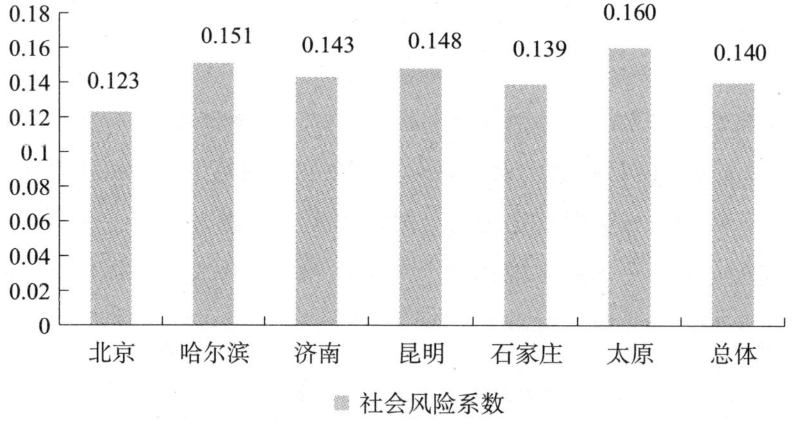

图3-5 基层纠纷的社会风险监测结果

资料来源：2016年城市矛盾纠纷动态监测电话调查。

社会风险系数是理解一个社会在一定时期内社会系统运行基本状态的一种参考指标，根据这一指标，可大体预测社会发生威胁常态化运行和正常秩序的社会风险的大小。当前，虽然中国社会在快速转型过程中面临诸多挑战和问题，但从基层民众所反映的调查信息来看，总体上基层社会的运行并未出现突出的社会风险，只是有些地区所面临的社会风险相对高一些。就影响因素而言，不同地区社会风险的高低受基层纠纷的解决和基层民众主观倾向的影响较大。当然，基层民众主观倾向的形成反映的是复杂的客观社会现实，对具体原因仍需进行进一步探讨和研究。监测结果只能反映出基层纠纷的非法律方式解决倾向以及基层民众的不公感潜在的社会风险相对较大。这种风险的根源可能还在于基层社会的纠纷化解渠道和法治建设问题，以及权力和规则的合法性危机问题。由于一些基层纠纷有时难以通过合法的、正式的渠道去化解，加上法治意识尚未深入人心，因此在基层社会中形成了非法使用武力及群体力量来解决纠纷的风气。此外，公权力的运行以及社会规则的制定有时在现实中偏离民众期望较远，由此形成紧张关系，并对社会常态化运行构成威胁。

四、小结

注重从社会调查中获得社会事实，也就是社会学的平常视角，从这一视角所看到的其实是基层民众反映的社会现象。关于社会矛盾、社会冲突和纠纷等问题，社会矛盾论、社会冲突论、纠纷金字塔理论主要从宏观视角，重点探讨这些问题的关系性质和功能特征。从平常视角来考察基层纠纷问题，既可揭示当下基层社会的矛盾纠纷发生状况，也可从中了解基层纠纷的演化态势及可能的风险。因此，当我们在探讨矛盾、冲突和纠纷与社会良性运行之间的关系问题时，对基层纠纷的考察就显得尤为重要。

关于基层纠纷的电话调查，虽然问题较为简单，但调查犹如对基层社会运行的“常规检查”，其信息对于了解基层社会运行的基本状况、改进社会治理、保持基层社会健康稳定运行具有重要参考价值。调查结果显示，当前中国社会的基层纠纷总体上发生率并不高，表明基层社会并未处在矛盾纠纷凸显期，只有济南市显现出基层纠纷相对多发。

在基层纠纷解决方式选择倾向方面，基层民众总体上趋于理性，具有暴力和发动群体性事件倾向的比例相对较低，不过哈尔滨市和太原市两地民众的这一倾向则相对明显，值得关注。民众倾向于选择什么样的纠纷解决方式，表面看是个体的主观偏好，其实，如果从总体的角度去看，就能反映出民众的法治意识和法律在基层社会中的实际效力。如果民众把法律或制度规则内化为理应遵循的行为规范，他们就会倾向于用合理合法的方式解决纠纷问题。① 而如果较多的人倾向于通过非法律途径解决纠纷，就表明要么是民众法治意识存在问题，要么是法律对解决问题没有很好的效力，总之皆属于法

---

① TYLER T. Why people obey the law. New Heaven：Yale University Press，1990：59.

治建设问题。

基层民众的不公感和对公权力的负面极端评价反映出基层的社会怨气，因而也代表基层社会的潜性纠纷，纠纷调查显示基层潜性纠纷总体上并不突出，只有太原市、昆明市和哈尔滨市在这方面相对较为明显。基层潜性纠纷增多、社会怨气加大，虽然原因是多方面的，但主要原因还是公权力和制度规则的合法性问题或正义性和正当性问题。降低社会怨气，既要让权力合法正当地运行，还需要有合理、正义的制度规则做保障。

社会风险为我们认识基层纠纷与社会常态化运行之间的关系提供了一个重要的分析性概念。社会风险虽与个体行为有关，但不是个体风险的加总，而是社会系统面临危机和被破坏的条件和因素。既然对立冲突和社会怨气达到一定程度时就可能产生对系统常态化运行造成破坏的风险，那么，通过调查基层纠纷亦可达到对社会风险进行动态监测的效果。我们运用基层纠纷调查中的纠纷发生比例、纠纷解决方式比例和潜性纠纷比例等数据，测算出当前中国基层社会运行的风险系数为 0.140，处于相对较低水平，表明基层社会运行尚未出现较大风险。社会风险系数的计算，主要为认识基层社会运行总体状况和问题提供一种参考，同时也为完善基层纠纷管理①、改善社会治理提供一些信息参考。社会风险监测的指标体系的建构以及分项指标的权重的确定，主要依据一般理论和经验，虽带有一些主观性，但并不会影响我们对基层社会运行状况的理解。对基层纠纷及其潜在社会风险的动态监测，主要目的是把握和判断社会健康、稳定运行是否面临突出的风险。

---

① 陆益龙．纠纷管理、多元化解机制与秩序构建．人文杂志，2011（6）．

第四章　基层民众心态与“安全阀”机制建设

基层民众的社会心态与社会秩序、社会稳定问题之间的关系较为密切，社会心态关涉到群体性、系统性的社会情绪和社会态度，而社会情绪和社会态度是社会环境的重要构成。社会不稳定或社会动荡的风险和危机，往往与弥散在社会中的消极情绪和极端态度有非常密切的关系。造成秩序紊乱的群体性事件、规模化的集体行动，往往受行动者的情绪、观念、意识和主观态度支配。所以，防范社会冲突和社会危机的风险，掌握基层民众的社会心态的基本状况和演变态势也就显得格外重要。

一、基层民众的社会态度

信任首先表现为一种认识与态度，然后才是一种关系，最后才是一种行为。当人们认为某个人或某个机构、团体可以信任的时候，就表示对这些人或这些机构、团体持有信任态度。只有有了信任态度，人们才会与这些人或机构团体形成信任关系。而且人们只有在信任关系形成后，才会做出信任行为。

图 4－1 是对基层民众社会信任态度的监测。虽然监测的问题比较简单，但其分布比例可以在总体上反映出一个社会的信任状况。从监测的结果看，2010 年，基层民众社会信任指数为 65.2（51.3＋13.9），即有 65.2％的民众认为社会上绝大多数人是可以信任的，而有不信任感的居民达到 24.2％。2015 年，基层民众社会信任指数为 63.6（56.5＋7.1），即有 63.6％的人认为社会上绝大多数人是可以信任的，有不信任感的民众占 20.3％。由此看来，社会信任水平较为一般，信任水平总体上略有降低，社会不信任感也略有降低。

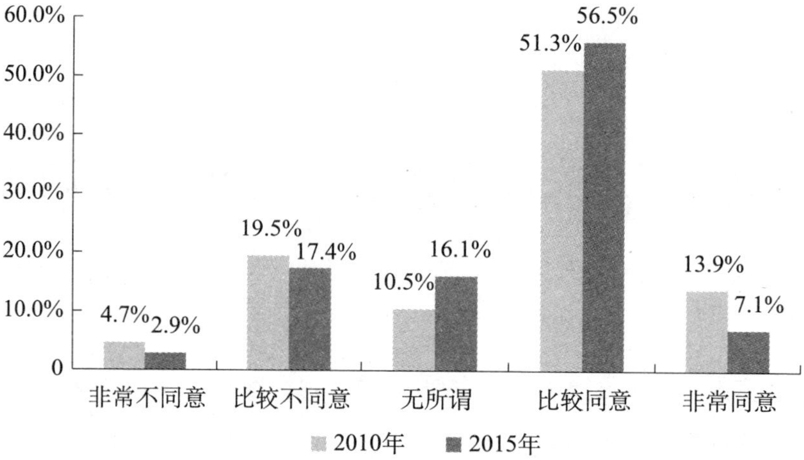

图 4-1　社会上绝大多数人是可以信任的

资料来源：2010 年和 2015 年中国综合社会调查（CGSS）。

图 4-2 是从另一个角度对民众社会信任感的测量，反映的是社会中人际信任与安全程度。测量的方法是询问被访者是否认同“一不小心，别人就会占你的便宜”。结果显示，2010 年，有 41.9%的人认同人际关系具有不可靠性和不安全性，有 42.6%的人则不认同人际关系具有不可靠性和不安全性。2015 年的调查显示，有 39.6%的人认同如不小心就会有人占自己便宜的观点，有 36.6%的人则不认同这一观点。由此看来，在当前社会运行和社会交往中，有相对较多的民众对人际交往持不信任态度，这从一个侧面反映出社会生活中的人际关系并未达到相对理想、相对和谐的状态。

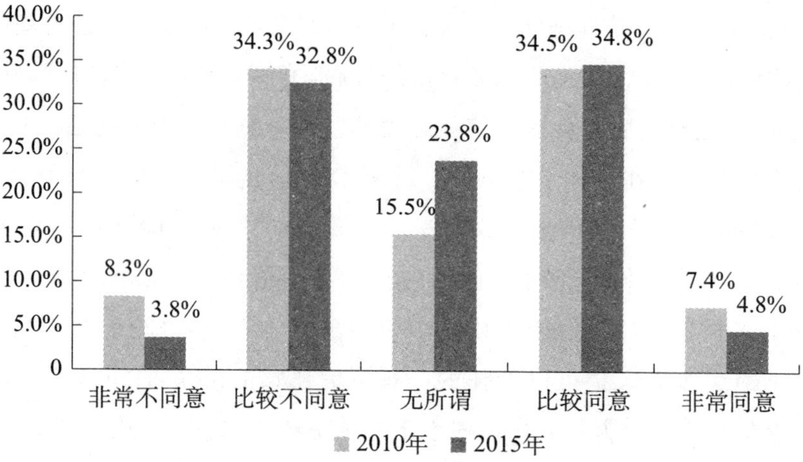

图 4-2　一不小心，别人就会占你的便宜

资料来源：2010 年和 2015 年中国综合社会调查（CGSS）。

信任不仅仅是一种社会态度，信任及其文化、规则和网络是构成社会资本的重要方面①，信任对于社会经济各系统的协调运行以及社会关系的和谐来说，具有“润滑剂”和担保的功能。一个信任度很高的社会，其运行会保持顺畅的状态，因为在有信任作为担保的情况下，行动开展也就简便易行了。例如，在传统乡村熟人社会中，共同体内的人际信任度相对较高，交往互动通常不需要太多担保机制和约束机制，因为信任为人们的交换行为提供了一定的担保和约束。

在社会学意义上，居民的社会不公感、冤屈也属于纠纷的范畴②。社会不公感在现实社会生活中表现为一些抱怨、不满情绪，这些抱怨和不满情绪可以被视为一种社会潜在矛盾纠纷，因为它们在一定的条件下会演变为社会冲突。所以，监测基层民众的社会不公感可以从主观的一个维度把握基层矛盾纠纷的态势。

从图 4－3 的动态监测结果来看，2010 年，认为社会总体上“完全不公平”的民众占 8.8%，2015 年的调查显示这一比例下降至 5.6%，表明在主观公平感方面持负面极端态度的人有所减少。总体来看，2010 年有不公感的民众占 36.5%，有公平感的民众占 38.7%。2015 年，有不公感的民众占 27.7%，有公平感的民众占 49.9%。动态监测结果反映的情况是，2010 年基层民众的社会不公感相对偏高，而社会公平感相对偏低；2015 年，民众的社会公平感有所提升，且提升的幅度较大，但社会公平感水平仍不高。

虽然社会公平感是民众的主观意识和主观态度，但人们的主观观念也是对客观现实的一种反映。社会不公感指数的下降以及社会公平感指数不高，一方面反映出社会在公平发展方面已有一定的改善和提升，另一方面也表明社会系统要想协调运行，仍面临进一步促进社会公平的重任。

人们对幸福的感受和理解有较大的相对性和个体差异性。人们有时会觉得生活幸福，遇到不快时又会觉得生活不幸福；有些人虽物质条件并不富裕但却觉得生活很幸福，也有些人虽生活富裕但却觉得不幸福。然而，对民众主观幸福感的测量也会从一定意义上反映出民众的社会心态究竟是趋于积极

① 崔巍．社会资本、信任与经济增长．北京：北京大学出版社，2017：8.

② 陆益龙．转型中国的纠纷与秩序：法社会学的经验研究．北京：中国人民大学出版社，2015.

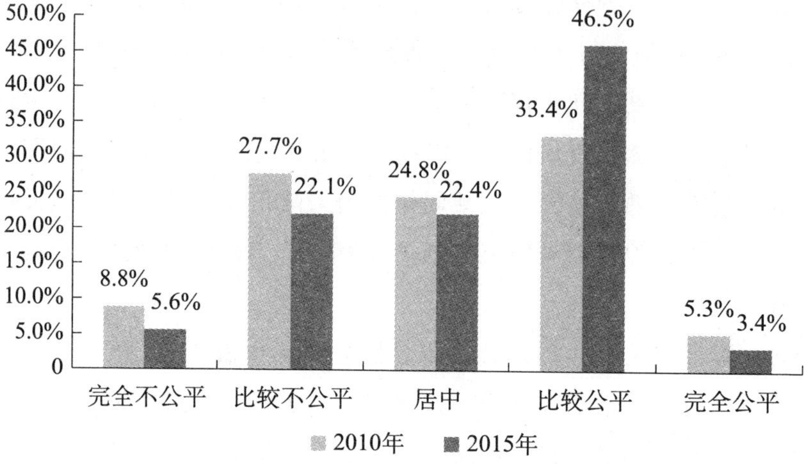

图 4-3 社会总体上的公平程度

资料来源：2010 年和 2015 年中国综合社会调查（CGSS)。

乐观的还是消极悲观的。

图 4-4 显示的是基层民众的幸福感及变化情况。2010 年，有 72.4%的民众具有幸福感，9.8%的民众认为自己的生活不幸福，其中觉得很不幸福的民众仅占 2.1%。到 2015 年，具有幸福感的民众占 77.7%，具有不幸福感的民众占 7.6%。从动态比较来看，基层民众的主观幸福感 5 年中有所提升，而感觉生活很不幸福的民众有所减少，表明基层民众的社会心态总体上趋于积极向上。

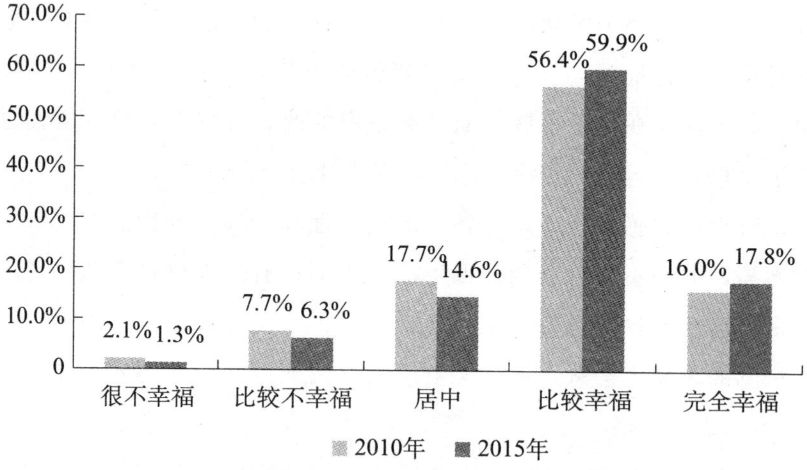

图 4-4 基层民众的幸福感

资料来源：2010 年和 2015 年中国综合社会调查（CGSS)。

主观幸福感系数也能从一个侧面反映出社会系统的运行状态和社会关系的和谐程度。如果人们能感受到生活的幸福，那就意味着他们对现实状况是较为满意的，也更加倾向于维护现有社会秩序的稳定，而不会倾向于打破现有格局。有较高比例的民众认为自己的生活是比较幸福和很幸福的，反映出社会生活的客观条件和水平较为理想，这种发展状态对于维持秩序稳定也将起到积极作用。

二、基层民众的法治意识

民众的法治意识与社会秩序的建构和维持有密切的关系，因为法治意识会影响到个体与社会的行动倾向。法治意识是一个具有广泛意义的范畴，不仅代表人们对正式的或成文的法律的认识和观念，还包含人们对规则、权威和秩序的观念和态度。

考察民众的法治意识，是为了把握民众对待各种行为规则、规章制度和法律法规的态度和行为倾向，由此可以了解居民在遵守规则和维持秩序方面的主观观念和倾向。2015 年中国综合社会调查专门设置了“法制模块”，主要是为了调查和考察民众对法治建设的感知和评价。由此，也可了解到广大民众的法治意识的基本状况，从中亦可绘出基层社会法律性的一些图式。

法律规定约束和调节着社会成员的行为，在社会秩序的建构和维护中起到重要的规制功能。由于法律规定影响人们的行动选择和行动范围，因而民众在与法律规定的互动中也会产生对法律正当性的认识和评价，这些主观评价和意识又在一定程度上影响着行动者与法律规定的关系，进而可能影响秩序状况。

从图 4－5 的调查结果来看，在对基层民众关于法律规定是否不符合实际的考察中，有 20.2％的民众认为法律规定不符合实际的问题“比较突出”和“非常突出”，有 37.1％的民众认为法律规定不符合实际的问题“完全不存在”和“不太突出”，有 35.3％的民众持中间的立场。

由此看来，基层民众对法律规定适用性的认同度并不高，仅三分之一左右的民众认为法律规定与实际不符的问题“不太突出”或“完全不存在”。这一结果也从某种意义上反映出基层民众对立法的感知情况及态度，也就是说，

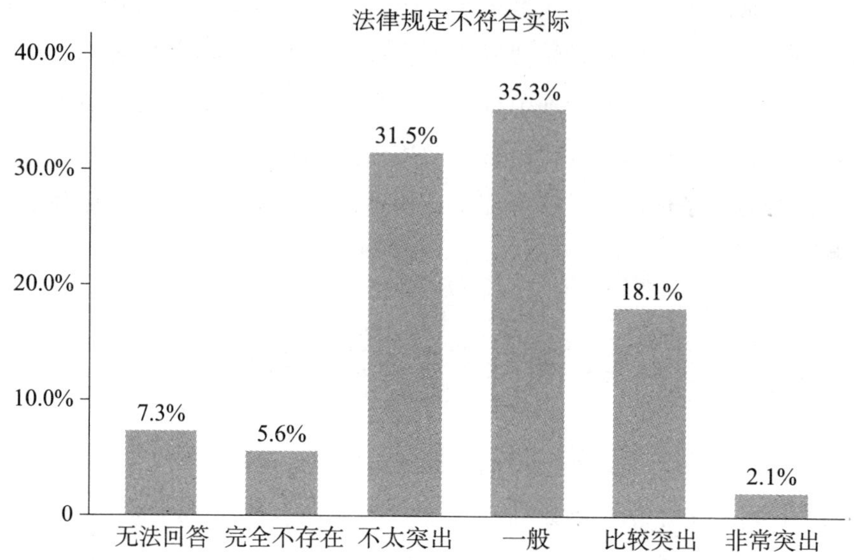

图 4-5　基层民众关于立法适用性的意识

资料来源：2015 年中国综合社会调查（CGSS）。

民众对立法适用性的主观评价并未显现出较为积极乐观的倾向。这也意味着基层民众希望立法在结合实际方面有进一步的提升和改善，立法的适用性程度仍有进一步提升的空间。

关于民众法律意识与行为之间的关系问题，一些经验研究显示：当前民众的法律权威意识与法律合理性意识都呈现出增强的趋势，同时也显现出工具主义法律意识更为突出的特征[①]。有较多的民众赞同无条件服从法律，但与此同时，又有不少民众认为只有在法律合理的情况下才遵守法律。由此反映出，民众对法律权威的意识和态度并非一维的，而是处在动态的社会建构之中。一方面，多数民众意识到法律规范的权威性；另一方面，民众又会根据实际需要而采取对待法律的具体态度和行动。也就是说，多数民众的法治意识并未形成规范内化的特征和趋势，即“法律正当性意识”尚不普及，人们还没有真正将法律视为正当、合理的行为规范来调节自己的行为选择。

基层民众的法治意识对社会矛盾纠纷的发生可能并不具有直接的影响，人们是如何认识和看待法律的，与现实中矛盾纠纷关系的产生没有明显关系；

---

① 陆益龙．转型中国的纠纷与秩序：法社会学的经验研究．北京：中国人民大学出版社，2015：169.

但是，民众的法律意识则对他们选择纠纷解决方式有一定的影响。越是具有法律权威意识的民众，选择法律解决机制的可能性越小；越是把法律视为一种工具的民众，选择法律途径解决纠纷的可能性越大。这一现象表明，对法律权威的认同和服从意识，对人们选择法律途径解决纠纷并不起促进作用；而工具主义的法律意识，则能提高人们通过法律途径解决纠纷的可能性①。

图 4－6 考察的是民众对法律公正合理性的认识情况。从分析结果来看，有 18.9％的民众认为法律规定不公正合理的问题“比较突出”和“非常突出”，亦即感到法律规定存在较多不公正、不合理的地方。这一比例可以说不算很高。有 41.1％的民众认为法律规定不公正合理的问题“不太突出”或“完全不存在”，即认为法律规定基本上是公正合理的。有接近三分之一的民众则持中间立场。监测的结果反映出，基层民众对立法合理性的意识既不具有消极悲观的倾向，也未体现出理想乐观的状态，总体上处于中间状态，亦即在民众的意识中，立法不合理问题不是很突出，但也可能在一定程度上存在。

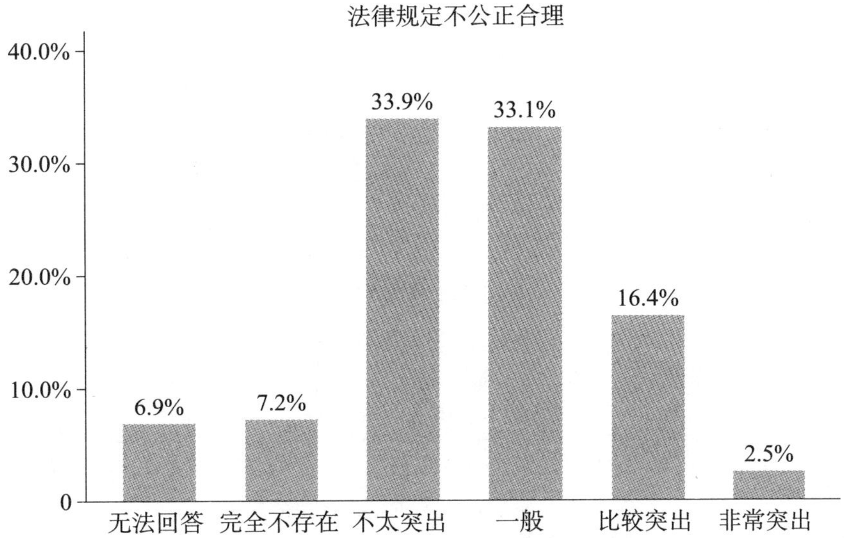

图 4－6　基层民众关于立法合理性的意识

资料来源：2015 年中国综合社会调查（CGSS）。

民众关于立法合理性的意识在某种意义上也能反映社会中行动者与法律的张力状况。因为，法律具有权威性，法律规定要求人们遵从，不能违反；

① TYLER T. Why people obey the law. New Heaven：Yale University Press，1990：59.

而行动者如果在意识中认为法律规定不公正、不合理，就会具有不服从甚至违反法律规定的主观动因。

执法的公正性不仅影响到民众的心态，也影响到法律的效力，因而在社会协调运行中具有重要意义。如果执法者对不同的执法对象采取不同的标准，那么必然在社会中产生不公平的怨气，与此同时，法律的公信力也会遭到削弱。

图 4－7 显示的是民众对交警在执法过程中是否对谁都依法处理的认识。从结果来看，有 42％的民众认为交警是依法公正执法的，而有 25.1％的民众不太认同交警是依法公正执法的。有 25.7％的民众的观念处于中间状态，也就是既不认同交警执法是公正的，也不认同交警执法是不公正的。就监测结果所反映的意义而言，民众在对交警执法公正性的评价和态度方面，总体上趋于平和，对交警执法公正性持负面极端态度的民众只占 4％，而有四成以上的民众认可交警执法是公正的。

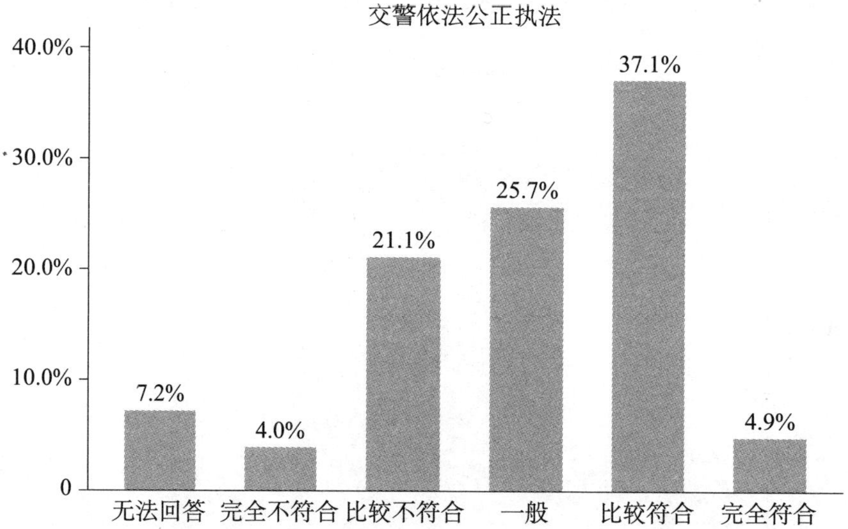

图 4－7 基层民众关于交警执法的意识

资料来源：2015 年中国综合社会调查（CGSS）。

警察系统属于重要的执法机关，依法公正执法对于秩序维护和矛盾纠纷解决来说，是一个重要的条件保证。例如，一个小的治安案件如果得不到公正执法，就可能进一步演化为更为复杂的纠纷，甚至引发更大规模的群体性事件。

同样，政府的秉公执法对于社会矛盾的消解也非常重要。作为公共权力机关，政府在化解矛盾和解决纠纷方面具有一定的权威。只有公正执法才能确立起权威的中立性和公信力，进而有助于矛盾纠纷的化解。

从图 4－8 的调查结果来看，有 33.6％的民众认可政府是公正执法的，仅占三分之一左右，有 29.5％的民众认为政府公正执法不符合实际情况，即不认可政府执法的公正性，有 29.2％的民众持中间立场。由此表明，民众对政府执法公正性的认同度不高，对政府秉公执法有更高的期待。

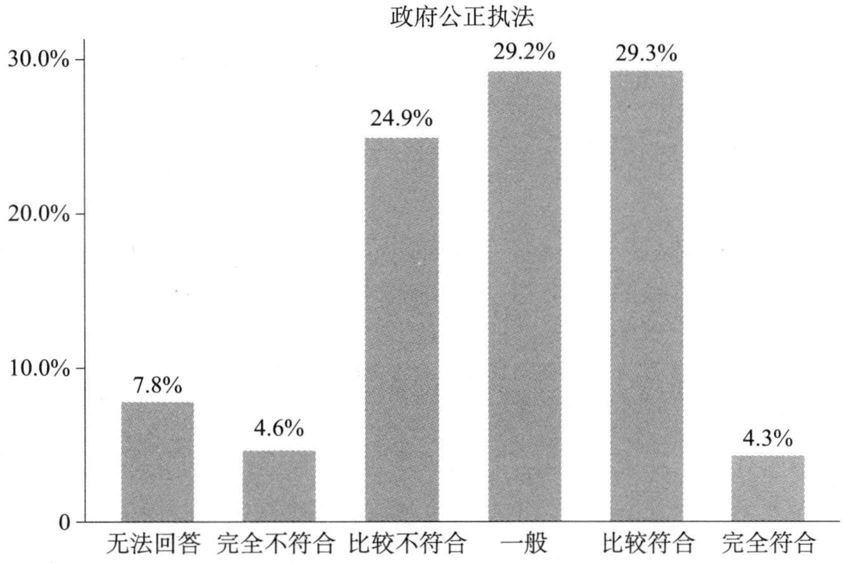

图 4－8　基层民众关于政府执法公正性的意识

资料来源：2015 年中国综合社会调查（CGSS）。

图 4－9 显示的是基层民众对律师服务质量的评价情况。有 29.4％的民众认同律师的服务质量好，而有 13.9％的民众则不认同律师的服务质量好，有 30.9％的民众持中间立场，既不认同也不否定，有 25.8％的民众没有表态，这可能是因为对律师服务不了解而无法作答。

考察民众对律师服务的态度和评价，主要是为了了解民众关于司法情况的观念和意识。当然，反映司法系统运行情况的不仅仅是律师服务一个方面，而是包括检察院、法院等多种机构、多种人员等诸多方面。在这里，只选择民众对律师服务质量的评价作为一个考量指标，其意义在于以此反映民众对司法系统的一般态度。

民众对法治建设的态度与他们在实际生活中对法治效果的主观感知和评价有关。对于法律是否规范和指导着社会实践活动，是否在社会运行中起到

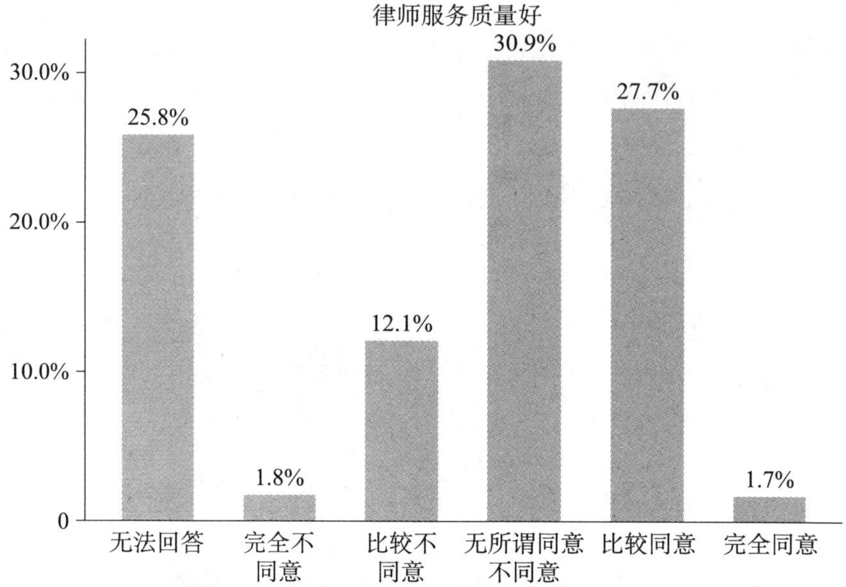

图 4-9 基层民众关于法律服务质量的意识

资料来源：2015 年中国综合社会调查（CGSS）。

相应的规制作用，民众会根据自己的生活经验而有各自不同的感受，而这些不同的主观感受和意识也从一个侧面反映出社会的法治建设状况。

从图 4-10 的统计结果来看，有 9%的民众认为，重大工程项目建设“通常于法无据”和“总是于法无据”，共有 74.7%的民众认为重大工程项目建设是于法有据的。由此反映出，较多的民众对依法治理的现状表示认同，亦即认为法律对社会建设和治理中的重大事项具有规范和调节作用。

重大工程项目通常与国计民生事业息息相关，依法确立和推进此类项目，是保障重要公共利益得以实现的基本机制。民众如果认为各种重大项目工程总是于法有据的话，那么对政府的信任度将会随之提高，对法治建设的效果也会感到满意。因为法律在社会运行中对一些重大事项已经起到规范和制约作用，由此它也能大大降低一些重大工程项目建设中潜在的风险。

对民众关于医疗改革合法性评价的考察，主要是为进一步了解民众关于依法治理的主观感受和认识。医疗改革事项关涉到民众的切身利益，各项改革措施都可能在社会中产生不同的影响。人们是否接受和支持改革，虽主要受利益关系的支配，但也与改革的合法性密切相关。

从图 4-11 的调查结果中可以看到，有 7.7%的民众认为医疗改革于法

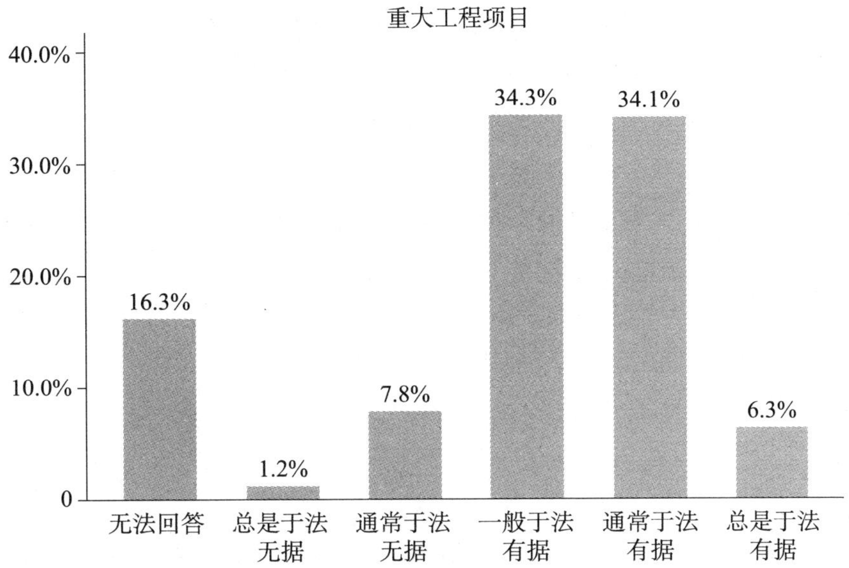

图 4-10 基层民众关于法治效果的意识

资料来源：2015 年中国综合社会调查（CGSS）。

无据，有 79.4%的民众认为医疗改革于法有据，有 12.8%的民众没有做明确回答。这一结果基本反映出，在看待像医疗改革之类的重要社会政策变革合法性问题上，多数民众认可改革具有合法性。

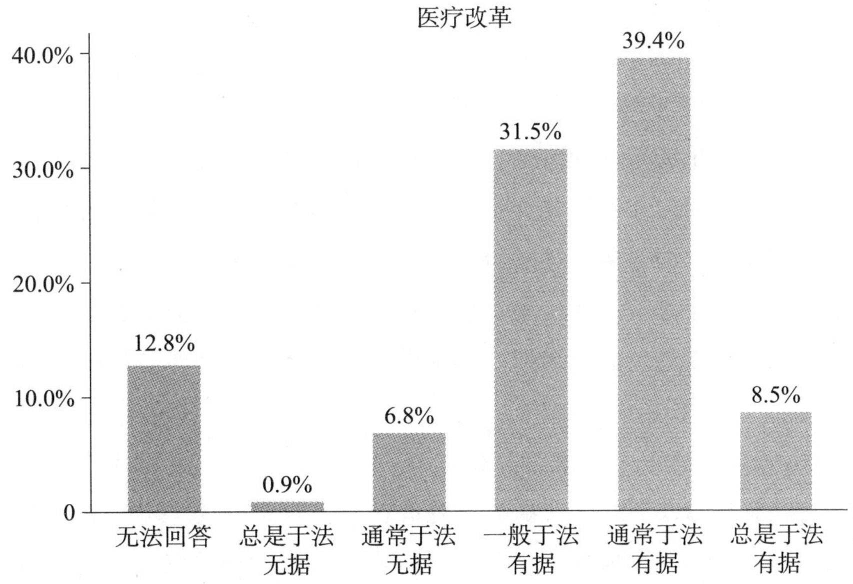

图 4-11 基层民众关于依法治理的意识

资料来源：2015 年中国综合社会调查（CGSS）。

图 4 - 12 所显示的是民众对调解在纠纷解决中的效果的感知和评价情况。数据显示，有 51.9%的民众认为有关方面的调解对纠纷解决“通常有效”和“总是有效”，亦即一半左右的民众认可调解的有效性。有 11.1%的民众则并不认可调解的有效性。调解是基层纠纷解决的重要机制之一，调解能够高效地化解矛盾纠纷，体现出基层矛盾纠纷的化解效率较高；相反，调解处于无效或低效率状态，则意味着基层矛盾纠纷化解的途径变窄，效率随之降低。

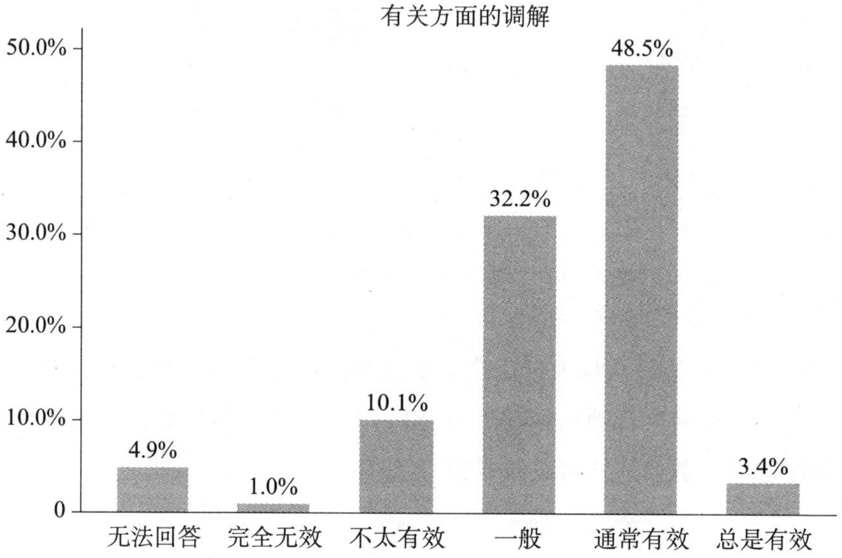

图 4 - 12　基层民众关于纠纷调解效果的意识

资料来源：2015 年中国综合社会调查（CGSS）。

至于调查结果所包含的意义，可以从民众对纠纷解决的信心方面去加以解读。如果矛盾纠纷在基层社会生活中发生，那么民众对矛盾纠纷化解的信心处于一般水平，即对有效化解纠纷的信心并不是很强。

到法院诉讼也是一种纠纷解决的基本途径和机制，社会中有不少纠纷是通过司法途径加以解决的，因而，法院诉讼的效果对矛盾纠纷的解决影响非常大。

从图 4 - 13 的分析结果来看，有 52.3%的民众认为法院诉讼对于纠纷解决是有效的，而有 11.5%的民众认为法院诉讼对于纠纷解决“不太有效”甚至“完全无效”。民众关于诉讼有效性的意识与关于调解有效性的意识比较相近，由此也反映出民众对诉讼解决纠纷的信心并不是很强，而是处于一般水平。

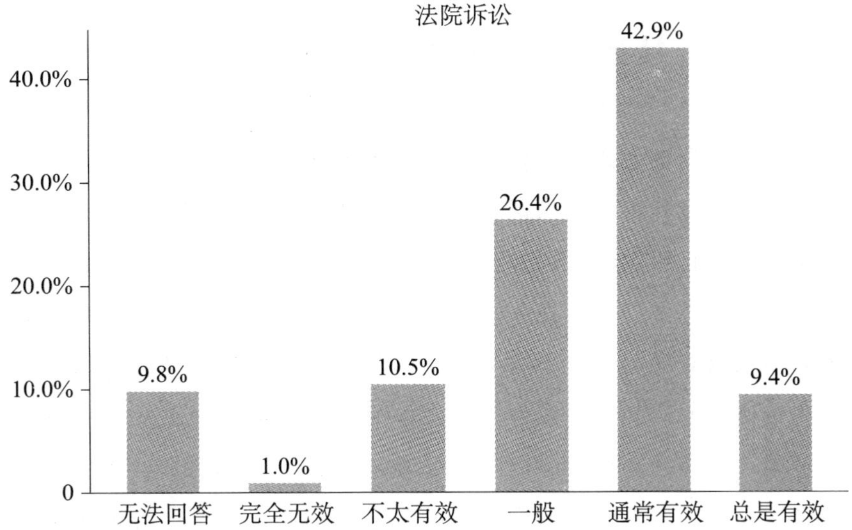

图 4－13　基层民众关于纠纷诉讼解决效果的意识

资料来源：2015 年中国综合社会调查（CGSS）。

虽然基层民众的法治意识是人们对现实的主观反映，但根据这些主观意识也可大致勾勒出法律性图式，正如尤伊克和西尔贝根据美国基层民众所讲述的日常生活中与法律相关的故事而描绘出美国的三种法律性图式①。因此，从民众对当前法治建设的主观感知和评价的基本情况中，亦可大体看到社会中矛盾纠纷及潜在风险的图式。就法律与社会关系而言，矛盾纠纷与社会风险主要表现为两种形式：一是执法不公风险，二是司法效力风险。执法不公风险主要是因民众对执法机关公正性和合法性的不满而产生的矛盾和风险，司法效力风险则是由司法系统解决纠纷的有效性而次生的矛盾和风险。对基层民众法治意识的调查结果反映出，尽管一些民众也质疑立法的正当性、合理性，但相对而言，更多的民众担心执法机关的公正执法问题，同样也有较多民众对司法系统有效解决纠纷问题缺乏足够的信心。

由于对民众主观评价和意识的调查结果具有相对性，因而这些信息主要为我们理解和判断现实提供一些参照系，并不能代表客观的纠纷事实和风险的现实状况。

---

① 尤伊克，西尔贝．日常生活与法律．陆益龙，译．北京：商务印书馆，2015：55.

三、社会“压力场”与“安全阀”机制

考察基层民众的心态和法治意识，主要基于社会“压力场”原理，以此来监测社会系统运行中弥散的消极情绪所构成的“压力场”的压力情况。在关于社会协调运行机制的认识方面，结构功能论强调结构对矛盾关系和社会压力的决定作用，亦即认为在一定的社会结构之中，其内部的构成之间可能存在着矛盾或对立的关系，矛盾关系之间的张力也就成为结构中的压力。而社会冲突论则把矛盾和冲突视为“社会化形式”①，即冲突是社会结构中的一种构成形式，既是社会结构运行中的张力，也是社会运行的动力之一。

社会冲突论不仅看到了矛盾冲突的常态化功能，同时也关注到了冲突可能产生的消极功能或对系统运行构成的破坏性作用。因此，冲突论进一步提出了“安全阀”机制的命题②。“安全阀”机制实际上就是系统安全保护机制，任何一个系统的正常运行都需要保持在一定阈限范围之内，如果超出这个阈限范围，就可能造成系统崩溃或严重的安全威胁。如电路、股票交易系统中的“熔断机制”，机械、高压锅的“安全阀”等，都是防止系统在超阈限情况下运行的系统安全保护机制。

社会也是一个系统，由多种结构构成。在社会系统运行中，压力并不仅仅来自系统内的冲突结构，社会系统的运行过程也会产生各种各样的压力，因而，结构-过程所产生的压力共同构成了社会“压力场”。

社会系统运行过程中产生的压力，有较大一部分来自民众的主观方面，也就是社会建构的压力。“不患寡而患不均”，反映的就是民众的公正意识对于社会稳定运行的重要影响。如果民众在心态上是不均衡的，不公感很强烈，那么即便物质上很丰裕，社会协调、稳定运行也会受到威胁，系统出乱的风险也会大增。正是在这个意义上，我们需要从民众的主观意识的角度来监测社会系统稳定运行的潜在风险，从民众主观感受和评价中去把握和研判系统运行状况和动向。

---

① 齐美尔．社会学：关于社会化形式的研究．林荣远，译．北京：华夏出版社，2002：178.

② 科塞．社会冲突的功能．孙立平，等译．北京：华夏出版社，1989：14.

虽然基层民众的主观评价和意识也在一定程度上反映客观现实中的矛盾问题，即反映结构性的压力的存在，但不容忽视的是，主观意识本身也会酝酿成社会压力。因为一旦社会中的消极情绪弥散开来，就自然会形成一种相互感染的社会压力或怨气。如果社会怨气增大到一定程度，过高的“气压”就会对社会系统的正常运行或安全构成威胁。

基于民众意识与社会压力场的关系，“安全阀”机制就显得格外重要。设置社会系统的“安全阀”，不仅需要考虑到结构性的因素，而且需要从民意的角度来加以考量。一方面，我们可能需要把握基层民众的主观评价和意识的基本状况，并研判其中的压力和风险。另一方面，我们还需要根据基层民众的主观意识和压力情况，设置一些“减压”机制和系统安全保护机制，防范系统运行中的重大风险。

社会“压力场”也是一种“社会气场”。在社会成员的交往互动以及社会系统的运行过程中，都可能生成和弥散各种各样负面的“气”，这些“气”会在民众的态度和评价中有所表现，其中有“冤气”，有“怨气”，还有“怒气”，由此构成了一种“气场”。“社会气场”会聚集或潜藏较多的社会风险，如备受人们关注的群体性事件，往往与相应的“气场”有密切的关系[①]。“气场”的氛围会激化群体采取集体行动，进而可能进一步激化矛盾，导致矛盾纠纷的转化和升级。

四、小结

态度会影响行为选择，行为又会影响秩序。考察基层民众的社会态度，目的是从基层社会视角来了解秩序的社会基础，估计和研判社会心态的基本态势及可能的风险。就动态监测的结果而言，基层民众在社会态度方面总体上趋于积极乐观，消极的情绪在较小范围内弥散，民众社会态度的变化主要朝积极方向提升，不过变化和改善的幅度并不大。

基层民众的法治意识可以说是一个社会法律性的重要体现，从民众主观意识中，可以看到法律与社会关系的具体形态，亦即社会成员如何与法律互

---

① 应星．“气场”与群体性事件的发生机制：两个个案的比较．社会学研究，2009（6）．

动、如何看待法律、如何评价法律在社会中的作用。之所以要关注法律性问题，是因为法律是建构和维护秩序的重要权威之一，探讨法律在现实社会中的具体运行状况，就可了解到秩序的法治基础。

从对调查结果的分析来看，在关于立法适用性、正当性方面，民众表现出较高的认同度，不过认同度仍有较大的提升空间。在执法公正性和合法性方面，民众的认同度并不算高，反映出民众对秉公执法仍有很高期待，对公权力机关的执法行为的满意度较为有限。此外，在对司法系统的有效性和效力的评价方面，基层民众似乎未表现出较强的信心。

对基层民众社会态度和法治意识等主观意识的考察和监测，主要借鉴了社会“压力场”原理，来估计和认识社会运行中的压力或张力状况，以此推测社会系统中所潜在的秩序风险或危机风险。

第五章 礼法机制失灵与乡村家庭纠纷的升级[①]

在前面几章中，我们主要运用了抽样调查的数据，从宏观层面考察和分析了当前城乡基层社会的矛盾纠纷状况，以及基层民众的主观意识方面的倾向。从本章起，我们将主要结合个案调查和案例分析，从微观层面探讨基层纠纷的解决机制以及纠纷过程中的风险问题。

一、解决机制与纠纷转化升级问题

在矛盾纠纷研究领域，如何有效解决纠纷、如何防范纠纷与冲突的转化升级，这些问题都属于焦点问题，或者说是核心问题，因为对纠纷研究的根本目的就是化解纠纷，避免纠纷产生更大的消极甚至破坏性的影响。

在法社会学中，通常将对纠纷解决问题的探讨与民间纠纷解决机制关联起来。所谓纠纷解决机制，主要指社会中为解决纠纷而建立起的一些设置，以及纠纷得以最终解决的过程和机理。既然纠纷解决机制涉及纠纷最终得以解决的原理，那么，探讨纠纷解决机制问题的重要意义也就在于寻找那些更加有效地化解矛盾纠纷的途径和方法。

至于纠纷或冲突的转化升级问题，虽然主要是纠纷本身演变的体现，但实际上与纠纷解决机制也有密切的关系。因为在现实社会中，那些转化、升级的纠纷或冲突，大多是未能及时有效化解的矛盾纠纷。如果纠纷得以有效解决，也就不存在冲突升级问题了。

在河南省农村发生了一个案例，在此案例中，家庭内兄弟两家的普通土

---

① 岳素欣完成了本章的个案调查并参与了写作。

地转让纠纷转化为治安案件，之后又出现冲突升级并最终演化为刑事案件。本章将结合该案例，探讨与纠纷解决机制和纠纷转化升级相关的这样几个问题：

第一，乡村社会家庭内的矛盾纠纷为何不能在家庭内得以解决？家庭纠纷的转化升级是否反映了乡村礼治机制的失灵或失效？

第二，在解决乡村民间纠纷的过程中，现代法律力量的介入究竟对矛盾纠纷产生了哪些影响或作用？纠纷和冲突的转化升级是否反映了法治机制的失灵或失效？

第三，如果说在乡村纠纷解决中出现礼治和法治机制的失灵或失效，那么其原因是什么呢？

关于民间纠纷解决机制，亦即什么样的纠纷解决途径和方式能更加有效地化解纠纷问题，学界有两种主要取向：一是纠纷管理论的个体行为主义取向，二是多元纠纷解决机制论的社会规范主义取向。

在纠纷管理论中，纠纷当事者或行动者的理性选择受到高度关注。纠纷管理论者认为，在纠纷发生之后，纠纷当事者会根据理性原则来选择相应的纠纷解决策略，并且会根据情境的变化来管理所发生的纠纷，以便使自己的利益得以最大化的保护[①]。所以，纠纷管理论看待纠纷解决的视角主要是从纠纷及其当事者本身出发，而不太关注纠纷所发生的社会环境以及社会中的纠纷解决机制。

多元纠纷解决机制论在民间纠纷研究领域较为流行。这一观点强调的是超越法律中心主义，即认为在纠纷解决方面，法律诉讼这一解决方式并非唯一的、理想的纠纷解决方式，社会中有多种纠纷解决途径，不仅可以替代诉讼方式，而且对有效化解各种不同民间纠纷具有积极的功能[②]。虽然民间纠纷是当事者之间关系的失衡，或是行动者之间的矛盾与冲突，但是，纠纷的解决属于社会规范和社会秩序范畴内的问题，亦即纠纷的解决离不开社会中调和矛盾、解决问题的权威和规范。

在关于纠纷解决与秩序性质的社会规范范式中，有关于礼治秩序与法治

---

① TAKAO T. The management of disputes: automobile accident compensation in Japan//ABEL R L. The law and society reader. New York: New York University Press, 1995: 58－82.

② 范愉. 多元化纠纷解决机制. 厦门：厦门大学出版社，2005.

秩序的争论。在对中国传统乡村社会的纠纷解决和秩序性质的理解上，费孝通将乡土社会的秩序概括为“礼治秩序”——在礼治社会中，纠纷的解决主要依靠礼俗与教化的权威，诉讼被认为是可耻之事[①]。从礼治秩序论的角度看，乡村家庭内部的矛盾纠纷就需要依靠礼治的力量来加以解决，礼治的力量就是家庭或家族内的长老权威、习俗、惯例以及伦理规范等，礼治机制主要依靠教化与规范内化而发挥作用。如果家庭内的纠纷无法在家庭内解决，礼治秩序论就可能认为礼治机制已失去解纷功能。

法治秩序论对礼治社会的观点提出了一些质疑，认为纯粹的礼治秩序可能是一种幻象，而不是一种实在。因为在礼治秩序中实际上具有法治力量的支撑，所以即便在传统乡土社会，社会秩序也是由礼治和法治资源共同作为基础的。[②] 由此看来，不仅在现代社会，而且从历史的角度看，法律在社会秩序的建构中都起到了重要作用。在历史上，乡村社会的纠纷并非全是通过礼治机制解决的，有一些纠纷也会告至官府，通过诉讼途径来解决。既然法治机制其实在任何时候都具有秩序建构与维护功能，都会为纠纷解决提供一种渠道，那么，当乡村社会的礼治机制不能解决家庭内部的纠纷时，来自外部的法律力量便可为纠纷解决提供一种机制。然而，就本案例而言，虽然法律力量确实介入了纠纷解决过程，但法律力量的介入似乎并未阻断家庭纠纷的转化和冲突升级。

在对矛盾纠纷转化升级问题的解释方面，也有两种理论传统：一是结构主义的理论传统，二是行为主义的传统。结构主义的理论解释倾向于把基层纠纷转化升级的根源归结为结构性的因素，如矛盾纠纷的结构、纠纷主体的结构、纷争对象的结构等。纠纷金字塔理论就强调，社会中的纠纷及其解决一般会呈现出金字塔形结构，多数纠纷在基层便得以化解和解决，进入诉讼程序的纠纷不过是金字塔顶部的少数而已[③]。在矛盾纠纷解决问题上，结构主义倾向于强调解决机制结构间的关系和影响，认为如果基层解决的纠纷越多，进入更高层次解决渠道的纠纷就越少。

---

① 费孝通．乡土中国 生育制度．北京：北京大学出版社，1998：58．

② 梁治平．从“礼治”到“法治”?．开放时代，1999（1）．

③ FELSTINER W L F，ABEL R L，SARST A. The emergence and transformation of disputes：naming，blaming，claiming... . Law and society review，1980－1981，15.

然而，对于行为主义来说，纠纷或冲突的升级现象属于社会心理现象，纠纷转化或升级主要是纠纷当事双方社会心理变化之后导致行动后果。所以，行为主义在探讨和解释纠纷升级原因时，通常强调情境、心理和情绪等因素的影响。例如，在冲突的升级模型中，冲突双方的心理变动被当作升级的主要动力①。从本章的个案中，虽也能看到社会心理因素在矛盾纠纷转化和冲突升级过程中的影响，但不能否认的事实是，社会中纠纷化解机制的软约束和硬约束的缺位，实际上为纠纷转化和冲突升级提供了空间。

二、乡村家庭纠纷及冲突升级案例

这里所要分析和解读的家庭纠纷转化升级的案例发生在河南省西部的一个村庄——S村。S村所在的乡政府距县城30公里左右，乡域呈南北长方形状，南北长约11.5公里，东西宽约5公里，面积58.7平方公里，2008年的人口为2.5万人。该乡有耕地2.2万亩，有宜林荒山近3万亩，有柞蚕坡及育成林2万亩，有成片经济林5 000余亩，建立林业基地4个，森林覆盖率近60%。有一条河从中穿过，将整个乡分成了南北两块。该乡下辖11个行政村，S村便是其中之一。S村离乡政府驻地并不太远，相隔一条河。

S村依山傍水，在山水之间绵延数里，人口较为稠密，目前村里有六百六七十户人家，人口将近3 000人。尽管总人数不少，但平日村子里的人其实并不多，大量的村民外出打工或做生意，留守在村里的人主要是上学的孩子和年迈的老人。

正是在这个普通的村庄里，曾经发生过兄弟两家从吵吵闹闹逐渐升级为亲弟弟带人将兄长及其家人打成重伤并因此而锒铛入狱的事件。这件事在村里至今仍被广泛知晓和记忆，虽然事件已过去十多年，且事件中的当事一方已离开村子，但村民在讲述这个故事时，仍显得对事件的细节印象深刻。或许，正是这个案例的特殊之处，给人们留下了深刻的记忆和启示。

在乡村社会，家庭内、邻里间发生的纠纷，常常是由土地、建房和通行

---

① 普鲁特，金盛熙．社会冲突：升级、僵局及解决．王凡妹，译．北京：人民邮电出版社，2013：77.

等问题引起的。本纠纷冲突的案例，也是兄弟两家因换地和建房引发的矛盾纠纷。这起家庭矛盾纠纷经历了 3 年左右的演化，最终升级为兄弟相残的恶性事件。这起纠纷事件的经过可梳理如图 5－1 所示：

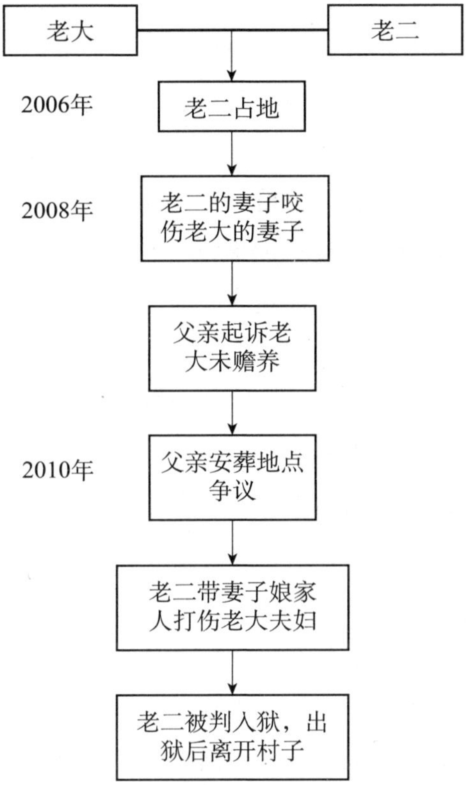

图 5－1　S 村家庭纠纷演化与升级过程示意图

在纠纷发生的这个家庭，老大、老二两兄弟已经各自成家多年，他们的母亲在纠纷发生前就已离世，父亲在纠纷发生时还生活在村里。老大夫妇俩经常外出做生意，农忙时节才会回家。老二夫妇俩则一直在村里的中学承包食堂，收益不错。兄弟两家虽说不上特别亲近，但也还过得去。

2006 年，由于中学食堂不再对外承包，因此老二想在村里的大路边寻块地开个磨坊，但苦于自己没有合适的地块，村里也没人愿意跟他换地，后来是老大瞒着妻子跟他换了地。等契约签好，地基也打下了时，老大的妻子才知道这件事，由此而心生怨气。

由于不常在家，老大家对老二家建磨坊的过程并不了解，他们相互之间也没有沟通。等老大的妻子回家时，老二家的磨坊已经盖好了，且她发现老二家不仅用了换到的那块地，连地头的路也占了，而剩下的地老大家还种着，这样磨坊也就影响到了老大家的出路。老大的妻子看到现状后非常气愤，当即就去找老二夫妇理论，要求把路腾开，理由是虽然地换给他了，但路并没有包含在内。而老二夫妇认为按要求让路就意味着要把盖好的磨坊扒掉，他们是不会同意的。双方各不相让，很快便从言语冲突上升到肢体冲突，一对二，老大的妻子吃了亏，就回去找自己的丈夫。老大一听妻子被打了，便抄起家伙来到老二的磨坊，双方又开始打斗起来，在此过程中老二的妻子咬下了老大的妻子虎口上的一块肉，当时鲜血喷涌，老大的妻子被送往医院，老二的妻子则被派出所拘留了。按处理决定，老二的妻子要被拘留七天，后来老二找人在医院开了证明，声称尚在哺乳期的孩子腹泻不止，急需妻子回家照看，最后老二的妻子只在派出所待了一天两夜就被放出来了。在这次争执转化为暴力冲突之后，老大、老二两家之间的怨恨和怒气在积攒增多。一方面，老二家因妻子被拘留而觉得丢了面了，心里对老大家怨恨更深；另一方面，老大家因妻子被咬伤，而伤人者被提前放了出来，更觉得咽不下这口气。

在兄弟两家暴力冲突之后，问题其实并未解决。老二家的磨坊还在那里，由于老大家的这块地的位置比较特殊，正好在一片田地和大路的交汇处，中间隔着很宽的水渠。磨坊不仅挡了老大家地的出路，还使里面各家播种、施肥、打药、收割时无路可走。左边是水渠，中间是磨坊，右边是老大家的田地，这样，大家都只好从老大家的地里通过，过车过人的次数多了，土壤变得越来越硬，使得这块地的耕种和收成受到严重影响。所以，老大家因为这次换地，不仅少了一条路，还额外损失了一片地。老大夫妇每次去地里干活的时候都看得见自家地里被车碾出来的路，也看得到几米外生意红火的磨坊，这就成了一个随时可以点爆的“炸药桶”。后来双方动手打架可谓不计其数，越打怒气积攒越多，越生气越要打架，亲兄弟渐渐变成了死对头。

针对兄弟两家的激烈矛盾纠纷，也曾有家族里年长的人出面调解，但老大家因受够了换地的苦和气，而执意要回这块地，而老二家又不愿扒掉磨坊自断财路，他们两家间没有什么回转的余地。这样，与老二更亲近的人的调解老大不接受，与老大更亲近的人的调解老二不听，渐渐地也就没人愿意掺和进这摊事里了。

为解决纠纷，2008 年，老大想通过法律手段换回自己的地，为此到法院跑了几次。法院为了顾全稳定和谐的大局，不予受理此案。为避免与老二家继续冲突下去，老大夫妇把那块地转给了别人去种，夫妇二人长期在外做生意。

对于老二家来说，妻子被派出所拘留让老二觉得受到了很大屈辱，为了出这口气，他们也想到用法律来制裁一下老大家。因为老父亲更偏向老二家，再加上老大家长期在外做生意，所以老二夫妇俩便趁老大夫妇不在家时，极力挑拨老父亲与老大的关系，并成功怂恿老父亲出面起诉老大，起诉的理由就是："不孝顺，拒绝赡养老人。"正在外地做生意的老大接到法院传票后，意识到是老二家在有意败坏他的名声。由于老大在外做生意时每隔一段时间就会托人给老父亲带钱带物，能提供人证物证，而且自家的孩子总去爷爷那里玩耍，与爷爷的关系比较亲密，邻居们能够作证。最后法院认定老大并没有拒绝赡养老人的行为，最终老大胜诉。但老大对老二在背后捣鬼，让父亲告儿子的行为，又记恨在心。这样，兄弟两家的积怨又增加了一层。

父子打官司的事过去之后，2009 年，老大家的儿子为他们家争了口气，考上了军校。这在小山村里是一件令人羡慕的事，轰动一方。一直受兄弟矛盾纠纷压抑的老大夫妇算是风光了一把，感到很是扬眉吐气。虽然自己在和老二家争斗中吃了亏，但自己的下一代终于超过了老二家的儿子和女儿，这件事让老大挣回了一些面子。而老二家看到老大家这次的风光，或多或少有因妒生恨的迹象。

2009 年农历腊月，他们的老父亲因病去世，老大老二两人不得不聚在一起商量丧事。关于父亲的安葬地点，老二要求将父母与奶奶合葬在一起，这就要把数年前已经去世的母亲的坟移过来。老大则坚决反对移坟，因为母亲当初被安葬在他家的田地里。按当地风俗，老人的坟在谁家地里，就对谁家的运势好。因此老大主张母亲的坟不动，只把父亲葬在奶奶旁边即可。已经积怨很深的兄弟二人互不让步，中间的多次商讨非但没有解决任何问题，反倒成了双方发泄历史怨恨、互抛脏话的战场。最终冲突升级，在原定的下葬日早晨，老二妻子的娘家人浩浩荡荡地出现在村子里，光是青壮年男子就不少于二三十人。老大早上在老二家露了一面，见形势不太对，就以回去吃早饭为由离开了。老大刚走，老二就带人直扑老大家中又打又砸，老大及其妻子、小女儿毫无防备。在一番激烈打斗之后，老大头部被击中，当场昏迷。

后经法医鉴定，老大两侧上颌骨骨折、鼻骨左侧壁及鼻中隔骨折、颅底骨折。老大的妻子被打致眼底出血，小女儿也受了伤。之后老二带人离开，匆忙之下独自安葬了父亲。

在暴力事件发生时，老大的女儿报了警，乡里的派出所离村子并不远，步行也就 30 分钟，但等警车晃晃悠悠地出现在村子里时，两个小时都快过去了，老二请来的“打手”早散得差不多了。警察只带了老二回去询问，老大及其妻子被送往了医院。

伤人案后来进入司法程序。按照常理，老大家胜诉应该是理所应当、毫无悬念的，但庭审的结果与常理并不一致，因为法律讲究的是证据。虽然老大夫妇及其女儿浑身是伤，但法庭认为没有证明这伤是老二造成的证据。而被告老二，在亲戚朋友中找来了五个口径一致的“证人”，声称老二没有参与到对老大及其家人的殴打中。一边拿不出该有的证据，另一边却有着“确凿”的证据，加上该案司法程序当时受到复杂因素影响，结果一审判决老二不承担任何责任。老大家显然不服气，再次提出上诉。二审情况和第一次倒也没什么不同，五位“证人”再次出场，证明老二的无辜；老大仍旧拿不出证据，焦头烂额。眼看又要败诉，终于有一位负责任的法官看出了端倪：那五人的口供确实一致，但是它们太一致了，几乎不差一字，像是提前背好的一样。他便有了怀疑，郑重说明作伪证的严重后果。终于“证人”们开始慌张了，推翻了原来的口供，这才还原了事实真相。最终，二审判决老二犯故意伤害罪，判处有期徒刑八个月。之后老二不服判决，提起上诉，被驳回，法院维持原判。

在老二服刑期间，他家的磨坊也关了。出狱之后，因承受不住村里人背后的议论，老二一家人离开了村庄。老大夫妇仍继续长年在外营生，兄弟两家的恩怨最终以彼此分离而平息。

三、纠纷解决机制为何失灵

在本案例中，兄弟之间的矛盾纠纷从发生到最终“两败俱伤”的悲剧结局，整个过程虽有外部力量介入纠纷解决之中，但就结局而言，纠纷解决的机制失灵或失效了。这里所讨论的机制失灵或失效问题，主要指在相应的背景和情境中，纠纷解决机制没有发挥化解矛盾纠纷、阻止纠纷转化升级的功能。从案例事实来看，亲兄弟两家之间围绕换地和建磨坊而发生的矛盾纠纷，一步步演化、一步步升级，在此过程中，非但矛盾没有化解，两家之间的怨恨反而不断叠加，最终转化升级为刑事案件。

回顾事件和纠纷演化的过程，如果从社会学的角度来加以解读，那么可从如下方面揭示乡村纠纷解决机制失灵的原因，以及与纠纷升级的关系。

（一）礼治机制的消解

在这起家庭纠纷案例中，亲兄弟两家的矛盾之所以不断地激化乃至最终转化和升级，其实并不是因为双方之间有复杂的利益纠葛，而是因为兄弟两家行为的失当和积怨。无论是矛盾的缘起、冲突的开始，还是纠纷最终的升级和恶化，都是情绪化的过激行为撕破了亲情关系和“面子”，使得两家的矛盾和怨恨越积越深。

那么，家庭成员之间为何频繁出现过激的行为呢？秩序与人们的行为选择是密不可分的，而行动者的行为选择总会受规则的影响，行为的冲突从一个侧面反映出行动者行为选择所参照的规则之间的冲突。家庭内发生过激行为，一方面反映了个体行动者行为选择的任性，另一方面也反映了行动不受家庭这一初级群体的礼俗规则制约，亦即“家礼”已经式微。乡村社会中的“礼”，费孝通认为是通过教化而形成的“合式的”行为规范。礼不需要有形的力量来推行[①]，也就是在熟悉的环境里，人们通过耳濡目染而习得什么样的行为是“合式的”、做得对的，什么样的行为是“不合式的”、做得不对的。在本案例中，老大出于兄弟互助情义而与老二家换地，在情理之中。老二家在换地后建磨坊的过程中没有与老大家协商而占用公用通行道路，这一行为选择就显得与“礼”的规则相悖，老大的妻子到老二家磨坊吵闹的行为，是纠纷和冲突的起点。如果家礼还起作用，老大的妻子就会选择“合式的”方式与老二家理论；如果家礼还起作用，老二的妻子就不致咬下老大的妻子的一块肉。此外，老二怂恿的“父告子”行为，以及最后的聚众暴力泄愤行为，都显示出不仅家礼已完全失效，甚至连法律的底线也被抛在脑后。家庭内出

---

① 费孝通．乡土中国 生育制度．北京：北京大学出版社，1998：50.

现矛盾是正常的，但在礼治秩序下，家庭矛盾会在家庭内部悄悄化解。正如俗话所说："家丑不可外扬。"而兄弟两家因为心理不平衡或是因为"气"，使得矛盾不断激化，且多次毫不遮掩地大打出手，最终导致悲剧结局。

为什么会出现家礼消解与失效的局面呢？其根源在何处？诚然，个案所呈现出的社会事实具有一定的特殊性，并不能代表一种普遍的趋势。因而，家礼消解与失效问题在当下的乡村社会虽是一种社会事实，但又不是一种普遍现象。作为一种社会事实，乡村家礼的消解与失效的原因有两个方面：一是在乡村改造过程中对家礼等乡村礼俗规则的有意破除；二是在现代转型与大流动的冲击下，乡村传统礼俗规范被削弱。从历史的角度看，在"破四旧"的运动中，特别是在"文革"期间的文化改造中，主导性的价值观对诸如"孝"之类的传统礼治文化展开了有意识的批判①，从而大大削弱了乡村社会家礼的秩序功能，家礼对家庭成员的行为选择渐渐失去影响力和约束功能。此外，市场转型为乡村提供了新的就业机会，乡村流动也在一定程度上削弱了家庭成员间的亲密关系。在本案例中，老大夫妇常年在外奔波，老二夫妇生活在村里，二人兄弟之情渐渐疏远，家礼对行为的约束力也随之大大降低。正是亲情关系中情感成分的消解，致使在冲突中出现突破家礼规则和法律底线的行为。

（二）自治机制的缺位

在基层矛盾纠纷解决机制中，自治组织及自治力量介入纠纷化解非常重要。特别是在乡村社会，村民自治组织在乡村内部事务管理尤其是对村民之间的矛盾纠纷的调处方面，具有难以替代的功能。自治组织因其权威更具有内生性，而且与村民的联系更密切，对当地情况更为熟悉，所以在处理问题、解决纠纷和调和矛盾中，通常更具有效性。如果一个村庄的自治力量出现弱化或自治机制缺位，那么矛盾纠纷将处在不受管理的状态，因而演化和升级往往在所难免。在本案例中，一起家庭纠纷不断升级，并最终转化为刑事案件，与村民自治机制的缺位有密切的关系。

---

① 阎云翔．私人生活的变革：一个中国村庄里的爱情、家庭与亲密关系 1949—1999. 上海：上海书店出版社，2006：197－208.

从纠纷演化和升级过程来看，兄弟两家因换地建磨坊屡屡发生争执，到父子官司，再到葬礼上的冲突。在家庭纠纷一步步升级的过程中，村基层组织及村干部几乎完全置身事外，没有介入和调解。对于乡村居民而言，村两委作为基层权威机关，其调解既比一般的民间调解更具权威性，又比派出所和法庭调解更有亲和力。然而，S村的村两委在这一基层纠纷解决中始终没有发挥应有的作用，几乎是放任秩序演变为混乱。如果村两委的干部能够在家庭纠纷的萌芽阶段、冲突阶段、事后处理阶段等过程中适当介入，或许就不致出现普通家庭纠纷转化为恶性刑事案件的结局。从历史角度看，乡村社会出现的“无讼”“少讼”状态，是与良好的“礼治”和自治状况分不开的[①]，因为基层纠纷问题大多通过礼治和自治有效解决了，就不需要诉诸法律了。由于乡村自治状况存在着差异，因而在纠纷解决和秩序维护上也有较大的地区差别，有些乡村纠纷容易升级，“好讼”和“缠诉”现象多发。

那么，乡村的自治机制因何在基层纠纷解决中缺位呢？乡村自治力量在纠纷解决中失灵主要受两个方面因素的影响：一是乡村自治制度运行和实践中存在漏洞。尽管村民自治制度明确了自治组织有管理乡村内部事务、化解基层矛盾纠纷的职能，然而在实践中，一些自治组织和基层干部并未将此项职能当作职责和义务，是否参与调处民间纠纷，主要看自己的意愿程度和纠纷当事者的请求。在实际中，基层自治组织是否参与基层纠纷解决，并不是确定的，而有较大弹性。有些基层自治组织中的干部并不重视基层纠纷，认为这些纠纷属于村民间的私事。一些村干部常常有多一事不如少一事的心态，对民间纠纷不会主动、积极地去加以化解。

二是在乡村社会转型和大流动的背景下，乡村社会权威结构发生了一定的变迁。由于大量的村民长期在外打工，与基层自治组织的交往并不多，因此基层自治组织在村民心中的权威也受到了一定程度的削弱。所以，一些村民在发生纠纷或冲突之后，不会主动地找村干部来解决问题。不找村干部处理纠纷问题，反映的是村民与基层自治组织之间互信度不高。在一些乡村地区，越来越多的村民一遇到纠纷就想往上告，而不是寻求基层组织的帮助和

① 范愉．诉讼社会与无讼社会的辨析和启示：纠纷解决机制中的国家和社会．法学家，2013(1).

参与纠纷的化解。村民的这种心态和意识也在较大程度上反作用于基层自治组织参与纠纷化解的积极性和有效性。村干部可能会因担心自己的纠纷调解工作得不到村民的认同，花了功夫和精力却对纠纷的化解效果不佳，而选择消极被动地应付纠纷调解工作。甚至，由于村民对自治组织权威的认同度不高，一些村干部不愿主动参与纠纷解决。还有的村干部担心自己卷入矛盾纠纷引起村民的不满，因此不愿参与纠纷调解工作。

（三）法治机制的限度

在基层纠纷解决过程中，如果说法治已经渗入了乡村社会，那么，当乡村礼治和自治机制都失效或失灵时，法治机制本应能够补上漏洞，有效化解小的矛盾纠纷，避免大的纠纷事件发生，防范冲突的升级。然而在本纠纷升级的案例中，当普通家庭纠纷转化为暴力冲突后，乡镇派出所有过两次介入：第一次是老二的妻子咬伤了老大的妻子的手，派出所拘留了老二的妻子。第二次是在葬礼当天的冲突中，原本步行30分钟的距离，派出所接到报警后却花了近两个小时才赶到现场。派出所在两次介入执法中，虽做出了基本的执法处理，包括拘留和控制局面，但执法过程似乎主要涉及事件处理，对矛盾纠纷并未做出有效化解的努力。从派出所的执法过程以及纠纷当事双方冲突的再升级结局来看，乡村执法的有效性和实际作用是较为有限的。执法处理偏重于程序化地处理局部问题，而对矛盾化解似乎只起到有限作用。

同样，法院也参与了这起纠纷的解决过程。老大试图通过诉讼来解决换地带来的纠纷问题，但法院出于各种考虑而未立案，且因此也未就矛盾纠纷的化解做进一步的工作。由此可见，法院在解决基层纠纷方面，更多受制于正式程序的影响，而较少主动地承担诉讼程序之外的纠纷解决工作。当民众将矛盾诉至法院时，实际上就是期望法律能帮助他们解决矛盾纠纷问题。无论是否立案，法院都可在司法程序之外主动为矛盾纠纷化解提供更多的帮助。如通过向纠纷当事者讲法、释法，调和双方矛盾，调解纠纷，引导当事者理性选择、依法行事。这样，法律的纠纷解决机制的效力就不致仅仅局限于司法程序之中，而可能提升纠纷的法律解决途径的效力。

在基层矛盾纠纷化解以及预防纠纷升级方面，法治机制的效力有时显得较为有限的原因有两方面。一方面，法治机制在预防纠纷转化升级方面效力有限的问题，与纠纷的法律解决方式自身的局限性有关。在实际生活中，矛盾纠纷的发生原因是复杂多样的，人们纷争的内容和诉求也复杂多样，而法律程序很难将所有因素都考虑到，因而法律的理性实际上是一种有限理性[①]，法律的纠纷解决方式并非最理想的纠纷解决方式。另一方面，这与相关法律机关的能动性有密切关系。由于法律的正式体系和程序只确立了基本的实践范围和规范，而要解决好现实社会中的矛盾纠纷问题，需要法律机构及其专业人员在实践中依据法律精神与原则，充分发挥主动性和能动性，这样才会有助于提升法治机制的实际效力。

四、小结

基层的民间纠纷因为主要由双方之间的矛盾而起，所以常被视为私人事务。然而，事实上民间纠纷不仅在当事双方之间产生影响，也会产生秩序效应，即对社会的协调运行和稳定可能构成一定的风险。因为，普通的民间纠纷如果没有得到有效化解，就有可能不断演化，并可能发生转化，甚至升级为恶性的社会事件。

在解决乡村民间纠纷方面，乡村社会的礼治机制和自治机制有着天然的优势，而且在化解基层矛盾纠纷中，礼治和自治机制是不可或缺的。基层纠纷的转化升级，常常是因为礼治和自治机制的失灵或失效，由此出现矛盾纠纷酝酿了怨恨或“气”，并因积怨加深而发生纠纷性质的转变。

虽然乡村礼治和自治机制在纠纷解决中的失效或失灵现象不是普遍的，且其原因是多方面的，但礼治和自治机制失灵问题确已成为当前乡村社会中的突出问题之一。在乡村社会现代转型和社会流动扩大的冲击下，以往的礼治机制和既有的自治机制在一些地方可能被大大削弱，使得这些机制在基层纠纷化解中的作用大大降低，甚至失效。

然而，在乡村礼治和自治机制式微的地方，法治建设是否成功地用法治机制替代了其他纠纷解决机制呢？从案例中的法律实践来看，法治机制虽影响并参与到了乡村纠纷解决之中，但似乎在防范纠纷的转化升级问题上显得

---

① 毛高杰．论纠纷解决中法律的限度．四川师范大学学报，2012（6）．

效力有限。法治机制常常难以有效化解基层矛盾纠纷、防止纠纷升级，这可能与这一机制自身的特点和资源有限相关。

因此，要有效化解乡村基层矛盾纠纷，预防民间纠纷的转化升级，重点是在乡村建设和乡村治理过程中，加强乡村的礼治和自治机制的重建及与时俱进，并在乡村法治建设过程中，尽可能将法治与乡村礼治和自治充分融合起来，形成协调一致的合力机制，提升基层纠纷化解的实际效力。

第六章　征地拆迁纠纷与基层政府的化解实践[1]

在工业化、城镇化快速推进的过程中，一些大型工业和城市发展项目的建设不可避免地要进行征地拆迁，如工厂厂房、仓储建设，城市房屋和道路建设等，都需要集中用地，因此也就必须改变土地的已有用途，让原先的土地使用者或居民搬迁。这样一种社会空间的大调整，通常会涉及复杂的社会关系的变动，因而是社会矛盾和秩序风险的重要源头。

一、征地拆迁矛盾纠纷及其化解问题

伴随着中国经济的快速增长，各种开发区和重大项目建设在全国各地迅猛地推进。在此过程中，征地拆迁的规模和量也就非常巨大。因此，即便从小概率事件的角度看，这样或那样的征地拆迁矛盾纠纷在全国范围内也会发生得非常多，因为毕竟有大量的开发和征地拆迁项目。在有大量征地拆迁项目推进的情况下，即使矛盾纠纷发生率低，征地拆迁矛盾纠纷的总量和规模也会很大。正因如此，征地拆迁矛盾纠纷及其化解问题也就成了社会乃至学界的一个热点问题。

在征地拆迁矛盾纠纷及其化解问题研究领域，主要焦点问题与研究视角大体可概括为这样几种：一是“钉子户”现象研究，二是政府-被征拆者博弈关系与行动策略研究，三是失地农民权益保障与安置政策研究。

“钉子户”现象研究曾经是征地拆迁矛盾纠纷研究的重要切入点，“钉子户”现象不仅曝光了征地拆迁中的矛盾问题和冲突现象，也是矛盾纠纷和冲

① 王枫萍博士完成了本章的案例调查并参与了写作。

突的具体表现形式。“钉子户”的拒拆、拒迁的抗争行为集中而又具体地展现了征地拆迁过程中征地方与被征者之间的矛盾纠纷。与此同时，以“钉子户”现象作为研究切入点，也使得征地拆迁矛盾纠纷及其化解问题的研究具有可操作性，因为通过研究者对“钉子户”及其对峙抗争对象的深度考察和访谈，就能对征地拆迁矛盾纠纷的症结、内容及化解机制失灵的原因有更加具体而深入的了解和认识。当然，“钉子户”现象也可作为一种案例分析资料，通过对案例事件的意义解读，来探讨个体权利与公共利益关系的法理学原则问题。如有较多研究曾聚焦于社会热议的“重庆最牛钉子户”事件[①]，探讨了强制性拆迁与不同主体之间的权利调整和分配问题。

关于征地拆迁中“钉子户”现象的研究还有多种切入点和解释框架，如政治机遇结构论的解释框架将“钉子户”的行为看作在媒介动员下的一种“抗争表演”，“钉子户”利用政策所提供的政治机遇，将个体的抗争演绎为一场要求保护弱势群体利益的专业化社会运动[②]。此外，还有较多的研究主要是从如何治理“钉子户”问题的角度切入的，重点探讨“钉子户”的诉求特征以及治理这一问题的法律和行政策略。

“钉子户”现象确实既是在征地拆迁过程中发生的社会现象，也是征地拆迁矛盾纠纷及化解过程中的问题。“钉子户”抗拒征地、拒绝搬迁，首先表明了这样的社会事实的存在：征地拆迁中存在多种多样的矛盾纠纷，有些矛盾纠纷是难以在既定事件内化解的，那些难以化解的征地拆迁纠纷在纠纷的结构与过程方面都具有一定的特殊性。因此，虽然对“钉子户”现象的研究也能反映征地拆迁过程中矛盾纠纷的一些共性特征，但“钉子户”现象毕竟属于较为特殊的甚至可能是极端的征地拆迁纠纷和冲突现象。在这个意义上，“钉子户”现象研究可能有助于我们认识征地拆迁矛盾纠纷的特殊性一面，却不一定能更全面地反映征地拆迁过程中矛盾纠纷的主体及多样性。

在征地拆迁矛盾纠纷中，纠纷的主体主要是政府、开发方和被征拆者。由于在土地征拆阶段，开发方通常较少介入，因而征地拆迁矛盾纠纷主要表

---

① 王新生．执拗的个体权利与无言的公共利益：重庆“最牛钉子户”事件宪法学评析．山东社会科学，2008（4）．

② 吕德文．媒介动员、钉子户与抗争政治：宜黄事件再分析．社会，2012（3）．

现为政府与被征拆者之间的矛盾纠纷。所以，在对征地拆迁矛盾纠纷及其化解问题的研究中，有较多研究运用政府-被征拆者关系的分析框架，探讨矛盾关系的两个主体之间的关系结构和行动策略。政府-被征拆者关系的分析框架是基于理性选择的原则而建构起来的，即认为征地拆迁矛盾纠纷的本质是利益协调和分配的矛盾，纠纷实际是围绕着利益博弈而展开的。例如，有些研究认为，如果征地拆迁纠纷的利益博弈主体是地方政府和农民，那么农民会在双方"策略行为"的互动中完全处于下风，此时，第三方平衡和抑制地方政府各种不合理的"策略行为"就显得格外重要①。同样，也有学者认为，政府在征地拆迁过程中的不法行为、后期履责不到位等因素可能造成被征拆者的攀比、心理不平衡、生活不适等问题，这些问题也就成为征地拆迁矛盾纠纷及上访事件的起因和焦点②。

在某种意义上，权力、权利和利益可能是征地拆迁过程中的几个核心范畴。征地需要依靠权力来向广大土地拥有者或使用者集中实施，因而征地拆迁过程离不开权力的运作和推动，与此同时也就涉及权力运作行为及其所产生的社会后果——征地拆迁矛盾纠纷可能就是权力运作行为或"策略行为"的一种后果。

征地拆迁矛盾纠纷的另一个实质性问题是权利关系问题，包括发展权利与个体权利、公共权益与私人产权等不同权利之间的协调、调整和交换关系。在征地拆迁过程中，不可避免地涉及对不同个体的权利所产生的影响，如对物权、生计权利、居住权利乃至社会文化权利可能产生的不可逆的影响。如何对这些受影响的个体性权利进行公正合理的补偿和交换，本身就是一个复杂的难题，因为每个个体赋予其原有的权利不同的内涵和意义。

虽然利益的纷争确是征地拆迁纠纷的焦点之一，但可能并非所有征地拆迁矛盾纠纷皆因纯粹的利益分配与调整上的问题而产生。因此，征地拆迁纠纷主体之间的利益博弈关系和行为策略只是一种认识视角。如果把征地拆迁矛盾纠纷全都看作在利益博弈过程中发生的不均衡关系和状态，就可能忽略这一类型矛盾纠纷的复杂性与特殊性。

失地农民权益保障视角是征地拆迁矛盾纠纷研究的一个重要理论视角，

---

① 耿羽．征地拆迁过程中的政府-农民博弈机制分析．甘肃行政学院学报，2014（6）.

② 陈柏峰．征地拆迁上访的类型与机理．华中科技大学学报，2016（1）.

从这一角度对征地拆迁中的矛盾及其化解问题的考察和讨论，皆基于一个理论前提：在征地拆迁过程中，失地农民既是权益受损者，也是弱势群体，因而解决矛盾纠纷就需要保障失地农民的合法权益，通过合理补偿与安置政策措施充分保护征地拆迁中弱势群体的权益。例如，有研究提出，解决征地拆迁矛盾纠纷问题，关键在于从政策层面建构起征地补偿和失地农民安置的权益保护方案①。虽然征地拆迁不仅发生在农村，城镇也有征地拆迁问题，但农民是被征地的主要对象，因而被征地后的失地农民问题确实是征地拆迁过程中的一个突出问题，失地农民也就成为征地拆迁矛盾纠纷的一个重要主体。

关于失地农民及征地拆迁矛盾纠纷问题的研究，把失地农民为权益受损的弱势群体作为理论推理的前提，这在多数情况下可能符合实际，但将失地农民无条件、无分别地统一视为权益受损的弱势群体，可能也会不符合实际状况。虽然在征地拆迁过程中，农民失地确是事实，但农民失地并不绝对意味着权益受损，因为也有现实经验表明，有些被征地农民从开发和非农发展中分享到了更多的利益，并由此进入富裕的状态。所以，强调对被征地农民的权益保障和保护固然在价值上很重要，但如果以此作为理论分析的前提，那么可能难以对征地拆迁过程中矛盾纠纷主体之间的互动及策略选择做出较为客观中立的分析和解释。

在这里，我们详细记述了发生在甘肃省C镇的因征地拆迁而发生的上访事件的整个过程及其中的具体互动和对话细节，目的在于呈现出征地拆迁矛盾纠纷的主体是以怎样的实践策略进行对抗和交锋的，以及上访事件的最终结局与事件过程之间的内在联系。在此基础上，进一步思考基层政府与被征地农民之间为何出现对抗，又为何能够平息对抗走向均衡。对这一案例事件的解读，旨在跳出已有关于征地拆迁矛盾纠纷及其化解研究的分析和解释框架，从争利与摆平策略的角度重新建构一种解释框架。

二、征地拆迁村民的上访事件

2016年5月的一天，甘肃省C镇下滩村近百名村民集体上访镇政府。很

① 陈莹．农民权益保护下的征地补偿及安置政策研究．北京：科学出版社，2016：189.

多村民聚集在镇长办公室门口讨论着："下滩的公摊才算给了五六百万呐，今天他们（村委会）公布出来，几个厂子才五六百万呐，不如我的几份庄廓嘛。昨天我们到村上去，村长（村主任）说今天答复，公布出来的结果连一半子都没有。那那一半子哪里走了，问一下镇上管吗不管，那你让村长一个人整（贪污）完吗？这个一算就算出来了。多少亩地一算，多少楼啦、厂矿一算，这就算出来了。"

随后，镇长在会议室接访。

镇长："我想这么多人，一人一句话的话就太多了。我们选上几个代表把大家的核心意图说清楚就行了。几句话，就是公摊钱是多少，把这个事给我明晰一下，我也做一个登记。然后，根据大家反映的情况，我们会协调咱们的村委会把征收的具体情况再向大家如实地公示一下。"

村民打断镇长的话说道："不给我们钱先把地推掉合适吗？我们协议没签就推掉的多得很呐！"

镇长："给钱有个过程，那要开村民代表大会。关于地头上的问题，主要还是由国土所来解决。现在大家来最操心的主要就是公摊地……"

村民："你占房子以 2013 年的（航拍图）为准，现在我们也要以 2013 年的航拍图为准。镇长，你是我们的父母官，你今天就把村长找来，让他给我们说。"

镇长："村民自治，村长我们管不着。"

但这一回答遭到村民的强烈反对。话音刚落，村民们便吵成一片。

吵闹场面持续了十几分钟后，镇长见村民们完全不听解释，于是准备起身离开。但刚走到台下，村民中就有人喊道："镇长跑呢，堵住！不要让走掉。没说清楚就不要让走！"于是，前排的妇女、青年立刻上前阻拦镇长。镇长顿时被村民团团围堵在会议室门口。时至下午 1 点多，副镇长（兼任该镇派出所所长）走进会议室，和镇长简短交流了几句后离开。十多分钟后，四五名警察进入会议室。村民们见到警察，纷纷站起来愤怒地质问镇长："这是我们村民的事情嘛！你把警察叫来干啥呢?!"

镇长试图做出解释，但由于群众喧闹声太大而作罢，于是他在警察的簇拥下离开了会议室。在镇长离开后，村民们立即紧随其后。有的人喊道"把镇长跟上"。有些村民说："镇长把警察叫来了当保镖呢，一来就把我们吓走了。”还有些村民对楼道中的警察说：“我们跟上警察吃饭去。警车最安全呐！我们都跟上了走。”

于是，在警察的疏导下，村民陆续离开会议室聚集到镇政府门外。有些村民气愤地向周围的村民讲道：“你一个镇长，连警察都能叫来，你把一个村长找不着吗?”“你说他说得可笑不，他说村长他们管不着。你说不可笑吗?”

几个村民对门外几个年轻的女警察说：“把你们叫来干嘛？是吓唬我们老百姓了吗还是来抓我们了？我们又不是来打人、来骂人的，我们就是来要我们的钱来的。”

警察说：“你们人多，我们来就是防止你们之间可能会相互推搡产生什么意外，你说万一要是你们有个事，我们还得打个 120 呢。”

村民们表示同意，并讨论确定了次日上访镇政府的集合时间，然后陆续离开了。

次日，村民围堵征地拆迁施工现场，阻止施工，男女昼夜轮守到夜晚 12 点。村民们意图通过阻拦施工迫使镇政府处理该村公摊款问题。

第三天，下滩村村民再次集体上访镇政府。早上 10 点左右，在政务大厅办公的干部望着窗外喊道：“我们的门又被锁了！”只见镇政府门外一名妇女正在两扇关闭的铁门中间缠绕铁链。此时，几名综治员跑过去将该妇女赶走并打开了门。

到 10 点半，政务大厅又一名镇干部喊道：“我们的门又被堵住了！”只见三四名老人坐在镇政府门口，门口正中间还坐着一名中年妇女。接着，大量群众陆续走进镇政府院内，坐在镇政府门口的妇女和老人越来越多。此时，镇政府几名综治员走进人群维持秩序。几分钟后，派出所民警乘着警车也到达了镇政府。就在群众不断涌入镇政府院中时，司法所原所长驾车准备驶出，但被门口围堵的群众挡在门内。

此刻，镇政府门前停放着两辆特警车辆和一辆公安车辆，院内有 20 多名警察。村民和门口的警察发生了冲突。

十几分钟后，张副镇长到院中对大家说：“大家选上几个代表，我们上去把事情跟代表们商量一下，让代表们再向大家传达，好不好?”此时，有几个村民大声喊道：“不要代表！要什么代表呢！连村长都找不着了，还代表呢！就下来到院子里说最好。我们就要航拍图呢，要有红章子的那个，再不要随便从哪里找上一个来了。”张副镇长说：“你们这么多人，一人一句说起来根本就听不见说了什么。你们选上几个放心的、表达清楚的上去，我们就把这个事情解答一下，好不好?”刚才的几个村民重复道：“不行不行！这个代表不能选！我们不要代表。”说话间，有几个村民上楼去了会议室。

几分钟后，先到达三楼会议室的村民将院中群众召集到三楼会议室。会议室中，镇党委书记、张镇长（分管土地）、孙镇长、区土地局干部、公安分局局长和下滩村村支书准备应答村民疑问。

待村民稍微安静后，镇党委书记用方言讲道：“今天大家有些问题需要我们镇政府……因为人比较多，我希望大家提问题的时候能够按秩序提问题，不要一哄而上地提问题。这里有我们分管的副镇长，还有公安分局的张局长，对有些问题向大家做详细、认真的解答。现在，大家开始提吧。张镇长，来。”

几分钟后，党委书记试图控制场面，但村民们并不听。于是，张局长提高音量箭步冲到村民之中喊道：“嗨！嗨！大家安静一下！”

待会场稍微安静后，党委书记接着说道：“刚才大家的意见还是集中在大家对这村上的集体资产不明晰、不明白，想要个说法、要个明白，对不对?大家推荐出几个代表来，3 到 5 个代表，像刚才张镇长说的，对村情比较熟悉的、公信力比较强的、有文化的……呃……这样的人，然后我们会同国土局，把咱们的卫星图片做出来。”

时过晌午。有些村民看到大家没有争论出任何结果，便说道：“他们（镇干部）去吃饭了，把你们丢在这里谁管呀!”说完，几个村民开始玩起了扑克，很多村民陆续离开会议室，剩下的村民也陆续离开会议室并渐渐聚集于镇政府门口。在镇政府门外，村民们纷纷议论：“警察不去我们还能把村长、镇长挡住说些事、吵一阵子。警察去了连说话的机会都没有了。”然后，村民们商议了一阵下一步计划后陆续离开了镇政府。

几天后，下滩村村民集体上访区政府未果。之后，村民传言，在三次上访中表现比较积极的个别村民已经被国土局、镇政府、公安局人员上门找过并提出了警告。

最终，下滩村村民没有通过上访争取到更多公摊款。2017 年，在该村大部分征地工作结束后，村委会以每个村民 5 000 元的标准向村民一次性发放了公摊款。

三、争利与摆平：乡村群体纠纷及解决实践

上述村民集体上访事件发生在 C 镇开展征地拆迁项目期间，起因是村民们认为村干部公布公摊地补偿款的时间过晚、数额过低，并怀疑这是由公摊地丈量面积不实、补偿标准不公、村干部贪污所致。同时，由于村干部玩“失踪”，村民找不到村主任释疑，于是集体上访，要求镇领导干部解决此事。

对于村民来说，发起这次上访事件的主要目的就是争利，也就是他们共同存疑的公摊款的分配问题。之所以说是争利，是因为村民所争取的利益并不是权属确定、份额清晰的利益，而是由于征地补偿信息不对称造成的村民怀疑并期望更多的利益。正如一村民所说：

> 我们也不希望把谁抓掉，毕竟我们都是去要钱的，伤了谁都不好。（对下摊村村民的访谈 201605）

就矛盾纠纷的主体而言，这一案例所涉及的矛盾关系实际上有两对：一是村民与村干部的矛盾关系，二是村民与镇政府的矛盾关系。村民到镇政府上访的直接原因是村民与村干部之间的矛盾，这一矛盾的公开化就是村民对村干部公布的公摊款数额的存疑和反抗。然而，村民-村干部的矛盾其实有着很长的“潜伏期”，C 镇村民对村干部的不满情绪可能已经积蓄了较长一段时间。从一名出生在本镇并在此工作了近三十年的老干部所说的话中，我们可以领会到村民-村干部间的矛盾：

> （C 镇）6 村 12 个领导（村干部）很可怕，没有一个是种地的，而且没有人从事其他副业，但一个个比镇上领导都富有，为什么？

村民通过上访事件将村民-村干部的矛盾关系暴露出来，直接的和主要的动因实际上是要从村干部那里争取他们认为属于自己的利益。因为在村民的

观念里，村干部在日常治理和征地拆迁补偿过程中存在着“与民争利”的嫌疑。上访的目的就是把心中的存疑呈现出来，以达到“与官争利”的行动目标。

村民集体上访中的“争利”目的，不同于一些研究提出的“谋利型上访”[①]。虽然现实中确有专业上访户现象，但这与一般意义上的信访或上访有着质的区别。一般群众上访都有一定的利益诉求和维权动机，因此难以甄别“谋利型上访”与“维权型上访”也就不难理解。

在应对与村民的矛盾方面，村干部采取了“失踪”和“闪躲”的策略，这一策略似乎是弱者、债务人常用的应对纠纷对象的行动策略，而在这里成了村干部的策略选择。在找不到村干部解答疑问的情况下，村民们选择了到镇政府集体上访的策略。于是，村民与村干部之间的矛盾就转化为村民与镇政府之间的矛盾。其中，促使矛盾发生转向的重要原因有两点：一是村民认为，镇政府对村委会自治行为负有不可推卸的监管责任。因此，按照村民的理解，当出现村级财务不明、村干部“失踪”情况时，镇政府理应出面解决。二是镇政府为此次征拆项目的实施主体，公摊款数额受疑与镇政府征拆过程不透明、程序不合理、信息不公开等问题密切相关。村民们在怀疑巨额公摊款被村干部私吞后将矛头从村干部指向镇政府，要求镇领导干部干预此事，其实质仍是“争利”的延续和转向，即从向村级组织“争利”转为向政府“争利”，因为政府是征地拆迁的主体。

为了达到实现诉求的目标，村民在上访中采取了多种策略：利用访民数量特点将事件“问题化”。村民以集体而非个人或少数人行动的方式上访镇政府，试图借助人数优势强化问题重要性，以引起镇政府重视，从而达到有效表达利益诉求的目的。

> 你如果去的人少，他们（镇干部）根本不理你，几句话就把你打发走掉了。（对下摊村村民的访谈 201604）

村民们之所以集体到镇政府去“堵门”“闹事”，是因为如一些研究

---

① 田先红．治理基层中国：桥镇信访博弈的叙事，1995—2009．北京：社会科学文献出版社，2012：215．

所认为的那样："在当前……征地拆迁体制的约束下，农户只有将事情闹得足够大、足够有影响，才能推动其具体的诉求和问题进入政府政策议程，成为政府必须马上解决的问题。"① 但是，当镇政府控制住"闹事"的上访村民后，村民们也就选择了与镇政府和区政府干部理性对话。在此环节他们拒绝推选代表解决矛盾，而是集体应对，一方面是因为他们对村民代表不信任，另一方面是因为他们希望通过集体的力量来为自己争取利益。

在村民集体上访镇政府的过程中，村民与镇政府之间的矛盾主要围绕两个焦点展开：一是村民要求镇领导干部找到"失踪"的村干部解答村民疑问，而镇政府则认为，依照法律规定，该问题属于村民自治范围，只能由村民自行解决，镇政府无权干涉。二是村民要求镇领导干部提供可靠材料核实村委会公布的公摊地补偿款明细的真实性，镇政府则称因相关部门展示的图像资料模糊而无法核对。

在应对村民两次集体上访和"闹事"的过程中，镇政府在行动策略上则坚持了"摆平"原则。所谓"摆平"原则，就是用自己的方式将矛盾和冲突的力量平衡起来。"摆平"策略通常是普通民众解决民间纠纷的一种方式。梅丽解释道，美国底层民众之所以连很小的邻里纠纷都诉诸法庭，就是因为他们希望法庭"摆平"事件②。应星的移民上访故事，也反映了地方干部常采取"摆平"事件的策略，认为"摆平理顺"是干部的一项基本功③。面对村民们的集体上访和提出的诉求，镇政府还借助警方发挥象征性威慑力，使得以"争利"为主要目的的村民感到自身安全压力，从而放弃进一步的集体行动，由此也就把村民集体上访事件"摆平"了。

"摆平"村民集体上访事件需要基层干部有一定的策略，此次事件的平息，与镇政府所采取的策略密切相关。

---

① 杨华，罗兴佐．农民的行动策略与政府的制度理性：对我国征地拆迁中"闹大"现象的分析．社会科学，2016（2）．

② 梅丽．诉讼的话语：生活在美国社会底层人的法律意识．郭星华，等译．北京：北京大学出版社，2007：232．

③ 应星．大河移民上访的故事．北京：三联书店，2001：81．

在具体的“摆平”技术上，镇政府在应对集体上访事件时，通常会采取集中回应的方法。也就是说，当群众聚集到镇政府大院要求上访时，镇政府总是先将上访民众集中到镇政府的会议室里，而不是让人群分散在开放的大院之中。这样一来，就能使得镇政府与上访人群之间在情境中达到相对的平衡，并且可以减少围观群众的观望和评论，降低集群行为或冲突升级的可能性。

村民 A：今天怎么没看见下滩村上访的人？

村民 B：人一去，他们就全部被叫到会议室了，害怕其他人看着，看着不好呗。

从实践的角度看，虽然乡村集体上访事件由纠纷直接引发，其中可能隐含着某些结构性矛盾，但事件过程则呈现出行动策略的重要意义。一方面，集体上访是在“争利”目标驱动下的一种行动策略选择；另一方面，在应对集体上访行动的过程中，又会体现出政府对“摆平”事件的策略和技术的运用。上访事件的过程和结局则是策略化行动的交互作用及其产生的结果。

四、小结

征地拆迁矛盾纠纷是在中国社会经济快速发展的过程中较为突出的社会问题之一，由于此类矛盾纠纷有别于普通民间纠纷，通常会涉及群众的利益，以及政府与群众的关系，因此，征地拆迁矛盾纠纷可以说是一个重要的社会风险源，一些集体上访事件或群体性事件，甚至局部性的秩序危机常因此类矛盾纠纷而爆发。

目前，关于征地拆迁矛盾纠纷及其化解机制的研究，主要关注征地拆迁中的“钉子户”现象、政府-被征拆者博弈关系与行动策略、失地农民权益保障与安置政策等问题，这些研究为认识征地拆迁过程中的社会问题提供了各有特色的视角，但要更加全面地理解征地拆迁矛盾纠纷问题，可能还需关注具体的纠纷过程及纠纷主体的互动实践。

考察和分析一起因征地拆迁补偿而发生的村民集体上访事件的案例，还原事件的具体过程，目的是再现征地拆迁矛盾纠纷事件的发生、演变及化解机制，探寻对征地拆迁过程中集体上访事件的理论解释进路，为有效化解集体上访事件的社会风险提供理论参考。

第七章　乡村民间纠纷的异化及其治理路径①

随着国家乡村振兴战略的实施，乡村不仅不会走向终结，而且要建成乡风文明、治理有效的宜居乡村。在这一时代背景下，乡村的秩序重建及社会治理问题也就显得格外重要。在乡村社会，邻里或村民之间时常会因建房、通行、土地以及其他琐碎事而发生不快、矛盾、争执、冲突和纠纷，这些现象在法社会学视野里皆属于“民间纠纷”。从矛盾论的角度看，乡村民间纠纷属于非对抗性的人民内部矛盾。在冲突论看来，民间纠纷则是一种“社会化的形式”②，或是“应得权利与供给”、政治与经济、公民权利与经济增长之间的“对抗”形式③。在结构化理论里，民间纠纷可归入“特定社会实践”的行动者之间斗争的范畴④。而如果从平常视角看，民间纠纷就是生活性的纠纷，即在日常生活互动实践中产生的不均衡关系和纷争行为⑤。

虽然民间纠纷是人民内部的、日常生活中的纠葛与纷争现象，会影响当事者及局部的社会生活秩序，但是，如果已发生的民间纠纷得不到有效化解，那些纠纷就可能在基层社会构成积怨，基层累积的怨气也可能演化为一种社会风险⑥。所以，民间纠纷及其解决机制问题也就成为多个学科特别是法社会学的重要研究领域之一。法学或法学取向的法社会学对民间纠纷及其解决机制的研究，一般关注的是进入司法程序的民事纠纷，所探讨的问题通常是

---

① 本章主要内容发表在《中国社会科学》2019 年第 10 期。

② 科塞．社会冲突的功能．孙立平，等译．北京：华夏出版社，1989：16.

③ 达仁道夫．现代社会冲突．林荣远，译．北京：中国社会科学出版社，2000：3.

④ 吉登斯．社会的构成．李猛，等译，北京：三联书店，1998：305.

⑤ 陆益龙．乡村社会变迁与转型性矛盾纠纷及其演化态势．社会科学研究，2013（4）.

⑥ 陆益龙．法礼秩序与后乡土中国的治理方向．中国社会科学内部文稿，2017（5）.

替代性纠纷解决与多元纠纷解决机制问题①，其中隐含的理论问题则是民事纠纷解决中有关法律的“程序正义”与“实质正义”的张力问题，亦即在运用替代正式诉讼方式解决民事纠纷的过程中，如何面对和处理纠纷解决程序的正当性与合法性问题，如对“炕上法庭”“依法收贷”等司法现象的法社会学研究②，所讨论的问题其实是不同司法行为的形式与实质的关系问题。

社会学取向的法社会学研究同样非常注重对民间纠纷及其化解机制问题的考察和探讨，民间纠纷的范畴相对更为宽泛，不仅指进入司法程序的纠纷，而且包括未进入纷争阶段的抱怨、不公待遇和冲突行为③。从社会学的视角来透视民间纠纷的解决机制，所关注的理论问题其实是“社会秩序何以可能”这一社会学经典命题。因为民间纠纷是社会秩序的一种扰动状态，我们可以从纠纷从产生到化解的过程中理解常态秩序的条件和基础，以及秩序恢复的途径和机制。而在关于乡土社会秩序的性质和基础的问题上，费孝通提出的“礼治秩序”命题，强调了“礼治”的纠纷解决与秩序维持功能，而在司法处打官司的人则被视为“败类”④。然而梁治平认为，“费氏笔下的‘礼治秩序’在很大程度上是一个人为构造的虚幻实在，支撑这一构造的一系列二元对立实际上并不存在。相反，实际情况可能是，‘礼治秩序’中有‘法治秩序’的生长点，‘法治秩序’也可以从‘礼治秩序’中获取养分”⑤。在乡村社会秩序问题上，“礼治”与“法治”关系的争论实际上涉及乡村社会法律性问题，亦即法律与乡村社会的关系问题。就当前中国乡村基层司法实践来看，既有伴随国家推进法治建设的“送法下乡”现象⑥，也存在因结构混乱而出现的“迎法下乡”现象⑦。那么，从当前乡村民间纠纷及其解决过程的社会事实中，究竟会折射出什么样的乡村法律性图式呢？

本章的研究是想通过对一起乡村民间纠纷案及其演化过程的剖析，探讨在乡村纠纷解决过程中，乡土社会的“礼治”机制和现代“法治”机制为何

---

① 范愉．纠纷解决的理论与实践．北京：清华大学出版社，2007.

② 强世功．乡村社会的司法实践：知识、技术与权力．战略与管理，1997（4）.

③ FELSTINER W L F，ABEL R L，SARST A. The emergence and transformation of disputes：naming，blaming，claiming… . Law and society review，1980—1981，15.

④ 费孝通．乡土中国 生育制度．北京：北京大学出版社，1998：58.

⑤ 梁治平．从“礼治”到“法治”？．开放时代，1999（1）.

⑥ 苏力．送法下乡：中国基层司法制度研究．北京：中国政法大学出版社，2000：23.

⑦ 董磊明．宋村的调解：巨变时代的权威与秩序．北京：法律出版社，2008：203.

会出现双双失灵现象。一方面，民间权威不能有效地调解纠纷；另一方面，诉诸法律途径之后，非但纠纷没有得到化解，反而出现了纠纷双方的“缠诉”现象（即对司法判决不服而不停诉讼和上访的现象）。这一现象的出现，究竟是乡村社会“礼治”衰落的表现，还是现代法律运用不适应的结果，抑或是乡村民间纠纷自身异化为“斗气”的结局？虽然这起诉至省人民检察院的普通乡村民间纠纷案件具有一些特殊性，但通过对独特个案的微观分析来反观宏观，并经由理论重构亦可揭示出一些一般性的规则①。通过个案研究，可重新认识转型中国乡村社会的民间纠纷解决机制以及法治建设进程中乡村居民的法治意识或法律性问题，反思这些问题对于应对和更加有效地化解乡村民间纠纷、建构公正和谐的乡村秩序将有一定的实践参考价值。

一、民间纠纷、解决机制与法律性问题

民间纠纷是指居民之间因某种争议问题而发生的相互纠葛与纷争，当其中的一些纷争诉诸司法程序时，就成了民事纠纷案。法社会学关于民间纠纷的研究，通常会关注三个方面的问题：一是民间纠纷的社会学意义，二是民间纠纷的解决机制，三是纠纷解决中的法律性。

在乡村社会的日常生活世界里，人们彼此相安无事、和谐共生是一种常态，但与此同时，邻里之间乃至家庭内部也会时常出现各种各样的纷争之事。法社会学之所以关注乡村社会生活世界的民间纠纷，并不是因为对那些纷争事件好奇，而是希望通过纠纷来理解乡村社会关系与社会秩序的性质和意义。因为从本质上看，民间纠纷虽是生活世界中人际关系和互动的一种形式、一种构成，但却使人际关系均衡状态、平稳秩序被打破。从民俗方法论或本土方法论的原理来看，如果了解常态秩序是如何被打破的，就可以理解秩序何以可能。也就是说，考察和研究民间纠纷的意义，就在于理解社会关系和社会秩序的形成基础及机理。

关于纠纷之于社会关系和社会秩序的意义问题，社会学中可概括出两种理论传统：一是结构主义的传统。该理论强调社会结构中存在着对立的、矛

① 卢晖临，李雪．如何走出个案：从个案研究到拓展个案研究．中国社会科学，2007（1）．

盾的关系，特别是矛盾的利益关系决定着社会中纠纷的发生。因此，纠纷既是社会矛盾的表现形式，也对现有秩序构成挑战，并成为新秩序建立的重要推动力。结构主义的纠纷观更多地强调纠纷的负功能，亦即纠纷对秩序和社会关系协调所构成的消极影响或威胁，因而纠纷之事越少，反映社会越和谐。

二是社会冲突论的传统。该理论强调冲突也是一种“社会化的形式”[①]。民间纠纷由于纠葛和纷争，也会出现相冲突的关系和行为。虽然冲突的关系和行为有一定斗争性特征，但冲突的升级一般要具备一定的社会和社会心理条件，即具备“冲突升级模型”所包含的一些条件[②]，而且冲突只有升级到“社会失范的风险”[③]，才有预防和管控的必要。如果一个社会设有“安全阀”的机制，让部分冲突的怨气得到宣泄，那么冲突就不会对正常社会秩序构成威胁。

关于民间纠纷的法社会学研究，常常聚焦于民间纠纷的解决机制问题。之所以关注这一问题，一方面是因为透过民间纠纷的解决过程及事件的最终平息，可以折射出一个社会的权威构成，以及权威在纷争化解和秩序恢复中的作用机制。如赵旭东在华北乡村发现，一些农民在遇到婚姻、家庭内部纠纷时，也会选择在描绘仪式上找“看香人”来寻求纠纷的解决，这反映了在乡村社会秩序构成中，神性权威是其重要组成部分，由此也表明了乡村社会的权威结构是多元的[④]。另一方面是因为，对民间纠纷解决机制的研究，可以揭示现实中发生的民间纠纷是通过何种方式得以解决的，不同的纠纷解决方式之于纠纷本身有着怎样的意义。如纠纷金字塔理论就这样概括，一个社会所发生的纠纷会呈现出金字塔的形状，大多数民间纠纷会在基层通过各种方式而得以解决，进入金字塔塔顶的只是很少一部分纠纷，它们会通过司法判决的方式解决。至于“塔顶”部分的纠纷为何形成问题，一种观点认为，那些在基层得不到解决或解决不了的纠纷，就会进入上层的、司法解决的领

---

① 科塞．社会冲突的功能．孙立平，等译．北京：华夏出版社，1989：16.

② 普鲁特，金盛熙．社会冲突：升级、僵局及解决．王凡妹，译．北京：人民邮电出版社，2013：113.

③ 达仁道夫．现代社会冲突．林荣远，译．北京：中国社会科学出版社，2000：205.

④ 赵旭东．权利与公正：乡土社会中的纠纷解决与权威多元．天津：天津古籍出版社，2003：5.

域之中[1]。而另一种观点则认为，有一些纠纷之所以会达到纠纷金字塔的顶部，并非因为纠纷在基层解决不了，而是因为当事者拥有利用司法和行政正义系统的关系资源[2]。也就是说，如果民间纠纷的当事人在“上面”找不到熟人关系，他们就很少把纠纷告到“上面”去。纠纷多元解决机制论的观点则强调，在解决民间纠纷的实践中，司法解决方式并非唯一的途径，以调解为导向的多种民间纠纷解决方式其实在实际中已被广泛地使用[3]。但是，由于那些没有进入司法程序的民间纠纷似乎与法律未直接关联，因而法学取向的法社会学更多地关注司法领域中的民事纠纷案件，而不是广义的民间纠纷。

法律性问题亦即法律与社会的关系问题，无论是社会学界的法社会学研究还是法学界的法社会学研究，都会把此问题作为一个核心议题。无论是对民事纠纷案例的分析研究，还是对民间纠纷过程的个案研究，实质上要讨论的核心问题都与法律性问题密切相关。法社会学关心的不是民间纠纷的个案事实，而是透过纠纷解决过程，来理解法律在一个社会中究竟具有哪些意义和功能，或是一个社会的法律属于何种性质。

费孝通提出乡土社会“礼治秩序”与“无讼”的命题，总结了在熟悉的乡土社会环境里，“礼”既是人们都熟悉和自愿服膺的规矩，也是解决纠纷和维持秩序的基本机制，打官司或诉讼在乡间被认为是“败类”的事。而且他指出，当时的司法制度对乡村社会产生了很特殊的副作用，它破坏了原有的礼治秩序，又无法建立起法治秩序[4]。在礼治秩序论中，费孝通实际讨论了乡村社会的法律性问题——法律尤其是现代司法制度在有礼治传统的乡村社会中推进时所面临的问题。对于费孝通提出的司法制度在乡间的副作用命题，或许可以从法律移植论中得到一定的解释。如刘思达认为，“当代中国法律人普遍认同的法律文化大体上是舶来的和现代的，而普通民众认同的法律文化则是偏向传统的，这一现代与传统之间的张力是造成目前法律改革诸多困境的一个潜在原因”[5]。在现代法治建设不断推进的过程中，虽然民众的法律知

---

① FELSTINER W L F，ABEL R L，SARST A. The emergence and transformation of disputes：naming，blaming，claiming… . Law and society review，1980－1981，15.

② MICHELSON E. Climbing the dispute pagoda. American sociological review，2007，72.

③ 范愉．纠纷解决的理论与实践．北京：清华大学出版社，2007：138.

④ 费孝通．乡土中国 生育制度．北京：北京大学出版社，1998：54－58.

⑤ 刘思达．当代中国日常法律工作的意涵变迁．中国社会科学，2007（2）.

识和法律意识明显增强，但当他们真的接触律师和法院的时候，常常会得到令人失望的结果。因为案件的司法决策过程会受到司法机构的历史沿革、行政干预以及居民法律意识的影响。这样，移植的法律制度在司法实践中常常只有符号化的功能，而在解决民众日常纠纷方面却会遭遇阻力①。诚然，现代法律及其司法体系之于乡村社会而言，是一种外来的规则和一种由外部施加作用的力量，法律的规则和司法力量通过法治建设已经在乡间发生效力，与此同时又会与乡村原有的规则体系、社会认知产生一定的张力，这种张力既可能成为消解法律的纠纷解决机制效力的重要因素，也可能使乡间纠纷解决复杂化。

至于梁治平对费孝通礼治秩序命题的质疑，既认为乡土社会中的礼治与法治是相互交融、相互汲取的②，在笔者看来，这一争论其实可通过尤伊克和西尔贝关于平常的法律性的观点得到更全面的理解。所谓平常的法律性，就是从居民平常生活和平常行动的视角去审视和洞悉法律与社会的关系，或法律在社会秩序建构中的意义。从人们平常的实践行动中，可以获得更鲜活的法律性图式，如美国社会就有敬畏法律、利用法律和对抗法律三种法律性图式③。既然在人们看来比较典型的法治社会——美国——的日常生活里也会呈现出多样的法律性，那么，在中国乡土社会，礼治秩序可能也是一种典型的图式，礼治秩序所反映的是“礼”在秩序中的主导作用，而并非与法治无关。一些社会史的研究也表明，乡土社会中的一些民间纠纷也会告至官府，县衙门的官员也要经常处理繁杂的民事纠纷案，州县法庭承办的案件中有三分之一是民事案件④。由此也反映出，乡村民间纠纷并不可能全在共同体内部得以解决，总有一些民间纠纷会依靠公权力或公共法律权威来解决。乡村民间纠纷上诉至公共领域，并不意味着礼治秩序的基础彻底发生改变，而可能与具体的纠纷解决需要有密切的关联。从纠纷解决需要的角度，我们或许可以对“迎法下乡”现象所蕴含的法律性意义有不同的理解。对于“迎法下

---

① 刘思达．法律移植与合法性冲突：现代性语境下的中国基层司法．社会学研究，2005（3）．

② 梁治平．从“礼治”到“法治”？．开放时代，1999（1）．

③ 尤伊克，西尔贝．日常生活与法律．陆益龙，译．北京：商务印书馆，2015：52．

④ 黄宗智．清代的法律、社会与文化：民法的表达与实践．上海：上海书店出版社，2007：9．

乡”反映的当下乡村社会出现的“结构混乱”问题[①]，其实可以视为乡村社会的特例，而不是常态。乡村并未出现普遍欢迎法律下乡的趋势，农民也并未达到高度的“法治化”程度。一些农村地区“迎法下乡”的一个重要原因是灰恶势力横行乡里，不仅破坏了乡村公序良俗，而且阻碍了乡村法治。这些灰恶势力实际已经渗透进乡村既有结构之中，因而不易被社会学者观察到。关于当下乡村社会法治与礼治的关系及乡村秩序的性质问题，笔者曾试图用“法礼秩序”这一概念去加以概括，即认为目前在乡村社会礼治和法治都在起作用，但礼治元素和法治元素在这里并不是融合的，而只是混合在一起，构成法和礼并存且混合的法礼秩序状态[②]。由于法治和礼治在乡村并未实现融合，因而两者之间的关系并非相互协调、相互补充，而是时常有冲突之处。

那么，目前乡村社会有较多纠纷会上升到司法程序，这究竟是因为纠纷的特殊性还是乡村向法治社会转型的结果呢？在此问题上，郭星华倾向于把民事诉讼案件的增多归咎于诉讼文化的变迁和民间纠纷解决机制的转型，认为在“司法为民”“司法便民”等法治宣传的影响下，当前中国的诉讼文化从“厌讼”转向“励讼”，纠纷解决机制也从调解“抑讼”转向“片段式”的诉讼[③]。确实，在法治建设向乡村不断推进的过程中，法治文化宣传也会影响乡村文化环境，改变乡村民众对诉讼的理解和态度，“无讼”的乡村已难以看到，“励讼”乃至“好讼”在一些地方则是常见之事。然而，乡村社会出现“好讼”现象，是否意味着乡村的法律性已经转变呢？是否意味着乡村居民已经被法治化了呢？对这些问题做出定论仍可能为时尚早。即便乡村的法治建设进程在改变民间纠纷的解决机制，但乡村社会其实并未转向法治社会，法律之于乡村仍具有某些特殊的意义，而不是秩序的普遍基础。

关于民间纠纷及其解决机制问题，在法学和社会学的相关领域已涌现出较多研究。从现状来看，虽然在理论视角和方法上有较大的差异，但是较多的研究是基于民间纠纷多元机制这一命题而推进的。如有研究从“大调解”理念出发，探讨如何发挥多元纠纷机制的作用来提高化解民间纠纷的效力，

---

① 董磊明．宋村的调解：巨变时代的权威与秩序．北京：法律出版社，2008：204.

② 陆益龙．后乡土中国．北京：商务印书馆，2017：279.

③ 郭星华，郑日强．励讼：当代中国诉讼文化的变迁．广西民族大学学报，2015（4）．郭星华．当代中国纠纷解决机制的转型．中国人民大学学报，2016（5）.

提出多元职能主体和利益主体的共同参与、平等协商、相互衔接，将人民调解、诉讼调解、行政调解相结合，从纠纷“管理”迈向共建共治共享的治理①。也有研究强调法律解决民间纠纷的局限以及民间纠纷的诉讼解决过程中出现的问题，认为在纠纷解决中，法律存在着信息、连带和有限理性等限制，因而纠纷解决不宜停留在法律中心主义的幻象上，而需要根据纠纷过程选择成本最小的解决方案②。虽然这些研究从不同角度阐释和论证了多元纠纷解决机制的理论，但是对于一些民间纠纷为何解决不了、为何激化的问题，多元纠纷解决机制论似乎没有给出一种很好的解释。

在现实生活中，人们在面对一些矛盾纠纷时，也会陷入“无法可施”的尴尬困境，无论是调解还是法院判决，都难以有效地化解纠纷问题。关于一些矛盾纠纷不能有效解决的原因，有研究从法经济学角度提出权属模糊是导致争议双方陷入“囚徒困境”这一两败俱伤局面的根源，要改变这种局面，可能需要改革传统的纠纷解决方式，建构起有效的社会治理机制③。对此问题的一些社会学研究，则强调规则在其中的作用，如“规则的不确定性”“规则竞争”等观点指出，乡村社会中土地规则的不确定性或规则的变动，会造成不同规则之间的冲突和竞争，人们正是依据不同规则而发生争执，而且按照各自认定的规则而争执不休④。还有一种理论解释将情感因素纳入进来，运用暴力纠纷再生产模型来解释乡村社会的一些日常纠纷为何难以解决并演变为暴力纠纷或事件，认为原因主要是在一定情境之下，纠纷、冲突所产生的怨恨情绪和情感，会在不平衡力的作用下，生产并再生产暴力行为⑤。

无论是从多元纠纷解决机制论，还是从权属模糊、规则冲突或怨恨情绪等角度来解释乡村社会中的“难解之纠纷”或“缠诉”现象，都在一定意义上突破了法律中心主义以及“礼治”与“法治”二元论的局限，为理解乡村

---

① 龙飞．多元化纠纷解决机制立法的定位与路径思考．华东政法大学学报，2018（3）．黄文艺．中国的多元化纠纷解决机制：成就与不足．学习与探索，2012（11）．胡洁人．当前新型社会纠纷解决机制研究．当代法学，2012（2）．

② 毛高杰．论纠纷解决中法律的限度．四川师范大学学报，2012（6）．

③ 唐清利，何真．公私权模糊领域社会治理的理论与路径：基于日常纠纷解决机制的法经济学分析．管理世界，2016（12）．

④ 张静．土地使用规则的不确定性：一个解释框架．中国社会科学，2003（1）．张浩．规则竞争：乡村社会转型中的纠纷解决与法律实践．北京：中国社会科学出版社，2014．

⑤ 邢朝国．情境、情感与力：暴力产生的一个解释框架．中国农业大学学报，2014（3）．

矛盾纠纷及其解决的特殊性提供了不同的视角。然而，对乡村民间纠纷解决所出现的问题的认识及应对，可能还是要回归到当下乡村社会秩序基础之上，由此才可从整体和根本上把握问题的症结所在，以便探寻到更加有针对性、更加有效的治理路径。

二、一起诉至省人民检察院的乡村民间纠纷案

本章对乡村民间纠纷异化问题的研究以及关于法律性问题的思考，源自一起发生在一个西部省份的乡村邻里纠纷案。在这起乡村纠纷案中，原告与被告两家之间有较为亲近的血缘关系——堂兄弟关系，因而从乡土社会论的角度看，两家的矛盾纠纷其实仍属于“家”内的事务，因为在乡村社会，“家”既是扩展的，也是“会分的”，即所谓“分家”。[①] 而两个分立的家庭之间因何纷争而出现由省人民检察院提出抗诉、由省高级人民法院审理的民事诉讼案件呢？

从现实经验来看，乡村社会中家庭、邻里之间纠纷的复杂化问题常常与土地、建房方面的矛盾相关联。在此个案中，原告和被告两家的纠纷也源自建房和土地方面的争执。原告的父亲曾因去外村做上门女婿而在村中失去土地，后来由于其在外面生活处境艰难，被告的父亲出于手足之情而同意让出一块土地让其回到村里建房居住和生活，由此两家又成了邻里。2008 年遭受洪水影响后，原告先建起了新房，按被告家的说法，原告建新房时占用两家之间的通道 1.35 米，使得两家之间的通道由原来的 2.35 米宽变成只有 1 米宽。后来，被告家也建起新房，由于在建新房时将地基抬高，为了便于自家通行，被告家便于 2013 年在两家之间的通道上修起了长 7 米、宽 1 米、高 0.8 米的水泥道路，在靠原告房屋一旁留了 0.23 米的排水沟。原告对被告家的建房行为非常不满，两家曾在建房过程中发生过激烈冲突，村委会也做了一定的调解工作，但是双方并未达成解决争执问题的一致意见。所以在 2014 年，原告以被告在两家之间通道上的建设物对自家通行、排水和房屋安全造成严重影响为由，向当地法院提起了诉讼，要求法院判定被告拆除两家通道

① 费孝通．江村经济：中国农民生活．北京：商务印书馆，2007：42.

上的建设物。

这起民事诉讼案是在原告和被告所在镇的镇法庭审理的。在开庭审理前，庭长按程序询问双方是否同意调解，原告表示不同意，被告则未做明确回应。法庭未继续做双方的思想工作，便直接开庭审理了此案。在审理过程中，村委会向法庭提供了一份双方纠纷调解的书面证明。其内容陈述了在原告与被告发生纠纷和冲突的过程中，村主任和一名村委会委员到过现场调解，双方曾同意暂时搁置不动。后因被告在 2013 年 6 月份擅自动工，双方再起冲突，村委会委员到场调解无果。

镇法庭认可了村委会的书面证明，并于 2014 年 7 月做出了一审判决：认为不动产的相邻各方，应按照有利生产、方便生活的原则正确处理通行、排水关系。被告在双方因通道问题发生纠纷请求村委会调解未果后，擅自在两家房屋之间修建了墙体，影响了原告的通行和排水，其行为侵害了原告的合法权益，给其生产、生活带来一定的妨碍，依法应承担相应的民事侵权责任。原告提出的要求被告停止侵害、拆除该墙体、恢复正常的排水和通行的诉求，有事实依据，理由充分，本院予以支持。

被告在败诉后，不服镇法庭的一审判决，理由有：(1) 原告与村委会和镇法庭有串通嫌疑，致使判决偏向原告；(2) 村委会并未做调解，被告并没有同意暂时搁置不动；(3) 原告、原告律师和镇法庭庭长在开庭时有不严肃行为。于是被告在同年便向所属市的中级人民法院提出上诉。上诉的理由有三个：(1) 一审判决未对被上诉人未经依法核准建房并擅自占用公共通道的事实予以认定，引发纠纷的是被上诉人擅自占用一半通道；(2) 上诉人修建的是通行水泥路而非墙体；(3) 抬高的路面未给被上诉人的通行和排水造成妨碍。上诉人同时提供了原告和被告共同的伯父的证词，证明原告在村里的宅基地由被告父亲和自己共同赠予，两家间的通道所有权归被告所有。

2015 年，二审法庭开庭，法官努力主张双方调解，但被上诉人拒绝。调解努力不成后，二审法院审理认定，上诉人抬高硬化道路并未妨碍被上诉人通行，一审认定有误。在排水和房屋安全方面，虽然上诉人在修路时未采取相关措施防止影响他人的合法权益，在一定程度上对被上诉人的排水和房屋造成一定影响，但法院综合具体情况来看，影响较小。一审判决要求上诉人停止侵害，排除对被上诉人房屋造成影响是正确的，但一审判令上诉人拆除所有建筑路面欠妥。法院援引《物权法》第八十七条指出，双方当事人对对方合理使用行为要有一定程度的容忍义务，并变更判决为：上诉人使靠近被上诉人一边的排水沟拓宽至0.33米，在被上诉人墙基处做成龟背形三面抹光的排水沟，并对与排水沟相邻的被上诉人房屋墙体做1米高的防水处理。

对市中院的二审判决，原告不满，于是向省高级人民法院申请再审。申请再审的理由是被告的建筑物对其房屋安全造成影响，二审只判令拆除0.1米宽，没有排除妨碍，请求再审撤销二审判决，判定被告拆除通道上的全部建筑物。原告还提交了司法鉴定中心对其房屋所做的质量检测结果。2016年，省高院做出民事裁定，指令市中院再审此案。同年，市中院再审做出判决，认定被上诉人提交的房屋安全鉴定材料的鉴定程序违法，真实性存疑，市中院不予采信。法院委托某房屋安全鉴定公司的鉴定程序合法，结论客观真实，法院予以采信。再审认为，二审判决的处理完全能够解决被上诉人房屋的排水和安全问题，无须拆除加高的路基。二审判决认定事实清楚，适用法律正确，应予维持。

再审判决下来后，原告显然不愿接受这样的判决。他们按照代理律师的专业指导，在无法寻求法院通道来达到自己的诉求时，便向该市人民检察院提出了抗诉申请。由于是省高院责令市中院进行的再审案件，所以市人民检察院将此案上报至省人民检察院，由省人民检察院进行再审，并做出是否抗诉的决定。2017年9月，省人民检察院在核查该案后认为，市中院再审判决认定的基本事实缺乏证据证明和适用法律错误，故提出抗诉，并提请依法再审。在省人民检察院发出正式抗诉意见之后，该案又转至省高院再审。省高院法官在镇法庭庭长带领下到现场做了调查勘察。2018年，省高院开庭审理了此案，并做了终审判决，裁定维持一审判决，判令被告拆除两家之间通道上的建筑物。

虽然省高院的裁决书已下达，但被告仍未按照判决拆除诉争建筑物，原告也没有采取任何行动。纠纷双方暂时处于平静状态，但矛盾和问题其实并未随着省高院的终审判决而得以解决，纠纷和冲突也未因此而终止。新的纷争可能将围绕着判决的执行而在双方和法院之间继续展开，因为败诉方可能会不服“输”，依然要进行抗争。因此，这样一个普通的乡村邻里纠纷，似乎陷入了难以调和、无法解决的僵局，由纷争不断演化出纠纷、冲突、诉讼和上访。这一案例在乡村社会虽并不普遍，但实际上具有一定的典型意义。

三、乡村法礼机制的双失灵与民间纠纷异化

上述诉至省人民检察院并由省高院审理的乡村民间纠纷案例，其纠纷过程及其间所呈现出的乡村居民的法律性，一定程度上类似于法律建构论者尤伊克和西尔贝在《日常生活与法律》中所叙述的“辛普森案”——对此案的叙述，描绘出了美国人对于法律的三种意识图式：敬畏法律、利用法律和对抗法律[①]。发生在中国G省乡村的这起纠纷案，则可能集中反映出了这样一种趋势：在法治建设进程中，乡村出现民间纠纷异化问题。所谓“异化”，这里是指人的社会行动的内容和意义偏离了行动的本质目标和意义。

从这起诉至省人民检察院并由其提出抗诉的普通乡村邻里纠纷案的个案中，可以看到乡村纠纷异化的几个典型表征：

首先，纠纷过程出现的异化。在乡村社会生活中，发生这样或那样的民间纠纷乃是一种常态，因为生活在村落共同体中的村民之间，既有共生关系，亦有竞争关系，在频繁、直接的交往互动中，产生各种各样的摩擦在所难免。然而，乡村民间纠纷只是乡村秩序的局部构成和阶段状态，因为民间纠纷在经历纠纷过程之后，必将以某种方式了结。从理论上看，纠纷过程一般分为三个阶段：第一阶段为冤情，第二阶段为冲突，第三阶段为纠纷。[②] 在这起乡村邻里纠纷个案中，双方一开始都感到自己在两家房屋间的土地和通道占用问题上受到委屈和不公待遇，然后就通道上的建设行为发生过激烈的冲突，当其中一方在通道上完成建筑行为之后，两家也就陷入了无休止的纠纷和诉讼之中。这一普通乡村邻里纠纷，经历了5年漫长的诉讼之路，虽然由省高院做出了终审判决，但纠纷问题并未最终解决。这一个案在纠纷过程上虽有特殊之处，但却具有经典的社会学意义，正如此案被告的终审律师所感叹的：

> 你们这个案件在程序上也算是经典了，就这样一个小小的民事纠纷，

---

① 尤伊克，西尔贝．日常生活与法律．陆益龙，译．北京：商务印书馆，2015：3-31．

② NADRE W，TODD H. The disputing process. Columbia：Columbia University Press，1978：1-40.

走了这么多程序：一审、二审、发回重审、抗诉、再审。这不是一般人可以做到的，请问对方有什么“秘籍”？

此个案所反映出的乡村民间纠纷过程的异化特征，不仅体现为纠纷过程的漫长，还表现为纷争的无解以及过程的重复。正常情况下，在民间纠纷的当事双方经过相互较量或是在第三方力量介入之后，纠纷事端会得以了结，冲突关系会趋于均衡，纠纷会得以化解。然而在此个案中，当事者诉诸法律途径来解决纠纷，而每一次的法律判决都得不到服从，甚至又成为新的纷争的开端。因为在每一次的法律判决之后，纠纷当事者又感受到冤屈，而且冲突的意向也变得更为强烈。一审判决之后，被告觉得原告利用了村委会和镇法庭的资源，由此感受到判决给自己带来的冤屈，于是上诉至市中院。市中院经过两次审理做出的判决，又被作为被上诉方的原告认为是被告利用了关系资源进行操作的结果，因此原告又感受到了判决的不公和冤屈，于是便抗诉至人民检察院。最后案件诉至省人民检察院和省高院，终审判决又维持一审判决，但之后被告并未执行判决而主动拆除通道上的建筑物，这表明纠纷尚未止于终审判决。

其次，纠纷解决目标的异化。随着纠纷的发生，当事者的常态生活秩序会受到影响，关系的均衡会被打破。为恢复正常的生活秩序，需要采取一定的方式来解决纠纷。在法社会学中，纠纷解决方式常被概括为三种：一是息事宁人，忍忍算了；二是纠纷双方自行解决；三是第三方力量介入解决。在第三方介入纠纷解决时，通常有三种方式来解决纠纷：调解、裁定和判决。[①]在此乡村邻里纠纷案例中，纠纷经历了5年的时间，却并未得到解决，纠纷事件也未平息。这一纠纷演化到目前的僵局，在一定意义上反映了纠纷解决目标出现了异化趋势，亦即纠纷当事双方在寻求纠纷解决途径时，其目标主要不是解决纠纷问题，恢复常态生活——纠纷双方都在想如何赢得这场官司，以及败诉后如何扳回来。

正如原告和被告所争吵的那样：

原告：我要告到北京去，搞到天边我都要搞下去，要搞得你们不愿。

① VAGO S. Law and society. New Jersey: Prentice-Hall, Inc., 2000: 269－273.

被告：只要你有本事，我们奉陪到底。

由此看来，纠纷当事者选择诉讼途径来解决纠纷，并未把公平合理地解决实际纠纷问题作为根本的目标。在乡村场域的交锋和互动中，纠纷双方在选择纠纷解决方式时更加看重如何“获胜”，如何更好地“出气”，因而纠纷解决的途径和平台也就不可避免地异化为“斗气”的途径和平台。

最后，纠纷解决中法律运用方式的异化。在这一原本很平常的乡村邻里纠纷中，对法律的运用可以说已达到了极致，在某种意义上可以说是出现了异化。这一纠纷个案在其解决的过程中，几乎经历了司法程序中的全部内容，从基层法庭的一审判决，到上诉至市中院，经过二审判决，再到二审的再审和维持二审的判决，最后又上升到了抗诉至省人民检察院，并由省高院做出终审判决。这一纠纷解决的司法诉讼历时 5 年多。可是在终审判决之后，纠纷问题并没有最终解决。由此表明，在乡村民间纠纷解决中，运用法律方式所达到的效果严重背离了双方的预期。尽管发生纠纷的两家之间有着相冲突的利益诉求，但他们都预期通过司法判决实现各自的利益诉求，而经过了多次的司法判决，实际效果却事与愿违，非但纷争的利益没有实现，反而纷争的缠绕越来越多。

在此个案中，纠纷解决过程中出现的法律运用异化问题，还表现为纠纷当事者的社会特征与法律程序的相悖。关于这起普通的乡村民间纠纷案件的漫长的司法诉讼过程，人们不禁会问：作为普通的农民，他们并不具有丰富的法律专业知识，却为何能够让这样的普通纠纷走过如此复杂且专业化的司法诉讼程序呢？事实上，纠纷的两家并不是依靠自己所具备的法律知识来打官司，而是聘请了专业的代理律师。由此也反映出，诉讼过程在很大程度上取决于专业法律人士的操控和影响，而不完全是由纠纷当事者的意志所主导的过程。在这个意义上，虽然纠纷解决的诉讼程序由纠纷当事一方发起，但是，随着案件进入正式审理程序，纠纷主体被法律程序控制，因为他们并不太了解每一个司法程序及其真正意义，所以只能听从律师和法院的指令来应对诉讼。

关于乡村基层法院的司法实践，苏力曾总结认为，注重解决问题而不重视确立法律原则是基层司法实践的重要特点①。而在此个案中，基层司法实

① 苏力．送法下乡：中国基层司法制度研究．北京：中国政法大学出版社，1998：26.

践似乎并未表现出这样的特点，既没有努力解决纠纷问题，也没有达到很好地维护法律权威的效果。在有效解决乡村民间纠纷问题的过程中，司法实践中的策略运用通常能起到良好的效果。如在赵晓力提供的一起“依法收贷”的案例中，农村信用社和法警在把握农村借贷者心理特征的基础上，运用言语策略顺利地解决了还贷纠纷问题[①]。这一过程虽在程序上并非正式，但达到了解决问题的效果。而G省的这起乡村邻里纠纷案件陷入难以平息的诉讼缠绕之中，则反映了在民间纠纷解决中法律程序与纠纷主体意志出现分离的异化特征。在纠纷解决过程中，对法律方式的运用如果注意到乡村邻里纠纷的特征，以及纠纷双方的关系特点，在不违背法律基本原则的前提下，引入有利于问题解决的实践策略，促成事件的平息和纠纷的化解，也就不致出现纠纷的异化问题了。在案件的诉讼过程中，各方都纠缠于判决结果，使得每一次司法判决非但不能解决问题，反而成为纠纷问题的新起点，由此也充分体现了乡村民间纠纷解决中法律运用方式的异化现象。

法治秩序论有两个重要传统：共识理论和工具主义理论[②]。无论是从共识理论传统还是从工具主义理论传统来看，人们选择法律方式来解决纠纷，都遵循着理性选择的原则。人们如果将法律视为自觉遵守的规范，自然也就相信并遵守法律的裁决；如果将法律当作维护个人利益的工具，在运用法律时就会计算利益的得失。在本研究的个案中，民间纠纷解决中法律运用方式的异化还表现为纠纷双方运用法律的非理性化。纠纷的双方当事者皆为普通的农户，经济收入水平并不算高，但为了打这场“马拉松式”的官司，双方都不计成本地坚持聘请律师应诉，在一定意义上反映出双方诉讼行为的非理性化趋势。

原告：打官司是花费了不少，快接近建这房的费用了。就是超过也要打下去。

被告：聘请律师和诉讼费用已超过拆除垫高路基的费用了，现在不是费用的问题了，关系到在村子里的“脸面”问题，输了官司人家就认

---

① 赵晓力．关系/事件、行动策略和法律的叙事//王铭铭，王斯福．乡土社会的秩序、公正与权威．北京：中国政法大学出版社，1997：520－539.

② 昂格尔．现代社会中的法律．吴玉章，等译．南京：译林出版社，2001：23.

为你“没理”，官司赢了就证明你“有理”。

普通民间纠纷进入“缠诉”的状态，体现了纠纷当事者不仅将法律运用工具化，还具有法律使用的非理性化的特点。所谓法律使用的非理性化，主要指在使用法律方式解决纠纷时，不再计较经济上的成本和收益，不考虑现实的效用。在这起民事诉讼案件中，原告在一审、二审和终审阶段聘请代理律师的费用、司法鉴定费，以及其他相关花费，前前后后已有好几万元，而据被告估计，他们聘请律师的费用也有几万元，而且在终审阶段，他们又在省城聘请了律师，按照协议，如果打赢官司，那么还要额外支付5万元律师费。所以，根据纠纷双方的估算，整个诉讼过程在经济上的付出基本上都超过了他们建房和修路的成本，因而经济收益已经不重要了，双方要争取的就是打赢官司。

就此个案中的乡村民间纠纷的解决过程和所呈现出的特征而言，纠纷已出现了异化的特征与趋势。那么，乡村民间纠纷为何出现此类异化问题呢？或者说，乡村民间纠纷异化的形成机制是什么呢？

如果从纠纷与秩序的关系的角度看，纠纷得不到有效化解，纠纷状态持续和演化，常态秩序难以达成，表明维持秩序的机制出现了失灵。如果将当前乡村社会秩序的基本性质视为法礼秩序，亦即由法治机制和礼俗机制混合作用而形成的社会秩序①，那么，我们也就可以从乡村礼俗机制和法治机制双失灵的角度，来分析和理解这一乡村民间纠纷出现异化问题的成因。

首先，这起乡村邻里之间的纠纷在基层未得到有效化解，进入司法程序后仍持续演化，表明了乡村礼俗机制在化解这起纠纷、促进秩序恢复方面，并没有起到应有的作用。

在乡土社会的礼治秩序中，按照费孝通的总结，“礼治”主要依靠“教化”的权力，让人们选择“合式的”行为，由此达到彼此的协调并实现有序的生活状态②。在这一个案中，相邻两家因建房及房屋之间的通道而爆发冲突和纠纷，单是纠纷的发生原因就体现出礼俗规则及其制约力量的削弱，在一定程度上助长了纷争的发生。由于在建筑物建成之前，有亲近血缘关系的

---

① 陆益龙．后乡土中国的法礼秩序及治理方向．中国社会科学内部文稿，2017（5）．

② 费孝通．乡土中国 生育制度．北京：北京大学出版社，1998：6－12．

相邻两家，在某种意义上并未按照“合式的”原则来选择行动方案，两家之间也缺乏充分的协商和沟通，因此矛盾不断激化，纷争也越来越多。

当纠纷发生之后，按照乡村社会的一般习惯，当事双方会寻找基层权威来评理和调解。鉴于两家为堂兄弟关系，纠纷也算是家族内部的纠纷，在传统礼治秩序中，家族内的长老权威会出面调解和处理双方的纠纷。而此个案中的家族长老权威显然已经不被认同，家族权威失去了调处族内纠纷的功能。

在乡村社会中，长老权威的秩序功能的消失，一定程度上是因为传统乡土社会的“长老政治”的组织基础已不存在，家族更多表现为一种社会关系，而其组织制度在许多地方已不复存在，因而家族长老的权威较少受到认同，家族内的纠纷也就不容易在群体内得以化解。

当然，必须注意的是，乡村社会礼治机制的失灵并非普遍的、统一的趋势，不是所有的乡村的礼俗规则、礼俗权威都彻底消失，对基层纠纷的化解和社会秩序的恢复失去作用。这一个案所显现出的礼俗机制在乡村民间纠纷解决中的失灵现象，虽是一种社会事实，但也反映出乡村社会秩序的地区差异以及偶然性因素的作用。一些关于中国法制史的研究表明，传统社会在不同时期和不同地区实际上具有“无讼社会”与“诉讼社会”并存的局面。[①] 范愉认为，费孝通所描述的“无讼社会”依赖于这样几个条件：一是对礼制规矩的服膺，二是有效的道德教化和治理，三是民众远离讼师，四是有效的地方自治。这些规律为当代社会提供了有益启示。[②] 由此看来，乡村社会出现礼治机制失灵的现象仍具有局部性和偶然性，并不代表现代乡村社会的必然趋势和普遍特征。不过，从这些乡村礼治机制失灵的经验中，也能得到一些有益的启示。

在本研究的个案中，礼治机制的失灵表现在民间纠纷的缘起阶段和解决阶段。这起邻里之间因建房而起的纷争的产生，在很大程度上是因为双方当事者对共同体默认规则和行为外部性未做必要的考虑。乡村社会中“礼”的规则，按照费孝通的解释，是大家公认“合式的”行为方式[③]，亦即共同体

---

① 夫马进．中国诉讼社会史的研究．京都大学学术出版会，2011：4.

② 范愉．诉讼社会与无讼社会的辨析和启示：纠纷解决机制中的国家和社会．法学家，2013(1).

③ 费孝通．乡土中国 生育制度．北京：北京大学出版社，1998：6.

内达成共识的准则和规则。从纠纷过程来看，邻里两家在修建各家的房屋之前，都既没有充分遵循协商原则来开展双方的协商，也没有考虑各自建筑行为可能带来的外部性，而是基本按照私自的意志来推进各自的建筑行为，由此表明，“合式的”行为规则在这里已经失去调节功能。在这起民间邻里纠纷的解决阶段，礼治机制的失灵突出表现在基层调解的缺位与缺失。在传统乡土社会，村落共同体和家族内部的权威会积极主动介入民间纠纷的调处，从而使得较多的民间纠纷在基层得以调解和化解。如今，乡村基层自治组织在基层纠纷调解中扮演着主要权威角色。而且从一些经验调查的情况来看，乡村居民在遭遇纠纷时，如果选择第三方力量介入方式来解决民间纠纷，那么较多的人还是倾向于首先选择村干部参与调解解决，村干部成为化解乡村民间纠纷的主要权威之一[①]。而在本研究的个案中，乡村自治组织在基层纠纷调解中的权威和能力显现出相对弱化的趋势，村委会和村干部在对村民之间的纠纷解决和矛盾化解方面似乎未发挥必要的调解作用。在原告出具给镇法庭的证明文件中，一村委委员做出了这样的书面声明：

> 2012 年 12 月，被告方欲将通道砌高，引起纠纷。本人到场调解，根据原告方提出，被告方将水沟填样超过界，据我看确有此现象。经调解后，双方同意暂时不动，等事情处理好（调解）后再动。后来过年前被告方擅自又砌。村主任、本人到场阻止无果，2013 年 6 月份又砌，引起打闹。本人到现场调解无果。
>
> 村主任：（签字）
>
> 村委委员：（签字）

当问及被告方在纠纷解决过程中，双方为何没有接受村委会的调解，协商处理已发生的争执问题时，被告方的解释是：

> 村委根本就没有调解。村委的声明可以说是无中生有。村委只是在双方争吵时让不要再争吵，并没有细致地做双方当事人的思想工作。正好，这份声明表明了村委在帮原告家作证，站在了原告一边，要联合原

① 赵旭东．权利与公正：乡土社会中的纠纷解决与权威多元．天津：天津古籍出版社，2003：12. 陆益龙，杨敏．关系网络对乡村纠纷过程的影响：基于 2006 CGSS 的法社会学研究．学海，2010(3).

告打击我们。

村民自治组织——村委会是由村民直接选举产生的，村委会成员一般来自乡村共同体内部，对乡村社会生活及社会关系较为熟悉，在处理乡村民间纠纷问题上有一定优势。所以，无论是村民自治制度还是人民调解制度都注重基层自治组织在解决乡村民间纠纷中的功能。然而在具体的自治实践中，各地乡村自治组织的权威和治理能力存在较大差异。一些乡村基层自治组织会主动地履行制度赋予的职能，积极地参与民间纠纷的解决，运用各种有效的调解策略，努力地化解民间矛盾和纠纷。而另一些基层自治组织则可能会把民间纠纷调解当作一种"额外"负担，抱着"多一事不如少一事"的想法，形式主义地对待乡村社会内部的矛盾纠纷，因而在民间纠纷的化解工作中也就较少发挥实际作用。现实中还有一种情况，那就是村委会成员与村民之间的关系已经处于不和谐、不信任的状态，由此也就造成村干部在村民之中并不具有权威，村民在遇到纠纷时也不会主动寻求村干部的调解。

乡村社会化解民间纠纷的礼治机制的失灵还体现在村庄内生权威的衰落方面，在快速变迁与转型的乡村，内生权威如长老、中人、族长、家长等民间权威日益衰落，且变得越来越不确定[①]。在本个案中，原告与被告是堂兄弟的亲属关系，他们之间的邻里纠纷其实也属家族内部的纠纷，而家族的长老似乎已经不具有家族内公共权威的功能特性，因而既不能有效阻止纠纷，也不能防止纠纷的不断升级。例如，原被告共同的二伯父只是在二审期间为被告作证，证明争执土地的权属关系，而在调和两家之间的矛盾纠纷上，却发挥不了实际效力。或许，正是在乡村社会转型导致结构混乱现象产生的地方，由于社区人格信任缺失，民间调解效力下降，因此也就出现了"迎法下乡"的局面[②]。在从乡土社会迈向后乡土社会的过程中，乡村社会权威多元化在一定程度上削弱了内部权威，民间调解的效力在降低，国家法律的重要性在增强。然而，这种变迁其实并非普遍的趋势，而是具有前提条件的约束和地区及个体差异性。因为，乡村内部权威影响力的变化原因，并不完全是权威在结构上的变化，也包括乡村居民对权威认同出现多元化的趋势。也就

---

① 李俊．从均衡到失衡：当代中国农村多元纠纷解决机制困境研究．河北学刊，2015（6）．

② 董磊明，等．结构混乱与迎法下乡：河南宋村法律实践的解读．中国社会科学，2008（5）．

是说，对于有些村民来说，他们可能不再认同民间的非正式权威，而有些村民仍可能认同和尊重民间权威，注重按乡规民约来行事。所以，乡村民间纠纷异化在礼治机制失灵的地方才会产生。

当乡村民间纠纷在民间得不到调解解决时，大量纠纷就会进入司法场域之中。布莱克提出过一个行为主义司法命题：其他纠纷解决方式越短缺，人们就越倾向于选择法律；人们一旦选择法律解决方式，就会越来越依赖法律。所以，法律像是一种能让人“上瘾的药物”。[①] 在这起乡村民间纠纷解决的具体实践中，纠纷当事者的“缠诉”现象表面看类似于对法律解决方式的“上瘾”，然而其实质则是法律机制在乡村民间纠纷解决中的失灵。因为，民间纠纷在基层未经调和而进入司法场域之后，很容易演化为司法场域的斗争，“缠诉”“滥诉”以及“涉诉上访”等一系列行为其实便是民间纠纷异化为司法场域斗争的表象。出现这些民间纠纷的异化现象，一个重要原因就在于法律机制的失灵。

在本研究的个案中，法律机制在民间纠纷解决过程中出现失灵现象首先体现在基层法院的一审判决非但没有止纷，反而增加了司法纷争。邻里之间所纷争的问题并未随着镇法庭的判决而得以顺利解决，结果是被告不服一审判决而提起上诉，且二审判决基本推翻了一审判决。在这一司法诉讼过程中，原告和被告都取得过胜诉的结果，但是各自的诉求和需要解决的问题却维持原样，双方的争执依然存在，甚至变得更加复杂。

法律机制在解决这起民间纠纷中失灵，主要是因为基层司法实践对判决的依赖。在对“送法下乡”的乡村法治建设过程的考察中，苏力发现基层法院审理民事案件的目的主要是解决纠纷问题，而不是确立法律规则[②]。这一状况实际反映的是乡村民间纠纷的特征，以及对司法需要的特征。诉至法院的乡村民间纠纷，会聚了乡规民约与法律规则、非正式力量与正式力量之间的张力。所以对于基层法院法官来说，了解当地民俗和地方性知识显得非常重要，因为法官的法律知识与案件的结果变得不再相关，而熟悉本地习俗则成为“基层法院法官必备的素质”。[③] 要有效地解决乡村民间纠纷问题，简单

① 布莱克．社会学视野中的司法．郭星华，等译，北京：法律出版社，2002：271.

② 苏力．送法下乡：中国基层司法制度研究．北京：中国政法大学出版社，2000：176.

③ 刘思达．法律移植与合法性冲突：现代性语境下的中国基层司法．社会学研究，2005（3）.

的法庭判决并不足以缓和民间纠纷的张力，而调解方式在缓和张力和调和矛盾方面既是必要的也是非常重要的。或许正是基于这一实践经验，2010 年最高人民法院印发指导性文件，强调法院系统要贯彻“调解优先，调判结合”的工作原则。

在本个案的纠纷解决中，法律机制的失灵还表现为法律权威遭到当事者的质疑与不信任。当民间纠纷诉至司法系统时，当事者自然希望同时能信任法律权威，相信通过中立的法律权威能够公平、合理、有效地解决纠纷问题。然而，随着司法程序的推进，案件审理过程和审理结果非但没有实现让双方信任和服从法律权威，反而造成了当事者对法律权威的质疑，乃至工具化地动用法律资源。

> 被告：原告与镇法庭庭长有关系，在法庭这种神圣场合将双脚抬到桌上，庭长都没有喝止；正式开庭时，原告律师迟到四十分钟，被告向法庭提出异议，却遭到庭长训斥；庭长在开庭时极不认真，玩手机、出去打电话，进进出出，对我们的陈述漠不关心。所以判决不公平，判决与事实严重不符，我们才决定上诉到市中院。
>
> 原告：他们家在市里有人，二审判决我们不接受，所以要提出抗诉。

从纠纷双方对案件审理及其结果的抱怨陈述来看，他们的抱怨虽然站在各自的利益立场，但实质上已反映出他们对法律权威的不信任。而他们不断地运用司法手段来维续纷争，表明他们想利用一种法律权威来对抗另一种法律权威。在这个意义上，司法权威已经失去解纷止纷的功能，而异化为民间争斗的公共工具。确实，一些法社会学的经验研究也显示，随着乡村法治建设的推进，居民对法律权威的认同与运用法律手段解决纠纷之间呈现出负相关关系，亦即对法律权威认同越低，越是倾向于在纠纷解决中使用法律手段。由此反映出乡村居民选择法律方式来解决纠纷，并非主要出于对法律权威的认同和信任，较多的人主要是把法律作为一种工具性资源来加以利用。① 这样的一种倾向或许并非中国乡村社会所特有，布莱克曾特别提到日本的案例。日本在现代法治建设过程中，为避免民众对法律权威的不信任和尽可能减少

---

① 陆益龙．权威认同、纠纷及其解决机制的选择：法社会学视野下的中国经验．江苏社会科学，2013（6）．

不必要的麻烦，尝试了“法律缩减”的政策，即通过减少律师和法官供给以及强制和解等措施，来降低诉讼率、判决率。[①] 对于乡村民间纠纷解决来说，法律权威的介入更需要注重策略和方式。如果简单地按照文本中的法律程序，轻易做出司法判决，那么其实际效果往往是削弱人们对法律权威的认同和服从，因为任何一种判决结果都无法满足激烈纷争中的双方当事者的期望。

本研究的个案所反映的法律机制失灵还表现在诉讼过程对乡村民间纠纷的化解失去效力，或是产生的效力非常有限。在这起诉至省人民检察院、省高院的乡村邻里纠纷的解决过程中，尽管历经5年的漫长诉讼之路，原告向省人民检察院抗诉成功，并在省高院的终审判决中获得了胜诉，判决被告拆除两家房屋之间的建筑物，但被告在接到终审判决通知书后，并未按照法律判决主动拆除，而是选择静观其变。从实际效果来看，即便是省高院的终审判决，也未能最终解决两家之间的矛盾和冲突问题，纠纷仍有继续演化和进一步升级的可能。

既然法律机制在民间纠纷解决中并未发挥较大的效力，那么乡村居民为何依然偏好乃至纠缠于诉讼呢？对于社会中的“好讼”现象，梅丽结合对美国底层民众法律意识的考察，对纠纷解决机制的替代理论做了一定的补充解释，认为美国民众的“好讼”并非完全是由社区调解功能的消失导致的，“好讼”与人们的个人主义和平等主义价值观以及国家的不断扩张有密切关系。普通民众有逃避社区的愿望，与此同时法律又鼓励人们将邻里和家庭纠纷带到法院来，两者共同作用导致了“好讼”现象的产生。[②] 而在使用诉讼方式解决民间纠纷的过程中，当人们的诉求或预期得不到满足，甚至可能与判决结果完全相悖时，法律其实在鼓励当事者继续动用法律资源。因此，民间纠纷解决中的“缠讼”问题，一方面是司法判决无效力的结果，另一方面则是法律机制“励讼”的结果。也就是说，当诉讼不能解决彼此的纠纷问题时，法律系统并无“阻断”机制，而是依然鼓励人们继续寻求法律途径来解决。

从本研究的个案经验来看，乡村民间纠纷的异化现象呈现出的是矛盾纠纷问题在较长时间内得不到有效解决，持续发酵、演变，纠纷及其解决转化

---

① 布莱克．社会学视野中的司法．郭星华，等译．北京：法律出版社，2002：91.

② 梅丽．诉讼的话语：生活在美国社会底层人的法律意识．郭星华，等译．北京：北京大学出版社，2007：232.

为相互之间“斗气”和司法场域中的“争斗”，而不是朝着解决实质问题的方向演化，因而出现冲突升级的风险增大。乡村纠纷的异化并非普遍的，而是在乡村礼治机制和法治机制出现双失灵的条件下产生的。当乡村基层自治体系中的纠纷调解功能以及乡规民约等礼俗规则的制约作用失灵时，民间纠纷在基层难以得到及时的化解。而当民间纠纷进入诉讼程序后，又会受到无效力或低效力的判决的制约，由此催生了民间纠纷的异化。

四、乡村民间纠纷异化的治理路径

乡村民间纠纷在异化的过程中，通常会产生两种典型的社会后果：一是民事案件诱致刑事案件，二是个体纠纷升级为群体纠纷。在乡村社会，如果一般矛盾纠纷在基层社区得不到有效调和，再经过司法场域争斗的激化，纷争就可能会异化为非理性的“斗气”，由此极易诱发过激的暴力冲突甚至可能演变为刑事案件。当法律系统作为第三方力量介入乡村民间纠纷解决时，通过公正的、合理的和权威的处理，将有助于纠纷双方不平衡关系的均衡，以及纠纷问题的解决。然而，由于乡村民间纠纷具有特定情境性，法律力量的介入也可能产生另一种效果，即类似于吉登斯所概括的“行动的意外后果”，也就是说，旨在为解决乡村民间纠纷提供公平司法裁定的行为，通过“二重性”社会结构的再生产机制，还可能生产与行动目的相悖的“意外后果”①。而从乡村暴力纠纷的产生模型来看，当法律力量介入乡村民间纠纷之后，如果造成双方力量的不均衡，再与怨恨情绪结合起来，就容易引发暴力纠纷②。如果乡村民间纠纷最终异化为非理性的暴力事件，那么纠纷的影响就不再是个体性的，而是具有公共性和社会性，纠纷当事者之间的失衡关系也就会演化为公共事件和社会秩序问题。

乡村民间纠纷异化的另一种常见后果便是群体纠纷和群体性事件的发生。虽然民间纠纷主要是当事双方之间的矛盾和纷争，但解决民间纠纷之事并非仅为当事者的私事，而常常也是社区内的公共事务。如果社区调解和化解基

---

① 吉登斯．社会的构成．李猛，等译．北京：三联书店，1998：423.

② 邢朝国．情境、情感与力：暴力产生的一个解释框架．中国农业大学学报，2014（3）.

层纠纷的功能消失，人们就会更多地选择法律方式来解决纠纷。然而，现实中较多经验指向表明，法律在化解乡村民间纠纷方面并非理想的方式。当通过诉讼途径达不到当事者的期望时，民间纠纷常常会演化为“涉诉上访”事件。当基层纠纷演变到这一阶段时，纠纷双方之间已主要不是利益纷争，而主要是“为气而争”①。由此看来，在乡村社会场域中，当普通的民事纠纷发生异化时，纷争就不再仅仅是个体之间的对抗与冲突，而会渐渐演变成一个“气场”。当“气场”内的压力和张力达到一定阈限时，个体间的纠纷就会构成影响均衡秩序的群体性纠纷或群体性事件。如在上访事件中，上访者通常不会单独上访，而是会组织起更多的人参与以造成更大的气势。

民间纠纷的发生在乡村社会生活中是常有的事，家庭内部、邻里之间、干群之间在日常生活的交往互动中，产生这样或那样的摩擦和冲突在所难免，正如社会冲突论的命题所概括的那样：冲突是一种社会化的形式。亦即冲突是社会生活的基本构成形式之一，任何社会都存在着纠纷和冲突。

如果说乡村社会中民间纠纷的发生属于一种常态或社会化的形式，那么对于乡村民间纠纷是否就可以放任呢？解决乡村民间纠纷究竟是私人领域的事务还是公共领域的事务呢？如果说乡村民间纠纷的化解问题也属于乡村社会治理范畴内的事务，那么，在现代法治建设的大背景下，乡村社会需要建构什么样的机制才能更加有效地化解基层民间矛盾纠纷呢？

民间纠纷首先表现为个体间的关系失衡状态，属于私人领域的事务。然而，个体间的纠纷并非一成不变，而是可能产生异化问题，亦即异化为非个体性矛盾和冲突，由此影响到社区内部关系乃至秩序的均衡。正是由于乡村民间纠纷的化解情况不仅影响着人们的正常生活，而且关涉到基层社会的秩序和谐问题，因而有效地化解基层矛盾纠纷是乡村社会治理的重要内容之一。

虽然乡村民间纠纷的异化并非普遍的问题，但是有效地治理和防范民间纠纷异化之于和谐社会建设而言仍具有积极意义。虽然和谐的社会也会发生民间纠纷，但如果过多的民间纠纷发生异化，正常生活被纠纷缠绕，个人和社会就会失去和谐。在乡村社会现代转型的大背景下，要有效地治理民间纠

---

① 应星．“气”与中国乡村集体行动的再生产．开放时代，2007（6）.

纷异化问题，实现两种转向或许有重要的推进作用：一是从纠纷管理转向纠纷治理，二是从多元纠纷解决机制转向共建共治机制。

纠纷管理是一种个体主义的民间纠纷解决观念，主要指纠纷当事者在纠纷过程中选择解决纠纷的行动策略。例如，梅丽将美国底层民众选择诉讼方式来解决邻里纠纷的现象视为个体管理民间纠纷的一种策略，因为在城市邻里关系中，人们并不希望与邻居直接进行交锋，而是希望借助公共的力量去解决与邻居的纠纷问题①。在任何一个社会中，个体的纠纷管理实际上都并非纯粹个体性的行动策略，而可能是在相应的制度环境下的一种选择倾向。美国基层民众倾向于运用法律方式来管理民间纠纷，不是因为他们"好讼"，而是因为国家力量的扩张和法律系统的鼓励——国家和法律鼓励人们将家庭、邻里和社区里的一些鸡毛蒜皮的小事带到法院去解决。而在日本，人们在民间纠纷管理方面则趋于"避讼"特征，诉讼率和判决率都显得较低。个体在管理民间纠纷的策略上有注重调解的倾向，这与日本社会的民间纠纷管理的宏观政策有一定关系。日本在民间纠纷管理上所推进的政策并非法律动员和鼓励政策，而是"法律缩减"政策，亦即针对一些民商事纠纷案件，政策不是鼓励人们运用诉讼和判决的形式来解决，而是推行一些强制和解的策略。

由此看来，纠纷管理实际上涉及个体层面的纠纷管理与社会层面对纠纷的管理之间的关系，这两者既相互关联，又相互影响。一方面，个体所选择的纠纷管理策略，既影响着纠纷过程，也会产生一定的社会秩序效应。如果纠纷当事者通过自我管理，立即平息和化解纠纷，或者让纠纷止于双方之间，那么纠纷过程就不致向外蔓延，社会也就无须采取更多的管理措施。相反，如果个体间纠纷不断演化乃至异化，影响范围不断扩展，社会或公共的力量就必须介入纠纷加以管理，以使纠纷得以化解。另一方面，社会或公共部门所提供的纠纷化解途径，以及对纠纷的管理，也在较大程度上影响着纠纷当事者对纠纷管理策略的选择。②

无论是个体层面的纠纷管理还是社会层面的纠纷管理，其实质都在强调对民间纠纷的管控和解决纠纷的行动策略，这些对于基层矛盾纠纷的化解及

---

① MERRY S E. Going to court: strategies of dispute management in an American urban neighborhood//ABEL R L. The law and society reader. New York: New York University Press, 1995.

② 陆益龙．纠纷管理、多元化解机制与秩序构建．人文杂志，2011（6）.

秩序维持来说可能存在一定局限，因为纠纷管理在较大程度上依赖于个体的行动选择。从纠纷管理向纠纷治理的转变，其意义就在于突破纠纷管理强调个体选择的局限，将乡村民间纠纷的化解纳入基层社会治理的范畴。也就是说，对待乡村民间纠纷，不是将其简单地视为纠纷当事者私人领域的事务，而是将其当作基层社会治理的任务之一。

治理乡村民间纠纷特别是民间纠纷的异化问题，主要是依靠纠纷当事者、社区、社会组织、基层组织、法律以及公共力量按照一定的机制参与到化解民间纠纷、防范民间纠纷异化的协同工作之中。也就是说，当基层民众面临纠纷和冲突时，社会中要有一种机制来主动地调和矛盾、促进问题的缓解，而不是任纠纷和冲突自动演化和升级。这样，乡村民间纠纷会在基层社会治理领域得以治理，其异化的可能性受到抑制，秩序风险也因此得以消解。当然，乡村民间纠纷的治理机制并非自然存在的，而是需要建设和建立的，这也就涉及第二个转向问题：从多元纠纷解决机制转向共建共治机制。

所谓共建共治机制，是关于社会治理创新的一种理念。在乡村民间纠纷治理中设立共建共治机制，主要指多方力量共同参与，共同建设起一种能够有效地化解基层矛盾纠纷的治理机制。这一机制不仅能为多方面力量共同治理基层矛盾纠纷问题即"共治"提供一个有效通道，而且能为多元化解机制的协调提供一个衔接点。

在乡村民间纠纷解决机制问题上，多元化纠纷解决机制论较为流行。这一理论强调多元化纠纷解决机制是社会生成与国家理性建构相结合的产物[①]，倡导通过多元主体、多种资源的参与和支持，为纠纷解决提供法律方式之外的更多替代性纠纷解决方法。如果民间纠纷过于依赖法律方式来解决，不仅会造成法律资源的紧张，出现"诉讼膨胀"问题，而且不利于民间纠纷解决效果的改善。然而，中国的多元化纠纷解决机制虽经历了长期发展，在实际中也发挥了一定积极作用，但在机制建设上仍有一些不足，主要表现为司法权威和公信力有限、公法纠纷解决机制不健全、多种纠纷解决机制之间不协调以及纠纷解决机制的功能异化。[②] 如在矛盾纠纷解决实践中出现的"花钱

---

① 范愉．纠纷解决的理论与实践．北京：清华大学出版社，2007：234.

② 黄文艺．中国的多元化纠纷解决机制：成就与不足．学习与探索，2012（11）.

买稳定”、花钱阻断上访等现象，反映出纠纷调解和解决方式的异化。所以，在有效治理乡村纠纷异化方面，依赖多元化纠纷解决机制仍显不足，因为虽然多元的纠纷解决方式为人们提供了多种替代选择的可能，但多种纠纷解决方式之间是否协调仍将影响纠纷化解效果。推进乡村民间纠纷化解的共建共治机制建设则可为乡村纠纷治理的创新提供一个新的方向。

共建共治机制的创新之处，可能体现在这一机制的结构和功能两个方面。在结构上，共建共治机制包含了多种主体、多方面利益相关者、多种力量、多种资源以及多种方式方法，而且多元的纠纷治理主体和化解方法通过共建得以有机整合在一起，构成一种合力机制。在功能上，共建共治机制在乡村社会纠纷治理中将会具有这样一些显著功能：一是民间纠纷的管控功能。共建共治机制汇聚的多方面力量通过多种渠道、运用多种手段共同对矛盾纠纷进行治理，由此形成更为强大的矛盾纠纷管控力度，从而可对基层矛盾纠纷加以有效管理和控制，防止演化升级。二是利益关系的协调功能。矛盾纠纷的一个重要原因是利益纠葛与冲突，协调利益关系对于化解矛盾纠纷非常重要。在共建共治机制中，多方参与共建和共治，有利于利益关系的协调。三是民间纠纷的平息功能。乡村社会的民间纠纷既可能是纷争关系，也可能是一种矛盾和冲突事件，纠纷的真正化解，在于矛盾与冲突事件的完全平息。共建共治机制可通过多种纠纷解决方法和措施、多种力量共同参与矛盾纠纷的治理，对平息纠纷事端和事件发挥更为有效的功能。

从纠纷管理转向纠纷治理，从多元化纠纷解决机制转向共建共治机制，这是基于中国乡村社会转型以及秩序维持的现实需要而做出的转变。有效地治理乡村社会纠纷，防范民间纠纷的异化，法治、礼治和自治都不可缺位，并且法治、礼治和自治还需要实现共治的效果。

五、小结

虽然乡村社会的民间纠纷多是生活性的亦即在日常生活中发生的矛盾纠纷，但是从乡村社会经验调查中，却能感受到乡村纠纷在人口外流背景下趋于减少，而纠纷解决的难度和成本在增长，打官司、上访的案件明显增多。乡村社会民间纠纷及其解决过程中出现的“好讼”“缠诉”和“上访”现象，所反映的并非乡村居民的“依法抗争”[①]，亦非“迎法下乡”[②]。从本质上看，这些现象属于在“送法下乡”的大背景下，礼治和法治机制双失灵导致的乡村民间纠纷的异化。

发生在G省的这起诉至省高院的普通邻里纠纷个案，经历了镇法庭的一审判决、市中院的二审和再审判决、省人民检察院的抗诉和省高院的终审判决。这样历时5年多的复杂的司法程序，相对于解决一件平常的乡村民间纠纷来说，明显呈现出效率和效力的低下。那么，当法律系统为解决乡村民间纠纷而用尽所有程序之后，是否帮助乡村社会确立起了法律原则呢？从个案经验来看，这个目标亦未实现，因为个案中双方当事者似乎都表达了这样的评价：他们不仅感受到法律原则的不确定，对司法公信力也感到不理解。这一情形与刘思达等人的概括较为相似：“对于那些求助于法律来解决纠纷的农民来说，法律服务系统犹如一个‘迷宫’，民间纠纷被镶嵌在这一系统且被扭曲，因而往往得不到满意的解决。”[③] 由此看来，“送法下乡”仍未让现代法律在乡村社会“生根”，人们选择诉讼方式且愿意不停诉讼，主要出于“依法纷争”，而并不一定出于认同司法权威，所以乡村民间纠纷解决中的法治机制常会陷入失灵的困境。

乡村民间纠纷解决中的“好讼”现象并非指人们对司法诉讼方式的偏好或喜好，而只是代表着诉讼增多的趋势。尽管诉讼方式之于化解乡村民间纠纷的有效性常处于较低状态，然而越来越多的乡村民间纠纷还是涌入司法渠道，出现这种异化现象的根源在于乡村社会礼治机制的失灵。在一些乡村调查中，村民们常反映说现在村里发生矛盾纠纷时，很少有人愿意过问，没办法，人们只好到法院寻求解决。由此可见，乡村社会包括自治在内的礼治机制的缺位和失灵，驱使着人们利用法律来解决纠纷。而法律又在化解乡村民间纠纷上有其局限性，使得民间纠纷在司法场域中得以持续演化，并可能异化为一种“斗气”现象。

乡村民间纠纷异化是在维持乡村秩序的礼治和法治机制双双失灵的情况

---

① O'BRIEN K，LI L J. Rightful resistance：contentious politics in rural China. Cambridge：Cambridge University Press，2006：12.

② 董磊明，等．结构混乱与迎法下乡：河南宋村法律实践的解读．中国社会科学，2008 (5).

③ 刘思达，吴洪淇．法律边疆地区的纠纷解决与职业系统．社会学研究，2010 (1).

下发生的，因而异化并非普遍的现象亦非发展趋势。民间纠纷的异化反映了乡村社会法律性的二重性：一方面，法律与乡村社会的距离越来越近，法律就在村民身边；另一方面，法律与乡村社会的关系越来越紧张，村民懂得了“依法纷争”。所以，在乡村社会法治建设进程中，无论是法律的制订者，还是法律的施行者，都需要对乡村社会现实条件加以尊重和理解，“法律制定者如果对那些促进非正式合作的社会条件缺乏眼力，就可能造就一个法律更多但秩序更少的世界”①。

虽然乡村民间纠纷主要是个体间的纷争之事，但民间纠纷的异化则潜藏着一定的社会风险②。有效化解民间纠纷、防范民间纠纷的异化，不仅涉及个体的纠纷管理，而且关系到民间纠纷的社会治理。有效治理乡村民间纠纷的异化问题，仅靠法治或仅靠礼治显然都不现实。多元化纠纷解决机制虽为化解基层纠纷提供了多种选择机会和多种可能，但在具体实践中也显露出多种纠纷解决方式和多种力量之间的协调问题。共建共治机制则可在一定程度上缓解不同纠纷解决方式之间的协调问题，通过社会多方力量的共同参与、共同治理来弥补某一机制的缺位和失灵，从而可规避民间纠纷的异化和秩序风险问题。构建共建共治机制属乡村社会治理创新的方向，具体推进措施仍需要结合乡村社会实际条件不断探索和积累。

---

① 埃里克森．无需法律的秩序：邻人如何解决纠纷．北京：中国政法大学出版社，2003：354.

② 陆益龙．基层纠纷的社会风险及其动态监测．贵州省委党校学报，2017（6）.

第八章 基层调解与法礼融合的纠纷化解机制

纠纷是社会关系的基本形式之一，是有序社会生活的组成部分，但纠纷化解的效果又会影响社会秩序。在乡村基层社会生活中，人们处理和解决纠纷问题的方式受场域环境的影响，形成多种多样的纠纷解决机制，亦即多元纠纷解决机制，而不是只有纠纷的法律解决方式。在多元纠纷解决机制中，调解是一种常见的基层纠纷解决方式，甚至已形成基层调解制度。那么基层调解在乡村纠纷化解实践中究竟起到怎样的作用呢？其化解纠纷的机制又是什么呢？本章将通过对一起乡村交通事故及其处理方式的个案分析，探析基层调解之于纠纷化解的作用及机理，探讨并思考基层纠纷化解机制中的法律社会性或法律性问题。

一、调解、纠纷解决及法律社会性问题

关于纠纷解决机制的研究，有两个方面的问题常常受到关注和讨论：一个是某种纠纷解决或处理方式的效果问题，另一个则是从纠纷解决机制中所折射出的法律社会性问题，也就是在纠纷过程以及纠纷化解中，体现出了法律在社会生活与秩序建构方面具有什么样的特性。

对纠纷解决方式及其效果的研究，是法社会学的主要研究领域之一。由于社会生活中总会发生纠纷，人们面对纠纷时会选择不同的方式来应对和解决，不同方式的纠纷处理也会出现不一样的效果，因而法社会学对纠纷的研究也会侧重于把纠纷解决方式作为一个重要的切入点，甚至根据解决或处理方式的不同来区分纠纷的类型。如纠纷金字塔理论就依据在纠纷解决中的主要参与者将纠纷解决方式分为不同层次：双方协商解决、双方主张、第三方

仲裁、司法诉讼判决等。大多数纠纷主要是在基层得以解决的，只有很小一部分纠纷会进入司法诉讼程序并最终以判决方式解决，这部分纠纷也就构成了纠纷金字塔的塔顶部分。[①] 由此看来，纠纷金字塔理论也很重视基层纠纷解决的效果，认为纠纷的基层化解情况与纠纷的司法解决有直接关系，塔顶的纠纷越少，反映基层纠纷解决的效果越好。

有一项对中国乡村基层纠纷及其解决情况的问卷调查（2002 年），调查结果如图 8－1 所示，有接近三分之一的农民选择“忍了算了”的方式来应对所遇到的冤屈，而并没有诉诸其他方式。有近一半的农民则选择“双方协商私了”的方式来处理纠纷，这也反映了乡村基层群众处理纠纷的突出特点。找村干部、找警察和司法部门来处理纠纷的情况比较少，占 10％左右。从调查结果看，乡村基层纠纷解决方式的结构呈现出“宝塔形”特征。纠纷进入宝塔上层主要不是因为在基层没有得到较好解决，而是因为纠纷当事者在行政或司法系统里有一定的关系资源，因而他们希望利用这些关系来处理遇到的纠纷。

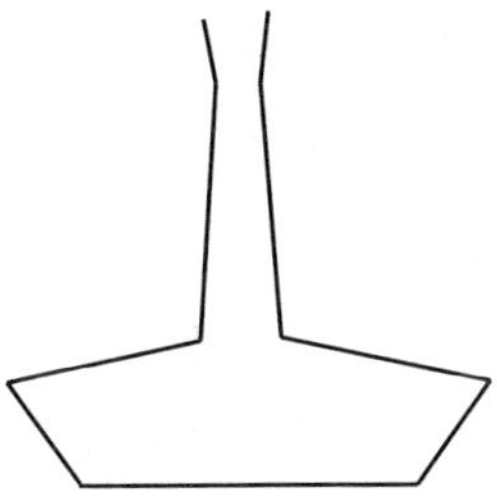

图 8－1 乡村纠纷解决方式的结构

资料来源：MICHELSON E. Climbing the dispute pagoda. American sociological review，2007，72.

关于替代性纠纷解决方式，法学界曾有一些争论。一种观点认为，像基层调解的纠纷解决方式，由于没有规范的程序，调解过程和内容也不具有正式性，因而在程序正义方面存在问题。而另一种观点则主张替代性纠纷解决方式不仅可以缓解法院在解决民间纠纷或基层纠纷上面临的压力，更加合理

① FELSTINER W L F，ABEL R L，SARST A. The emergence and transformation of disputes：naming，blaming，claiming… . Law and society review，1980－1981，15.

有效地利用司法资源，而且有利于建立起“多元纠纷解决机制”，更好地解决基层纠纷。[①]

在纠纷解决过程中，一般需要面对两个问题：一是公平正义问题，即纠纷双方的诉求是否获得公平满足；二是纠纷化解问题，即纠纷事件是否得到妥善的平息和了结。这两个问题亦可被概括为程序正义与实质正义问题。纠纷解决程序的正义对于保障纠纷得以公平地处理来说会起到重要的作用。但是，“程序正义强调过程的公正却容易产生‘案结事不了’的结果”。虽然纠纷解决要达到实体正义，但实体正义又受到纠纷事实、裁判依据和衡量标准模糊等因素的影响，有较大的不确定性。如果引入互利正义作为新的补充，就可以通过自愿、平等和共同协商的方式使纠纷得以正义地解决。[②] 就基层调解来说，在程序正义和实质正义两个方面，可能都难以达到法理上的理想化状态，即纠纷解决程序并非正式的法律程序，而纠纷解决结果也未达到法律规定的要求，但是随着纠纷事件的了结，当事双方实际上都从中获利，因而在这个意义上确实达到了互利正义。

研究基层调解与纠纷解决问题，所关注的不仅是调解和纠纷本身，而且包括这一问题所折射出的法律社会性。由于纠纷的处理和解决，都在一定程度上与法律相联系，无论人们是否选择法律方式来解决纠纷，都会反映出法律之于纠纷解决和秩序形成的不同意义。与此同时，也会具体表现出法律在纠纷过程中以及在基层民众心目中的形态和特点。法律社会性的具体图式往往会在日常生活和平常的纠纷过程中得以呈现出来，因而通过对普通民众在日常生活中与法律相关的事件的考察，也可以从中勾勒出一个社会的法律社会性图式。[③] 在中国乡村社会，基层调解在纠纷处理和解决中所发挥的作用，也会体现出乡村居民的法律意识或法律社会性的特征。有研究认为，在调解处理乡村纠纷的过程中，调解人会运用多种调解技巧和策略，目的在于维持乡村人际关系延续，并考虑道德背景和权威性。这种纠纷调解策略通常符合农村社会人们所普遍认可的公平，因为社会关系的维系、公平的关系性以及

---

① 范愉．多元化纠纷解决机制．厦门：厦门大学出版社，2005.

② 张佳鑫．纠纷解决中的互利正义：一种实体正义与程序正义之外的正义观念．甘肃社会科学，2010（5）.

③ 尤伊克，西尔贝．日常生活与法律．陆益龙，译．北京：商务印书馆，2015：63.

综合性等是农民公平观的重要特征。[①]

关于纠纷解决中的法律方式运用问题，格拉赫则从法律动员论的角度解释了中国社会纠纷解决的法律运用，认为民众是否选择法律途径解决纠纷，常常受接近法制系统的限制、法制系统解决问题的能力以及法制系统解决问题的效率和效果等因素的影响[②]。有较多的民间纠纷并未进入司法或正式法律系统，不表明民众不愿选择法律方式，而可能因为他们难以接近或难以获得法律资源，或因为他们对法律方式解决纠纷的能力和效率及效果不太信任。

在乡村推进法治建设的过程中，国家不断地"送法下乡"，倡导和鼓励在乡村依法处理和解决纠纷问题。从基层法院的司法实践来看，基层法院更加注重解决好纠纷，而不太注重"落实和形成规则"。乡村纠纷的司法处理和解决，完全是实用主义导向的，行动逻辑是当下的或个案的、结果的或治理的，而不是未来的或规则的、原则的或法治的。[③] 而有些研究则认为基层司法出现了新的模式，这种新的司法模式正从单纯的解决纠纷走向为基层社会提供规范，重构基层社会规则体系，强化基层社会制度的正统性基础。基层纠纷解决既解决具体的纠纷，也注重基层社会正式规则与非正式规则的相互尊重与合作，寻求基于多元规则相生共存之上的规则共治。[④] 在某种意义上，对乡村纠纷解决中法律运用情况的法学取向的研究，更加关注法律规则的供给和社会影响，而不仅仅是纠纷的处理以及纠纷解决效果。也就是说，对于乡村纠纷解决机制，法学界可能更重视程序正义问题，而社会学界则关注纠纷处理的社会效应问题。

纠纷与秩序是对立统一的一对范畴，研究纠纷解决机制，从另一方面也反映出秩序的形成机制。对秩序的追求，可以说是社会治理的基本目标之一，因为有序的状态是正常生活和社会常态化运行的一个重要前提和载体。尽管日常生活中总有纠纷发生，但日常生活中的大多数纠纷只是一种暂时性、特殊的状态，而不是长久持续的稳定状态。这就意味着纠纷需要得到解决，也

① 王汉生，王迪．农村民间纠纷调解中的公平建构与公平逻辑．社会，2012（2）．

② GALLAGHER M. Mobilizing law in China："informed disenchantment" and the development of legal consciousness. Law and society review，2006，40.

③ 苏力．送法下乡：中国基层司法制度研究．北京：中国政法大学出版社，2000：195.

④ 张华．社会变迁与司法模式的转变：转型中国基层社会的纠纷处理．学海，2010（2）.

就是使秩序达到均衡、稳定的状态。关于乡村社会纠纷解决与秩序的形成机制，费孝通曾提出，在乡土中国，基层社会是“无讼”“无法”的社会，社会秩序的形成机制则主要依靠“礼治”，乡土秩序是一种“礼治秩序”[①]。也就是说，虽然乡土社会也会有各种各样的纠纷，但解决这些纠纷既不需要依靠国家力量推动的法律，也不需要通过司法诉讼。乡村秩序的维持任务主要由强调“教化”力量的礼治机制来承担。

然而，当前中国乡村社会已经并正在经历巨大的社会转型，乡土社会已迈入后乡土社会。在后乡土中国，秩序的形成已不可能处于“无法”的状态，国家法律已经在乡村社会生活的方方面面都产生了影响。与此同时，乡村社会的乡土性传统依然在一定程度上维续并发挥一定功能，因而，当前乡村社会秩序是一种“法礼秩序”。[②] 这一秩序的形成机制是国家法律和乡村礼俗两种力量的共同作用和混合作用，在纠纷解决方面，自然也就离不开这两种力量的影响。也有研究认为，中国乡村正在发生空前的巨变，乡村出现了“结构混乱”，共同体趋于解体，难以内生权威与秩序，村民有“迎法下乡”的倾向，以保证基本的公正和秩序[③]。

综合相关研究及理论观点，可以看到对基层调解与乡村社会纠纷解决以及法律社会性来说，值得关注和研究的问题是：基层调解是否以及如何改变乡村纠纷的解决效果？乡村纠纷中的调解实践究竟反映出什么样的法律社会性？

二、一起乡村交通事故及纠纷处理的个案

在河北省定州市开展农村社会调查的过程中，我们从一个村的村委会发现了一个由一起交通事故引起的乡村纠纷及基层调解的案例。这个案例虽是一个个案，且有一定的特殊性，但对纠纷研究来说，仍具有个案分析的价值。因为，社会生活中的纠纷，与常态或一般关系相比，总会具有一定的特殊性

① 费孝通．乡土中国 生育制度．北京：北京大学出版社，1998：48，54.

② 陆益龙．后乡土中国的法礼秩序与治理方向．中国社会科学内部文稿，2017（5）.

③ 董磊明．宋村的调解：巨变时代的权威与秩序．北京：法律出版社，2008.

和偶然性。

这起交通事故发生在定州市Z村，村民A在驾驶自家三轮农用车行驶到田间作业的过程中，不慎撞倒放学回家的本村村民B家的8岁男孩，后来由于伤势过重，男孩死亡。在事故发生后，市交警队对事故现场和事故责任做了勘察和初步认定。按照交通法规，交警队认定农用车驾驶人村民A负全部责任。但是，交警队并未就这起交通事故做出进一步的具体处理意见，而是要求当事双方到村委会进行协商调解，在签订村调解协议书之后，交警队再做最终的处理决定。

在这起事件中，一些基本的事实是比较清楚的，责任认定也较为容易做出。村民A既没有正式的机动车驾驶执照，所驾驶的农用车也没有上正式牌照，更没有购买机动车交通事故责任强制保险。因而，从法律角度看，村民A驾驶农用车的行为属于不合乎法律规定的行为，即可被认定为过错行为。但从乡村社会实际来看，较多村民在农业生产和生活中会使用三轮农用车，而且很少有人会为此去专门考驾驶执照、给车上牌照和购买法定保险，像村民A那样的用车现象在当地农村已基本习以为常。

村民A是普通农民，家庭收入状况并不好。对村民A的赔偿能力，村干部和其他村民都是比较熟悉的。正是因为村民A家的赔偿能力非常有限既是一个基本现实，也是一个特殊情况，所以，尽管他承认并承担事故的全部责任，但是如果完全按照法律法规来做出赔偿处理的决定，那么很难让当事双方化解纠纷。所以，交警队将结案重任转给村委会，由村委会来做基层调解。

在接到调解任务后，村干部首先分别调查了解当事双方家庭的想法和诉求，并做当事双方家庭的工作，给当事双方家庭讲政策、讲法律，要求双方都要为对方考虑，要尽量地做出让步和妥协。然后，村干部又召集当事双方家庭到村委会协商调解，双方就具体赔偿问题进行了协商讨论，村干部在其中进行了协调。最后，双方达成村民A家赔偿村民B家一次性赔偿款10万元左右的调解协议。

据村干部回忆，调解此案确实面临一些困难：一方面，事件相对比较严重，因为毕竟造成1人死亡，因而调解起来就比较棘手。另一方面，肇事人村民A的家庭经济条件很特殊，没有理想的收入来源，赔偿的限制性很大。如果调解要求赔偿的额度过大，村民A家没有能力兑现，也就不能解决问题。如果赔偿的额度过低，村民B家就可能在精神、心理上难以平衡。经过村干部的调解，当事双方都在村委会调解协议书上签了字，双方拿着村调解协议书，在市交警处办理了正式的事故处理决定。最后，这起交通事故及相关联的纠纷也就顺利得以了结，当事双方家庭后来也没有因此再起纠纷。

在这起基层调解案中，村民A和村民B经村委会调解而最后签的调解协议书是一种具有文本模板的正式协议书，村委会保留着协议书的存根。由此表明，调解纠纷已成为村委会的一项制度性的、常规性的工作，村委会调解成为乡村基层调解制度的基本形式之一。

根据Z村村干部的介绍和解释，如村民之间有难以处理的问题或纠纷，村委会一般都要求村民进行调解，并签署正式的调解协议。即便是涉及需要执法和司法部门做正式处理的纠纷，也都需要由村委会先达成基层调解协议。由此看来，Z村的这起基层调解个案既属一个特殊案例，也反映了调解已成为乡村纠纷解决的一个常态环节，村委会已成为基层纠纷的主要调解组织，调解纠纷也已是村委会这一自治组织的常规工作内容之一。如果村民需要第三方力量介入他们的纠纷处理，那么他们首先想到的也是找村委会来解决。Z村的个案和纠纷调解经验，与我们在其他一些农村的调查发现较为吻合，即村干部的调解在乡村纠纷解决机制中显得较突出。[①]

三、基层调解的纠纷化解功能及机理

从上述Z村的调解案例来看，我们可以获得这样一个基本社会事实：基层调解是由基层组织负责组织和协调的，调解是乡村纠纷解决过程的一环，并成为化解基层纠纷的有效途径。也就是说，由村干部担任纠纷调解角色的基层调解，有效地改善了乡村纠纷解决效果，对化解基层纠纷、维护和谐关系发挥了积极功能。针对这一社会事实，如何理解基层调解之于乡村纠纷与秩序的意义呢？对这一问题的理解，仍需要进一步分析基层调解在乡村纠纷解决过程中的具体功能以及作用的具体机理。

---

① 陆益龙．转型中国的纠纷与秩序：法社会学的经验研究．北京：中国人民大学出版社，2015.

一种纠纷解决方式能否有效地化解纠纷，一个核心因素在于这一纠纷解决方式能否满足正义的功能，因为对于任何一方的纠纷当事者来说，正义是他们选择解决方案的基本前提。人们无论选择何种纠纷解决方式，都会首先期望通过这一途径能够获得正义的纠纷处理。那么，在Z村的调解个案中，基层调解究竟实现了什么样的正义功能呢？是程序正义还是实质正义，抑或是两种正义兼具？又或是满足了其他特征的正义？

纠纷调解的程序正义问题是人们特别是法律中心主义者担心的问题，因为调解通常没有固定的、正式的程序制约，纠纷调解过程是非正式的，调解行为和结果的达成较少受正式规则的约束。在这种情况下，基层调解的程序正义也就常常受到质疑和担心。然而，调解的程序正义其实并不宜局限于程序法所规定的正式司法程序。在具体的调解实践中，只要调解过程的重要环节是正当的、合适的，特别是双方当事者是在完全自愿的情况下接受调解的，而且双方都不认为调解过程存在不当之处，调解也就实现了程序正义的功能。一些研究发现也反映，在基层法院实践中，程序正义呈现出“建构性”，即在司法程序的每一个节点，在不同案件的情境中，程序运作都有可能包含行动者的创新，行动者可能用变通的方式完成程序，并在接受结果的同时间接建构程序①。在Z村的这起调解个案中，市交警队将案件处理首先交由村级组织来进行基层调解，既与法律程序不相悖，也符合地方政策安排，同时还包含执法者在具体实践中对程序的创新。村委会组织基层调解，既是村民自治法规赋予的责任和权利，也是乡村基层调解制度的规定，而且调解签署了正式的调解协议书。由此看，村干部的调解角色和调解程序具有一定的正式性。对于事件的双方当事者来说，到村委会接受并参与调解，这一过程本身就反映了双方对调解程序正当性的认可。

无论是从调解主体角度还是从法律与制度规则的角度看，Z村调解个案的经验事实都反映出由村委会负责的基层调解在一定意义上满足了程序正义的功能，尽管这种程序正义并非由程序法所赋予，但这种程序正义相对于乡村纠纷的具体情境而言则具有正义性。

对于Z村的这起调解个案的调解结果，如果按照相关法律的一般原则来

---

① 朱涛．基层法院实践中的建构性程序正义．法学论坛，2012（6）．

看，那么村调解方案似乎没有让受害方村民 B 得到合理的赔偿。这样一种调解结果，是否存在未达到满足实质正义功能的问题呢？

所谓纠纷解决的实质或实体正义，也就是指纠纷处理结果的公平正义性，即处理结果是公平的、正当的。结果的正义性包含绝对的、客观的因素，而在现实中通常是相对的，一般相对于当事者和现实情境而言。在 Z 村的这起个案中，调解方案中村民 A 家给村民 B 家的赔偿额度显得较低，但这个方案是双方和调解人根据实际情况而提出的。基于农村的社会经济情境，以及村民 A 的家庭经济能力，如果赔偿额度再高，在实际中会难以执行，那么又可能引发两家之间的次生纠纷。而一次性赔偿和了结事件，只要双方自愿接受，那么这一结果实质上对双方来说也就是公平、合理的。对肇事方村民 A 来说，用力所能及的赔偿来了结事件，是其期望的结果。而对受害方村民 B 来说，虽要承受丧子之痛，但毕竟事故已发生，肇事方又是本村熟人，其经济状况大家都比较了解；村民 B 家得到的赔偿数额虽不是最理想的，但相对于现实情境也是能够接受的。对于调解人村干部而言，调解的理想结果就是“大事化小，小事化了”，了结一桩大事，意味着他们完成了一件重大任务。

因此可以认为，Z 村的调解个案也实现了实质正义的功能。在这一基层调解过程中，调解的参与各方在一种相互熟悉、密切互动的社会文化情境中，建构了一种相对实质正义，亦即相对于现实情境的实质正义。综合起来看，Z 村调解个案中的基层调解，满足了调解的程序正义和实质正义功能，只是这两种正义具有情境相对性的特征而已。

权威与信任之于纠纷化解来说也是一个重要的功能条件，因为纠纷的化解，意味着纠纷当事者不再有冤屈感和争执的诉求。那么，一种纠纷解决方式能否有效地化解纠纷，在较大程度上取决于纠纷裁决决定或处理结果的权威性，以及纠纷当事者对纠纷处理权威的信任情况。也就是说，纠纷的化解要看纠纷当事双方在多大程度上相信并服从纠纷处理结果。同样，对于基层调解来说，要达到化解基层纠纷的目的，也需要满足权威与信任的功能需要。

在 Z 村的调解个案中，调解过程主要运用了乡村基层自治组织的权威，亦即村干部的权威。这起调解案得以成功调解，反映了村干部的权威在纠纷化解中的优势作用，也在一定意义上反映了村民特别乡村纠纷当事者对村干部权威的信任。这与一些调查结果基本吻合，目前在乡村政治进入村干部政治的现实背景下，有58%的农民尊重村干部的权威。[①] 村干部在乡村基层获得权威，与国家现代化建设是分不开的，伴随着这一建设过程，出现了"基层权威的官僚化"[②]。村干部虽不属于行政体系编制内的正式官僚，但实际扮演着基层官僚的角色，同时发挥着基层管理者的功能。所以，村干部担任调解人在乡村社会具有较高的权威基础。

在某种意义上，村委会和村干部代表着乡村基层的公共权力，在乡村具有一定的公信力。因而在基层纠纷解决中，村干部的介入也意味着第三方权威或权力在纠纷过程中得以运用，并发挥着协调和控制的功能。如有研究发现，基层政府能有效化解基层矛盾纠纷，关键原因在于他们常常在纠纷解决中建构并灵活运用一些非正式权力，这些非正式权力主要有：非正式使用的正式权力、文化知识优势权力、关系网络权力和庇护道义权力等。[③] 也有类似的观点认为，在民间纠纷调解中，公共参与机制显得非常重要。发挥政府和社会力量的积极作用，促进政府与社会达成良好互动，可以起到有效化解纠纷、促进地方善治的效果。[④] 相反，在一些公共权力缺失的农村地区，往往会出现诸如农地纠纷频发的现象[⑤]。因为公共权力或权威之于乡村社会秩序形成和维护社会稳定，会起到必要的支撑作用。

村委会及村干部在乡村纠纷解决中的权威的获得，也与乡村社会的纠纷管理实践有密切关系。尽管纠纷当事者可以自主地选择纠纷解决方式，但在乡村社会治理实践中，基层组织和村干部都要参与到纠纷管理之中，这似乎既有制度背景，也是一种实践惯例。[⑥] 对于村民来说，在遇到问题或纠纷时，也习惯于找村干部处理。在Z村的这起调解案例中，市交警队要求交通事故的涉事双方首先要接受村级基层调解，也反映了基层权威在化解乡村矛盾纠纷中的有效功能。为了使事故和纠纷的处理效果更佳，预防和避免次生纠纷

---

① 陆益龙．后乡土中国的权力结构与村官政治．江苏行政学院学报，2016（2）．

② 张静．基层政权：乡村制度诸问题．上海：世纪出版集团，上海人民出版社，2007：20．

③ 任敏，杨璟．基层政府的多重非正式权力建构：基于湘西A乡三个纠纷调解个案的分析．青年研究，2012（4）．

④ 王敬尧，杨国良．民间纠纷调解中的公共参与：对湖北省H镇的实证分析．江汉论坛，2010（6）．

⑤ 刘刚，王芳．乡村纠纷调解中的公共权力与权威：对一起农地纠纷的调查分析．中国农村观察，2008（6）．

⑥ 陆益龙．纠纷管理、多元化解机制与秩序构建．人文杂志，2011（6）．

发生，正式执法的权力部门也充分利用了村干部权威的优势，以更好地发挥基层调解的协调、缓和以及化解作用。

此外，在乡村纠纷的基层调解中，村干部权威的运用也会有利于纠纷当事者对调解过程的信任。村民在纠纷调解中对村干部的信任并非指一般的信任关系，而是一种对纠纷管理权威和调解程序的信任。这种信任主要是基于村民与村干部的熟悉关系以及解决纠纷的需要而产生的，村民之所以愿意接受村干部在纠纷处理中进行调解工作，是因为他们对村干部较为熟悉，在协商过程中更容易沟通，更便于各自表达自己真实的诉求。处于纠纷中的村民也会希望纠纷问题能够得到公平、有效的解决。由于村干部既是他们所熟悉的，也是与他们距离较近的公共权威，所以他们更倾向于运用这一权威来做调解，也愿意相信村干部组织的基层调解的公平性和有效性。

调解能否有效地化解纠纷，还要看调解人对调解策略的运用。在Z村的这起相对棘手的调解个案中，村干部能够成功地调解，让双方签订基层调解协议书，并调和两家的矛盾，预防纠纷的延续和升级，与村干部的基层调解策略的有效性分不开。

在现实中，通常会存在由普通纠纷演化为恶性事件或公共危机的现象，如有些医患关系不和或是医患纠纷，如果没有得到预防和多元结合的治理，就可能演变为严重的社会公共事件[①]。由此可见，纠纷解决方式和纠纷调解策略的运用，在化解纠纷以及降低纠纷的社会风险方面起到重要的作用。在Z村的这起交通事故调解个案中，由于关涉到人命的严重后果，如果事件在基层得不到很好的调处，就很容易引发村民A和村民B两家的冲突，甚至可能导致更大范围的群体性事件。通过村委会主持的基层调解，村干部对双方的家庭情况以及相关信息比较熟悉，因而可以采取有针对性的、实用取向的调解策略，使得村委会主导的调解方案更加接近双方各自的诉求，从而让调解更容易获得成功。

村干部在这起基层调解案中所运用的调解策略，可被概括为“妥协与共赢”策略。因为调解任务实际上是由执法机关市交警队委派的，这意味着村委会需要成功地完成基层调解任务，因而调解成功不仅是当事双方的“互

---

① 盛娅农．社会治理创新视角下我国医患纠纷处理的问题与对策．社会科学研究，2017（6）．

赢”，而且是包括村委会在内的“共赢”。为了达到“共赢”目的，村干部在调解过程中就要让各方做出妥协和让步。对于接受调解的村民两家来说，他们对村委会的调解目标心知肚明，为了不让村干部为难，或为了协助村干部完成调解任务，他们也就愿意做出一些妥协。

从实践经验来看，在乡村纠纷解决过程中，基层调解具有改善纠纷解决效果的功能，这一功能主要依托于基层调解的情境相对正义机制、基层权威与信任机制，以及村干部所运用的“妥协与共赢”调解策略。尽管基层调解有较明显的实用主义倾向，亦即更为注重在纠纷处理过程中化解矛盾、平息事件，但是，随着基层调解已成为乡村纠纷解决的必要环节，基层调解实践的正式性和规范性也在逐步提高，基层调解不仅促进了基层纠纷的化解，而且为乡村治理和秩序维持提供了一种自治机制。

四、法礼融合的乡村纠纷化解机制

在Z村交通事故基层调解个案中，我们会发现基层调解在化解乡村纠纷方面的优势功能，亦可了解到这一功能发挥作用的主要机理。那么，如何理解和解释基层调解能够具有良好的化解基层纠纷的功能呢？或者说，基层调解为什么能够更加有效地化解乡村纠纷呢？这一问题实质上涉及乡村纠纷的化解机制问题。

从性质上看，Z村个案中的基层调解机制可以被看作一种法礼融合的纠纷化解机制。所谓法礼融合的纠纷化解机制，就是将法治原则和力量与乡村礼俗原则和力量有机地融合起来，形成一种合力，使得化解纠纷的力量更大、效果更佳。

那么，为何法礼融合的纠纷化解机制对于乡村纠纷的化解显得更为重要呢？因为乡村社会秩序的形成具有自己的特殊性。当前乡村社会的秩序已经不再是费孝通曾概括的“礼治秩序”[①]，而是“在‘礼治秩序’中有‘法治秩序’的生长点，‘法治秩序’也可以从‘礼治秩序’中获取养分。在‘礼治’

① 费孝通．乡土中国 生育制度．北京：北京大学出版社，1998：48．

与‘法治’、传统与现代之间，可能存在着一些我们从来没有注意到的结合点”[①]。或许，Z村基层调解个案所反映出的经验就是法治与礼治的巧妙结合。作为交通执法机关的市交警队在处理乡村交通事故的过程中，并不是立即做出简单化的执法裁定，而是让基层组织村委会参与到事件和纠纷的调解之中，也就是在乡村纠纷或问题的解决过程中，既有法律的进入和主导，同时又充分尊重乡村社会的特殊性，充分发挥基层权威的作用，并将法律力量和乡村礼俗力量融合起来，形成一种能够更好地化解纠纷的合力。

一种纠纷解决机制的有效性及实际效果，在较大程度上取决于一个社会的秩序性质及形成基础。当前中国乡村社会秩序就其性质而言，既非“礼治秩序”，亦非“法治秩序”，而属于“法礼秩序”。[②] 法礼秩序反映了乡村秩序的形成，受到了国家法理规则和力量与乡村礼俗规则和力量的混合影响，即影响秩序的两种力量都存在，两种力量有各自的影响。因此，化解乡村纠纷，恢复正常秩序，理想的解决机制是能够充分发挥法律和礼俗两种力量。而要使法律和礼俗两种力量达到最大化，最好的方式就是将二者有机地融合在一起。在某种意义上，Z村的这起基层调解案就达到了法礼融合状态。

然而，无论是在“送法下乡”的经验中[③]，还是在“迎法下乡”的情况下[④]，都可看到乡村纠纷解决以及乡村法治建设并未获得良好效果。出现这种状况，可能主要不在于法律规则供给不充分，也主要不在于“结构混乱”问题，关键的问题是当法律和礼俗共存于乡村社会场域之中时，如果仅保持混合、并行甚至冲突的状态，那么不仅会削弱乡村秩序的维持力量，甚至还可能成为矛盾冲突与秩序混乱的根源。而“送法下乡”和“迎法下乡”的实践逻辑，其实都包含着“舍礼而求法”的倾向，在秩序问题上的这种取舍策略往往不能达到理想的秩序状态。昂格尔认为，为了秩序内的一个需要而牺牲另一个需要，并不能实现前后一致的秩序。在秩序维护中，通常需要运用调和的策略。“这种调和变得愈完善，社会中新出现的相互作用的法律就愈是

---

① 梁治平．从“礼治”到“法治”？．开放时代，1999（1）．

② 陆益龙．后乡土中国的法礼秩序与治理方向．中国社会科学内部文稿，2017（5）．

③ 苏力．送法下乡：中国基层司法制度研究．北京：中国政法大学出版社，2000．

④ 董磊明．宋村的调解：巨变时代的权威与秩序．北京：法律出版社，2008．

可以揭示人性和社会共存的需要。”① 所以，在乡村纠纷解决过程中，调和法律与礼俗的关系显得格外重要。虽然在乡村社会的法治建设过程中，法律的秩序功能越来越显著，但较多的实践经验也表明，如果在乡村纠纷解决中简单化地使用法律方式而忽视乡村礼俗及社会特殊性，那么法律的处理即便是合法的，也可能造成其他不良社会后果。因为合法不一定合乎乡村社会的情理，由此而可能产生负面社会效应，因而，在乡村秩序的维护中实现法礼的融合尤为重要。

基层调解的意义在于，它为乡村社会法礼融合提供了一个重要平台和一条重要途径。当然，并非所有的纠纷调解都达到了法礼融合的程度，但基层调解过程为法礼融合提供了更大的可能性。因为在调解过程中，法律在实际运行中能够更多地结合乡村社会实际，并与乡村礼俗有更多的互动协商机会。随着乡村基层调解的正式性、规则性的增强，其在化解乡村矛盾纠纷中的功能将越来越显著，也将更好地促进法礼融合。

在当前乡村社会中，基层纠纷总体上呈现多元化的形态，既存在结构性的矛盾问题，也存在生活性的纠纷。针对生活性的纠纷，在纠纷管理或治理策略方面，应更加注重“基层—调解—化解”的管理策略。② 也就是说，对于发生在乡村日常生活中的矛盾纠纷，需要注重基层调解，并尽量在基层化解。在加强基层调解的过程中，还需要注重法礼融合机制的建构。基层调解能否有效地化解基层矛盾纠纷，在较大程度上依赖于法礼融合的机制。因而，基层调解需要有机制的创新，而不只是着眼于具体问题的解决。Z村调解个案所反映出的经验不仅是村委会调解的重要性，更重要的是在乡村事件或问题的处理过程中法律与基层社会的交流、互动、协商与合作，正是通过这些渠道，法礼融合才得以实现。

化解纠纷是为了维护秩序，秩序的维护则构成了社会治理的基本内容。在这个意义上，基层调解也属乡村治理的范畴。乡村治理要实现“善治”，需要把自治、法治、礼治有机地融合起来。在推进乡村治理现代化的进程中，现代法治建设不断加强是一种趋势。然而，乡村法治建设可能仍面临着共识

① 昂格尔．现代社会中的法律．吴玉章，等译．南京：译林出版社，2001：253.

② 陆益龙．乡村社会变迁与转型性矛盾纠纷及其演化态势．社会科学研究，2013（4）.

理论所关心的不同类型权威和规则如何在乡村社会交往互动中达成共识的问题，昂格尔所描绘的那种纯粹法律秩序在中国乡村社会并没有形成的基础。因而，促进法礼融合将显得越来越重要，无论是基层调解还是多元纠纷解决机制，其本质意义都在于要将法理规则和权威与乡村社会的礼俗规则和权威加以融合，形成维护秩序的合力。

第九章　民间纠纷解决中的法律运用及其意外效应

民间纠纷是指公民个人之间或个人与非法人单位之间因权益争执或生产生活中的摩擦而发生的纠纷，如家庭纠纷、邻里纠纷、劳动纠纷等就是较为常见的民间纠纷。在社会运行过程中，尽管民间纠纷的发生会扰动正常生活秩序，但只要纠纷得到有效解决，民间纠纷就不会影响社会秩序的平稳运行。那么，究竟如何有效解决民间纠纷呢？在法治社会建设进程中，按照法律中心主义逻辑，法律可能就是解决民间纠纷的最有效方式。然而在民间纠纷解决的实践中，运用法律方式是否真的能达到最佳效果呢？本章通过对一起乡村邻里间诉讼案的解读，讨论民间纠纷解决中的法律运用及其意外效应问题，由此对民间纠纷解决机制问题进行再认识。

一、民间纠纷解决机制及相关理论

在乡村社会，邻里纠纷的发生相对较为普遍，邻里之间常因宅基地、土地以及通行权而起争执并引发纠纷。乡村社会中诸如邻里纠纷之类的民间纠纷会以何种机制来解决呢？按照费孝通关于乡土社会的“无讼”论，乡土社会秩序的性质是礼治秩序，礼治注重的是对传统规则的自觉服膺，打官司则是一种“可羞之事”，因为讼事反映了教化的不足。因而乡土社会是一种“无讼”的社会[①]，即纠纷的解决机制是非法律的机制。当然，乡土社会的“无讼”状况并不是绝对的，有些争执不下的民间纠纷也会通过打官司来解决。

---

① 费孝通．乡土中国 生育制度．北京：北京大学出版社，1998：53－58.

如黄宗智在整理了一些历史档案材料后发现，清代地方法庭实际上就已花费大量时间和精力在民事诉讼上，普通乡民也频繁求助于法庭[①]。由此看来，乡土社会的民间调解的纠纷解决机制并不是万能的，对于那些难以调和的民间纠纷，民众选择打官司也在情理之中。

那么，在推进乡村法治建设的进程中，现代法治规则是否已成为乡村居民自愿服膺的规则呢？从乡村法治建设经验来看，国家通过“送法下乡”，让基层法院系统积极参与到乡村社会的纠纷解决之中。[②] 基层法院在司法实践中，更加注重用法律方式去解决一个个具体问题，而并不注重如何让法治意识和原则深入人心。按照“送法下乡”的逻辑，法律原则和法律方式相对于乡村礼俗原则和民间调解方式，是一种更为先进、更为有效的民间纠纷解决机制。这样，“迎法下乡”似乎也就成了一种趋势，因为在工具性选择方面，人们总会趋于选择更先进、更有效的工具。然而，在“迎法下乡”现象背后，反映的却是乡村社会在快速转型过程中出现的“结构混乱”，即传统礼治的结构基础已经不在，乡村内部权威难以发挥秩序功能，在这种情况下，农民更希望国家法律力量的进入。[③]“迎法下乡”现象虽在乡村某些地方存在，但并不代表一种乡村社会转型的新常态，而可能是一种非常态。在乡村地方性权威出了问题，或是灰恶势力横行乡里的地方，乡村社会的权力结构与秩序处于一种异常状态，于是乡村百姓会迫切希望国家权力与法律来维护乡村社会的公正和秩序。

确实，随着现代法治建设的全面推进，国家的法律宣传和动员已经在影响和改变着民众的法治意识[④]。在民间纠纷解决过程中，人们选择法律途径作为纠纷解决机制也在一定程度上与国家的法律动员有一定关联。那么在法律动员的影响下，乡村民众的法律意识究竟是规范内化的意识，还是个体工具主义的意识呢？规范内化的法律意识就是将法律规范内化为自身的行动规范，亦即对法律原则与行动规范自动服从；个体工具主义的法律意识则是个

① 黄宗智．清代的法律、社会与文化：民法的表达与实践．上海：上海书店出版社，2007：10.

② 苏力．送法下乡：中国基层司法制度研究．北京：中国政法大学出版社，2000：195.

③ 董磊明．宋村的调解：巨变时代的权威与秩序．北京：法律出版社，2008.

④ GALLAGHER M. Mobilizing law in China：“informed disenchantment” and the development of legal consciousness. Law and society review，2006，40.

体在行动时根据法律能否给自身带来好处来做出选择，也就是把法律当作行动选择的一个工具性变量。[①] 一些关于纠纷及其解决机制的经验研究显示，当前中国民众的法律意识具有规范主义与工具主义并存的特征："越是具有法律权威意识的居民，选择法律途径来解决矛盾纠纷的可能性越小；越是把法律视为工具的人，选择法律途径解决纠纷的可能性会越大。"[②] 会有这样具有悖论特征的法律意识，或许与法治建设和法治动员的策略有一定联系。为动员更多的人使用法律，法制宣传常常鼓励公民"拿起法律的武器"来保护自身的权益。在这样的宣传中，法律无形中被社会建构为一种有效的维权"武器"或工具。然而，培养公民的法治意识显然不只是教会人们如何把法律当作有效工具来使用，而是要让公民具有法治的精神。

此外，针对当前中国诉讼率上升的现象，有一种"诉讼文化"论的观点认为，像王海现象以及一元钱官司受到媒体的推崇，还有"司法为民""诉讼便民"的诉讼便利化制度改革等，都反映出"励讼"文化正在改变着民众的诉讼观念和纠纷解决方式的行为选择[③]。随着诉讼文化的变迁，当代中国纠纷解决机制也已发生转型，转型体现在三个维度：一是路径选择从"抑讼"转向"励讼"，二是边界划定从"全息"性调解转变为"片段"式诉讼，三是关系区分从"差异化"转向"均等化"。尽管转型并非绝对的二元对立，但边界划定的转变可能会导致纠纷解决效果的下降，增加纠纷升级的风险。[④] 确实，当前基层民众在面对纠纷时，对待司法诉讼这一解决方式的观念和态度已有明显的改变，不过这种转变或许尚未达到文化的层面。尽管越来越多的民间纠纷会被诉诸司法程序，但这既不意味着法治文化已经深入人心，也不代表着民众对法律规则的主动遵从。"好讼"现象可能是法治建设推进过程中"励讼"策略所激励出的一种特殊现象，特别是在乡村社会，民众越来越偏好诉讼，主要原因还是法律动员政策。

按照纠纷金字塔理论的基本原理，民间纠纷的解决机制主要是基层解决，

---

① 昂格尔．现代社会中的法律．吴玉章，等译．南京：译林出版社，2001：253.

② 陆益龙．转型中国的纠纷与秩序：法社会学的经验研究．北京：中国人民大学出版社，2015：261.

③ 郭星华，郑日强．励讼：当代中国诉讼文化的变迁．广西民族大学学报，2015（4）.

④ 郭星华．当代中国纠纷解决机制的转型．中国人民大学学报，2016（5）.

也就是说绝大部分的民间纠纷是在基层得以解决的，进入司法程序解决的只是纠纷金字塔的塔顶这很小一部分——那些是在基层没有得到有效解决的纠纷[①]。由此看来，基层非诉讼解决其实是民间纠纷的基本解决机制，通过基层调解等多元化的纠纷解决方式来化解民间纠纷，实际上是社会秩序的构成常态。即便在现代法治社会，法律规定着人与人之间关系的基本准则，也并不意味着当正常关系失衡出现纠纷之后都必须运用司法力量来解决问题。就民间纠纷的解决机制而言，其核心意义在于如何更加有效地修复失衡的社会权益关系。

一些针对中国乡村社会的纠纷及其解决机制的实证调查显示，乡村民间纠纷解决机制呈现出宝塔形特征[②]，即乡村民间纠纷大多是以“忍了算了”“自行解决”“双方协商解决”和“找村干部调解解决”等基层纠纷解决方式解决的，很小部分的民间纠纷会诉诸上级行政系统和法律系统。纠纷构成乡村民间纠纷宝塔塔顶部分，亦即上升到更高级别行政部门和司法程序，一个重要影响因素就是纠纷当事者在行政系统和法律系统有“认识的人”。这一实证分析结果从一个侧面反映出，乡村民众选择通过法律途径来解决民间纠纷，主要的动因还是把法律视为一种工具，他们试图借用这一工具以尽可能获得对自己有利的结果。

在法律建构论看来，那些充分运用法律资源来解决民间纠纷的现象，代表了一种“利用法律”的法治意识或法律性图式。在美国社会，“利用法律”是民众对待法律的一种态度形式，人们把法律当作一种竞技（game），为了在竞赛中获胜，双方都可以充分利用规则、技巧和资源。[③] 中国乡村社会出现的法律工具化的意识，与美国社会的“利用法律”的意识图式其实有较大差异。美国人在“利用法律”时，会主动接受法律判决的结果，而中国乡村居民在运用法律时，常常只愿意接受对自己有利的结果。或许正是这样的法治意识，才造就了像《我不是潘金莲》中所描写的涉及法律诉讼的上访故

---

① FELSTINER W L F，ABEL R L，SARST A. The emergence and transformation of disputes：naming，blaming，claiming... . Law and society review，1980－1981，15.

② MICHELSON E. Climbing the dispute pagoda. American sociological review，2007，72.

③ 尤伊克，西尔贝．日常生活与法律．陆益龙，译．北京：商务印书馆，2015：631－654.

事[①]：一名普通的乡村妇女为了生二胎而利用法律判定假离婚，在其丈夫与别人结婚后又要求法律证明她之前的离婚是假的。而在法律无法满足这一诉求之后，她便走上了无休止的上访之路，并产生了把包括法庭庭长、院长、县长和市长“拖下马”的意外效应。虽然文学故事是虚构的，但现实中此类事件时有发生。由此也就提出了一个值得思考的疑问：在民间纠纷的解决过程中，法律的运用为何会产生如此大的社会效应呢？民间纠纷解决中法律运用产生意外效应的机制究竟是什么？究竟是规则自身的问题还是规则使用过程的问题？本章将结合一起乡村邻里纠纷的诉讼案，分析和探讨民间纠纷解决中运用法律方式可能出现的社会效应及后果，并探究生成这些效应的具体机制。

二、一起民间纠纷过程的案例

这是一起发生在云南省一个村庄的邻里纠纷[②]。村民甲在盖起新房之后，筑起庭院将原本通向山上耕地的道路用院门堵住，致使上山耕作的村民只能绕小路且无法使用车辆。起初，村民甲为给邻居乙提供上山便利，给了乙家一把开启庭院大门的钥匙让其通行。后来，村民甲不愿再给邻居乙提供通行便利，便索要回钥匙，由此堵住了村民车辆上山的通道。在村委会调解无效的情况下，村民乙将村民甲告上法庭，要求村民甲打开院门，允许村民从其房屋前道路通行上山。

在案件审理过程中，村民甲向法院提供了自家房屋及庭院的土地获得的权属证明文件，并解释说明自家门前道路是自己为了盖房而将自留地修建为道路以便运输建筑材料，后来村民便都使用他家修的这条道路到山上耕作，这样从他家门前通行也就成了一种习惯和当然的事实，而实际上他家门前已修成道路的这块土地是属于自己的。

尽管村民甲能够证明自家所筑起的庭院是私人土地而非公共道路，但法院还是根据邻里通行权优先于私人物权的法律原则，判定村民甲败诉，

---

① 刘震云．我不是潘金莲．武汉：长江文艺出版社，2012.

② 这一案例事实是根据中央电视台综合频道《今日说法》栏目采访和报道的内容而呈现的。

并裁决要求村民甲拆除阻止村民通行的庭院大门，允许村民从其房屋前庭院通行。

虽然法院判决给出了明确的裁定，但村民甲并不服从这个判决，坚持锁住院门。后来法院采取强制执行措施，强制拆除村民甲家的庭院院墙和大门，并要求村民甲家保障邻里及其他村民的通行权。然而，强制执行措施虽暂时拆除了村民甲家的院门和道路障碍，但并没有真正达到解决纠纷的效果，而且造成村民甲家与法院及其他村民的更为激烈的对抗。一方面，村民甲家的物权没有得到尊重和保护；另一方面，邻里村民乙及其他村民的通行权实际上也没有实现。

后来，村民甲家的亲戚给村民甲提了一个解决问题的建议，让村民甲家把自家房屋后面原本通向山上的小路进行拓宽修建，这样既可以让其他村民的车辆能够通行，也可以保持自家庭院的完整，又不必再与法院执行庭进行对峙了。亲戚们还承诺他们愿意出力帮忙修路，于是村民甲采纳了亲戚们的建议，拓宽了屋后的小路，使其他村民得以通行，邻里通行纠纷问题由此得以解决。

在这一纠纷案例中，村民甲与村民乙之间的邻里纠纷的发生，主要是因为私人物权与邻里通行权的冲突。对于纠纷双方来说，他们都认为自己是有“理”的，村民甲认为在属于自己的土地上建庭院理所当然，而村民乙则认为这条路以前是通行的，现在也理应通行。法院根据通行权优先于物权的法律原则而判定村民乙胜诉，村民甲败诉。然而，法律的简单判决实际上并没有让纠纷双方的权益诉求得到真正的满足，甚至导致新的冲突与对抗，由此可能还会引发更多的意外的社会效应。幸运的是，在这个案例中，村民甲家的亲戚所倡导的变通方案，既保全了村民甲的物权，又让其他村民的通行权得以有效实现，使得纠纷问题从此得到了有效的化解。

针对这一民间纠纷解决过程的案例，我们可提出这样一些疑问：首先，这起乡村邻里间的纠纷为何会以司法诉讼的方式来解决？其次，法律判决为何不能有效化解这起乡村民间纠纷？再次，法律判决还可能引发哪些意外的社会效应？最后，为何基层调解制度失灵而非正式变通方案却能见效呢？

三、民间纠纷解决中法律运用的意外效应

在乡村社会，邻里之间常因道路通行、土地、宅基地以及孩子的事而起纠纷。就现实情况而言，邻里纠纷、婚姻家庭纠纷是乡村较为多发的民间纠纷，这些纠纷都属于生活性纠纷，因而也可以说是乡村社会生活的一个组成部分。[①] 既然一些乡村民间纠纷是常见现象，那么其解决过程及机制也会遵循自身的一些规律。在通常情况下，像家庭、邻里之类的乡村群体内部的民间纠纷，其较为理想的解决机制是基层调解机制，因为群体内部的争议和矛盾关系需要通过自身内部的调节来恢复关系的平衡。虽然外力的作用有时也是必要的，但仅仅依靠外力往往达不到解决问题的效果。

乡村社会的邻里纠纷虽然属于基层矛盾纠纷，但可能与城市社会的邻里纠纷存在一定差别。例如，在美国社会，底层民众常常会选择到法院打官司的方式来解决邻里纠纷。他们通过诉讼方式来解决邻里纠纷的原因在于要与邻居断绝联系，即不想与邻居直接发生联系了，让法院去找他们[②]。城市社会的邻里之间通常只面熟而不熟悉，乡村中的邻里却彼此熟悉，因而邻里之间难以彻底割断联系。

当然，社会现实中有很多民间纠纷会诉诸司法程序，并成为司法案件的重要构成部分。民间纠纷进入诉讼程序，就变成了司法案件和法律事件，那么自然也会出现其他的效应。就一个司法案件来说，布莱克认为有“对手效应、律师效应和第三方效应”三种效应[③]，而且根据案件的结构，其最后的效应是可以预测的。确实，在一起民间纠纷案中，其司法解决结果或许是可以预测的。但是，民间纠纷在司法解决之后，还可能导致一些意外的效应，亦即法律无法预测的社会效应。如上述村民甲与村民乙的邻里通行权纠纷案，诉讼的结果是村民甲败诉，而判决和执行过程中却产生了村民甲与村民乙及其他村民、与法院的强烈对抗和冲突。如果没有村民甲的亲戚提供变通办法，

---

① 陆益龙．乡村社会变迁与转型性矛盾纠纷及其演化态势．社会科学研究，2013（4）.

② 梅丽．诉讼的话语：生活在美国社会底层人的法律意识．郭星华，等译．北京：北京大学出版社，2007：54.

③ 布莱克．社会学视野中的司法．郭星华，等译．北京：法律出版社，2002：10－21.

那么还有可能发生更多意外的冲突风险。就像《我不是潘金莲》中的一个看似普通的离婚判决，最终却导致了李雪莲不停上访并致使多名官员被“拉下马”的“蝴蝶效应”。

在民间纠纷的发生和演化过程中，争执的一方可能会选择将对方“告上法庭”，当法律力量介入民间纠纷解决之后，就要按照法定程序来处理纠纷问题。通常，法律的处理方式主要有三种：庭审前的调解、庭审中的调解和法庭判决。总之，民间纠纷在法庭立案后，最终都要有一个司法解决的结果。司法解决民间纠纷的结果其实是司法机关生产加工的结果[①]，司法机关就相当于生产纠纷解决结果的供应商，总要给具体的民事案件生产加工出一个具体的解决结果，要么调解结案，要么判决结案，这是由司法过程的性质决定的。如果是调解结案，法律运用就相当于第三方权威调解人的介入，且产出的纠纷解决结果就相当于纠纷的和解。虽然这样的结果可能导致一些意外效应，但发生的概率较低。如果民事纠纷特别是像邻里纠纷、家庭纠纷之类的民间纠纷解决中的法律运用以简单的庭审判决作为解决结果，那就意味着法律力量的运用改变了纠纷双方的不均衡关系，与此同时也改变了纠纷当事者与司法机关的关系，由此法律判决产生意外效应的可能性大大增加。

法律判决的意外效应是指由司法行动引起的或与司法实践相关联的、意图和意料之外的社会效应或后果。这里所说的意外效应类似于吉登斯所讨论的社会行动的“意外后果”[②]。法庭对民间纠纷做出的法律判决行动，其制度设定的意图主要是对争执问题做出一个处理决定，而除此之外的社会效应便是法律行动意图之外的效应。意外效应所指的意料之外不同于默顿所提出的“潜功能”的功能主义解释，即行动具有的令人意想不到的、预料不到的潜在效应。吉登斯所说的“意料之外”主要是指在“反思性意识之外”。有些法律行为的意外效应并非绝对不可预料，而是在缺乏对自身行动的审慎反思的情况下，忽视了行动可能带来的多种不同的后果。

深入解析这起发生在云南的民间纠纷的法律解决过程，或许可从中概括总结出民间纠纷法律判决行为的这样三种意外效应：

---

① 卡多佐．司法过程的性质．苏力，译．北京：商务印书馆，1998：3.

② 吉登斯．社会的构成．李猛，等译．北京：三联书店，1998：423.

第一，导致次生纠纷效应。运用法律判决来解决民间纠纷的一个常见的意外效应就是继判决之后而产生其他相关的纠纷亦即次生纠纷，如纠纷当事一方或双方对法庭判决的不满无形中形成当事者与法庭的纠纷，其经验表现形式就是上诉和上访。无论是上诉还是上访，其性质都涉及原有纠纷次生出当事者对司法行动的不服或不满，也就是新的次生纠纷。很显然，次生纠纷的出现，表明旨在解决民间纠纷的司法实践，非但没有达到化解纠纷的目的，反而导致了与意图相对的效应。

次生纠纷效应实际上也就是法律力量进入纠纷场域之后所产生的一种接续效应。每一种力量的干预都会产生这样或那样的影响或效应，当纠纷当事一方将法律力量引入纠纷场域后，就会相继产生一定的影响效应，诱发新的纠纷的产生就是其中的一种效应。

第二，产生偏离意图的结果。法庭对民间纠纷做出司法判决，其意图就是要纠纷双方按照判决的行动方式来处理纠纷问题。然而，在现实社会中，法庭的判决却容易导致偏离原初意图的结果出现。在上述纠纷个案中，村民甲在法院判决要求其拆除庭院大门、畅通道路后，并没有按照法律判决的意图行动，而是朝着判决意图的相反方向行事。而且，直至最后，村民甲所接受的方案是其亲戚提供的解决方案——将其房后的小路拓展重修，让村民能够通行——而非法院判决的解决方案。由此可见，虽然民间纠纷解决中的诉讼判决产生了影响，但其结果可能并不是法律判决所设定的，而会偏离法律判决的原初意图。

此外，案例的经验还显示出，偏离意图的效应也表现为，虽然诉讼判决给出了解决问题的方案，但其结果是非但没有解决问题，反而激化了村民甲与其他村民之间的矛盾和对立关系。尽管法庭及司法人员是严格按照法律来做出判定的，但出现了事与愿违的意外后果，这可能是他们“未预料到的”也是“不合意愿的”一种社会效应。

第三，潜伏反思性的社会风险。在法治现代化以及法律的发展越来越走向专业化、技术化、工具化的进程中，随着这些专业技术被广泛运用到民间纠纷的解决之中，是否会出现贝克所提到的科学“确定风险”与人们“感知风险”之间的悖论问题？在贝克看来：“技术风险专家在对他们暗含的价值前提的经验确证上，特别是在关于什么可以为人们所接受的假定上，是错误的。”① 如果从反思性的角度来分析，上述乡村邻里纠纷的法律解决其实潜伏着较大的社会风险。当法官认为村民甲的物权必须牺牲并让位于邻里通行权合法的时候，并没有考虑到这一判决的价值前提是否为村民甲所接受；当法庭采取强制执行措施时，虽然所有程序都是合法的，但实际上并没有考虑到这些法律行为可能在乡村社会造成的冲突风险。虽然个案中的潜在风险没有爆发出来，但如果反思这一纠纷的法律解决过程，就不难看到类似的解决方式所潜伏的社会危机风险。

民间纠纷解决中法律运用的潜在风险并不是法律规范确定的风险，而是在具体司法实践中人们会感知到的风险。在现实社会中，时常会出现类似于《我不是潘金莲》中的涉诉上访事件及其带来的社会危机，这反映的其实就是，当现代法律被当作先进的“技术工具”用于处理社会生活中的秩序问题时，有些“技术”的使用其实具有认识所不能或尚未确定的危险。同样，我们在法治宣传中动员大家“拿起法律的武器”来处理平常的民间纠纷，这种“武器”的使用自然会潜伏着危害秩序的风险。

四、法律解决方式意外效应的生成机制

在民间纠纷多元解决机制中，司法诉讼是其中重要的纠纷解决方式之一。通过诉讼来解决民间纠纷，是不是都会出现法律解决的意外效应呢？很显然，意外效应并不会出现在每一个民事纠纷案件中。民间纠纷解决中的法律运用会产生不同的结果，在有些纠纷案件中，法律途径不仅能有效地解决纠纷问题，而且能保护受侵害一方的正当权益。而在有些民间纠纷中，通过法律途径的解决则“案结事不了”，即一个民事纠纷案件按照法律程序已经结案了，但纠纷却并未化解。还有一些民间纠纷的法律解决，可能会导致各种各样的意外效应。民间纠纷解决中法律运用的意外效应是在一定条件下才会生成的，根据对上述乡村邻里纠纷的演变过程的分析，可以了解到其中的意外效应的生成机制主要包括以下几种：

---

① 贝克．风险社会．何博闻，译．南京：凤凰传媒集团，译林出版社，2003：67.

第一，一些民间纠纷法律解决方式的意外效应是由司法行为的生产与再生产机制生产出来的。民间纠纷法律解决的主要形式就是诉讼与判决，作为解决纠纷问题的最终结果，法庭判决的实质是司法系统所生产出来的一种结果。由司法系统生产出来的判决结果，也会再生产出与司法判决相关联的其他社会效应。就像生产部门一样，其所生产出的物质产品，也会具有或产生产品之外的各种可能的社会经济效应。

法律解决的意外效应的生产与再生产机制类似于吉登斯的社会行动“后果律”。吉登斯认为，社会行动的意外后果是由“结构二重性”决定的，而非由功能所致，即社会行动的结构中既包括有目的的行动，也包括有目的的行动产生的意外后果（见图 9－1）①。

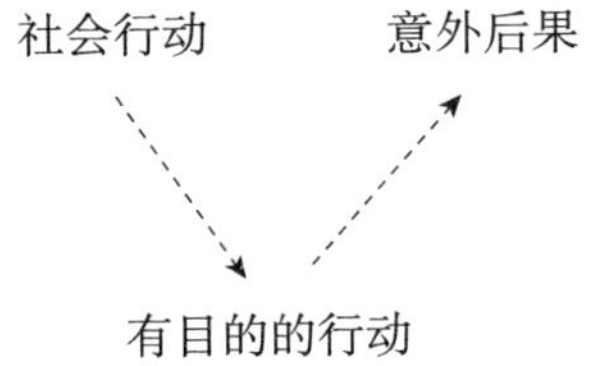

图 9－1　行动的意外后果的形成机制

就上述村民邻里纠纷的诉讼案而言，法庭做出司法判决的行为目的在于按照法律条文来确认双方当事者的行动方式，以消除彼此的纷争，亦即要求被告村民甲敞开庭院大门，让村民乙及其他村民可以从村民甲的庭院通行。然而，在这一判决被生产出来的同时，实际上村民甲与司法机关、村民甲与其他村民之间的后续纠纷等意外效应也被生产出来了。因为这一司法“产品”一旦被使用，就会与村民甲的价值和物权的需要相冲突，是纠纷一方所无法接受的，因而产生与司法机关的冲突、对峙和抗争等相继效应也就在所难免。与此同时，当其他村民使用这一“产品”，即按照判决来行动时，也会出现与村民甲的矛盾甚至冲突。

第二，一些民间纠纷法律解决方式的意外效应生产机制则是司法场域中的权力竞争机制。虽然司法系统是一个相对独立的领域，司法机关及其人员的行为通常会独立地遵循法律程序或法律逻辑，但在现实中，正如布迪厄所认为的那样，司法场域也是一种社会空间，在这个空间里，权力关系和司法

① 吉登斯．社会的构成．李猛，等译．北京：三联书店，1998：424.

领域的特殊逻辑这两个因素发挥关键作用[①]。如在乡村的一些司法实践中，有时会出现诸如"炕上法庭""田间法庭""庭院法庭"等非正式庭审现场，这些现象充分体现了"书本上的法律与行动中的法律"并不总是一样的[②]。乡村社会的司法场域既受司法程序和法律规则的约束，同样也受乡村社会权力关系的影响。乡村司法实践之所以会受权力关系的影响，是因为"法律只有在社会行动者的合作过程中才能获得物质的力量"[③]。

上述那起乡村邻里纠纷诉讼案在法庭做出判决和执行之后，出现了一些"不合人意"和"意想不到"的意外效应。一方面，被告村民甲在败诉后并没有按照法庭意志拆除通行障碍，而是与法庭进行了激烈的抗争，出现这样的后果对于原告村民乙、法院以及其他村民来说，是"不合人意"的。另一方面，纠纷的化解最终是以村民甲的亲戚倡议的变通方案而得以实现的，这可以说是法院、村级组织及纠纷当事者所"意想不到"的效果。

乡村邻里纠纷的法律解决出现"不合人意"和"意想不到"的意外效应，实质上是乡村司法场域中权力竞争所产生的社会效应。村民甲建造庭院的行为影响到众多村民的现实便利，且原告村民乙也是村委会的成员，在两种力量的纷争中，法律权力的介入旨在维护多数人的现实利益，不同力量的合作与对抗共同构成并演绎了这起民事案件的意外效应。

现代法律在进入乡村社会场域之后，虽然会按照自己的逻辑运行，但也要与这一社会空间中的各种力量产生交互作用，法律与社会因素共同互构着具体的司法实践，并生成多种不确定的效应。因此，乡村社会的司法行为及其后果既有灵活多样的形式，也有多种不确定的后果，而不会像布莱克等人的行为主义法律论所想象的那样，法律就是"一个变量"，其控制的样式主要有刑罚、赔偿、治疗及和解四种，不同的控制方式可根据量和时间来预测结果[④]。从乡村邻里纠纷的个案经验来看，司法实践并非一个确定的变量，更

---

① 布迪厄．法律的力量：迈向司法场域的社会学．强世功，译．北京：法律出版社，2002：499.

② 弗里德曼．法律制度：从社会科学的角度观察．李琼英，等译．北京：中国政法大学出版社，2004：1.

③ 强世功．乡村社会的司法实践：知识、技术与权力．战略与管理，1997（4）.

④ 布莱克．法律的运作行为．唐越，朱力，译．北京：中国政法大学出版社，1994：3－4.

不可能用量来预测司法行为的实际效应，因为司法场域是由多种复杂的权力关系竞争并互构起的一种变动的社会空间。

第三，民间纠纷解决中法律运用的有些意外效应属于由现代性风险生成机制产生的社会风险效应。按照贝克的观点，现代社会已进入风险社会，现代性风险并不是由社会行动的意想不到或不可预料的后果生成的，而是由现代化自身的风险构成的，即人们知道一些现代技术的运用存在着危险，但技术专家们却坚持认为这些危险是没有被证实的，使得那些技术依然被使用并造成无法逆转的风险。

在民间纠纷解决过程中，如果法律机关明知运用法律方式无助于纠纷问题的化解却仍然坚持鼓励纠纷当事者运用法律方式来处理纠纷，就可能会出现危及民间纠纷自我调节与化解机制和激化矛盾的意外效应。在上述乡村邻里之间的诉讼案中，法官虽然能预见法律判决难以执行且有遭到反抗的危险，但依然运用法律快速地做出了裁决。虽然这样的解决方式在法律上确定是无风险的，但现实是人们感知到了其中的冲突风险。

民间纠纷解决中法律运用的增多，与现代化过程中人民调解制度的弱化有密切关系。人民调解制度的核心功能是解纷减讼，而随着乡村社会的现代变迁，这一功能渐渐为政治宣传、动员和行政功能所取代。调解核心功能的异化，最终导致了人民调解制度的衰落。[①] 当越来越多的人把法律当作一种现代性的工具来使用，并用其来解决平常生活中的摩擦和纠纷时，也就不可避免地带来了一些现代性风险效应。

在这起邻里纠纷诉讼案中，主审法官也曾尝试运用调解方式来解决。由于调解方案遭到被告拒绝，因此法官最后还是用法律判决的方式通过了纠纷解决方案。由此可见，在现代法律系统中，法律专业人员更倾向于法律的运用。尽管法官角色具有多元化特点[②]，但在现实的司法实践中，法官可能被现代法律职业异化为一种诉讼判决的“生产者”。对于司法判决的“生产者”来说，他们关注更多的可能是判决本身，而不愿进一步反思判决的各种意外风险。

---

① 王丹丹．法律制度的功能及其异化：人民调解制度演变史．政法论坛，2016（6）．

② 代志鹏．法律判决是如何生产出来的：基层法官角色的理想图景与现实选择．北京：人民出版社，2011：212．

民间纠纷解决中法律运用的意外效应的三种不同生成机制一方面反映了法律行为意外效应的不同特征，另一方面表明不同的意外效应是在特定条件下通过特殊机制生成出来的。也就是说，民间纠纷解决中并非都存在法律意外效应问题，在实际中，有很多民间纠纷是通过法律方式得以解决的，并未发生意外效应。出现意外效应，可能与具体案件中的法律运用行为具备了这三种生成机制有关。

五、小结

分析和讨论民间纠纷解决中法律运用的意外效应问题，主要目的并非主张在民间纠纷解决中不使用法律方式——如果这样的话，就有“因噎废食”之嫌。提出法律行为的意外效应问题，主要是希冀从意外效应的视角看到一些司法实践行为的多种可能的后果，由此来反思在民间纠纷解决领域里出现的“励讼”倾向及其可能的意外效应，进而对民间纠纷的多元解决机制有新的理解和认识。

在民间纠纷解决过程中，民间调解是化解纠纷的有效途径。而且民间调解也在不断融入一些新的思想与理念，出现了模式诉讼化、主体职业化、效力准司法化、手段网络化、形式公益化等新的发展趋势。[①] 民间调解是通过调和矛盾、解决问题的机制来化解民间纠纷的，因而调解成功意味着纠纷随之化解，即便调解不成功也只会缓解矛盾、搁置纠纷，而不致激化纠纷。因此，在推进法治建设的进程中，需要加强落实人民调解制度，而不是鼓励基层民众一遇到纠纷就选择诉讼方式来解决。

在乡村社会治理中，村基层组织及村干部其实需要承担起民间纠纷管理的责任，因为村民之间有纠纷时一般会先找村干部来解决[②]。然而受多种因素影响，乡村治理中的纠纷调解和管理的功能有一定程度的弱化。一些村干部可能出于“多一事不如少一事”的利己考虑，并结合法治建设的大趋势，积极地鼓励农民动用法律工具去解决自己的纠纷。这样既可以减轻基层组织

① 徐黄华．民间调解被重拾的原因和发展趋势．学术交流，2014（3）．
② 陆益龙．纠纷管理、多元化解机制与秩序建构．人文杂志，2011（6）．

的纠纷调解工作任务，也可以规避纠纷带来意外后果的责任。村干部的法律知识状况及处理方式对农民的法律认知和法律评价有直接的影响[①]，目前一些乡村出现的“迎法下乡”现象，其实正反映了乡村治理中基层调解与纠纷管理功能的式微和衰退。

随着乡村民间纠纷解决诉诸法律的现象逐渐增多，法律运用所产生的意外效应也就在所难免，涉诉上访事件和涉诉群体性事件的产生，是纠纷解决中法律行为所生成的意外效应之一。既然民间调解能够融入法治新理念，那么，当民间纠纷进入诉讼案件阶段时，基层司法实践也需要融入新的理念，将基层调解策略广泛运用到诉讼过程之中，尽可能地抑制司法行为的生产和再生产意外效应机制的作用，避免或降低司法行为意外效应所构成的社会风险，更加有效地化解民间纠纷，促进乡村社会关系的和谐与秩序的稳定。

---

① 张德友，翟印礼．法与农村社会变迁．北京：人民出版社，2007：139.

第十章　族际社会的基层矛盾化解与维稳机制

矛盾与秩序的对立统一构成社会运行的常态，正常的社会生活要以秩序为基础，在社会生活过程中也会因多种多样的原因出现矛盾。和谐社会并非无矛盾的社会，而是能协调和化解矛盾，维持秩序稳定。民族地区是多民族共同聚居的族际社会，实现和谐的民族关系，维持社会秩序稳定，同样需要经历矛盾特别是基层矛盾的协调与化解过程。

一、问题、背景及意义

中国西部地区属于多民族聚居的民族地区，也是现代化过程中发展相对滞后的地区。旨在加速西部发展的国家西部大开发战略已经实施二十多年了，西部地区的基础设施建设明显改善，现代化开发程度明显提高，一些民生工程让越来越多民族地区百姓受益。

在主要依靠国家扶持力量推动西部跨越式发展战略中，西部地区的发展速度和水平无疑都在提高。然而近些年来，在新疆、西藏、青海等西部民族地区发生的群体性暴力事件，对社会秩序稳定和社会安全提出了挑战。尽管这些偶发事件发生的原因是复杂多样的，但至少反映出事发地区社会秩序存在或潜伏着这样或那样的问题，同时也引发了人们对西部民族地区发展战略与社会治理策略的反思。[①] 在现代化和全球化的大背景下，西部民族地区究竟应如何应对秩序稳定和长治久安所面临的种种挑战呢？民族地区的社会秩

① 刘敏．走向低代价开发：西北开发的历史反思与现实应对．社会学评论，2013 (2).

序的形成机制是否具有特殊性呢？什么样的维稳机制将会促进西部民族地区的和谐社会建设呢？这些问题就是本章所要探讨和研究的问题。由于这些问题涉及三个核心范畴——民族地区、发展和秩序，因此，本章拟从族际社会和基层矛盾化解的视角，考察和探析影响秩序稳定的矛盾问题，以及探寻促进和谐与发展的有效路径。

民族地区稳定秩序的建构问题，不仅直接关系着这些区域的社会经济发展和民生事业，而且关涉到社会系统的安全与协调运行，因为任何建设和发展都必须以秩序为基础。西部地区要实现跨越式发展，达到区域发展的均衡，首先需要建构起安全、稳定的社会秩序。因此，维持秩序稳定和社会安全问题也就成为实现西部大开发战略预期理想目标的一个重大课题。维持和谐稳定的秩序，既是发展的前提和基础，同时也是保障发展成果造福于各族人民的基本条件。

影响和威胁秩序稳定的因素可能来自多个方面，选择从基层矛盾的角度来思考和探讨秩序建构问题，从某种意义上说就是要根据问题的性质来抓根本。因为，所谓秩序，其本质就是社会生活中的人们都按照既定的期望、已有的规范和惯常的方式来行动，由此维系着一种相对平稳的社会互动格局。所以，秩序的根基在社会生活领域，而基层社会又是社会生活的主要载体。秩序出了问题，无论问题以何种形式显现出来，都会与基层社会有这样或那样的联系，因而关注基层社会的矛盾，或许可以发现秩序问题的根源和维护秩序的有效途径。

此外，从基层矛盾化解的角度来探讨维稳问题，一个重要意义就在于突出和强调了社会治理与社会建设中的基层理念。当前诸多有关社会治理现代化的理论阐述强调了“顶层设计”与治理能力的关系，然而就纯粹的社会治理而言，基层社会治理是根本，基层工作是社会治理的重点，同时也是社会治理与社会建设可以有所作为的重要空间。

族际社会的理论视角既有助于我们更好地理解民族地区的社会性质，也让我们能从新的角度来理解多民族的中国社会[①]。主流民族学关于民族地区

---

① 赵丙祥，陆益龙，周星．从族际角度理解多民族的中国社会与文化．广西民族学院学报，2000 (1).

的社会关系研究，注重从族别的文化、历史及族别关系角度来探讨民族关系问题，一些民族社会学的研究试图将美国的“族群”（ethnic group）关系的分析框架运用到中国民族关系的研究之中。[①] 在涉及民族地区社会问题的研究中，族际社会的理论视角不仅可以弥补族别论视角的宏观性不足问题，同时也可以避免族群关系分析框架的不适应性问题。因为美国是一个移民社会，国家发展历史较短，因而实际上不存在民族与民族关系，而主要存在种族与族群关系，所以用美国式族群关系分析框架来考察中国的民族关系，显然是不适应的。而族际社会的视角，是把民族地区乃至中国社会视为一种族际社会。所谓族际社会，其内涵与费孝通提出的“中华民族多元一体格局”是相通的。在族际社会，“它的主流是由许多分散孤立存在的民族单位，经过接触、混杂、联结和融合，同时也有分裂和消亡，形成一个我中有你、你中有我而又各具个性的多元统一体”[②]。

二、族际社会及其基层矛盾的性质和特征

民族地区是指少数民族聚居和多民族聚居的社会文化空间，从社会关系的性质来看，民族地区属于典型的族际社会，即由多个民族共同聚居、共同生活、相互依存、相互合作又相互竞争的社会。这里既有少数民族的集中居住，又有多民族的共同聚居。族际社会中的民族关系，既是客观的存在，有一定的历史，同时又在社会发展过程中具有社会建构的特征。

在族际社会里，多民族在共生和交往互动过程中所构成的社会关系，既具有社会关系结构的一般特征，同时又具有族际社会的特殊性，这一特殊性集中体现在多民族的族际关系之上。社会矛盾是社会关系的一种形态，即相对立或不相统一的关系。毛泽东的矛盾论指出，矛盾法则是对立统一法则，矛盾具有普遍性和特殊性，矛盾的普遍性和特殊性的关系，就是矛盾共性和个性的关系[③]。族际社会的矛盾同样有着普遍性和特殊性。一方面，族际社

---

① 马戎．理解民族关系的新思路：少数族群问题的去政治化．北京大学学报，2004（11）.

② 费孝通．中华民族多元一体格局．北京：中央民族大学出版社，1989：3.

③ 毛泽东．矛盾论//毛泽东．毛泽东选集：第1卷．2版．北京：人民出版社，1991.

会的矛盾具有一般社会矛盾的共性特征；另一方面，它又具有多民族关系构成的特殊性。

从社会冲突论的角度看，社会矛盾是冲突性社会关系，一般社会普遍存在这种冲突关系，即“冲突是一种社会化的形式”[①]。就社会关系的形式而言，一般社会的矛盾关系大体可分为四大类型（见表10－1）：（1）个人与个人间的矛盾，即社会成员个体间的冲突性关系；（2）个人与集团之间的矛盾，即个体成员与组织、机构或团体之间的冲突性关系；（3）集团与集团之间的矛盾，即社会中具有共同性的团体或集团之间的冲突性关系；（4）群体与群体之间的矛盾，即社会中由众人构成的不同群体之间的冲突性关系。

表10－1　　族际社会与一般社会的矛盾主体和维度

矛盾关系	一般社会				族际社会	
	互动	权力	利益	资源	民族	宗教
个人-个人	偶发纠纷	权力斗争	利益冲突	资源纷争	认同矛盾	观念冲突
个人-集团	偶发纠纷	权力斗争	利益冲突	资源纷争	认同矛盾	观念冲突
集团-集团	偶发纠纷	权力斗争	利益冲突	资源纷争	民族矛盾	民族矛盾
群体-群体	偶发纠纷	权力斗争	利益冲突	资源纷争	民族矛盾	民族矛盾

从矛盾关系的维度亦即矛盾的基本原因来看，一般社会矛盾主要有四个维度或四种基本原因。一是互动性的冲撞，这是人们在交往互动中偶发冲撞而产生的矛盾；二是权力的争斗，权力的不对等往往是造成压制与抗争矛盾关系的基本原因；三是利益的争夺，在利益分配上的冲突是社会矛盾产生的核心原因之一，诸多矛盾因利益争夺而起；四是资源配置的不均衡，一定的社会资源总是有限的，人们在争取有限资源的过程中往往会产生矛盾关系。

族际社会的矛盾关系既具有一般社会矛盾的四个共同维度，即互动、权力、利益和资源是矛盾发生的根源，很显然，族际社会可能潜伏着族际矛盾或民族矛盾，由此说明族际社会的矛盾也具有一定的特殊性。那么，族际社会的矛盾的特殊性是如何体现的呢？就西部民族地区的历史与现实而言，族际社会的矛盾关系突出了民族和宗教两个矛盾维度。在族际社会，民族之间的关系既是历史的，又是现实的。有民族关系的存在，也就有族际矛盾产生

① 科塞．社会冲突的功能．孙立平，等译．北京：华夏出版社，1989：6.

的可能。族际矛盾在个体层次上主要是认同矛盾，而如果演化为众人加入的集团或群体矛盾，往往就会演变为民族矛盾。

宗教之所以是民族地区矛盾关系的一个突出维度，主要是因为民族关系与宗教关系常常交织在一起。族际社会中的各个民族，都有一定的历史文化传统和相对独特的生活方式，宗教是族际生活方式差异的重要方面，而且宗教构成了族际社会中的一种社会力量。在族际社会的交往互动中，宗教可能成为交往的边界和价值认同冲突的原因，当众人加入矛盾性的宗教力量之中时，团体和群体之间的矛盾也就会建构和演变为民族矛盾。所以，宗教维度的民族矛盾并非因信仰冲突而产生的，更不是亨廷顿所提出的文明或文化的冲突[①]，而是冲突的社会力量利用宗教形式动员起群体性矛盾。

至于基层社会矛盾，其重要特征是矛盾纠纷主要源自人们的社会生活和社会互动实践，矛盾纠纷更多地具有生活性和个体间性，同时又是社会矛盾的基础和萌芽。在族际社会的基层，由于族际关系的存在，一些生活性矛盾纠纷通常会在族际互动中被逐步地建构为族际矛盾或民族矛盾。也就是说，在民族地区的基层社会生活实践中，如果个体间的、普通的矛盾纠纷得不到有效化解，随着这些矛盾纠纷关涉到的民众越来越多，基层矛盾就有可能被建构为族际矛盾。人际纠纷如果得不到妥善管理，那么往往会演化为矛盾的公共关系。[②] 矛盾的社会建构过程通常会源自基层、始于基层，并在基层社会交往实践中不断得以强化和逐渐扩展，以致可能把非常普通的民间纠纷演绎为大规模的族际社会冲突。因为基层社会是人们交往互动实践的主要场域，在这里，社会行动的空间相对较为开放，如果没有组织化的力量引导公众采取缓和矛盾的行动，那么一些小矛盾也可能酝酿成危及秩序稳定的大问题。由此看来，民族地区的基层社会矛盾，虽在性质上主要是生活性的[③]，即在日常生活中发生的偶然和普通矛盾，但在矛盾特征方面，由于在民族地区的社会关系维度中，族际关系和宗教关系显得较为突出，这可能会拓展族际社会的基层矛盾的社会建构空间，使得基层矛盾纠纷具有更强的可建构性和质变的可能性等特点。也就是说，虽然一般社会的基层矛盾也会发生演化，个

① 亨廷顿．文明的冲突．周琪，译．北京：新华出版社，2013.

② 陆益龙．纠纷管理、多元化解机制与秩序构建．人文杂志，2011（6）.

③ 陆益龙．转型中国的社会秩序构建机制研究．人民论坛·学术前沿，2013（9）.

体间纠纷也可能演变为群体性事件，但是族际社会的基层矛盾演变的空间更大，因为有些矛盾可能会演变为族际的群体性矛盾。

三、族际社会基层矛盾的动态监测及方法

由于民族地区基层社会的普通矛盾演化为危及秩序稳定的系统性社会冲突、个体间的民事纠纷演化为族际矛盾，通常离不开基层社会的“发酵”或建构过程，因此，如果我们能对基层矛盾纠纷的社会建构与演化过程加以动态监测，就能及时地把握民族地区基层矛盾演变的基本规律，进而可以有针对性地对每一阶段的矛盾加以缓和或化解，以预防基层矛盾积压而对系统秩序稳定构成风险。

尽管族际社会基层矛盾在类型、性质和特征以及社会影响等方面都具有多元复杂性，并且对其产生影响的因素也是复杂多样的，但是，对那些经历社会建构和演化过程而最终威胁秩序稳定和安全的事件，还是能够通过有效的监测手段，获得有价值的预警信息。由此，可以通过预防和社会干预机制，防止基层普通矛盾纠纷被建构或演化为族际社会冲突。

族际社会基层矛盾的动态监测可以从两个方面开展，也就是可以运用两种监测方法：一是客观指标监测法，二是主观指标监测法。

客观指标的动态监测主要是对族际社会基层所实际发生的矛盾纠纷及其客观态势进行监测。在具体操作方法上，就是通过信访部门、基层法院、派出所、街道人民调解室以及社区等机关上报并汇总阶段性（一月或一季度）及一年内基层辖区所发生的不同类型的矛盾纠纷的总体规模以及相对趋势。在监测指标设计上，可以进行两个维度的区分：一是总体规模指标与相对趋势指标之分，二是一般矛盾指标与族际社会矛盾指标之分。总体规模指标就是在一定阶段内矛盾问题和事件发生的总量，相对趋势指标包括矛盾纠纷的发生率和矛盾纠纷发生的变化幅度，发生率可以用发生矛盾人次占辖区常住人口的比例来测量，变化幅度可用矛盾纠纷发生增减速率来测量。

针对民族地区基层矛盾的特殊性，在客观指标监测中，可以设置族际社会矛盾的专门指标，重点监测族际矛盾或民族矛盾的发生风险。在具体监测操作上，就是将民族地区基层社会的民族、宗教和权力维度的矛盾纠纷单独

区分出来，并对这些矛盾纠纷实施重点监测。民族维度的基层矛盾主要指矛盾纠纷当事者来自不同的民族；宗教维度的基层矛盾是指矛盾诱因关涉到宗教问题；权力维度的基层矛盾主要包括权力不对等性或因权力而造成的社会矛盾，如干群矛盾、个人与组织或机构的矛盾以及民众对机关权力的不满等。

之所以选取民族、宗教和权力维度的基层矛盾加以重点监测，主要是因为：第一，民族和宗教维度是民族地区社会关系与矛盾结构的显著特征，这两个维度的基层矛盾更容易从生活性矛盾演变为结构性矛盾，也更容易从普通矛盾转化为对秩序的威胁，因为这两个维度的社会关系具备更大的社会建构空间和动员力量。第二，由于权力维度的矛盾涉及社会中的权力问题，而权力问题又是政治系统的核心问题，因此，与权力相关的矛盾更容易被政治化。而基层矛盾一旦被政治化，或演化为具有政治性的矛盾，就会对社会秩序稳定构成很大威胁。

另一种基层矛盾动态监测方法是主观指标监测法。这一方法运用抽样社会调查研究原理，直接对基层民众的反映和主观态度进行调查，并在此基础上监测和分析基层社会的矛盾态势和秩序风险。虽然主观指标监测法主要依靠公众的主观作答，但这并不意味着所监测的结果具有主观随意性，因为对公众的直接调查也能够有效地反映基层社会的运行状态。在推进社会治理现代化的进程中，社会治理的策略调整和实践都需要在充分信息基础上做出科学决策，而及时的民意调查通常能提供有价值的信息。所以，主观指标监测法已经被广泛运用于现代社会治理的决策咨询之中。

由于对民族地区基层矛盾的动态监测的主要目的就是监视和预测基层社会的矛盾关系对秩序稳定可能构成的风险，因此在主观指标设计方面，我们根据“社会气场”理论、社会距离理论以及集体行动理论原理，设置了“矛盾状况”“族际社会距离”“满意度”和“集体行动倾向”四个维度的指标（见表 10-2）。

“矛盾状况”和“满意度”维度的指标可以监测出基层民众主观的“冤气与怨气”指数。一些关于群体性事件的社会学研究提出了底层民众会“为气而斗争”的观点[①]，这一观点实际上从某个角度解释了基层社会的矛盾以及

① 应星．“气”与中国乡村集体行动的再生产．开放时代，2007（6）.

居民的主观感受会构成一种“社会气场”。当“气场”的压力不断增大时，一方面反映出社会结构的过于封闭，另一方面也能预测过高的“气压”可能对相应秩序稳定构成风险。对基层民众“冤气与怨气”指数的监测，主要是对居民的公平感、相对剥夺感和社会冲突意识等方面的基本状况进行抽样调查。如果社会中认为自己遭遇不公、认为社会不公平、对生活不满的人的比例较高，就反映出这个社会的“气压”较高，秩序稳定面临较高的风险。

为了监测民族地区基层社会民族关系状态和族际矛盾发生的风险，这里设计了四个族际社会心理距离指标，以对族际社会基层民众对待民族关系的主观态度和社会距离加以动态监测。这四个指标在不同程度上反映了个人对族际社会距离的主观感受。如果基层民众的族际社会距离的平均水平较高，就反映出基层社会中的民族关系的融洽度和包容度相对较低，民族团结面临挑战，同时也预示发生族际矛盾的风险较大；相反，如果族际社会距离的平均水平较低，就反映出多民族之间的团结度与社会和谐度较高。[①]

表 10－2　　族际社会基层矛盾动态监测的主观指标法

维度	监测问题		1	2	E
矛盾状况	1	在此前一年内，您是否遭遇过政府机关或其工作人员的不公对待？	是	否	其他
	2	在此前一年内，您是否遭遇过其他个人或组织的不公对待？	是	否	其他
族际社会距离	3	您是否愿意与其他民族的居民共同居住在一个城市（县）？	是	否	其他
	4	您是否愿意与其他民族的居民共同居住在一个小区（村）？	是	否	其他
	5	您是否愿意与其他民族的居民成为邻居？	是	否	其他
	6	您是否愿意自己或子女与其他民族的居民通婚？	是	否	其他
满意度	7	您认为当前社会总体上公平还是不公平？	公平	不公平	其他
	8	您认为当前社会总体上安全还是不安全？	安全	不安全	其他
	9	您认为您当前的生活总体上幸福还是不幸福？	幸福	不幸福	其他
集体行动倾向	10	当您与人发生矛盾时，您是否想用武力自己解决？	是	否	其他
	11	当您与人发生矛盾时，您是否想动员众人采取行动？	是	否	其他
	12	当您身边发生抗议活动时，您是否会参加？	是	否	其他

① 马戎．民族社会学：社会学的族群关系研究．北京：北京大学出版社，2004．

社会矛盾演变为冲突性的集体行动，实际上也就打破了正常而稳定的秩序，因为不论集体行动会造成怎样的后果，其发生本身就意味着众人暂停本职工作和常规生活而参与集体行动①，这实际已经影响了秩序的稳定。所以，对基层民众集体行动倾向的监测，主要是为了预测基层社会集体行动发生的可能性。如果具有较强集体行动倾向的人比例较高，那就可能意味着集体行动发生的风险越高。

对民族地区基层矛盾的动态监测，可以及时把握和了解基层社会运行基本状态的信息。要将动态监测信息运用于基层社会治理的实践之中，推进社会治理的科学化，还需要在动态监测基础上，结合社会治理理论和实践经验，建立起基层矛盾及维稳风险的评估体系。维稳风险评估实际上就是对监测结果及其意义从理论和实践经验上加以诠释和揭示，如：一定水平的族际社会距离对应的现实社会，究竟具有怎样的社会意义？其原因究竟何在？

通过对即时监测到的基层社会矛盾的信息和社会冲突意识进行系统评估，结合民族地区矛盾化解及社会治理的经验，甄别出那些频发或高发的基层矛盾，特别是对涉及族际关系、干群关系和宗教问题等方面的基层矛盾加以重点分析和评估，可以判断这些矛盾演化或被建构为大规模社会冲突的风险或可能性的大小，并探讨针对这些基层矛盾的成因及演化的规律而采取多元分阶段化解的有效途径和方法。

四、“安全阀”机制与民族地区和谐社会建设

从矛盾与秩序的对立统一关系角度看，稳定的社会秩序中所出现的问题，其性质是基层矛盾积累以致“喷发”或“爆炸”所产生的结果。和谐社会并不是没有矛盾关系的社会，而是能够及时调和矛盾而不使其积累，从而避免矛盾大爆发所产生的社会秩序振荡。从“社会气场”理论视角看，基层社会秩序犹如一个“气场”，要维持秩序的安全与稳定，就必须控制秩序“气场”内的气压，使其维持在一个安全阈限之内。对民族地区基层矛盾加以动态监测，主要是为社会“安全阀”机制的建设服务的。

---

① 奥尔森．集体行动的逻辑．陈郁，等译．上海：上海人民出版社，1995.

社会“安全阀”机制的功能和工作原理可以用高压锅来比拟，也就是在相对封闭的结构中，要设置能够安全泄压的通道。“安全阀”的功能主要有两个方面：一方面能够保障系统结构的正常工作和安全，即减压功能；另一方面是预警功能。

社会“安全阀”机制的减压功能主要通过特殊设计的“泄压”通道实现，西方社会的“泄压”通道主要有结社、集会、游行和公开选举等制度形式，使得民众的不满在这些合法化的集体活动中得以部分宣泄。当然，中国社会要根据本国国情设置安全可靠的社会“安全阀”。

值得重视的是，社会“安全阀”不仅具有缓解压力的功能，还具有另一个重要功能，即预警功能。“安全阀”在泄压的过程中，实际上也在对社会治理发出相应的预警信息。这些信息对于如何从根本上解决系统结构的安全风险问题，具有直接的指导作用。社会治理可根据“安全阀”的预警警报，通过有效的政策干预和社会治理，化解基层社会矛盾和冲突，从根本上缓和乃至消除社会矛盾纠纷对秩序稳定与安全形成的压力或冲击力。

在民族地区的族际社会里，设置社会“安全阀”机制一方面是为了预防和消解具有共性的社会冲突风险，也就是一般社会可能共有的威胁秩序稳定和社会安全的矛盾冲突；另一方面是为了防范族际群体性冲突事件发生。所以，民族地区的社会“安全阀”机制需要增设抑制族际群体性矛盾社会建构的功能以及消解和降低族际矛盾压力的功能（见图 10－1）。

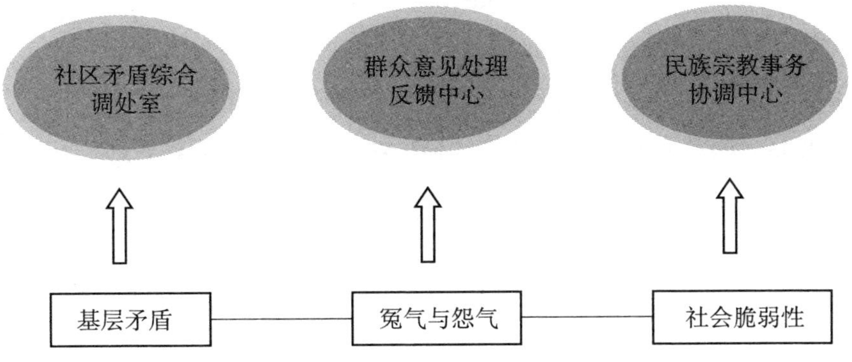

图 10－1　族际社会“安全阀”机制示意图

民族地区的和谐社会建设，关键在于机制建设，即社会“安全阀”机制建设。基于民族地区族际社会的关系结构与秩序形成规律，“安全阀”机制的建设可重点放在三个社会设置之上：一是社区矛盾综合调处室；二是群众意见处理反馈中心；三是民族宗教事务协调中心。

首先，社区矛盾综合调处室这一设置的主要功能就是缓和与化解民族地区基层社会的矛盾。之所以要有这一社会设置，是因为对社会秩序稳定造成冲击和挑战的根源其实来自基层社会，这些冲击力和破坏力的形成和积蓄往往与基层社会矛盾密切联系在一起。在基层社会建立多元矛盾化解机制，加强矛盾纠纷的综合调处，可以大大降低普通生活性矛盾纠纷演化为威胁系统稳定的纠纷的风险。[①]

其次，维护社会秩序稳定与安全，还要建立安全有序的释放机制，即在社会治理中设立民众可以释放冤气与怨气的通道，以及民众可以表达利益诉求的途径[②]。在基层之上，也就是在市县区一级的社会管理中，需要设置一个基层群众能够便利地反映矛盾问题或各种意见的机构。这一机构的功能并不等同于信访部门，而是比信访部门的职能更具综合性，更加注重基层群众的利益表达和意见疏导，以此达到缓解基层不满情绪和减少矛盾积压的目的。

最后，在民族地区维稳的“安全阀”机制中，还需根据族际社会特征，专门设置民族宗教事务协调中心。这一机构的性质也不同于民族宗教事务管理的行政机关，而是具有社会治理综合功能的社会设置，主要功能与“安全阀”的“减压”和“预警”功能相一致，即基层社会中涉及民族宗教的矛盾关系能在这里得以缓解，同时这一机构也能及时把握族际社会民族、宗教维度的社会关系状态，并对可能的风险给予警报。

当然，民族地区的“安全阀”机制建设，归根到底离不开社会冲突的治理机制。要从根本上消除冲突的压力及其可能造成的维稳与安全风险，需要在民族地区社会治理和社会发展的过程中，一方面尽可能将普通民间矛盾纠纷化解在基层，另一方面积极调整治理和发展策略，消解结构性矛盾的根源，促进经济社会与文化政治的协调发展。

---

① 陆益龙．乡村社会变迁与转型性矛盾纠纷及其演化态势．社会科学研究，2013（4）．

② 吴忠民．中国现阶段劳动者利益诉求方式分析．社会学评论，2013（2）．

五、小结

在新的历史时期，在全球化的大背景下，西部民族地区的发展问题有着特别重要的战略性意义。与此同时，如何维护发展相对滞后的族际社会的秩序稳定与安全，如何建设起多民族相互团结、相互融合的和谐社会，将是推进西部发展战略所面临的一大课题。

处理好民族地区发展与稳定和安全的关系问题，政府在社会治理的政策选择和执行实践中需要在如下方面予以加强：

首先，在民族地区社会治理中强化民族融合政策的推进。作为族际社会，民族地区的社会和谐稳定的重要基础就是和谐融洽、平等发展的民族关系。要实现民族关系的和谐，根本的途径就是促进多民族自然地融合到一个国家、一个社会之中。所以，在民族地区社会治理中，必须增强族际社会的意识，强化民族融合政策。

民族融合政策的核心就是科学、合理和妥善地解决多元与一体的关系，即一方面要保障多民族平等、共同发展，另一方面要促进多民族在发展过程中融入统一的国家及和谐的社会之中。在现实社会中，民族融合政策并非教条化、僵化的规则，而是需要根据民族的文化历史传统和发展状况，与时俱进地进行科学合理的设计和安排，其遵循的基本原则就是促进民族平等，淡化族际边界，实现共同发展。

其次，民族地区社会治理工作的重点需要下到基层。无论是从理论还是从经验教训来讲，社会秩序稳定所出现的问题其实来自基层社会，如果基层群众得不到充分发展、基层群众的利益诉求无法表达、基层群众的问题得不到妥善解决，就会使矛盾积压得越来越多，对秩序稳定形成的压力也就会越来越大。所以，推进民族地区的和谐社会建设，必须建设起一个个和谐的基层社区。

加强民族地区基层的社会治理，需要处理好基层自治与治理的关系。针对民族地区的社会经济发展特点，较为理想的途径就是尽量把基层自治与社会治理有机统一和结合起来，避免只有自治而无治理或过多治理而缺乏自治的局面。

再次，在民族地区社会建设中，加强法治建设。在文化多元的族际社会，社会秩序的和谐稳定必须有社会认同和社会共识的基础。在社会现代化的大背景下，法治既是现代社会的重要特征之一，也是现代社会建设的基本趋势。现代法治建设所建构的法律权威，能够让社会成员的行动统一到法律规则之上。[①] 所以，西部民族地区的维稳机制，也需要建立在法治基础之上。通过法治社会建设，让社会主义国家法律深入各民族人民的心中，成为社会和谐和民族团结的基石。

最后，西部民族地区发展需要采取综合性、协调推进的策略。在推进西部大开发战略中，必须协调好经济开发与自然生态、历史传统和社会文化之间的关系。在发展政策选择和制度安排中，需要把经济发展与民族关系、文化传统和社会稳定协调统一起来，避免偏重经济而忽略发展性问题的解决和社会矛盾的化解。如果各个民族在经济、政治和文化等方面都能得到共同发展，也就建设起了和谐稳定的族际社会。

① TYLER T. Why people obey the law. New Heaven：Yale University Press，1990：59.

第十一章　社会主要矛盾转变与基层纠纷的风险

中共十九大报告提出："中国特色社会主义进入新时代，我国社会主要矛盾已经转化为人民日益增长的美好生活需要和不平衡不充分的发展之间的矛盾。"新的历史时期社会主要矛盾已经明确，社会主要矛盾的转化，是社会变迁的总体反映，同时也将在社会各个方面产生影响。紧扣社会主要矛盾变化这一主线，将有助于我们正确、深入地把握和理解新时代基层纠纷的变化及其特征。本章将围绕社会主要矛盾与基层纠纷的互动关系维度，从社会学的社会转型论视角，来分析和探讨新时代中国社会基层纠纷的性质特征以及可能存在的主要风险。

一、大转型与社会主要矛盾的转变

矛盾普遍地存在于社会之中，不同的社会、不同的历史阶段，总有各种各样的矛盾或问题，并且在这些矛盾中，总会有一个主要矛盾。社会主要矛盾所反映的是一个社会在一定阶段的主要矛盾关系，或者说是整体性的问题。社会矛盾及主要矛盾虽具有阶段性，但却是动态的、变化的。随着社会变迁特别是社会转型，社会主要矛盾就会发生转变。

关于当前中国社会主要矛盾的转变过程、性质特征及其影响，需要从社会转型的角度去加以理解。因为，透过社会转型，我们可以更加清晰地把握社会变迁与矛盾转化的历史脉络、动力机制、演变方向以及新的特性。

所谓社会转型，是指社会中的关系、结构、行动原则以及生活方式的类型和性质发生的转变。广义的社会转型，一般指人类社会从传统型社会向现代化社会的转变。波兰尼（K. Polanyi）的社会转型理论为理解当代西方社会的重大转型以及社会主要矛盾的根源提供了一个独特视角。西方工业社会所发生的“大转型”（great transformation）就是“市场社会”的广泛兴起。“市场社会”的主要矛盾则是自由市场与社会的矛盾，其本质就是经济越来越脱嵌于社会和自然，背离了人类经济原本具有的嵌入性，其根本原因就在于将人和土地这种虚拟商品转变为真实商品，由此导致经济发展带来社会和自然的危机，经济与社会发展出现“双重动向”，因而面临不可持续的矛盾问题。[①] 波兰尼关于社会转型的观点起初并未受到关注，在资本主义经济危机、金融危机周期性爆发后，它才越来越引起人们的关注和反思。虽然这一社会转型论观点主要基于西方资本主义社会的历史发展经验，并针对资本主义社会矛盾而提出，但其对社会转型的机理、性质以及问题的深入分析和讨论，具有一定的理论参考意义。

关于当代中国社会的变迁与发展，也有不同的社会转型论的解释。如郑杭生提出：“从 1978 年以来，中国的社会转型进入了一个新的阶段，具有了以往不曾具有的特点。其中一个最明显的特点，就是在经济体制改革的带动下，社会结构转型和经济体制转轨两者同时并进、相互交叉，形成相互推动的趋势。”[②] 按照这一观点，当前中国的社会转型实际包括两个方面：一是社会结构转型，二是经济体制转轨。社会结构转型是指从以农业为主的传统结构向以工业为主的现代结构的转变，经济体制转轨指的是市场经济体制的推行。而李培林则倾向于把社会转型看作社会结构转型，而且认为社会结构转型犹如“另一只看不见的手”[③]，支配和影响着社会领域中诸多方面的变化和问题。因此，对社会主要矛盾的认识，可以从社会结构转型之中找到矛盾变化的轨迹和原因。

还有一种不同的社会转型观，将改革开放后中国社会转型看作布罗维式的“第二次大转变”（second transformation）[④]。所谓“第二次大转变”，也就是二次转型，主要针对社会主义国家而言，是一种体制性的、整体性的转型。

---

① 波兰尼．巨变：当代政治与经济的起源．黄树民，译．北京：社会科学文献出版社，2013.

② 郑杭生．改革开放三十年：社会发展理论与社会转型理论．中国社会科学，2009（2）.

③ 李培林．社会转型与中国经验．北京：中国社会科学出版社，2013.

④ 孙立平．社会转型：发展社会学的新议题．社会学研究，2005（1）.

社会转型不论是结构转型还是体制转型，其实都反映出社会在发生着巨大的变迁。因此，社会转型为我们更为深入、正确地把握和认识社会主要矛盾提供了一个大框架。在社会结构和体制机制经历巨变的过程中，新旧结构和新旧体制之间的过渡与衔接或多或少会出现这样或那样的矛盾和问题。考察和了解社会转型的过程与方向，对于把握转型过程中的关键要素和变化节点具有重要的意义。

对社会主要矛盾发生转变的根本原因，需要从社会所发生的重大转型中去探寻。只有结合社会转型的历程，才可从中获得更为深刻的认识。既然社会主要矛盾反映的是社会运行过程中的主要矛盾关系，也就是社会运行与发展面临的基本问题，那么，当结构和体制出现转型之后，就会产生新的主要矛盾关系或问题。当前中国社会主要矛盾转变为人民日益增长的美好生活需要和不平衡不充分的发展之间的矛盾，其根本原因则是社会转型的加速，亦即中国社会的市场转型（market transition）。随着市场经济体制的确立和推行，一个“市场社会”正在逐步兴起。[①] 市场转型释放出巨大经济动能，推动了中国经济快速发展，可以说创造了一个世界经济奇迹。在短短四十年里，中国不仅解决了温饱问题，而且全面建成小康社会，人民的生活水平总体上普遍提高。在此背景下，人民对美好生活的需要也在提高。然而，在经济快速增长的过程中，经济发展与社会、生态环境发展之间不平衡不协调问题日益凸显，而且社会内部发展的不平衡不充分问题渐渐突出。认识市场转型与社会主要矛盾转变之间的内在联系，并非否定市场体制的积极功能，而是为了准确地把握和理解社会主要矛盾转变的根源，正确地认识社会主要矛盾转变的根本原因，以便采取正确的应对和调节策略。

从社会转型的角度，不仅可以更好地理解社会主要矛盾转变的根本动因，亦可更好地理解社会主要矛盾的基本维度和性质，亦即矛盾关系的基本维度和性质。当前社会主要矛盾所反映出的不平衡不充分发展问题，从本质上看，基本的矛盾关系维度主要包括两个方面：一是经济发展与社会和自然生态发

① NEE V. The emergency of a market society: changing mechanism of stratification in China. American journal of sociology，1996，101.

展的不平衡的矛盾；二是发展过程中社会内部的不平衡不平等问题。市场转型驱动了经济快速地增长，那么，社会领域、生态环境保护领域的发展能否跟上经济的快速增长呢？尽管经济发展是一个硬道理，也是社会发展的基础，但是，经济增长的成果最终依然需要回归到社会福利和社会效用之中，而不能脱嵌于社会。经济与社会、生态环境协调发展的矛盾在西方现代化国家已经产生，并越来越成为经济与社会可持续发展的魔咒。经济增长与环境保护之间的矛盾关系在发达工业化国家是否已经解决了呢？本质上看并没有，发达国家不过是向欠发达或发展中国家转嫁了这一矛盾而已。因此，经济与生态环境之间的矛盾关系，不仅是发展的国内不平衡问题，也是现代发展中的国际不平等问题。在市场转型过程中，收入差距的拉大与社会不平等问题是主要矛盾的一个重要维度，而在应对和调和这个社会矛盾时，常常会出现“市场失灵”，即市场机制对矛盾的产生起到了作用，但是市场似乎又不会自动地来调和与缓解社会矛盾。

就基本性质而言，当前社会主要矛盾是发展性的矛盾。所谓发展性的矛盾，也就是在现代化发展过程中，发展带来了旧有格局和结构的巨大变化，从而引起社会关系的不平衡和不协调，由此也就构成了突出的矛盾。

社会转型既是一种社会事实，也是一个大趋势。在转型过程中，社会主要矛盾自然也会发生变化。在这个意义上，社会转型中的主要矛盾可能就是深层结构性的突出问题。

二、主要矛盾对基层纠纷的影响及机制

社会主要矛盾的影响具有全局性，随着主要矛盾的转变，将会在社会各个方面产生种种影响。毛泽东指出：“在复杂的事物的发展过程中，有许多的矛盾存在，其中必有一种是主要的矛盾，由于它的存在和发展规定或影响着其他矛盾的存在和发展。”[①] 在新的社会主要矛盾出现之后，其他社会矛盾或矛盾的其他方面也会出现变化，形成新的形态且具有新的特征和演变方向。

与社会主要矛盾相对应的是社会的基层纠纷。所谓基层纠纷，“是指在基

① 毛泽东．矛盾论//毛泽东．毛泽东选集：第1卷．2版．北京：人民出版社，1991：320.

层社会日常生活过程中产生的个人与他人、个人与组织机构之间的不满、冤屈、争执和纠纷”[①]。基层纠纷虽在日常生活中产生并呈现出来，但同时也是社会主要矛盾在社会生活中的具体表现，并和社会秩序直接相关。因为日常生活其实是社会运行的基本载体，在日常生活中，人们不仅再生产个体，也让社会得以再生产。[②] 日常生活中发生的基层纠纷，也属于社会矛盾关系的范畴，而且是更加具体的矛盾关系或冲突行为。准确地把握社会主要矛盾，对于宏观政策决策来说意义重大，但在微观社会治理实践中，则需要对具体的基层纠纷加以正确应对。在社会主要矛盾与基层纠纷之间，既有本质的差别，也有密切的联系。一方面，对社会主要矛盾的认识，不宜脱离现实社会中具体的基层纠纷问题；另一方面，在应对和治理各种各样的基层纠纷的实践中，也需要把握社会主要矛盾的趋势和特点，并根据“标本兼治”的原则选择合理有效的纠纷管理策略，以更加有效地化解基层纠纷，更好地维持社会秩序。随着社会主要矛盾的转变，基层纠纷也会有相应的变化和体现。社会主要矛盾可能会对基层纠纷有这样几方面的影响。

首先，社会主要矛盾的转变将影响到基层纠纷的内容和特点。社会主要矛盾发生转变，意味着那些深层结构性的和全局性的大问题已经有了变化，出现了新的问题或新的矛盾，这些问题或矛盾必然会影响到基层民众的社会生活，由此也可能出现相应的生活性的矛盾纠纷。

例如，在不平衡不充分发展这一宏观问题的影响下，基层民众对公平、正义、安全的需要显著增强。基层纠纷的内容越来越多地涉及民众对权益的主张，如征地拆迁纠纷、劳资纠纷、环境纠纷、干群纠纷以及邻里纠纷等。在这些基层纠纷中，发生争执和纷争的缘由在一定程度上会受到主要矛盾转变带来的价值观和社会心态的变化的影响。

其次，社会主要矛盾的转变将影响到基层纠纷的规模。当前社会主要矛盾的转变反映了发展性问题变得越来越突出，这些问题的出现不可避免地在社会生活领域中产生这样或那样的影响，因而也会引发更多的基层纠纷。正如吴忠民认为，在社会快速变迁的阶段，社会矛盾的演化空间比较大，一些

---

① 陆益龙．基层纠纷的社会风险及其动态监测．贵州省委党校学报，2017（6）．

② 赫勒．日常生活．衣俊卿，译．重庆：重庆出版社，2010．

小的矛盾纠纷可能会演变为较大的社会矛盾[①]。例如，无论在城市还是乡村社会的基层，家庭和邻里之间因房产问题而发生的纠纷出现了迅猛增长的趋势，这些纠纷的增多与快速的开发及不平衡发展有密切关系。在土地开发和房价快速上涨的过程中，民众的心态发生巨大变化，而快速巨变中制度规则的准备又不充分，因而矛盾和纷争也就不断增多。

基层纠纷的增多是多元化的、冲突性的社会需求增长的反映，而社会需求的多元化则受到社会转型与发展大趋势的影响。例如，随着社会经济水平的不断提高，城市中农民工群体的利益诉求已经从“底线型”利益诉求向“增长型”利益诉求转变。底线型利益诉求受到法规的保护，而增长型利益诉求则是在经济增长过程中产生的各种没有清晰标准的、新的利益诉求。[②] 这些新的利益诉求的出现，导致劳动纠纷的增多。同样在农村社会基层，随着温饱问题普遍得以解决，农民的社会需求随农村社会转型而发生变化，而这些新的需求或利益诉求与既有的制度安排或既存事实之间可能会存在一定的差异，这些差异也就成为引起纷争的缘由。因而在这个意义上，在社会转型中因利益需求变化而引发的矛盾纠纷可被看作“转型性纠纷”。[③] 基层社会出现的“转型性纠纷”，反映的是社会主要矛盾变化带来的基层矛盾纠纷的变化情况。

再次，社会主要矛盾的转变将影响到基层纠纷的解决机制。纠纷解决机制是指纠纷中的争执与纷争问题在社会中以何种方式、通过什么样的过程而得以最终解决，并达到秩序相对平稳状态。纠纷解决机制由两个方面的要素构成：一是纠纷当事者的纠纷解决方式的选择，二是社会的纠纷管理策略。在现实生活中，个人在面对纠纷问题时，可以选择的纠纷解决方式主要包括：忍忍了事、自行解决、双方协商解决、找权威第三方调解或裁决、起诉至法院等。基层社会为维护生活秩序的正常化，就需要对社会生活中的秩序问题加以管理，常见的纠纷管理策略主要包括：行政控制、法治以及基层调解等。

社会主要矛盾的转变将会更多地影响到基层社会的纠纷管理策略，因为

---

① 吴忠民．中国改革进程中的重大社会矛盾问题．北京：中共中央党校出版社，2011.

② 蔡禾．从“底线型”利益到“增长型”利益：农民工利益诉求的转变与劳资关系秩序．开放时代，2010 (9).

③ 陆益龙．乡村社会变迁与转型性矛盾纠纷及其演化态势．社会科学研究，2013 (4).

在现代化发展的大背景下，制度建设将不断趋于完善。尽管基层纠纷的规模在增长，但这些纠纷将通过多元化的机制得到解决。正如达仁道夫认为：现代社会的冲突主要源自权利与权力的“抗争”，虽然抗争较为普遍，但这并非一种不可消除的斗争。因而对待社会冲突，比较理想的办法是正确地引导社会冲突，并尽可能消除激烈的冲突形式，避免冲突以暴力的形式出现。① 既然当前中国社会主要矛盾的一个重要方面表现为人民对美好生活的需要，那么也就意味着在处理和解决基层纠纷中，人们会倾向于使用更加理性、更加有效的纠纷解决机制，尽量避免非理性的暴力冲突。

最后，社会主要矛盾的变化也会在一定程度上影响纠纷当事者对纠纷解决方式的偏好。“社会转型的历史条件使得中国的解纷机制处于传统与现代的交混之中。”基层纠纷解决机制的建立，既有传统文化的印迹，又结合了基层民众解决纠纷的特定需求和偏好。② 社会主要矛盾的转变意味着社会总体环境已发生改变，在新的社会环境下，基层民众的社会心理以及对纠纷解决的需求和偏好也会形成新的特点。例如，随着现代化法治建设的全面推进，基层民众的法治意识将不断增强，由此可能出现越来越多的民众对法律途径解决纠纷的需求和偏好，同时也意味着基层民众对司法公正的要求会越来越强烈。

随着社会主要矛盾的转变，基层社会的矛盾纠纷形势会在多个方面显现出变化。那么，社会主要矛盾会通过什么样的机制影响到基层纠纷的内容、规模以及解决机制呢？如果从决定论的观点看，社会主要矛盾与基层矛盾纠纷的关系是决定与被决定的关系，即社会主要矛盾决定了基层纠纷的性质特点、规模结构以及解决机制。主要矛盾的决定机制虽强调了抓主要矛盾的重要性，但对主要矛盾究竟通过何种机制决定或影响着基层社会的矛盾纠纷，往往没有具体、深入的分析。而在基层社会治理的实践中，弄清社会主要矛盾对基层纠纷产生影响的具体功能机制，对于预防和有效化解基层矛盾纠纷会有更为重要的参照意义。

由于基层纠纷的起因不外乎两个方面：一是利益纠葛，二是互动冲突。

---

① 达仁道夫．现代社会冲突．林荣远，译．北京：中国社会科学出版社，2000：142.

② 梁平，孔令章．转型时期基层纠纷解决机制的构建．学术月刊，2009（10）.

因而，影响基层纠纷的主要因素也就来自利益关系和社会心理，社会主要矛盾对基层纠纷的影响归根到底也是通过这两大类因素而实现的。综合起来看，社会主要矛盾转变影响基层纠纷的机制可概括为“利益传导-心态搅动”机制。社会主要矛盾转变所导致的总体利益格局的变化，会通过利益传导机制引起基层社会利益关系的变动，由此也就对基层社会利益纠葛类纠纷的形势产生影响。如基层的一些转型性矛盾纠纷，或“增长型利益诉求”引起的纠纷等，在某种意义上就是社会主要矛盾在基层的具体呈现。

在现实生活中，有些纠纷的产生跟社会交往互动情境和行动有关，在特定情境中，人们因互动而偶发摩擦，进而可能出现冲突的升级，同时也就会导致纠纷。在此过程中，社会心理或社会心态起主要作用。如社会冲突理论中的“结构变化模型”显示①，一些冲突的升级主要由于冲突双方在互动过程中因心理和群体的变化而导致冲突结构的变化。激化矛盾并引发冲突和纠纷的社会心理受到很多复杂因素的影响，既有个体因素，也有群体因素，同时，社会环境因素也是不可忽视的重要影响因素之一。社会主要矛盾的变化也意味着社会环境的改变，在新的社会环境里，基层民众的社会心理或社会心态会受到一定程度的搅动，由此出现与以往有所不同的社会心理和社会心态，这种变动也会影响社会交往互动，从而对基层社会的冲突和纠纷形势产生一定的影响。这种影响既可能促进基层纠纷和冲突的缓和与削减，也可能激化和助长基层的矛盾纠纷。

三、基层纠纷的演变态势和主要风险

从社会主要矛盾转变的视角来考察和认识基层纠纷，有助于把握基层纠纷形成和演变的大势。但基层纠纷也具有自身的特点，其演变也会遵循自身的一些规律。社会转型与主要矛盾转变会影响基层纠纷，然而社会转型并不必然带来基层矛盾纠纷的凸显。尽管基层社会的一些矛盾纠纷具有转型性的特征，且有多元化的趋势，但基层并未呈现出矛盾纠纷特别严重或凸显出来

---

① 普鲁特，金盛熙．社会冲突：升级、僵局及解决．王凡妹，译．北京：人民邮电出版社，2013：124.

的情况。[①]

抓主要矛盾对理解基层纠纷固然重要，但对基层纠纷具体形势及风险的认识，还需要有“平常视角”。所谓平常视角，也就是从普通民众的日常生活中反映出的社会事实。在对矛盾纠纷的社会学研究中，平常视角就是通过根据抽样调查所获得的事实来洞察基层纠纷的演变态势。如果从利益关系与利益诉求的角度看，基层民众报告的个人遭受不公待遇的事实也就代表着基层纠纷的基本形势。表 11－1 就是社会调查中基层民众所反映的遭遇不公待遇的社会事实，这虽不是狭义的进入司法程序的具体纠纷情况，但在社会学意义上具有纠纷的性质，因为社会中的纠纷常常是在利益纠葛中产生的。个人感到遭受不公待遇，即意味着自身利益受损，因而有抱怨或冤屈感。

表 11－1　　基层民众过去 5 年在工作中遭遇不公待遇情况

	人数	百分比（%）	累积百分比（%）
无法回答	90	5.0	5.0
是	375	20.9	25.9
否	763	42.5	68.4
没有工作过或者没有找过工作	567	31.6	100
总计	1 795	100	

资料来源：2015 年中国综合社会调查（2015 CGSS）。

从调查结果来看，有 20.9%的人在工作中遇到过不公待遇，即与他人或机构有过利益纠葛。这一结果所反映的社会事实是，有较多的基层民众在日常生活里会有这样或那样的利益纷争，由此表明基层纠纷的发生和存在，成为基层社会生活的一个组成部分。基层纠纷既不是少见的偶发事件，也不是社会关系的主流状态，而是一定比例的不均衡关系状态。不过，调查结果并不能验证有些研究所做的判断，即认为当前中国“矛盾程度轻微的合法形式的社会矛盾日趋增多，而且突出地表现为社会冲突程度较为严重的非法形式的社会矛盾也在大幅增加，在社会矛盾总量中所占比例日趋上升”[②]。因为我们并未真正掌握过去和现在发生在基层社会的具体纠纷的总量，因而对矛盾

① 陆益龙．转型中国的纠纷与秩序：法社会学的经验研究．北京：中国人民大学出版社，2015：202.

② 胡联合，等．影响社会稳定的社会矛盾变化态势的实证分析．社会科学战线，2006（4）.

纠纷增长情况的判断会带有较强的主观性。

如果说基层纠纷产生的另一个基本原因是社会心理或社会心态方面的原因，那么，我们也可从了解基层民众的公平感的角度间接地把握基层纠纷的态势，因为民众社会公平感的指数也可从一个侧面反映一个社会潜性纠纷的风险水平①。感到公平的基层民众的比例较高，说明有不平衡社会心理或心态的人较少，激化和引发矛盾纠纷的可能性较低。相反，有较多基层民众感到不公，则反映出基层潜性纠纷较多。

表 11－2 显示的是当前基层民众社会公平感的基本情况。社会调查结果表明，有 27.7％的民众具有不公平感，有 49.5％的民众则感到社会是公平的，有极端不公平感的民众占 5.6％。从这一结果来看，目前尽管基层民众对社会公平的需求有增强的趋势，但基层民众的社会心态总体上还是趋于较为平和的状态，有过激心理的现象并未显得很突出。这在一定意义上反映出基层潜性纠纷的风险水平并不凸显。

表 11－2　　基层民众的社会公平感

	人数	百分比（％）	累积百分比（％）
无法回答	64	0.6	0.6
完全不公平	617	5.6	6.2
比较不公平	2 419	22.1	28.3
说不上公平但也不能说不公平	2 433	22.2	50.5
比较公平	5 067	46.1	96.6
完全公平	368	3.4	100
总计	10 968	100	

资料来源：2015 年中国综合社会调查（2015 CGSS）。

那么，在社会转型及社会主要矛盾发生转变的大背景下，基层纠纷究竟有着哪些风险呢？根据风险社会理论的观点，现代性正从古典工业社会里演变出一种崭新的形式，那就是“风险社会”。② 如果说当今社会进入了风险社会，那么风险源究竟是哪些呢？社会风险是由社会主要矛盾或结构性矛盾决定的还是来自多个方面？

① 陆益龙．基层纠纷的社会风险及其动态监测．贵州省委党校学报，2017（6）．

② 贝克．风险社会．何博闻，译．南京：凤凰传媒集团，译林出版社，2003：2．

现代性的风险可以说是现代社会共同面对的风险，中国社会在现代化转型及主要矛盾转变过程中，自然也会面临类似的风险。但是，一个社会要平稳运行，仍需要重点防控社会系统内部的风险，尤其是来自基层社会的风险。因为从矛盾与秩序的对立统一关系角度看，在稳定社会秩序中所出现的问题，其性质是基层矛盾纠纷积累以致“喷发”或“爆炸”所产生的结果。[①] 因此，当我们关注社会主要矛盾转变的同时，仍需要重视基层矛盾纠纷的形势及其潜在的风险。

虽然基层纠纷具有平常性、生活性等特点，但纠纷状态总会对秩序状态构成一定的冲击。由于社会秩序的建构离不开基层社会生活的具体实践，需要以基层社会秩序的维持作为重要基础，因此，当基层纠纷影响到基层社会的正常秩序时，也就构成了一定的社会风险。就当前基层纠纷的演变态势而言，其对秩序造成破坏的社会风险主要有三种：一是基层潜性纠纷的“社会气场”风险，二是基层纠纷的暴力解决风险，三是基层纠纷的群体性事件风险。

基层纠纷的“社会气场”风险是指基层纠纷导致的社会怨气不断积累，致使基层“社会气场”“压强”不断升高，由此可能引发破坏社会系统平稳运行的风险。一方面，在现实生活中，因怨气和不平衡心态而发生纠纷的现象较为常见，因为民众常会“为气而斗争”。[②] 另一方面，纠纷的演化又可能增添社会怨气。如果基层纠纷在演化过程中得不到有效化解，不断增加的基层怨气又没有“安全阀”设置来缓解“气压”，那么基层纠纷所隐含的社会怨气的增加就可能引发危及社会秩序的突变事件。

在日常生活中，发生纠纷是平常的现象。普通纠纷并不一定会构成社会风险。但是，如果普通的基层纠纷的解决方式是暴力方式，那么这样的基层纠纷很可能演化为严重社会事件，由此也就会形成破坏常态秩序的社会风险。当纠纷在基层社会发生之后，纠纷当事者有多种纠纷解决方式可以选择，是否选择暴力方式往往受基层社会的纠纷管理情况的影响。如果其他纠纷解决方式能够更加有效、便捷地处理所发生的纠纷，就会大大降低纠纷当事者选择暴力方式的可能性。因而在基层社会治理中，要管控基层纠纷的风险，防

① 陆益龙．族际社会的基层矛盾化解与维稳机制：兼论民族地区的和谐社会建设．甘肃社会科学，2014（6）．

② 应星．“气”与中国乡村集体行动的再生产．开放时代，2007（6）．

止纠纷引发暴力事件，比较理想的途径就是能够及时地提供有效控制和化解纠纷的方式，亦即合理有效的基层纠纷解决机制。

基层社会的较多群体性事件或集体上访事件，往往是从基层纠纷中酝酿出来的，或者是由于基层纠纷的演化而导致纠纷性质发生转变。例如，虽然乡村社会的邻里纠纷看上去很平常，但如果任其演变，那么也可能转变为两个家族群体之间的纠纷，甚至可能引发恶性群体性事件，并且最终的矛头还可能指向基层组织和政府。由此可见，基层纠纷往往潜含着群体性事件或集群事件的社会风险。基层纠纷的群体性事件风险实质上就是个体纠纷演化为群体性纠纷的风险，虽然这一纠纷性质的转变过程受多种因素的影响和作用，但究其根本则是基层纠纷未得到及时化解。因而在这个意义上，基层纠纷是否得到及时有效化解会直接关系到群体性事件发生的风险。当个体在纠纷过程中难以解决纠纷时，动员更多的人参与纠纷解决的可能性随之增大，由此引发群体性冲突的风险也就大大提高。所以，基层解决纠纷的需求不仅仅是人口、纠纷数量与诉讼之间的简单对应，而是一个发展变动的综合体，纠纷解决需要寻求对应的制度、程序和方式。[①]

由于基层纠纷所表现出的形式具有平常性、个案性、偶发性等特征，因此纠纷常常被认为是私人事务、无规律事件而受到轻视，其所潜在的社会风险也往往得不到足够的重视，这样，有效的基层纠纷管理机制也就容易处于缺位状态。无论是基层潜性纠纷的“社会气场”风险，还是基层纠纷的暴力解决风险，抑或是基层纠纷的群体性事件风险，都在较大程度上与纠纷在基层得不到有效管控有关。有效的基层纠纷管理机制类似于社会“安全阀”机制，不仅可以预警基层矛盾纠纷形成的社会风险，而且能够为降低矛盾纠纷的风险提供一种安全设置。虽然基层社会的矛盾纠纷有多元化的趋势，在基层社会生活的各个方面会产生各种各样的具体纠纷，因而基层纠纷可以说是绝对的，但是，基层纠纷也是平常的，其社会风险则是相对的。之于基层社会秩序而言，纠纷的发生规模并不真正危及秩序，造成秩序危机的主要是基层纠纷潜在的社会风险，而基层纠纷的社会风险更多取决于基层纠纷管理与纠纷化解的效率。

---

① 范愉．纠纷解决的理论与实践．北京：清华大学出版社，2007：406.

四、小结

中国社会正经历巨大的社会转型，社会主要矛盾随之发生转变。随着物质生活水平的普遍提高，人民群众的需求结构和需求层次发生相应的变化，这些新型的社会需要与不平衡不充分发展的社会现实之间构成了深层次、结构性的矛盾。社会主要矛盾的转变，新型社会矛盾的出现，从本质上看是社会现代化转型和市场转型的结果，也是社会经济发展的大趋势。认识社会主要矛盾转变的性质，对于准确地把握各种具体问题或其他社会矛盾的大背景和总体局面有着重要的意义。

从背景和结构上看，社会主要矛盾的变化必然影响基层社会的纠纷问题。一方面，基层具体纠纷问题是在社会转型的大背景下发生的，因而，其中的一些纠纷问题不可避免具有转型性的特征。另一方面，基层社会的一些矛盾纠纷问题是结构性矛盾在基层生活中的具体呈现，也就是一些纠纷问题的根源在于深层结构性矛盾。由此看来，更好地理解和应对基层社会的矛盾纠纷问题，首先应把握社会矛盾的大势和总体特征，因为基层矛盾纠纷的演变形势与社会主要矛盾的变化之间有密切的关联。

社会主要矛盾的转变会影响和改变基层社会矛盾纠纷的内容与特点，让基层社会的发展性纠纷问题有增多的趋势，因为随着发展水平的不断提高，基层民众的利益诉求和权利主张有所增加，同时，利益和权利的冲突与纷争也在增多。社会主要矛盾的转变还会影响基层社会的纠纷解决机制。受社会环境改变的影响，纠纷当事者选择纠纷解决方式的偏好和倾向发生了一定变化。此外，随着现代法治建设的不断推进，基层纠纷管理和纠纷解决机制的法制化程度也在不断提高。

基层社会的具体纠纷的起因实际上有两大类：一是利益纠葛，二是互动冲突。社会主要矛盾影响到基层纠纷，也正是通过“利益传导-心态搅动”机制实现的。社会主要矛盾所包含的利益关系及利益格局，会传导至基层实际社会生活之中，并在利益纠纷中具体显现出来。而社会转型带来的社会心理和社会心态的变化，在基层生活的人际交往互动过程中得以体现出来。

尽管社会主要矛盾转变会影响到基层纠纷，但社会转型期并不必然是

"矛盾凸显期"。同样，抓住主要矛盾固然重要，但管理和化解基层纠纷其实是社会治理的重心。因为在一定时期内，社会变迁和社会发展过程中所出现的新形势、新矛盾，通常是一种现实状况，它与理想状态之间的矛盾难以在短期内改变，因而切实可行的办法是面对现实，去积极应对和解决基层社会的具体矛盾纠纷问题。

虽然基层纠纷看上去很具体、很平常，但基层纠纷也潜含着诸多社会风险。当基层纠纷风险累积到一定界限时，也会构成对社会系统秩序的破坏，因为基层社会生活实际承载着社会系统的运行。基层潜性纠纷的"社会气场"风险、基层纠纷的暴力解决风险和基层纠纷的群体性事件风险等主要社会风险的酝酿和形成，往往与基层纠纷的管理和化解效率有密切关系。

总之，把握社会主要矛盾的转变趋势，最终目的还是根据社会转型的总体形势，构建起更加有效的基层纠纷管理与化解机制，以便防范基层纠纷的社会风险。基层纠纷是多元的，具有多种复杂的特点，因而有效地管理和化解基层纠纷，相对应地也需要有多元纠纷解决机制。尽管现代法治建设在全面推进，法律能够为解决纠纷提供具有权威性的、公正的途径和方式，但并非所有的基层纠纷都要进入司法程序之中，法律方式也并非解决基层纠纷的最有效方式，因而有效管理基层纠纷不宜过多地依赖法律力量。基层社会多元纠纷解决机制实际上是对基层纠纷的综合治理，而不是仅仅针对纠纷问题而采取的解决措施。多元纠纷解决机制需要在社会建设中逐渐建立起来，对基层纠纷的管理和化解，也是基层社会治理的核心内容之一。防范基层纠纷引发破坏社会秩序的风险，并非要防止纠纷的发生，而是要及时、有效地化解基层纠纷。如果越来越多的基层纠纷能在基层得到及时、公正的处理，那么其社会风险也就能在基层得以消除。只有回归到基层社会和日常生活，才能找到解决现代性脱嵌问题的有效路径。

第十二章 纠纷风险防范的有效路径

在新时代，技术进步日新月异，伴随着技术革新，社会生活和社会关系也在不断地发生着变化。随着“互联网＋”和5G通信时代的到来，人类社会生产和生活方式将出现大变局。新时代的社会经济、政治及文化所经历的巨大变迁和重塑，或许远远超过了卡斯特所预见的网络社会的状况①，对社会巨变产生深远影响的可能不仅是信息技术及其物质基础，全球范围内互联互通的互动环境下的互构实践也给社会带来了诸多未预测到的变迁。在剧烈变动的时代，一般会伴随一些新的社会矛盾和问题的出现。特别是在技术突飞猛进的过程中，人类社会在享受着技术进步带来的便利和福祉的同时，也要承担更多的风险，正如贝克所概括的那样，现代社会已经进入风险社会②。风险既包括来自技术的、物质的风险，也包括社会关系和秩序方面的风险。重视对当今及未来社会秩序风险的动态考察和把握，其意义就在于增进对巨变时代各种新的问题的认识。

一、关注基层纠纷

基层社会是指承载并组织社会生活的基本单位与构成，包括家户、村庄、社区、街道和工厂组织等具体、实在的社会单位，也是每个人社会生活及活动的空间和场所。社会何以可能？秩序何以达成？透过基层社会的具体形态即可理解。尽管当今社会处快速变迁和转型时期，但任何历史时期的社会都

---

① 卡斯特．网络社会的崛起．夏铸九，等译，北京：社会科学文献出版社，2006：1.

② 贝克．风险社会．何博闻，译．南京：凤凰传媒集团，译林出版社，2003：2.

是由基层支撑起来的，基层社会是基础。同样，社会矛盾纠纷及秩序风险主要发生于或源于基层社会，因为只有在具体生活及交往互动中，才会产生人与人之间的矛盾、纠纷、冲突等对立性的社会关系及问题。

由于基层社会实际是由日常生活所组成的，因而基层纠纷也就主要是在平常的人际交往和互动中产生的，其中有很多纠纷是居民之间因为生活中的各种琐事和瓜葛而发生的民间纠纷。或许，正因为基层纠纷具有这种平常性、个体性和偶发性，在中观及宏观的政策和社会治理层面，对基层纠纷加以治理的重要性常常会被忽视。要么把基层纠纷看作民众生活中的琐事；要么将民间纠纷视为人们的私事，而不需要过多的公共管理；要么认为基层纠纷复杂多样，难以把握规律性的东西。在一些地方，基层纠纷化解机制的失效、失灵现象，在某种意义上与这种漠视基层纠纷的态度有密切关系。例如，较多实践经验表明，基层的调解对及时有效地化解基层矛盾纠纷，避免纠纷转化升级起到非常重要的作用。然而，有较多基层自治组织不会主动地介入基层矛盾纠纷的调解，更少积极地努力化解基层矛盾纠纷。因此，对基层纠纷缺乏足够关注集中体现为在基层社会治理中纠纷化解机制的弱化。

基层纠纷既包括显性的矛盾纠纷，也包含潜性的矛盾纠纷。关注基层纠纷需要对这两个方面的矛盾纠纷加以考察和监测。一方面需要把握基层社会运行中实际发生的具体矛盾纠纷，如个人与个人之间的纠纷、个人与组织之间的纠纷以及个人与政府机关之间的纠纷，了解不同类型纠纷的实际发生规模和发生率，由此可从总体上认识社会关系与社会秩序的基本状况和态势。另一方面需要了解未在行为上表现出来的潜性矛盾纠纷，这些潜性矛盾纠纷主要是指群众的消极或极端的社会心态和观念，如民众的不公感、抱怨、冤屈、怨恨等。这些心态和情绪虽没有在行动上显现出来，但也是一种潜在的矛盾风险，在一定条件刺激下可能构成对秩序的威胁。

关注基层纠纷，还要关注基层纠纷的发生、演化和解决方式，亦即基层纠纷过程。通过对纠纷过程的监测，可以了解到基层民众在纠纷管理方面的动向，也就是在纠纷发生后，人们会选择何种方式来应对和解决纠纷问题。就已有监测情况而言，民众选择通过武力、动员众人来自行解决纠纷问题的倾向并不是很显著，只在个别城市中和解决某些纠纷时，民众动员众人参与纠纷解决和参加群体性事件的意向相对较强。

通过对纠纷过程的监测，也可从中洞悉法律与社会的关系状况。就基层民众的主观意识和观念而言，人们选择法律途径解决纠纷的趋势很明显，即多数人愿意通过法律方式来解决纠纷。然而，在实际中选择法律途径解决纠纷的情况并不占多数，而且，较多选择法律方式解决纠纷的民众对纠纷解决效果的评价并不太理想。这既显示出民众对法律的纠纷解决方式的主观态度，也可能反映了基层纠纷解决中法律机制的客观状况。

更及时、更深入地把握基层纠纷的现状和动向，既需要在基层社会治理实践中关注和反馈纠纷信息，并在实践中总结有效的纠纷化解经验，与此同时，也需要加强对基层纠纷的动态监测和科学研究，通过宏观层面的抽样调查和微观层面的案例研究，更加系统地考察和分析基层纠纷的动态特征、基本性质和大的趋势。

二、在法治建设中构建共建共治机制

随着依法治国的全面推进，中国特色社会主义法治建设成为国家治理能力现代化的重要构成，法治在社会治理中的作用日渐重要，法律在化解基层矛盾纠纷和秩序维持方面也会越来越重要。

在新的时代，法治机制在矛盾纠纷解决中的运用越来越多，但这既不意味着法治机制可以替代其他纠纷解决机制而成为统一的选择，也不意味着法治机制就是理想的矛盾纠纷解决机制。从对基层矛盾纠纷及其化解机制的经验考察情况来看，法治机制如果孤立地运行，那么对化解矛盾和解决纠纷问题的效果是有限的，甚至在有些情况下，简单地运用法律方式解决民间纠纷，还可能产生一些意外后果。随着法治建设在城乡社会全面推进，基层纠纷解决中出现了“好讼”甚至“缠诉”现象。与此同时，涉诉信访和上访事件也在增多。这些现象所反映的就是基层纠纷解决的法治机制具有较大的局限，而不是最优的纠纷解决机制，也不代表基层纠纷的治理方向。

“枫桥经验”以及河北省定州的试点经验[①]，强调在基层纠纷化解中将法治机制与民间调解机制以及社区治理有机结合起来，不仅成功化解了一些纠

① 范愉．非诉讼程序（ADR）教程．北京：中国人民大学出版社，2002：11.

纷难题，而且对构建和谐秩序起到了协调与整合的作用。

有效地治理基层矛盾纠纷，尽可能将更多矛盾化解在基层，避免矛盾纠纷的激化以及社会冲突的升级，以往比较重视多元纠纷解决机制[①]，强调构建并提供多样化或多元化的纠纷解决机制，包括司法诉讼及其他多种替代性纠纷解决机制。然而，从实际经验来看，即便社会提供了多种可供选择的纠纷解决方式，人们在解决纠纷时也只会选择其中一种方式。因而，构建多元纠纷解决机制其实只解决了纠纷解决方式的供给问题，而并没有真正解决纠纷解决机制的效力问题。因为任何一种单一的纠纷解决方式（如诉讼或民间调解），其化解矛盾、解决问题的效力可能都是有限的，甚至多种不同的纠纷解决方式之间还存在相冲突之处，从而降低纠纷解决的效力。因此，要实现有效地化解基层矛盾纠纷，可能需要把多种纠纷解决机制统合起来，共同对纠纷问题的解决发挥相向的作用。如果按照合力治理或综合治理的原则，就需要将基层矛盾纠纷的化解纳入基层社会治理范畴，构建起共建共治机制，形成多方力量参与社会建设与社会治理，并共同发力积极化解基层社会的各种矛盾纠纷。

共建共治机制并非一种纯粹的纠纷解决机制，而是一种基层社会治理机制。在这一社会治理机制中，实际包含了对矛盾纠纷的治理。共建共治机制的核心内涵包括两个方面：一是共建，二是共治。共建主要指在基层社会运行过程中，社区内的各种不同主体、内部和外部的各种建设力量都需要共同参与社区的社会建设和公共事务的治理。共治是指多方力量共同协商、相互协调、相向发力、共同治理的环境和机制，如法治与德治、自治以及民主管理有效结合，形成相互联动配合的共同治理格局，就属于一种共治机制。

在治理基层矛盾纠纷问题上，很难说哪一种解决方式是最优的。如果能在具体治理实践中根据矛盾纠纷化解的实际需要，多方力量协调推进，共同参与治理，就可能提高治理的效率和效力。

基层社会治理中共建共治机制的构建，关键在于形成一种内外协调，内部各主体之间沟通、协调和合作的渠道和机制。例如，在应对和化解乡村社

---

① 王世荣，褚宸舸．枫桥经验：基层社会治理体系和能力现代化实证研究．北京：法律出版社，2018：360.

会基层矛盾纠纷的实践过程中，当纠纷诉诸法律之后，司法系统需要有与基层自治和民间社会力量协调的渠道和机制，通过相互合作来促进矛盾的化解。而如果纯粹按照民事案件的司法诉讼程序推进，实际上就会将纠纷解决的法律机制与社会孤立起来，这样往往会出现“案结事不了”的状况，甚至会引出持续的诉讼和上访等新的纠纷。同样，基层调解机制如能与基层法律服务协同起来，通过讲法、释法和法律服务来协助基层调解，那么也会提高基层调解的成功率。

在纠纷解决中采用共建共治机制，并不会削弱司法的程序正义。通过协商共治的机制来化解矛盾纠纷，不仅有利于促进实质正义，而且具有程序正义性。因为法律的正义性是嵌入社会之中的，而不是脱嵌于社会的。如果社会情境对某种程序有需要，且该程序的设置又被证明有利于正当目标的实现，那么对正式程序做具体适应性调整并不违反程序正义的原则。

从对当前基层矛盾纠纷及其解决的动态监测来看，构建共建共治机制面临的突出问题是基层自治的衰退和基层民主的弱化。自治是社会内生的治理力量，主要是依靠民众的自我教育、自我监督和自我管理等教化权威来实现秩序目标。改善基层社会治理，加强基层自治的力量显得尤为重要。基层民主的力量主要指民主选举、民主监督、民主决策和民主管理在基层社会治理中发挥的作用，也就是基层组织通过民主方式来管理公共事务。由于基层组织在社会治理中具有天然的优势和基础性的地位，因而充分发挥基层组织在协商共治中的作用，对构建和完善共建共治机制来说是一个关键。

三、风险社会需防范基层纠纷的社会风险

经历快速转型的当今社会，可以说进入了“风险社会”的发展阶段，在这一新的时代里，社会运行和发展将可能遇到各种“新窘困”[①]。在互联互通的网络化、全球化的背景下，即使是社会运行中的一个“小问题”，也可能在技术放大效应作用下转变为“大事件”，进而构成影响系统和秩序正常运转的风险。

① 贝克．风险社会．何博闻，译．南京：凤凰传媒集团，译林出版社，2003：3.

在基层社会生活中，发生矛盾纠纷是不可避免的，普通的基层纠纷会影响到人们的正常生活，而不一定对社会秩序构成威胁。但是，基层纠纷也是社会秩序和社会危机的风险源之一。基层社会中一些已发生的显性纠纷，如果得不到及时、合理的化解，就可能在社会中持续“发酵”，并可能发生转化和升级。基层纠纷在不断演化的过程中，就可能产生各种不确定性风险，其中就包括秩序风险。在通常情况下，基层纠纷会存在这样几种转化的风险：一是普通民事纠纷转化为严重暴力与刑事案件的风险，这一风险会对群众的财产和生命安全构成一定的威胁。二是个体间纠纷转化为大规模群体性事件的风险，此风险会迅速放大基层纠纷的社会影响，对正常社会秩序构成较大冲击。三是具体权益诉求的纠纷转化为抽象政治主张的运动风险，此类风险对社会系统的稳定会构成巨大威胁。四是无组织的纠纷转化为有组织的集体行动的风险，这种风险将使纠纷和冲突升级，而且影响面将会扩大，持续的时间将会延长，带来的不确定性也随之增大。

社会学意义上的纠纷不仅包括已在行为上显现出来的纷争，还包含那些未爆发出来的潜性纠纷，如民众的怨气、冤屈感和不公感等。基层社会的潜性纠纷同样隐藏着巨大的社会风险。显性纠纷会不断演化，基层潜性纠纷则会不断蓄积，一旦出现“导火索”，就会“爆发”出来。因而，基层社会的潜性纠纷犹如“社会的活火山”，存在着不定期“喷发”的风险。

防范基层显性纠纷的社会风险，有效的途径就是尽可能地将各种矛盾纠纷化解在基层，降低基层纠纷持续演化的可能性。目前，一些地方总结并践行的注重解决问题的纠纷化解经验，对于有效防范基层纠纷社会风险来说值得借鉴和参考。

防范基层潜性纠纷的社会风险，相对而言可能更加复杂，因为潜性纠纷的风险更难预见和预判。从潜性纠纷的社会风险的发生机理来看，防范这一风险可能需要从两个方面着手：一是对风险源的防范。潜性纠纷的社会风险的主要来源是基层民众的各种“气”，当“气压”过高时即可能“喷发”出来，造成对秩序的破坏。因此，防范这一风险就需要在社会设置上增设“安全阀”机制，减少“气”的产生并让“气”通过安全渠道泄出，以保持“气压”在安全阈限之内。二是加强对风险的动态监测。进行监测的目的，一方面是把握风险的状态，以寻求消除或降低风险的可行措施，另一方面是针对风险水平，做好应急预案，以降低风险造成的影响或损失。

基层社会生活实际承载着一个社会系统的运行，矛盾纠纷主要发生在基层生活之中，社会风险也就主要来自基层。因此，有效防范社会风险，就需要重视和加强对基层纠纷的治理，通过共建共治提高基层纠纷的化解效率。

有效化解基层社会矛盾纠纷，不仅有助于防范系统性风险，也会促进和谐社会建设。

附录一：2010 法律与农村居民生活调查问卷

问卷编号____________

法律与农村居民生活

调查问卷（跟踪）

________省 ________县（市） ________乡（镇） v2 [ ] v3 [ ] v4 [ ]

________行政村 ________村（社、组） v5 [ ] v6 [ ]

被访者住房是：0. 无房 1. 楼房 2. 平瓦房 v7 [ ]

3. 草房 4. 窑洞 5. 其他

调查员________ v8 [ ]

初审__________ v9 [ ]

复审__________ v10 [ ]

总检__________ v11 [ ]

访问日期：________月________日 v12 [ ] v13 [ ]

访问时间：________时________分至________时________分 v14 [ ] v15 [ ] v16 [ ] v17 [ ]

法律与农村居民生活
调查问卷（跟踪）

先生/女士：

您好！

我是调查员，受中国人民大学社会学系的委托，搞一项关于法律与农村居民生活的调查。您是我们选中的调查对象之一。在 2002 年，我们在这个村庄里进行了相似的调查，贵村当时为我们提供了积极的配合。我们当年的调查非常成功，所以也就有了今天的跟踪调查。这次的调查的目的是研究过去 8 年里的居民生活变化。这次跟踪调查是一次很难得的机会，所以我们非常感谢您的支持和协助。我们这次调查的结果完全用于科学研究，问卷的问题中不包含任何有可能暴露您真实身份的信息。请您放心，您的回答绝对不会给您带来任何麻烦。谢谢！

（入户抽样表）

请问您家 16～65 周岁的成员（含 16、65 周岁，指共同居住、共同生活、财产共享的家庭成员）有几位？（请调查员将上述符合条件的家庭成员，从年龄最大的一位开始，按年龄大小顺序记录入下表，然后根据下表中最后一位家庭成员的序号和问卷编号的尾数交叉，交叉格中的数字，即为应当访问的家庭成员的序号。请在抽中的家庭成员序号上画圈。注意：这里“与本人关系”中的本人，是指访问时遇到的第一个家庭成员，而不一定是最终接受调查的被访者。最终接受调查的被访者需要从这个表中抽取。）

序号	问卷编号尾数			1	2	3	4	5	6	7	8	9	0
	与本人关系	性别	年龄										
1				1	1	1	1	1	1	1	1	1	1
2				2	1	2	1	1	2	1	2	2	1
3				1	3	2	2	3	1	3	1	1	2
4				2	2	4	1	3	4	1	3	3	2
5				2	5	3	2	4	4	1	1	5	3
6				3	1	4	4	5	2	6	5	3	6
7				4	5	6	5	7	2	3	1	7	6
8				4	5	6	2	7	1	8	3	4	7
9				2	4	9	5	8	3	7	6	1	8
10				5	10	3	4	10	2	9	8	9	1
11				2	5	11	8	7	11	10	6	9	4

A 部分：个人和家庭背景

A1. 首先，我们想了解一些您和您家人的情况。（调查员注意：被访者本人、被访者父母、被访者配偶父母的情况必须填答，此外，此表中只填答与被访者共同生活的家庭人员的情况。）

序号	与您的关系 00—自己 01—父亲 02—母亲 03—祖父母 04—外祖父母 05—配偶 06—儿子 07—女婿 08—女儿 09—儿媳 10—兄弟姐妹 11—孙子、孙女 12—孙媳妇、孙女婿 13—配偶的父亲 14—配偶的母亲 15—继子女 16—其他亲属 17—其他非亲属	性别 1—男 2—女	年龄	是否与您居住在一起 1—是 2—否 3—轮供（对父母、长辈适用）	婚姻状况 1—未婚 2—已婚（有配偶） 3—离婚后未再婚 4—离婚后再婚 5—丧偶后未再婚 6—丧偶后再婚 a—拒绝回答	身体状况 1—身体健康 2—偶尔感到身体不舒服，但能坚持劳动 3—患有某种疾病，只能干点轻活 4—患有某种严重疾病，很少干活 5—患有严重疾病，完全没有劳动能力 6—其他	最高学历 1—不识字 2—小学未毕业 3—小学 4—初中 5—中专 6—技校或职业学校 7—普通高中 8—职业高中 9—大专及以上 a—拒绝回答 c—不知道	目前劳动或工作状态 1—一直在家劳动或工作，没有外出打工 2—主要在家劳动或工作，偶尔外出打工 3—主要外出打工，偶尔在家劳动或工作 4—长期在外打工 5—年幼未参加劳动或正在上学 6—在军队中服役 7—在家做家务 8—去世 9—丧失劳动能力 a—拒绝回答	目前主要职业 1—种地农民 2—医疗、农技、教育等方面技术人员 3—工人、服务业人员、营业员 4—办公室职员 5—管理人员 6—手工业者 7—厂长、经理 8—个体户 9—私营业主 10—学生 11—其他 a—拒绝回答 b—不适用 c—不知道（如果去世或退休，请填去世或退休前的职业）	劳动或工作部门 1—农村种地 2—机关事业单位 3—村办企业 4—乡镇企业 5—私营企业 6—外资企业 7—集体企业 8—国有企业 9—其他 a—拒绝回答 b—不适用 c—不知道（如果去世或退休，请填去世或退休前的情况）	职位 1—普通人 2—班组长 3—一般村干部、村支委 4—村主任、村支书 5—一般乡镇干部 6—乡镇正副书记、正副乡长 7—县或县以上机关一般干部 8—县或县以上机关中科级以上正职干部 9—企业中层干部 10—厂长、经理 11—其他 a—拒绝回答 b—不适用 c—不知道（如果去世或退休，请填去世或退休前的情况）
1.	al _ 101	al _ 102	al _ 103	al _ 104	al _ 105	al _ 106	al _ 107	al _ 108	al _ 109	al _ 110	al _ 111
	00 自己本人										
2.	al _ 201	al _ 202	al _ 203	al _ 204	al _ 205	al _ 206	al _ 207	al _ 208	al _ 209	al _ 210	al _ 211
	01 您的父亲										
3.	al _ 301	al _ 302	al _ 303	al _ 304	al _ 305	al _ 306	al _ 307	al _ 308	al _ 309	al _ 310	al _ 311
	02 您的母亲										
4.	al _ 401	al _ 402	al _ 403	al _ 404	al _ 405	al _ 406	al _ 407	al _ 408	al _ 409	al _ 410	al _ 411
	13 配偶的父亲										
5.	al _ 501	al _ 502	al _ 503	al _ 504	al _ 505	al _ 506	al _ 507	al _ 508	al _ 509	al _ 510	al _ 511
	14 配偶的母亲										

续前表

序号	与您的关系 00—自己 01—父亲 02—母亲 03—祖父母 04—外祖父母 05—配偶 06—儿子 07—女婿 08—女儿 09—儿媳 10—兄弟姐妹 11—孙子、孙女 12—孙媳妇、孙女婿 13—配偶的父亲 14—配偶的母亲 15—继子女 16—其他亲属 17—其他非亲属	性别 1—男 2—女	年龄	是否与您居住在一起 1—是 2—否 3—轮供（对父母、长辈适用）	婚姻状况 1—未婚 2—已婚（有配偶） 3—离婚后未再婚 4—离婚后再婚 5—丧偶后未再婚 6—丧偶后再婚 a—拒绝回答	身体状况 1—身体健康 2—偶尔感到身体不舒服，但能坚持劳动 3—患有某种疾病，只能干点轻活 4—患有某种严重疾病，很少干活 5—患有严重疾病，完全没有劳动能力 6—其他	最高学历 1—不识字 2—小学未毕业 3—小学 4—初中 5—中专 6—技校或职业学校 7—普通高中 8—职业高中 9—大专及以上 a—拒绝回答 c—不知道	目前劳动或工作状态 1—一直在家劳动或工作，没有外出打工 2—主要在家劳动或工作，偶尔外出打工 3—主要外出打工，偶尔在家劳动或工作 4—长期在外打工 5—年幼未参加劳动或正在上学 6—在军队中服役 7—在家做家务 8—去世 9—丧失劳动能力 a—拒绝回答	目前主要职业 1—种地农民 2—医疗、农技、教育等方面技术人员 3—工人、服务业人员、营业员 4—办公室职员 5—管理人员 6—手工业者 7—厂长、经理 8—个体户 9—私营业主 10—学生 11—其他 a—拒绝回答 b—不适用 c—不知道（如果去世或退休，请填去世或退休前的职业）	劳动或工作部门 1—农村种地 2—机关事业单位 3—村办企业 4—乡镇企业 5—私营企业 6—外资企业 7—集体企业 8—国有企业 9—其他 a—拒绝回答 b—不适用 c—不知道（如果去世或退休，请填去世或退休前的情况）	职位 1—普通人 2—班组长 3—一般村干部、村支委 4—村主任、村支书 5—一般乡镇干部 6—乡镇正副书记、正副乡长 7—县或县以上机关一般干部 8—县或县以上机关中科级以上正职干部 9—企业中层干部 10—厂长、经理 11—其他 a—拒绝回答 b—不适用 c—不知道（如果去世或退休，请填去世或退休前的情况）
6.	al _ 601	al _ 602	al _ 603	al _ 604	al _ 605	al _ 606	al _ 607	al _ 608	al _ 609	al _ 610	al _ 611
7.	al _ 701	al _ 702	al _ 703	al _ 704	al _ 705	al _ 706	al _ 707	al _ 708	al _ 709	al _ 710	al _ 711
8.	al _ 801	al _ 802	al _ 803	al _ 804	al _ 805	al _ 806	al _ 807	al _ 808	al _ 809	al _ 810	al _ 811
9.	al _ 901	al _ 902	al _ 903	al _ 904	al _ 905	al _ 906	al _ 907	al _ 908	al _ 909	al _ 910	al _ 911
10.	al _ 1001	al _ 1002	al _ 1003	al _ 1004	al _ 1005	al _ 1006	al _ 1007	al _ 1008	al _ 1009	al _ 1010	al _ 1011
11.	al _ 1101	al _ 1102	al _ 1103	al _ 1104	al _ 1105	al _ 1106	al _ 1107	al _ 1108	al _ 1109	al _ 1110	al _ 1111
12.	al _ 1201	al _ 1202	al _ 1203	al _ 1204	al _ 1205	al _ 1206	al _ 1207	al _ 1208	al _ 1209	al _ 1210	al _ 1211

A1a. 您家是否接受过我们在 2002 年进行的调查？ □ a1a

1. 是

2. 否→跳答 A1c

A1b. 如果是，请指出当时的被访者是哪一位？ ________

（请调查员在编码框中记录 A1 中第一栏的序号。请注意：如果当时接受调查的人因为已经去世、分家等原因未出现在 A1 表中，请记录“99”。） □□ a1b

A1c. 您的家庭成员中有无正在担任或曾经担任下面列举的村级及以上干部职位的？如果没有，请跳答 A2。如有，请填写其任职起止时间。如果当干部的家庭成员超过五位，只填写您认为最重要的五位成员的情况。这里所说的“村级及以上干部职位”包括：

3. 一般村干部、村支委

4. 村主任、村支书

5. 一般乡镇干部（包括乡镇党委、政府的委员、干事、科员等）

6. 乡镇党委正副书记、正副乡镇长

7. 县或县以上机关一般干部

8. 县或县以上机关中科级以上正职干部

序	A1 中第一栏的序号			职位编码（上述序号）		任职开始年					任职结束年（如仍在职，不用填写）				
1.	a1c11			a1c12		a1c13					a1c14				
2.	a1c21			a1c22		a1c23					a1c24				
3.	a1c31			a1c32		a1c33					a1c34				
4.	a1c41			a1c42		a1c43					a1c44				
5.	a1c51			a1c52		a1c53					a1c54				

A2. 与您家关系密切、经常来往且不在 A1 表中的亲戚中，是否有正在外面从事下列工作的？

0. 没有→跳答 A3

1. 有，有________位 □ a2

如果超过五位，请按照下表各栏提示，只填写您认为最重要的五位亲戚的情况。

工作情况：

① 在机关工作
11. 县或县以上机关中的正职干部（即部门一把手）
12. 县或县以上机关一般干部
13. 乡镇党委正副书记、正副乡镇长
14. 一般乡镇干部
② 在教育部门工作
21. 在幼儿园、小学工作
22. 在中学、中专、职高、技校或职业学校工作
23. 在大学工作
③ 在企业工作
31. 单位负责人，如厂长、总经理等
32. 中层干部
33. 专业技术人员
34. 工人、服务人员
35. 私营业主
④ 其他
41. 请具体填写：t _ a2

序	与您的关系（请直接填写称谓）		性别 1. 男 2. 女		年龄			户口 1. 农村户口 2. 城镇户口		学历 1. 初中及以下 2. 高中 3. 中专、技校 4. 大专 5. 大学及以上		工作（请填写上面的序号）		
1.	t _ a2 _ 11		a2 _ 12		a2 _ 13			a2 _ 14		a2 _ 15		a2 _ 16		
2.	t _ a2 _ 21		a2 _ 22		a2 _ 23			a2 _ 24		a2 _ 25		a2 _ 26		
3.	t _ a2 _ 31		a2 _ 32		a2 _ 33			a2 _ 34		a2 _ 35		a2 _ 36		
4.	t _ a2 _ 41		a2 _ 42		a2 _ 43			a2 _ 44		a2 _ 45		a2 _ 46		
5.	t _ a2 _ 51		a2 _ 52		a2 _ 53			a2 _ 54		a2 _ 55		a2 _ 56		

A3.（调查员请注意：如果 A1 表中有人正在上学，请续问，否则跳到 A4 。请在编码框中记录 A1 中第一栏的序号。）请告诉我们正在上学的家庭成员的情况。

	正在上学的人，A1 中第一栏的序号：			正在上的学校：1. 小学 2. 初中 3. 高中 4. 中专、技校 5. 大专 6. 大学 7. 研究生		家里每年负担的费用（元）：					
1.	a3 _ 11			a3 _ 12		a3 _ 13					
2.	a3 _ 21			a3 _ 22		a3 _ 23					
3.	a3 _ 31			a3 _ 32		a3 _ 33					
4.	a3 _ 41			a3 _ 42		a3 _ 43					

A4. 现在您家里有没有孩子到了上学年龄而没有上学？

0. 没有

1. 有，有________个，主要原因是________（请调查员询问后填写）☐ a4

t _ a4

A5. 前面（A1 中）您提到家里有人在外面打过工，2009 年打工收入总共有多少元？

1. ________元

a5

b. 不适用

（调查员请注意：请确认题 A3～A5 中的回答和 A1 表中的内容没有矛盾。如有矛盾，请酌情修改或补遗。）

A6. 您是否掌握某种手艺？比如木匠、瓦匠、裁缝等等。

1. 有

2. 没有

a6

A7. 您家里有没有其他人掌握某种（或多种）手艺？比如木匠、瓦匠、裁缝等等。

1. 有

2. 没有

a7

A8. 2009 年，您家人（包括您自己）在当地的工厂、企业工作等为别人打工或做手艺活的工资收入有多少？

1. ________元

a8

b. 不适用

A10. 您家里承包了多少亩土地？________亩

a10

（每亩合 60 平方丈，精确到小数点后一位）

A11. 2009 年您家是否种植过以下作物？如果是，请告诉我 2009 年的收成情况。

序号	作物名称	是否种植 1. 是 2. 否	如果有种植，请填写：		
			种植面积（亩）	投入成本（指农药、化肥等直接成本）（元）	2009 年毛收入（折算成人民币）（元）
1.	粮食作物				
2.	烟草、棉花等经济作物				
3.	水果类作物				
4.	蔬菜类作物				
5.	其他				

a11 _ 11 □ a11 _ 12 □□ a11 _ 13 □□□□ a11 _ 14 □□□□□
a11 _ 21 □ a11 _ 22 □□ a11 _ 23 □□□□ a11 _ 24 □□□□□
a11 _ 31 □ a11 _ 32 □□ a11 _ 33 □□□□ a11 _ 34 □□□□□
a11 _ 41 □ a11 _ 42 □□ a11 _ 43 □□□□ a11 _ 44 □□□□□
a11 _ 51 □ a11 _ 52 □□ a11 _ 53 □□□□ a11 _ 54 □□□□□

A12. 2009 年您家除了种植上述农作物外，是否还有其他副业？

1. 有（如果有，请您告诉我都是些什么副业，收入如何？请填入下表）

2. 没有 □ a12

序号	副业项目	状况 1. 有 2. 没有	2009 年投入成本（元）	2009 年毛收入（元）
1.	养牲畜（猪、羊等）			
2.	养殖业（鱼、虾等）			
3.	其他副业			

a12 _ 11 □ a12 _ 12 □□□□□□ a12 _ 13 □□□□□□
a12 _ 21 □ a12 _ 22 □□□□□□ a12 _ 23 □□□□□□
a12 _ 31 □ a12 _ 32 □□□□□□ a12 _ 33 □□□□□□

A13. 2009 年您家是否从事某种经营活动？比如开商店、办加工厂、搞运输等等。

1. 有 □ a13

2. 没有→跳答 A17

A14. 如果有，请问是什么活动？ [t _ a14]

A15. 如果有，请问 2009 年的全部收入有多少？ □□□□□□□ a15

________元（如果亏本，请记录为负数）

A16. 如果有，是什么时候开始经营的？________年____月

□□□□年 a16a

□□月 a16b

A17. 您家最后一次交农业税是在什么时候？________年____月

□□□□年 a17a

□□月 a17b

A18. 在取消农业税费之前，您家有没有发生下列情况？（下面的四个问题请都回答）

	是	否	拒绝回答		
1. 因为交不起，我们家曾经不交、缓交、少交农业税费	1	2	a	□	a18_1
2. 因为觉得不合理，我们家曾经不交、缓交、少交农业税费	1	2	a	□	a18_2
3. 虽然交不起，但是还是按照要求及时交了税费	1	2	a	□	a18_3
4. 虽然觉得不合理，但是还是按照要求及时交了税费	1	2	a	□	a18_4

A19. 您家 2009 年有没有需要缴纳的其他款项？

0. 没有

1. 有，共缴纳了________元

□□□□□□ a19

A20. 2009 年您家是否享受过以下福利？(下面五项请都回答)

	是	否	拒绝回答	不知道		
1. 农村低保	1	2	a	c →	□	a20_1
2. 种子补贴	1	2	a	c →	□	a20_2
3. 农业生产补贴	1	2	a	c →	□	a20_3
4. 消费补贴	1	2	a	c →	□	a20_4
5. “新农合”	1	2	a	c →	□	a20_5

A21. 跟五年前相比，您家的经济状况是否有所改善？

□ a21

1. 改善很大

2. 有一些改善

3. 基本没有变化

4. 差了一些

5. 差了很多

a 拒绝回答

c 不知道

A22. 您觉得与村里大多数人家相比，当前您家的经济状况是好还是差？

□ a22

1. 好很多

2. 好一些

3. 差不多

4. 差一些

5. 差很多

A23. 如果以100分为满分，您认为您家在村子里的社会地位可以打多少分？

________分 □□□ a23

A24. 您的户口属于 □ a24

1. 城镇户口

2. 农村户口

A25. 请问您的户口登记地在什么地方？ □ a25

1. 现在住的地方

2. 本乡镇内另一个地方

3. 本乡镇以外的地方

B部分：村委会与政府

B1. 您是否曾因下列原因找过村委会工作人员？

	是	否	拒绝回答	不知道		
1. 缴纳或讨论农业负担费用	1	2	a	c	□	b1_1
2. 讨论福利方面的事（如生活保障、各种救济等）	1	2	a	c	□	b1_2
3. 为自己或他人办理有关文件、证件或盖章	1	2	a	c	□	b1_3
4. 讨论或反映治安问题	1	2	a	c	□	b1_4
5. 讨论或反映集体的其他问题（如道路、水利等）	1	2	a	c	□	b1_5
6. 领取计划生育指标	1	2	a	c	□	b1_6
7. 购买或领取救济物品	1	2	a	c	□	b1_7
8. 处理邻里纠纷	1	2	a	c	□	b1_8
9. 处理家庭纠纷（如婆媳间、夫妻间等）	1	2	a	c	□	b1_9

B2. 总的来说，您对村委会是否满意？

1. 非常满意 b2

2. 比较满意

3. 一般

4. 比较不满意

5. 非常不满意

a 拒绝回答

c 不知道

B3. 根据您的观察，您认为，总的来说，村民对村干部是否尊敬？

1. 尊敬 b3

2. 比较尊敬

3. 一般

4. 不太尊敬

5. 不尊敬

a 拒绝回答

c 不知道

B4. 您认为各级政府是否关心农民？如果以“全心全意为农民服务”为100分，以“对农民漠不关心”为0分，请您根据各级政府对农民的关心程度给他们打分：

1. 村委会	分	→	b4_1
2. 乡镇政府	分	→	b4_2
3. 县政府	分	→	b4_3
4. 市政府	分	→	b4_4
5. 省政府	分	→	b4_5
6. 中央政府	分	→	b4_6

B5. 您觉得取消农业税之后，政府在水利、学校、医疗站、道路等公共建设项目上的投入总体上是增加了还是减少了？

1. 减少了很多 b5

2. 减少了一些

3. 基本没有变化

4. 增加了一些

5. 增加了很多

c 不知道

B6. 请看下面的陈述是否符合您对法律工作人员的了解程度？

	是	否	拒绝回答			
1. 我听说过“律师”	1	2	a	→	□	b6_1
2. 我对“律师”有一些了解	1	2	a	→	□	b6_2
3. 我知道怎样请“律师”	1	2	a	→	□	b6_3
4. 我曾经和“律师”打过交道	1	2	a	→	□	b6_4
5. 我和一位“律师”有熟人关系	1	2	a	→	□	b6_5
6. 我听说过“基层法律工作者”	1	2	a	→	□	b6_6
7. 我对“基层法律工作者”有一些了解	1	2	a	→	□	b6_7
8. 我知道怎样请“基层法律工作者”	1	2	a	→	□	b6_8
9. 我曾经和“基层法律工作者”打过交道	1	2	a	→	□	b6_9
10. 我和一位“基层法律工作者”有熟人关系	1	2	a	→	□	b6_10
11. 我了解“律师”与“基层法律工作者”两者之间的区别	1	2	a	→	□	b6_11
12. 我听说过“法律援助”	1	2	a	→	□	b6_12
13. 我对“法律援助”有一些了解	1	2	a	→	□	b6_13
14. 我知道怎样获取“法律援助”	1	2	a	→	□	b6_14
15. 我找过“法律援助”机构	1	2	a	→	□	b6_15

B7. 下面列出的是一些机构或职业的名称。您对他们的工作的信任程度如何？是充分信任、部分信任，还是基本信任？

	充分信任	部分信任	基本信任	拒绝回答	不知道			
1. 银行和金融机构	1	2	3	a	c	→	□	b7_1
2. 大企业、大公司	1	2	3	a	c	→	□	b7_2
3. 学校等教育机构	1	2	3	a	c	→	□	b7_3
4. 电视、报刊等媒体	1	2	3	a	c	→	□	b7_4
5. 医疗机构	1	2	3	a	c	→	□	b7_5
6. 最高法院	1	2	3	a	c	→	□	b7_6
7. 地方法院	1	2	3	a	c	→	□	b7_7
8. 科学家	1	2	3	a	c	→	□	b7_8

9. 全国人大	1	2	3	a	c	→	b7 _ 9
10. 地方人大	1	2	3	a	c	→	b7 _ 10
11. 部队	1	2	3	a	c	→	b7 _ 11
12. 律师	1	2	3	a	c	→	b7 _ 12
13. 基层法律工作者	1	2	3	a	c	→	b7 _ 13
14. 医生	1	2	3	a	c	→	b7 _ 14
15. 村委会、村党支部	1	2	3	a	c	→	b7 _ 15
16. 乡镇政府	1	2	3	a	c	→	b7 _ 16
17. 县政府	1	2	3	a	c	→	b7 _ 17
18. 中央政府	1	2	3	a	c	→	b7 _ 18
19. 妇联	1	2	3	a	c	→	b7 _ 19
20. 消协	1	2	3	a	c	→	b7 _ 20
21. 信访部门	1	2	3	a	c	→	b7 _ 21
22. 检察机关	1	2	3	a	c	→	b7 _ 22
23. 公安	1	2	3	a	c	→	b7 _ 23

B8. 下面关于警察和法院的说法，您是否同意？

	非常同意	同意	不同意	非常不同意	中立	拒绝回答	不知道		
1. 我非常尊重警察	1	2	3	4	5	a	c	→	b8 _ 1
2. 总的来说，本地警察在执法时是公正的	1	2	3	4	5	a	c	→	b8 _ 2
3. 我为本地警察感到自豪	1	2	3	4	5	a	c	→	b8 _ 3
4. 我认为我应该支持本地警察的工作	1	2	3	4	5	a	c	→	b8 _ 4
5. 本地法院一般能公正地审理每个案件	1	2	3	4	5	a	c	→	b8 _ 5
6. 本地法院很好地保护了公民的基本权利	1	2	3	4	5	a	c	→	b8 _ 6
7. 本地法官总的来说是廉洁的	1	2	3	4	5	a	c	→	b8 _ 7
8. 本地法院所做的判决差不多都是公正的	1	2	3	4	5	a	c	→	b8 _ 8

B9. 您对你们当地警察工作的总体评价如何？您认为他们的工作

b9

1. 非常好

2. 好

3. 一般

4. 不好

5. 非常不好

a 拒绝回答

c 不知道

B10. 您对你们当地警察处理问题结果的公正性感到

1. 非常满意 □ b10

2. 比较满意

3. 中立

4. 比较不满意

5. 非常不满意

a 拒绝回答

c 不知道

B11. 您认为本地警察

1. 平等地对待每个人 □ b11

2. 对某些人有所偏向

a 拒绝回答

c 不知道

B12. 总体来说，您认为你们当地法院的工作做得

1. 非常好 □ b12

2. 好

3. 一般

4. 不好

5. 非常不好

a 拒绝回答

c 不知道

B13. 总体来说，您对你们当地法院处理各种案件的情况感到

1. 非常满意 □ b13

2. 比较满意

3. 中立

4. 比较不满意

5. 非常不满意

a 拒绝回答

c 不知道

B14. 您对你们当地法院所做的各种判决的公正性感到

1. 非常满意 □ b14

2. 比较满意

3. 中立

4. 比较不满意

5. 非常不满意

a 拒绝回答

c 不知道

B15. 您认为本地法院

1. 平等地对待每个人 □ b15

2. 对某些人有所偏向

a 拒绝回答

c 不知道

B16. 假设您去法院打官司，您认为法庭对您的案子的处理结果会

1. 非常公正 □ b16

2. 比较公正

3. 中立

4. 比较不公正

5. 非常不公正

a 拒绝回答

c 不知道

C 部分：关于纠纷的问题

{问题 1：有关财产所有权方面的问题}

C1. 在过去五年中，您家在获得宅基地或建房权方面有没有遇到过问题？

1. 有 □ c1

2. 没有→跳答 C12

C2. 在过去五年中，这样的麻烦总共有几次？________次 □ c2

如果五年来这样的麻烦不止一次，请针对矛盾最尖锐的一次回答下列问题：

C3. 这次麻烦是否涉及征用土地？

1. 是 □ c3

2. 否

a 拒绝回答

c 不知道

C4. 这次麻烦是不是一次涉及多位村民利益的集体纠纷？

1. 是 □ c4

2. 否

a 拒绝回答

c 不知道

C5. 在这次麻烦中，和您发生冲突的对方是谁？

请注明：[t_c5]

C6. 您或您家人是如何解决这次问题的？

1. 吃点亏，忍了算了→跳答 C9 □ c6

2. 自己找对方解决→跳答 C9

3. 请人帮忙或找有关部门帮助解决

a 拒绝回答

c 不知道

C7. 在寻求帮助的过程中，村里有多少家庭参与其中？

1. 只有我自己家 □ c7

2. 有部分家庭

3. 有很多家庭

a 拒绝回答

c 不知道

C8. 您或您家人向哪些个人或部门寻求过帮助？请您说说寻求帮助的一些具体情况。

	向哪些个人或部门寻求过帮助？（请按寻求帮助时的先后顺序记录。不必说人名，但请告知帮助人或部门的级别、特征。）	那些个人或部门的生活地或驻地在什么地方？ 1—本村内 2—本乡镇 3—本县 4—本省省城 5—本省其他 6—首都北京 7—省外其他	是否通过熟人关系找到他们？ 1—是 2—否	如果去的是村外，您家里都有谁去了？给出去村外家庭成员的编号（A1 中第一栏的序号，最多可以填三位家庭成员）			在选派家庭成员出去求助时，您考虑的最关键因素是什么？ 1—谁时间最充裕 2—谁能力强 3—谁受到暴力对待的可能性最小 4—其他	求助最终达到的结果是否符合期望？ 1—比期望的要好 2—和期望的差不多 3—未达到期望 b—还没有结果 c—不知道	那些个人或部门解决问题的方式是否符合期望？ 1—比期望的要好 2—和期望的差不多 3—未达到期望 b—还没有结果 c—不知道
				家庭成员一	家庭成员二	家庭成员三			
	t_c8_11	c8_12	c8_13	c8_14	c8_15	c8_16	c8_17	c8_18	c8_19
1.									
	t_c8_21	c8_22	c8_23	c8_24	c8_25	c8_26	c8_27	c8_28	c8_29
2.									
	t_c8_31	c8_32	c8_33	c8_34	c8_35	c8_36	c8_37	c8_38	c8_39
3.									
	t_c8_41	c8_42	c8_43	c8_44	c8_45	c8_46	c8_47	c8_48	c8_49
4.									
	t_c8_51	c8_52	c8_53	c8_54	c8_55	c8_56	c8_57	c8_58	c8_59
5.									

C9. 在解决纠纷的过程中，是否发生过打架、殴打、人身伤害、财物破坏等行为？

1. 是 ☐ c9
2. 否→跳答 C11

C10. 发生过这样的行为，是谁先动手？

1. 是我方先动手 ☐ c10
2. 是对方先动手
3. 两方同时动手
4. 分不清谁先动手

C11.（调查员请注意：如果刚才的问题回答的是没有发生过这样的行为，请问）那有没有任何一方准备或声称要使用这样的手段？

1. 两方都没有准备或声称要使用这样的手段 ☐ c11
2. 两方都准备或声称要使用这样的手段
3. 只有我方准备或声称要使用这样的手段
4. 只有对方准备或声称要使用这样的手段

{问题 2：有关农田农地方面的问题}

C12. 在过去五年中，您家是否因农田的使用问题与他人或组织产生矛盾？

1. 有 □ c12

2. 没有→跳答 C23

C13. 在过去五年中，这样的麻烦总共有几次？________次 □ c13

如果五年来这样的麻烦不止一次，请针对矛盾最尖锐的一次回答下列问题：

C14. 这次麻烦是否涉及征用土地？

1. 是 □ c14

2. 否

a 拒绝回答

c 不知道

C15. 这次麻烦是不是一次涉及多位村民利益的集体纠纷？

1. 是 □ c15

2. 否

a 拒绝回答

c 不知道

C16. 在这次麻烦中，和您发生冲突的对方是谁？

请注明：[t _ c16]

C17. 您或您家人是如何解决这次问题的？

1. 吃点亏，忍了算了→跳答 C20 □ c17

2. 自己找对方解决→跳答 C20

3. 请人帮忙或找有关部门帮助解决

a 拒绝回答

c 不知道

C18. 在寻求帮助的过程中，村里有多少家庭参与其中？

1. 只有我自己家 □ c18

2. 有部分家庭

3. 有很多家庭

a 拒绝回答

c 不知道

C19. 您或您家人向哪些个人或部门寻求过帮助？请您说说寻求帮助的一些具体情况。

	向哪些个人或部门寻求过帮助？（请按寻求帮助时的先后顺序记录。不必说人名，但请告知帮助人或部门的级别、特征。）	那些个人或部门的生活地或驻地在什么地方？ 1—本村内 2—本乡镇 3—本县 4—本省省城 5—本省其他 6—首都北京 7—省外其他	是否通过熟人关系找到他们？ 1—是 2—否	如果去的是村外，您家里都有谁去了？给出去村外家庭成员的编号（A1 中第一栏的序号，最多可以填三位家庭成员） 家庭成员一	家庭成员二	家庭成员三	在选派家庭成员出去求助时，您考虑的最关键因素是什么？ 1—谁时间最充裕 2—谁能力强 3—谁受到暴力对待的可能性最小 4—其他	求助最终达到的结果是否符合期望？ 1—比期望的要好 2—和期望的差不多 3—未达到期望 b—还没有结果 c—不知道	那些个人或部门解决问题的方式是否符合期望？ 1—比期望的要好 2—和期望的差不多 3—未达到期望 b—还没有结果 c—不知道
	t_c19_11	c19_12	c19_13	c19_14	c19_15	c19_16	c19_17	c19_18	c19_19
1.									
	t_c19_21	c19_22	c19_23	c19_24	c19_25	c19_26	c19_27	c19_28	c19_29
2.									
	t_c19_31	c19_32	c19_33	c19_34	c19_35	c19_36	c19_37	c19_38	c19_39
3.									
	t_c19_41	c19_42	c19_43	c19_44	c19_45	c19_46	c19_47	c19_48	c19_49
4.									
	t_c19_51	c19_52	c19_53	c19_54	c19_55	c19_56	c19_57	c19_58	c19_59
5.									

C20. 在解决纠纷的过程中，是否发生过打架、殴打、人身伤害、财物破坏等行为？

1. 是 □ c20
2. 否→跳答 C22

C21. 发生过这样的行为，是谁先动手？

1. 是我方先动手 □ c21
2. 是对方先动手
3. 两方同时动手
4. 分不清谁先动手

C22. （调查员请注意：如果刚才的问题回答的是没有发生过这样的行为，请问）那有没有任何一方准备或声称要使用这样的手段？

1. 两方都没有准备或声称要使用这样的手段 □ c22
2. 两方都准备或声称要使用这样的手段
3. 只有我方准备或声称要使用这样的手段
4. 只有对方准备或声称要使用这样的手段

{问题 3：有关环境污染方面的问题}

C23. 在过去五年中，您家在环境污染方面有没有遇到过问题？

1. 有 □ c23

2. 没有→跳答 C34

C24. 在过去五年中，这样的麻烦总共有几次？ ________ 次 □ c24

如果五年来这样的麻烦不止一次，请针对矛盾最尖锐的一次回答下列问题：

C25. 这次麻烦涉及什么样的污染？

请注明：[t _ c25]

C26. 这次麻烦是不是一次涉及多位村民利益的集体纠纷？

1. 是 □ c26

2. 否

a 拒绝回答

c 不知道

C27. 在这次麻烦中，和您发生冲突的对方是谁？

请注明：[t _ c27]

C28. 您或您家人是如何解决这次问题的？

1. 吃点亏，忍了算了→跳答 C31 □ c28

2. 自己找对方解决→跳答 C31

3. 请人帮忙或找有关部门帮助解决

a 拒绝回答

c 不知道

C29. 在寻求帮助的过程中，村里有多少家庭参与其中？

1. 只有我自己家 □ c29

2. 有部分家庭

3. 有很多家庭

a 拒绝回答

c 不知道

C30. 您或您家人向哪些个人或部门寻求过帮助？请您说说寻求帮助的一些具体情况。

	向哪些个人或部门寻求过帮助？（请按寻求帮助时的先后顺序记录。不必说人名，但请告知帮助人或部门的级别、特征。）	那些个人或部门的生活地或驻地在什么地方？ 1—本村内 2—本乡镇 3—本县 4—本省省城 5—本省其他 6—首都北京 7—省外其他	是否通过熟人关系找到他们？ 1—是 2—否	如果去的是村外，您家里都有谁去了？给出去村外家庭成员的编号（A1 中第一栏的序号，最多可以填三位家庭成员）			在选派家庭成员出去求助时，您考虑的最关键因素是什么？ 1—谁时间最充裕 2—谁能力强 3—谁受到暴力对待的可能性最小 4—其他	求助最终达到的结果是否符合期望？ 1—比期望的要好 2—和期望的差不多 3—未达到期望 b—还没有结果 c—不知道	那些个人或部门解决问题的方式是否符合期望？ 1—比期望的要好 2—和期望的差不多 3—未达到期望 b—还没有结果 c—不知道
				家庭成员一	家庭成员二	家庭成员三			
	t_c30_11	c30_12	c30_13	c30_14	c30_15	c30_16	c30_17	c30_18	c30_19
1.									
	t_c30_21	c30_22	c30_23	c30_24	c30_25	c30_26	c30_27	c30_28	c30_29
2.									
	t_c30_31	c30_32	c30_33	c30_34	c30_35	c30_36	c30_37	c30_38	c30_39
3.									
	t_c30_41	c30_42	c30_43	c30_44	c30_45	c30_46	c30_47	c30_48	c30_49
4.									
	t_c30_51	c30_52	c30_53	c30_54	c30_55	c30_56	c30_57	c30_58	c30_59
5.									

C31. 在解决纠纷的过程中，是否发生过打架、殴打、人身伤害、财物破坏等行为？

1. 是 □ c31
2. 否→跳答 C33

C32. 发生过这样的行为，是谁先动手？

1. 是我方先动手 □ c32
2. 是对方先动手
3. 两方同时动手
4. 分不清谁先动手

C33.（调查员请注意：如果刚才的问题回答的是没有发生过这样的行为，请问）那有没有任何一方准备或声称要使用这样的手段？

1. 两方都没有准备或声称要使用这样的手段 □ c33
2. 两方都准备或声称要使用这样的手段
3. 只有我方准备或声称要使用这样的手段
4. 只有对方准备或声称要使用这样的手段

{问题 4：有关用水方面的问题}

C34. 在过去五年中，您或您家人有没有因为生产或生活用水与他人或机

构产生矛盾？（不包括上面“问题 3”的水污染方面的问题） c34

1. 有

2. 没有→跳答 C44

C35. 在过去五年中，这样的麻烦总共有几次？ ________次 c35

如果五年来这样的麻烦不止一次，请针对矛盾最尖锐的一次回答下列问题：

C36. 这次麻烦是不是一次涉及多位村民利益的集体纠纷？

1. 是 c36

2. 否

a 拒绝回答

c 不知道

C37. 在这次麻烦中，和您发生冲突的对方是谁？

请注明： t _ c37

C38. 您或您家人是如何解决这次问题的？

1. 吃点亏，忍了算了→跳答 C41 c38

2. 自己找对方解决→跳答 C41

3. 请人帮忙或找有关部门帮助解决

a 拒绝回答

c 不知道

C39. 在寻求帮助的过程中，村里有多少家庭参与其中？

1. 只有我自己家 c39

2. 有部分家庭

3. 有很多家庭

a 拒绝回答

c 不知道

C40. 您或您家人向哪些个人或部门寻求过帮助？请您说说寻求帮助的一些具体情况。

	向哪些个人或部门寻求过帮助？（请按寻求帮助时的先后顺序记录。不必说人名，但请告知帮助人或部门的级别、特征。）	那些个人或部门的生活地或驻地在什么地方？ 1—本村内 2—本乡镇 3—本县 4—本省省城 5—本省其他 6—首都北京 7—省外其他	是否通过熟人关系找到他们？ 1—是 2—否	如果去的是村外，您家里都有谁去了？给出去村外家庭成员的编号（A1 中第一栏的序号，最多可以填三位家庭成员）			在选派家庭成员出去求助时，您考虑的最关键因素是什么？ 1—谁时间最充裕 2—谁能力强 3—谁受到暴力对待的可能性最小 4—其他	求助最终达到的结果是否符合期望？ 1—比期望的要好 2—和期望的差不多 3—未达到期望 b—还没有结果 c—不知道	那些个人或部门解决问题的方式是否符合期望？ 1—比期望的要好 2—和期望的差不多 3—未达到期望 b—还没有结果 c—不知道
				家庭成员一	家庭成员二	家庭成员三			
	t_c40_11	c40_12	c40_13	c40_14	c40_15	c40_16	c40_17	c40_18	c40_19
1.									
	t_c40_21	c40_22	c40_23	c40_24	c40_25	c40_26	c40_27	c40_28	c40_29
2.									
	t_c40_31	c40_32	c40_33	c40_34	c40_35	c40_36	c40_37	c40_38	c40_39
3.									
	t_c40_41	c40_42	c40_43	c40_44	c40_45	c40_46	c40_47	c40_48	c40_49
4.									
	t_c40_51	c40_52	c40_53	c40_54	c40_55	c40_56	c40_57	c40_58	c40_59
5.									

C41. 在解决纠纷的过程中，是否发生过打架、殴打、人身伤害、财物破坏等行为？

1. 是 □ c41

2. 否→跳答 C43

C42. 发生过这样的行为，是谁先动手？

1. 是我方先动手 □ c42

2. 是对方先动手

3. 两方同时动手

4. 分不清谁先动手

C43. （调查员请注意：如果刚才的问题回答的是没有发生过这样的行为，请问）那有没有任何一方准备或声称要使用这样的手段？

1. 两方都没有准备或声称要使用这样的手段 □ c43

2. 两方都准备或声称要使用这样的手段

3. 只有我方准备或声称要使用这样的手段

4. 只有对方准备或声称要使用这样的手段

{问题 5：医疗纠纷}

C44. 在过去五年中，您或您家人是否因为医疗问题与他人或医疗机构产生矛盾？

1. 有 □ c44

2. 没有→跳答 C53

C45. 在过去五年中，这样的麻烦总共有几次？________次 □ c45

如果五年来这样的麻烦不止一次，请针对矛盾最尖锐的一次回答下列问题：

C46. 发生纠纷是因为普通疾病或轻伤还是严重疾病或重伤？

1. 普通疾病或轻伤 □ c46

2. 严重疾病或重伤

3. 两者都有

a 拒绝回答

c 不知道

C47. 在这次麻烦中，和您发生冲突的对方是谁？

请注明：[t _ c47]

C48. 您或您家人是如何解决这次问题的？

1. 吃点亏，忍了算了→跳答 C50 □ c48

2. 自己找对方解决→跳答 C50

3. 请人帮忙或找有关部门帮助解决

a 拒绝回答

c 不知道

C49. 您或您家人向哪些个人或部门寻求过帮助？请您说说寻求帮助的一些具体情况。

	向哪些个人或部门寻求过帮助？（请按寻求帮助时的先后顺序记录。不必说人名，但请告知帮助人或部门的级别、特征。）	那些个人或部门的生活地或驻地在什么地方？ 1—本村内 2—本乡镇 3—本县 4—本省省城 5—本省其他 6—首都北京 7—省外其他	是否通过熟人关系找到他们？ 1—是 2—否	如果去的是村外，您家里都有谁去了？给出去村外家庭成员的编号（A1 中第一栏的序号，最多可以填三位家庭成员）			在选派家庭成员出去求助时，您考虑的最关键因素是什么？ 1—谁时间最充裕 2—谁能力强 3—谁受到暴力对待的可能性最小 4—其他	求助最终达到的结果是否符合期望？ 1—比期望的要好 2—和期望的差不多 3—未达到期望 b—还没有结果 c—不知道	那些个人或部门解决问题的方式是否符合期望？ 1—比期望的要好 2—和期望的差不多 3—未达到期望 b—还没有结果 c—不知道
				家庭成员一	家庭成员二	家庭成员三			
	t _ c49 _ 11	c49 _ 12	c49 _ 13	c49 _ 14	c49 _ 15	c49 _ 16	c49 _ 17	c49 _ 18	c49 _ 19
1.									
	t _ c49 _ 21	c49 _ 22	c49 _ 23	c49 _ 24	c49 _ 25	c49 _ 26	c49 _ 27	c49 _ 28	c49 _ 29
2.									
	t _ c49 _ 31	c49 _ 32	c49 _ 33	c49 _ 34	c49 _ 35	c49 _ 36	c49 _ 37	c49 _ 38	c49 _ 39
3.									
	t _ c49 _ 41	c49 _ 42	c49 _ 43	c49 _ 44	c49 _ 45	c49 _ 46	c49 _ 47	c49 _ 48	c49 _ 49
4.									
	t _ c49 _ 51	c49 _ 52	c49 _ 53	c49 _ 54	c49 _ 55	c49 _ 56	c49 _ 57	c49 _ 58	c49 _ 59
5.									

C50. 在解决纠纷的过程中，是否发生过打架、殴打、人身伤害、财物破坏等行为？

1. 是 □ c50
2. 否→跳答 C52

C51. 发生过这样的行为，是谁先动手？

1. 是我方先动手 □ c51
2. 是对方先动手
3. 两方同时动手
4. 分不清谁先动手

C52.（调查员请注意：如果刚才的问题回答的是没有发生过这样的行为，请问）那有没有任何一方准备或声称要使用这样的手段？

1. 两方都没有准备或声称要使用这样的手段 □ c52
2. 两方都准备或声称要使用这样的手段
3. 只有我方准备或声称要使用这样的手段
4. 只有对方准备或声称要使用这样的手段

{问题 6：债权纠纷}

C53. 在过去五年中，您或您家人有没有借给别人钱？

1. 有 □ c53

2. 没有→跳答 C65

C54. 您或您家人是否曾经想收回所借出的钱？

1. 有 □ c54

2. 没有→跳答 C65

C55. 在收取借款时，您或您家人是否与欠款人发生过严重的分歧或问题？

1. 有 □ c55

2. 没有→跳答 C65

C56. 在过去五年中，这样的麻烦总共有几次？________次 □ c56

如果五年来这样的麻烦不止一次，请针对矛盾最尖锐的一次回答下列问题：

C57. 总共借了多少钱？________元 □□□□□□ c57

C58. 在这次麻烦中，和您发生冲突的对方是谁？

请注明：[t _ c58]

C59. 您或您家人是如何解决这次问题的？

1. 吃点亏，忍了算了→跳答 C62 □ c59

2. 自己找对方解决→跳答 C62

3. 请人帮忙或找有关部门帮助解决

a 拒绝回答

c 不知道

C60. 在寻求帮助的过程中，村里有多少家庭参与其中？

1. 只有我自己家 □ c60

2. 有部分家庭

3. 有很多家庭

a 拒绝回答

c 不知道

C61. 您或您家人向哪些个人或部门寻求过帮助？请您说说寻求帮助的一些具体情况。

	向哪些个人或部门寻求过帮助？（请按寻求帮助时的先后顺序记录。不必说人名，但请告知帮助人或部门的级别、特征。）	那些个人或部门的生活地或驻地在什么地方？ 1—本村内 2—本乡镇 3—本县 4—本省省城 5—本省其他 6—首都北京 7—省外其他	是否通过熟人关系找到他们？ 1—是 2—否	如果去的是村外，您家里都有谁去了？给出去村外家庭成员的编号（A1 中第一栏的序号，最多可以填三位家庭成员）			在选派家庭成员出去求助时，您考虑的最关键因素是什么？ 1—谁时间最充裕 2—谁能力强 3—谁受到暴力对待的可能性最小 4—其他	求助最终达到的结果是否符合期望？ 1—比期望的要好 2—和期望的差不多 3—未达到期望 b—还没有结果 c—不知道	那些个人或部门解决问题的方式是否符合期望？ 1—比期望的要好 2—和期望的差不多 3—未达到期望 b—还没有结果 c—不知道
				家庭成员一	家庭成员二	家庭成员三			
	t_c61_11	c61_12	c61_13	c61_14	c61_15	c61_16	c61_17	c61_18	c61_19
1.									
	t_c61_21	c61_22	c61_23	c61_24	c61_25	c61_26	c61_27	c61_28	c61_29
2.									
	t_c61_31	c61_32	c61_33	c61_34	c61_35	c61_36	c61_37	c61_38	c61_39
3.									
	t_c61_41	c61_42	c61_43	c61_44	c61_45	c61_46	c61_47	c61_48	c61_49
4.									
	t_c61_51	c61_52	c61_53	c61_54	c61_55	c61_56	c61_57	c61_58	c61_59
5.									

C62. 在解决纠纷的过程中，是否发生过打架、殴打、人身伤害、财物破坏等行为？

1. 是 □ c62
2. 否→跳答 C64

C63. 发生过这样的行为，是谁先动手？

1. 是我方先动手 □ c63
2. 是对方先动手
3. 两方同时动手
4. 分不清谁先动手

C64. （调查员请注意：如果刚才的问题回答的是没有发生过这样的行为，请问）那有没有任何一方准备或声称要使用这样的手段？

1. 两方都没有准备或声称要使用这样的手段 □ c64
2. 两方都准备或声称要使用这样的手段
3. 只有我方准备或声称要使用这样的手段
4. 只有对方准备或声称要使用这样的手段

{问题 7：债务纠纷}

C65. 在过去五年中，您或您家人有没有借过或欠过别人的钱？

1. 有 □ c65

2. 没有→跳答C77

C66. 借钱给您的人是否曾想要收回您所借的钱或欠的钱？

1. 有 □ c66

2. 没有→跳答C77

C67. 在此过程中，您或您家人是否与他发生过严重的分歧或问题？

1. 有 □ c67

2. 没有→跳答C77

C68. 在过去五年中，这样的麻烦总共有几次？________次 □ c68

如果五年来这样的麻烦不止一次，请针对矛盾最尖锐的一次回答下列问题：

C69. 总共欠多少钱？________元 □□□□□□ c69

C70. 在这次麻烦中，和您发生冲突的对方是谁？

请注明：[t_c70]

C71. 您或您家人是如何解决这次问题的？

1. 吃点亏，忍了算了→跳答C74 □ c71

2. 自己找对方解决→跳答C74

3. 请人帮忙或找有关部门帮助解决

a 拒绝回答

c 不知道

C72. 在寻求帮助的过程中，村里有多少家庭参与其中？

1. 只有我自己家 □ c72

2. 有部分家庭

3. 有很多家庭

a 拒绝回答

c 不知道

C73. 您或您家人向哪些个人或部门寻求过帮助？请您说说寻求帮助的一些具体情况。

	向哪些个人或部门寻求过帮助？（请按寻求帮助时的先后顺序记录。不必说人名，但请告知帮助人或部门的级别、特征。）	那些个人或部门的生活地或驻地在什么地方？ 1—本村内 2—本乡镇 3—本县 4—本省省城 5—本省其他 6—首都北京 7—省外其他	是否通过熟人关系找到他们？ 1—是 2—否	如果去的是村外，您家里都有谁去了？给出去村外家庭成员的编号（A1 中第一栏的序号，最多可以填三位家庭成员）			在选派家庭成员出去求助时，您考虑的最关键因素是什么？ 1—谁时间最充裕 2—谁能力强 3—谁受到暴力对待的可能性最小 4—其他	求助最终达到的结果是否符合期望？ 1—比期望的要好 2—和期望的差不多 3—未达到期望 b—还没有结果 c—不知道	那些个人或部门解决问题的方式是否符合期望？ 1—比期望的要好 2—和期望的差不多 3—未达到期望 b—还没有结果 c—不知道
				家庭成员一	家庭成员二	家庭成员三			
	t _ c73 _ 11	c73 _ 12	c73 _ 13	c73 _ 14	c73 _ 15	c73 _ 16	c73 _ 17	c73 _ 18	c73 _ 19
1.									
	t _ c73 _ 21	c73 _ 22	c73 _ 23	c73 _ 24	c73 _ 25	c73 _ 26	c73 _ 27	c73 _ 28	c73 _ 29
2.									
	t _ c73 _ 31	c73 _ 32	c73 _ 33	c73 _ 34	c73 _ 35	c73 _ 36	c73 _ 37	c73 _ 38	c73 _ 39
3.									
	t _ c73 _ 41	c73 _ 42	c73 _ 43	c73 _ 44	c73 _ 45	c73 _ 46	c73 _ 47	c73 _ 48	c73 _ 49
4.									
	t _ c73 _ 51	c73 _ 52	c73 _ 53	c73 _ 54	c73 _ 55	c73 _ 56	c73 _ 57	c73 _ 58	c73 _ 59
5.									

C74. 在解决纠纷的过程中，是否发生过打架、殴打、人身伤害、财物破坏等行为？

1. 是 □ c74

2. 否→跳答 C76

C75. 发生过这样的行为，是谁先动手？

1. 是我方先动手 □ c75

2. 是对方先动手

3. 两方同时动手

4. 分不清谁先动手

C76.（调查员请注意：如果刚才的问题回答的是没有发生过这样的行为，请问）那有没有任何一方准备或声称要使用这样的手段？

1. 两方都没有准备或声称要使用这样的手段 □ c76

2. 两方都准备或声称要使用这样的手段

3. 只有我方准备或声称要使用这样的手段

4. 只有对方准备或声称要使用这样的手段

{问题 8：计划生育方面的难题或分歧}

C77. 在过去五年中，您或您家人是否因计划生育问题与村干部或他人产生矛盾？

1. 有 □ c77

2. 没有→跳答 C88

C78. 在过去五年中，这样的麻烦总共有几次？ ________次 □ c78

如果五年来这样的麻烦不止一次，请针对矛盾最尖锐的一次回答下列问题：

C79. 发生矛盾是因为什么？

1. 没有申请到生育指标而无法怀孕 □ c79

2. 在已经怀孕的情况下却没有拿到生育指标

3. 已经生下孩子，但因为没有生育指标，孩子不合法

4. 其他（请具体说明）：

请注明：[t_c79]

a 拒绝回答

C80. 这次麻烦是不是一次涉及多位村民利益的集体纠纷？

1. 是 □ c80

2. 否

a 拒绝回答

c 不知道

C81. 在这次麻烦中，和您发生冲突的对方是谁？

请注明：[t_c81]

C82. 您或您家人是如何解决这次问题的？

1. 吃点亏，忍了算了→跳答 C85 □ c82

2. 自己找对方解决→跳答 C85

3. 请人帮忙或找有关部门帮助解决

a 拒绝回答

c 不知道

C83. 在寻求帮助的过程中，村里有多少家庭参与其中？

1. 只有我自己家 □ c83

2. 有部分家庭

3. 有很多家庭

a 拒绝回答

c 不知道

C84. 您或您家人向哪些个人或部门寻求过帮助？请您说说寻求帮助的一些具体情况。

	向哪些个人或部门寻求过帮助？（请按寻求帮助时的先后顺序记录。不必说人名，但请告知帮助人或部门的级别、特征。）	那些个人或部门的生活地或驻地在什么地方？ 1—本村内 2—本乡镇 3—本县 4—本省省城 5—本省其他 6—首都北京 7—省外其他	是否通过熟人关系找到他们？ 1—是 2—否	如果去的是村外，您家里都有谁去了？给出去村外家庭成员的编号（A1 中第一栏的序号，最多可以填三位家庭成员）			在选派家庭成员出去求助时，您考虑的最关键因素是什么？ 1—谁时间最充裕 2—谁能力强 3—谁受到暴力对待的可能性最小 4—其他	求助最终达到的结果是否符合期望？ 1—比期望的要好 2—和期望的差不多 3—未达到期望 b—还没有结果 c—不知道	那些个人或部门解决问题的方式是否符合期望？ 1—比期望的要好 2—和期望的差不多 3—未达到期望 b—还没有结果 c—不知道
				家庭成员一	家庭成员二	家庭成员三			
	t_c84_11	c84_12	c84_13	c84_14	c84_15	c84_16	c84_17	c84_18	c84_19
1.									
	t_c84_21	c84_22	c84_23	c84_24	c84_25	c84_26	c84_27	c84_28	c84_29
2.									
	t_c84_31	c84_32	c84_33	c84_34	c84_35	c84_36	c84_37	c84_38	c84_39
3.									
	t_c84_41	c84_42	c84_43	c84_44	c84_45	c84_46	c84_47	c84_48	c84_49
4.									
	t_c84_51	c84_52	c84_53	c84_54	c84_55	c84_56	c84_57	c84_58	c84_59
5.									

C85. 在解决纠纷的过程中，是否发生过打架、殴打、人身伤害、财物破坏等行为？

1. 是 □ c85

2. 否→跳答 C87

C86. 发生过这样的行为，是谁先动手？

1. 是我方先动手 □ c86

2. 是对方先动手

3. 两方同时动手

4. 分不清谁先动手

C87.（调查员请注意：如果刚才的问题回答的是没有发生过这样的行为，请问）那有没有任何一方准备或声称要使用这样的手段？

1. 两方都没有准备或声称要使用这样的手段 □ c87

2. 两方都准备或声称要使用这样的手段

3. 只有我方准备或声称要使用这样的手段

4. 只有对方准备或声称要使用这样的手段

{问题 9：消费方面的问题}

C88. 在过去五年中，您或您家人是否因为购买冰箱、电视机等大宗消费而与卖方在产品质量或保修方面产生过严重分歧？

1. 有 □ c88

2. 没有→跳答 C99

C89. 在过去五年中，这样的麻烦总共有几次？________次 □ c89

如果五年来这样的麻烦不止一次，请针对矛盾最尖锐的一次回答下列问题：

C90. 这次麻烦，是由于购买什么商品引起的？ [t_c90]

C91. 这次麻烦是不是一次涉及多位村民利益的集体纠纷？

1. 是 □ c91

2. 否

a 拒绝回答

c 不知道

C92. 在这次麻烦中，和您发生冲突的对方是谁？

请注明： [t_c92]

C93. 您或您家人是如何解决这次问题的？

1. 吃点亏，忍了算了→跳答 C96 □ c93

2. 自己找对方解决→跳答 C96

3. 请人帮忙或找有关部门帮助解决

a 拒绝回答

c 不知道

C94. 在寻求帮助的过程中，村里有多少家庭参与其中？

1. 只有我自己家 □ c94

2. 有部分家庭

3. 有很多家庭

a 拒绝回答

c 不知道

C95. 您或您家人向哪些个人或部门寻求过帮助？请您说说寻求帮助的一些具体情况。

	向哪些个人或部门寻求过帮助？（请按寻求帮助时的先后顺序记录。不必说人名，但请告知帮助人或部门的级别、特征。）	那些个人或部门的生活地或驻地在什么地方？ 1—本村内 2—本乡镇 3—本县 4—本省省城 5—本省其他 6—首都北京 7—省外其他	是否通过熟人关系找到他们？ 1—是 2—否	如果去的是村外，您家里都有谁去了？给出去村外家庭成员的编号（A1 中第一栏的序号，最多可以填三位家庭成员）			在选派家庭成员出去求助时，您考虑的最关键因素是什么？ 1—谁时间最充裕 2—谁能力强 3—谁受到暴力对待的可能性最小 4—其他	求助最终达到的结果是否符合期望？ 1—比期望的要好 2—和期望的差不多 3—未达到期望 b—还没有结果 c—不知道	那些个人或部门解决问题的方式是否符合期望？ 1—比期望的要好 2—和期望的差不多 3—未达到期望 b—还没有结果 c—不知道
				家庭成员一	家庭成员二	家庭成员三			
	t _ c95 _ 11	c95 _ 12	c95 _ 13	c95 _ 14	c95 _ 15	c95 _ 16	c95 _ 17	c95 _ 18	c95 _ 19
1.									
	t _ c95 _ 21	c95 _ 22	c95 _ 23	c95 _ 24	c95 _ 25	c95 _ 26	c95 _ 27	c95 _ 28	c95 _ 29
2.									
	t _ c95 _ 31	c95 _ 32	c95 _ 33	c95 _ 34	c95 _ 35	c95 _ 36	c95 _ 37	c95 _ 38	c95 _ 39
3.									
	t _ c95 _ 41	c95 _ 42	c95 _ 43	c95 _ 44	c95 _ 45	c95 _ 46	c95 _ 47	c95 _ 48	c95 _ 49
4.									
	t _ c95 _ 51	c95 _ 52	c95 _ 53	c95 _ 54	c95 _ 55	c95 _ 56	c95 _ 57	c95 _ 58	c95 _ 59
5.									

C96. 在解决纠纷的过程中，是否发生过打架、殴打、人身伤害、财物破坏等行为？

1. 是 □ c96

2. 否→跳答 C98

C97. 发生过这样的行为，是谁先动手？

1. 是我方先动手 □ c97

2. 是对方先动手

3. 两方同时动手

4. 分不清谁先动手

C98. （调查员请注意：如果刚才的问题回答的是没有发生过这样的行

为，请问）那有没有任何一方准备或声称要使用这样的手段？

1. 两方都没有准备或声称要使用这样的手段 □ c98

2. 两方都准备或声称要使用这样的手段

3. 只有我方准备或声称要使用这样的手段

4. 只有对方准备或声称要使用这样的手段

{问题10：婚姻纠纷}

C99. 在过去五年中，您或您家人是否解除过婚约或离过婚？

1. 有 □ c99

2. 没有→跳答C107

C100. 在解除婚约或离婚过程中，您或您家人和对方是否发生过任何严重的问题（包括聘礼、财产、子女抚养等）？

1. 有 □ c100

2. 没有→跳答C107

a 拒绝回答

c 不知道

C101. 在过去五年中，这样的麻烦总共有几次？________次 □ c101

如果五年来这样的麻烦不止一次，请针对矛盾最尖锐的一次回答下列问题：

C102. 您或您家人是如何解决这次问题的？

1. 吃点亏，忍了算了→跳答C104 □ c102

2. 自己找对方解决→跳答C104

3. 请人帮忙或找有关部门帮助解决

a 拒绝回答

c 不知道

C103. 您或您家人向哪些个人或部门寻求过帮助？请您说说寻求帮助的一些具体情况。

	向哪些个人或部门寻求过帮助？（请按寻求帮助时的先后顺序记录。不必说人名，但请告知帮助人或部门的级别、特征。）	那些个人或部门的生活地或驻地在什么地方？ 1—本村内 2—本乡镇 3—本县 4—本省省城 5—本省其他 6—首都北京 7—省外其他	是否通过熟人关系找到他们？ 1—是 2—否	如果去的是村外，您家里都有谁去了？给出去村外家庭成员的编号（A1中第一栏的序号，最多可以填三位家庭成员）			在选派家庭成员出去求助时，您考虑的最关键因素是什么？ 1—谁时间最充裕 2—谁能力强 3—谁受到暴力对待的可能性最小 4—其他	求助最终达到的结果是否符合期望？ 1—比期望的要好 2—和期望的差不多 3—未达到期望 b—还没有结果 c—不知道	那些个人或部门解决问题的方式是否符合期望？ 1—比期望的要好 2—和期望的差不多 3—未达到期望 b—还没有结果 c—不知道
				家庭成员一	家庭成员二	家庭成员三			
	t_c103_11	c103_12	c103_13	c103_14	c103_15	c103_16	c103_17	c103_18	c103_19
1.									
	t_c103_21	c103_22	c103_23	c103_24	c103_25	c103_26	c103_27	c103_28	c103_29
2.									
	t_c103_31	c103_32	c103_33	c103_34	c103_35	c103_36	c103_37	c103_38	c103_39
3.									
	t_c103_41	c103_42	c103_43	c103_44	c103_45	c103_46	c103_47	c103_48	c103_49
4.									
	t_c103_51	c103_52	c103_53	c103_54	c103_55	c103_56	c103_57	c103_58	c103_59
5.									

C104. 在解决纠纷的过程中，是否发生过打架、殴打、人身伤害、财物破坏等行为？

1. 是 □ c104

2. 否→跳答 C106

C105. 发生过这样的行为，是谁先动手？

1. 是我方先动手 □ c105

2. 是对方先动手

3. 两方同时动手

4. 分不清谁先动手

C106. （调查员请注意：如果刚才的问题回答的是没有发生过这样的行为，请问）那有没有任何一方准备或声称要使用这样的手段？

1. 两方都没有准备或声称要使用这样的手段 □ c106

2. 两方都准备或声称要使用这样的手段

3. 只有我方准备或声称要使用这样的手段

4. 只有对方准备或声称要使用这样的手段

{问题11：邻里纠纷}

C107. 在过去五年中，您或您家人是否曾与邻居发生过纠纷？

1. 有 □ c107

2. 没有→跳答 C115

C108. 在过去五年中，这样的麻烦总共有几次？________次 □ c108

如果五年来这样的麻烦不止一次，请针对矛盾最尖锐的一次回答下列问题：

C109. 您或您家人是如何解决这次问题的？

1. 吃点亏，忍了算了→跳答 C112 □ c109

2. 自己找对方解决→跳答 C112

3. 请人帮忙或找有关部门帮助解决

a 拒绝回答

c 不知道

C110. 在寻求帮助的过程中，村里有多少家庭参与其中？

1. 只有我自己家 □ c110

2. 有部分家庭

3. 有很多家庭

a 拒绝回答

c 不知道

C111. 您或您家人向哪些个人或部门寻求过帮助？请您说说寻求帮助的一些具体情况。

	向哪些个人或部门寻求过帮助？（请按寻求帮助时的先后顺序记录。不必说人名，但请告知帮助人或部门的级别、特征。）	那些个人或部门的生活地或驻地在什么地方？ 1—本村内 2—本乡镇 3—本县 4—本省省城 5—本省其他 6—首都北京 7—省外其他	是否通过熟人关系找到他们？ 1—是 2—否	如果去的是村外，您家里都有谁去了？给出去村外家庭成员的编号（A1 中第一栏的序号，最多可以填三位家庭成员）			在选派家庭成员出去求助时，您考虑的最关键因素是什么？ 1—谁时间最充裕 2—谁能力强 3—谁受到暴力对待的可能性最小 4—其他	求助最终达到的结果是否符合期望？ 1—比期望的要好 2—和期望的差不多 3—未达到期望 b—还没有结果 c—不知道	那些个人或部门解决问题的方式是否符合期望？ 1—比期望的要好 2—和期望的差不多 3—未达到期望 b—还没有结果 c—不知道
				家庭成员一	家庭成员二	家庭成员三			
	t_c111_11	c111_12	c111_13	c111_14	c111_15	c111_16	c111_17	c111_18	c111_19
1.									
	t_c111_21	c111_22	c111_23	c111_24	c111_25	c111_26	c111_27	c111_28	c111_29
2.									
	t_c111_31	c111_32	c111_33	c111_34	c111_35	c111_36	c111_37	c111_38	c111_39
3.									
	t_c111_41	c111_42	c111_43	c111_44	c111_45	c111_46	c111_47	c111_48	c111_49
4.									
	t_c111_51	c111_52	c111_53	c111_54	c111_55	c111_56	c111_57	c111_58	c111_59
5.									

C112. 在解决纠纷的过程中，是否发生过打架、殴打、人身伤害、财物破坏等行为？

1. 是 □ c112

2. 否→跳答 C114

C113. 发生过这样的行为，是谁先动手？

1. 是我方先动手 □ c113

2. 是对方先动手

3. 两方同时动手

4. 分不清谁先动手

C114.（调查员请注意：如果刚才的问题回答的是没有发生过这样的行为，请问）那有没有任何一方准备或声称要使用这样的手段？

1. 两方都没有准备或声称要使用这样的手段 □ c114

2. 两方都准备或声称要使用这样的手段

3. 只有我方准备或声称要使用这样的手段

4. 只有对方准备或声称要使用这样的手段

{问题12：劳动纠纷}

C115. 在过去五年中，您是否为别人干过活？

1. 有 □ c115

2. 没有→跳答 C126

C116. 您在取得劳动报酬时是否遇到过问题？

1. 有 □ c116

2. 没有→跳答 C126

a 拒绝回答

C117. 在过去五年中，这样的麻烦总共有几次？________次 □ c117

如果五年来这样的麻烦不止一次，请针对矛盾最尖锐的一次回答下列问题：

C118. 这次麻烦是不是一次涉及多位村民利益的集体纠纷？

1. 是 □ c118

2. 否

a 拒绝回答

c 不知道

C119. 在这次麻烦中，和您发生冲突的对方是谁？

请注明：[t _ c119]

C120. 您或您家人是如何解决这次问题的？ □ c120

1. 吃点亏，忍了算了→跳答 C123

2. 自己找对方解决→跳答 C123

3. 请人帮忙或找有关部门帮助解决

a 拒绝回答

c 不知道

C121. 在寻求帮助的过程中，村里有多少家庭参与其中？ □ c121

1. 只有我自己家

2. 有部分家庭

3. 有很多家庭

a 拒绝回答

c 不知道

C122. 您或您家人向哪些个人或部门寻求过帮助？请您说说寻求帮助的一些具体情况。

	向哪些个人或部门寻求过帮助？（请按寻求帮助时的先后顺序记录。不必说人名，但请告知帮助人或部门的级别、特征。）	那些个人或部门的生活地或驻地在什么地方？ 1—本村内 2—本乡镇 3—本县 4—本省省城 5—本省其他 6—首都北京 7—省外其他	是否通过熟人关系找到他们？ 1—是 2—否	如果去的是村外，您家里都有谁去了？给出去村外家庭成员的编号（A1 中第一栏的序号，最多可以填三位家庭成员）			在选派家庭成员出去求助时，您考虑的最关键因素是什么？ 1—谁时间最充裕 2—谁能力强 3—谁受到暴力对待的可能性最小 4—其他	求助最终达到的结果是否符合期望？ 1—比期望的要好 2—和期望的差不多 3—未达到期望 b—还没有结果 c—不知道	那些个人或部门解决问题的方式是否符合期望？ 1—比期望的要好 2—和期望的差不多 3—未达到期望 b—还没有结果 c—不知道
				家庭成员一	家庭成员二	家庭成员三			
	t _ c122 _ 11	c122 _ 12	c122 _ 13	c122 _ 14	c122 _ 15	c122 _ 16	c122 _ 17	c122 _ 18	c122 _ 19
1.									
	t _ c122 _ 21	c122 _ 22	c122 _ 23	c122 _ 24	c122 _ 25	c122 _ 26	c122 _ 27	c122 _ 28	c122 _ 29
2.									
	t _ c122 _ 31	c122 _ 32	c122 _ 33	c122 _ 34	c122 _ 35	c122 _ 36	c122 _ 37	c122 _ 38	c122 _ 39
3.									
	t _ c122 _ 41	c122 _ 42	c122 _ 43	c122 _ 44	c122 _ 45	c122 _ 46	c122 _ 47	c122 _ 48	c122 _ 49
4.									
	t _ c122 _ 51	c122 _ 52	c122 _ 53	c122 _ 54	c122 _ 55	c122 _ 56	c122 _ 57	c122 _ 58	c122 _ 59
5.									

C123. 在解决纠纷的过程中，是否发生过打架、殴打、人身伤害、财物破坏等行为？

1. 是 □ c123

2. 否→跳答 C125

C124. 发生过这样的行为，是谁先动手？

1. 是我方先动手 □ c124

2. 是对方先动手

3. 两方同时动手

4. 分不清谁先动手

C125.（调查员请注意：如果刚才的问题回答的是没有发生过这样的行为，请问）那有没有任何一方准备或声称要使用这样的手段？

1. 两方都没有准备或声称要使用这样的手段 □ c125

2. 两方都准备或声称要使用这样的手段

3. 只有我方准备或声称要使用这样的手段

4. 只有对方准备或声称要使用这样的手段

{问题 13：农业负担纠纷}

C126. 在过去五年中，您或您家人是否在缴纳农业负担方面与他人或村委会发生过纠纷？

1. 有 □ c126

2. 没有→跳答 C136

C127. 在过去五年中，这样的麻烦总共有几次？________次 □ c127

如果五年来这样的麻烦不止一次，请针对矛盾最尖锐的一次回答下列问题：

C128. 这次麻烦是不是一次涉及多位村民利益的集体纠纷？

1. 是 □ c128

2. 否

a 拒绝回答

c 不知道

C129. 在这次麻烦中，和您发生冲突的对方是谁？

请注明：[t_c129]

C130. 您或您家人是如何解决这次问题的？ □ c130

1. 吃点亏，忍了算了→跳答 C133
2. 自己找对方解决→跳答 C133
3. 请人帮忙或找有关部门帮助解决

a 拒绝回答

c 不知道

C131. 在寻求帮助的过程中，村里有多少家庭参与其中？ □ c131

1. 只有我自己家
2. 有部分家庭
3. 有很多家庭

a 拒绝回答

c 不知道

C132. 您或您家人向哪些个人或部门寻求过帮助？请您说说寻求帮助的一些具体情况。

	向哪些个人或部门寻求过帮助？（请按寻求帮助时的先后顺序记录。不必说人名，但请告知帮助人或部门的级别、特征。）	那些个人或部门的生活地或驻地在什么地方？ 1—本村内 2—本乡镇 3—本县 4—本省省城 5—本省其他 6—首都北京 7—省外其他	是否通过熟人关系找到他们？ 1—是 2—否	如果去的是村外，您家里都有谁去了？给出去村外家庭成员的编号（A1 中第一栏的序号，最多可以填三位家庭成员）			在选派家庭成员出去求助时，您考虑的最关键因素是什么？ 1—谁时间最充裕 2—谁能力强 3—谁受到暴力对待的可能性最小 4—其他	求助最终达到的结果是否符合期望？ 1—比期望的要好 2—和期望的差不多 3—未达到期望 b—还没有结果 c—不知道	那些个人或部门解决问题的方式是否符合期望？ 1—比期望的要好 2—和期望的差不多 3—未达到期望 b—还没有结果 c—不知道
				家庭成员一	家庭成员二	家庭成员三			
	t_c132_11	c132_12	c132_13	c132_14	c132_15	c132_16	c132_17	c132_18	c132_19
1.									
	t_c132_21	c132_22	c132_23	c132_24	c132_25	c132_26	c132_27	c132_28	c132_29
2.									
	t_c132_31	c132_32	c132_33	c132_34	c132_35	c132_36	c132_37	c132_38	c132_39
3.									
	t_c132_41	c132_42	c132_43	c132_44	c132_45	c132_46	c132_47	c132_48	c132_49
4.									
	t_c132_51	c132_52	c132_53	c132_54	c132_55	c132_56	c132_57	c132_58	c132_59
5.									

C133. 在解决纠纷的过程中，是否发生过打架、殴打、人身伤害、财物破坏等行为？

1. 是 □ c133

2. 否→跳答 C135

C134. 发生过这样的行为，是谁先动手？

1. 是我方先动手 □ c134

2. 是对方先动手

3. 两方同时动手

4. 分不清谁先动手

C135.（调查员请注意：如果刚才的问题回答的是没有发生过这样的行为，请问）那有没有任何一方准备或声称要使用这样的手段？

1. 两方都没有准备或声称要使用这样的手段 □ c135

2. 两方都准备或声称要使用这样的手段

3. 只有我方准备或声称要使用这样的手段

4. 只有对方准备或声称要使用这样的手段

{问题 14：家庭纠纷}

C136. 在过去五年中，您是否在赡养老人或财产分割等方面与家人发生过纠纷？

1. 有 □ c136

2. 没有→跳答 C144

C137. 在过去五年中，这样的麻烦总共有几次？________次 □ c137

如果五年来这样的麻烦不止一次，请针对矛盾最尖锐的一次回答下列问题：

C138. 您或您家人是如何解决这次问题的？

1. 吃点亏，忍了算了→跳答 C141 □ c138

2. 自己找对方解决→跳答 C141

3. 请人帮忙或找有关部门帮助解决

a 拒绝回答

c 不知道

C139. 在寻求帮助的过程中，村里有多少家庭参与其中？

1. 只有我自己家 □ c139

2. 有部分家庭

3. 有很多家庭

a 拒绝回答

c 不知道

C140. 您或您家人向哪些个人或部门寻求过帮助？请您说说寻求帮助的一些具体情况。

	向哪些个人或部门寻求过帮助？（请按寻求帮助时的先后顺序记录。不必说人名，但请告知帮助人或部门的级别、特征。）	那些个人或部门的生活地或驻地在什么地方？ 1—本村内 2—本乡镇 3—本县 4—本省省城 5—本省其他 6—首都北京 7—省外其他	是否通过熟人关系找到他们？ 1—是 2—否	如果去的是村外，您家里都有谁去了？给出去村外家庭成员的编号（A1 中第一栏的序号，最多可以填三位家庭成员）			在选派家庭成员出去求助时，您考虑的最关键因素是什么？ 1—谁时间最充裕 2—谁能力强 3—谁受到暴力对待的可能性最小 4—其他	求助最终达到的结果是否符合期望？ 1—比期望的要好 2—和期望的差不多 3—未达到期望 b—还没有结果 c—不知道	那些个人或部门解决问题的方式是否符合期望？ 1—比期望的要好 2—和期望的差不多 3—未达到期望 b—还没有结果 c—不知道
				家庭成员一	家庭成员二	家庭成员三			
	t_c140_11	c140_12	c140_13	c140_14	c140_15	c140_16	c140_17	c140_18	c140_19
1.									
	t_c140_21	c140_22	c140_23	c140_24	c140_25	c140_26	c140_27	c140_28	c140_29
2.									
	t_c140_31	c140_32	c140_33	c140_34	c140_35	c140_36	c140_37	c140_38	c140_39
3.									
	t_c140_41	c140_42	c140_43	c140_44	c140_45	c140_46	c140_47	c140_48	c140_49
4.									
	t_c140_51	c140_52	c140_53	c140_54	c140_55	c140_56	c140_57	c140_58	c140_59
5.									

C141. 在解决纠纷的过程中，是否发生过打架、殴打、人身伤害、财物破坏等行为？

1. 是 □ c141

2. 否→跳答 C143

C142. 发生过这样的行为，是谁先动手？

1. 是我方先动手 □ c142

2. 是对方先动手

3. 两方同时动手

4. 分不清谁先动手

C143. （调查员请注意：如果刚才的问题回答的是没有发生过这样的行为，请问）那有没有任何一方准备或声称要使用这样的手段？

1. 两方都没有准备或声称要使用这样的手段 □ c143

2. 两方都准备或声称要使用这样的手段

3. 只有我方准备或声称要使用这样的手段

4. 只有对方准备或声称要使用这样的手段

{问题 15：干群矛盾}

C144. 在过去五年中，您或您家人是否在与政府部门（不包括村委会）打交道的过程中发生过问题？

1. 有 □ c144

2. 没有→跳答 C154

C145. 在过去五年中，这样的麻烦总共有几次？________次 □ c145

如果五年来这样的麻烦不止一次，请针对矛盾最尖锐的一次回答下列问题：

C146. 这次麻烦是不是一次涉及多位村民利益的集体纠纷？

1. 是 □ c146

2. 否

a 拒绝回答

c 不知道

C147. 这一问题涉及的是哪一个政府部门？

t _ c147

C148. 您或您家人是如何解决这次问题的？

1. 吃点亏，忍了算了→跳答 C151 □ c148

2. 自己找对方解决→跳答 C151

3. 请人帮忙或找有关部门帮助解决

a 拒绝回答

c 不知道

C149. 在寻求帮助的过程中，村里有多少家庭参与其中？

1. 只有我自己家 □ c149

2. 有部分家庭

3. 有很多家庭

a 拒绝回答

c 不知道

C150. 您或您家人向哪些个人或部门寻求过帮助？请您说说寻求帮助的一些具体情况。

	向哪些个人或部门寻求过帮助？（请按寻求帮助时的先后顺序记录。不必说人名，但请告知帮助人或部门的级别、特征。）	那些个人或部门的生活地或驻地在什么地方？1—本村内 2—本乡镇 3—本县 4—本省省城 5—本省其他 6—首都北京 7—省外其他	是否通过熟人关系找到他们？1—是 2—否	如果去的是村外，您家里都有谁去了？给出去村外家庭成员的编号（A1中第一栏的序号，最多可以填三位家庭成员）家庭成员一	家庭成员二	家庭成员三	在选派家庭成员出去求助时，您考虑的最关键因素是什么？1—谁时间最充裕 2—谁能力强 3—谁受到暴力对待的可能性最小 4—其他	求助最终达到的结果是否符合期望？1—比期望的要好 2—和期望的差不多 3—未达到期望 b—还没有结果 c—不知道	那些个人或部门解决问题的方式是否符合期望？1—比期望的要好 2—和期望的差不多 3—未达到期望 b—还没有结果 c—不知道
	t_c150_11	c150_12	c150_13	c150_14	c150_15	c150_16	c150_17	c150_18	c150_19
1.									
	t_c150_21	c150_22	c150_23	c150_24	c150_25	c150_26	c150_27	c150_28	c150_29
2.									
	t_c150_31	c150_32	c150_33	c150_34	c150_35	c150_36	c150_37	c150_38	c150_39
3.									
	t_c150_41	c150_42	c150_43	c150_44	c150_45	c150_46	c150_47	c150_48	c150_49
4.									
	t_c150_51	c150_52	c150_53	c150_54	c150_55	c150_56	c150_57	c150_58	c150_59
5.									

C151. 在解决纠纷的过程中，是否发生过打架、殴打、人身伤害、财物破坏等行为？

1. 是 □ c151

2. 否→跳答C153

C152. 发生过这样的行为，是谁先动手？

1. 是我方先动手 □ c152

2. 是对方先动手

3. 两方同时动手

4. 分不清谁先动手

C153. （调查员请注意：如果刚才的问题回答的是没有发生过这样的行为，请问）那有没有任何一方准备或声称要使用这样的手段？

1. 两方都没有准备或声称要使用这样的手段 □ c153

2. 两方都准备或声称要使用这样的手段

3. 只有我方准备或声称要使用这样的手段

4. 只有对方准备或声称要使用这样的手段

{问题 16：人身伤害纠纷}

C154. 在过去五年中，您是否受到过他人造成的人身伤害？

1. 有 □ c154

2. 没有→跳答 C164

C155. 您或您家人是否曾试图向人身伤害人索取经济或其他损失赔偿？

1. 有 □ c155

2. 没有→跳答 C164

a 拒绝回答

c 不知道

C156. 在过去五年中，这样的麻烦总共有几次？ ________次 □ c156

如果五年来这样的麻烦不止一次，请针对矛盾最尖锐的一次回答下列问题：

C157. 在这次麻烦中，和您发生冲突的对方是谁？

请注明：[t _ c157]

C158. 您或您家人是如何解决这次问题的？

1. 吃点亏，忍了算了→跳答 C161 □ c158

2. 自己找对方解决→跳答 C161

3. 请人帮忙或找有关部门帮助解决

a 拒绝回答

c 不知道

C159. 在寻求帮助的过程中，村里有多少家庭参与其中？

1. 只有我自己家 □ c159

2. 有部分家庭

3. 有很多家庭

a 拒绝回答

c 不知道

C160. 您或您家人向哪些个人或部门寻求过帮助？请您说说寻求帮助的一些具体情况。

	向哪些个人或部门寻求过帮助？（请按寻求帮助时的先后顺序记录。不必说人名，但请告知帮助人或部门的级别、特征。）	那些个人或部门的生活地或驻地在什么地方？ 1—本村内 2—本乡镇 3—本县 4—本省省城 5—本省其他 6—首都北京 7—省外其他	是否通过熟人关系找到他们？ 1—是 2—否	如果去的是村外，您家里都有谁去了？给出去村外家庭成员的编号（A1 中第一栏的序号，最多可以填三位家庭成员）			在选派家庭成员出去求助时，您考虑的最关键因素是什么？ 1—谁时间最充裕 2—谁能力强 3—谁受到暴力对待的可能性最小 4—其他	求助最终达到的结果是否符合期望？ 1—比期望的要好 2—和期望的差不多 3—未达到期望 b—还没有结果 c—不知道	那些个人或部门解决问题的方式是否符合期望？ 1—比期望的要好 2—和期望的差不多 3—未达到期望 b—还没有结果 c—不知道
				家庭成员一	家庭成员二	家庭成员三			
	t_c160_11	c160_12	c160_13	c160_14	c160_15	c160_16	c160_17	c160_18	c160_19
1.									
	t_c160_21	c160_22	c160_23	c160_24	c160_25	c160_26	c160_27	c160_28	c160_29
2.									
	t_c160_31	c160_32	c160_33	c160_34	c160_35	c160_36	c160_37	c160_38	c160_39
3.									
	t_c160_41	c160_42	c160_43	c160_44	c160_45	c160_46	c160_47	c160_48	c160_49
4.									
	t_c160_51	c160_52	c160_53	c160_54	c160_55	c160_56	c160_57	c160_58	c160_59
5.									

C161. 在解决纠纷的过程中，是否发生过打架、殴打、人身伤害、财物破坏等行为？

1. 是 □ c161
2. 否→跳答 C163

C162. 发生过这样的行为，是谁先动手？

1. 是我方先动手 □ c162
2. 是对方先动手
3. 两方同时动手
4. 分不清谁先动手

C163. （调查员请注意：如果刚才的问题回答的是没有发生过这样的行为，请问）那有没有任何一方准备或声称要使用这样的手段？

1. 两方都没有准备或声称要使用这样的手段 □ c163
2. 两方都准备或声称要使用这样的手段
3. 只有我方准备或声称要使用这样的手段

4. 只有对方准备或声称要使用这样的手段

{问题 17：财产损害补偿}

C164. 在过去五年中，是否有其他人对您的财产造成过损失（例如过失、故意损坏，盗窃，诈骗，等等）?

1. 有 □ c164

2. 没有→跳答 C174

C165. 您是否向他人要求过损失赔偿?

1. 有 □ c165

2. 没有→跳答 C174

a 拒绝回答

C166. 在过去五年中，这样的麻烦总共有几次? ________次 □ c166

如果五年来这样的麻烦不止一次，请针对矛盾最尖锐的一次回答下列问题：

C167. 在这次麻烦中，和您发生冲突的对方是谁?

请注明： [t _ c167]

C168. 您或您家人是如何解决这次问题的?

1. 吃点亏，忍了算了→跳答 C171 □ c168

2. 自己找对方解决→跳答 C171

3. 请人帮忙或找有关部门帮助解决

a 拒绝回答

c 不知道

C169. 在寻求帮助的过程中，村里有多少家庭参与其中?

1. 只有我自己家 □ c169

2. 有部分家庭

3. 有很多家庭

a 拒绝回答

c 不知道

C170. 您或您家人向哪些个人或部门寻求过帮助? 请您说说寻求帮助的一些具体情况。

	向哪些个人或部门寻求过帮助？（请按寻求帮助时的先后顺序记录。不必说人名，但请告知帮助人或部门的级别、特征。）	那些个人或部门的生活地或驻地在什么地方？ 1—本村内 2—本乡镇 3—本县 4—本省省城 5—本省其他 6—首都北京 7—省外其他	是否通过熟人关系找到他们？ 1—是 2—否	如果去的是村外，您家里都有谁去了？给出去村外家庭成员的编号（A1中第一栏的序号，最多可以填三位家庭成员）			在选派家庭成员出去求助时，您考虑的最关键因素是什么？ 1—谁时间最充裕 2—谁能力强 3—谁受到暴力对待的可能性最小 4—其他	求助最终达到的结果是否符合期望？ 1—比期望的要好 2—和期望的差不多 3—未达到期望 b—还没有结果 c—不知道	那些个人或部门解决问题的方式是否符合期望？ 1—比期望的要好 2—和期望的差不多 3—未达到期望 b—还没有结果 c—不知道
				家庭成员一	家庭成员二	家庭成员三			
	t_c170_11	c170_12	c170_13	c170_14	c170_15	c170_16	c170_17	c170_18	c170_19
1.									
	t_c170_21	c170_22	c170_23	c170_24	c170_25	c170_26	c170_27	c170_28	c170_29
2.									
	t_c170_31	c170_32	c170_33	c170_34	c170_35	c170_36	c170_37	c170_38	c170_39
3.									
	t_c170_41	c170_42	c170_43	c170_44	c170_45	c170_46	c170_47	c170_48	c170_49
4.									
	t_c170_51	c170_52	c170_53	c170_54	c170_55	c170_56	c170_57	c170_58	c170_59
5.									

C171. 在解决纠纷的过程中，是否发生过打架、殴打、人身伤害、财物破坏等行为？

1. 是 □ c171
2. 否→跳答 C173

C172. 发生过这样的行为，是谁先动手？

1. 是我方先动手 □ c172
2. 是对方先动手
3. 两方同时动手
4. 分不清谁先动手

C173.（调查员请注意：如果刚才的问题回答的是没有发生过这样的行为，请问）那有没有任何一方准备或声称要使用这样的手段？

1. 两方都没有准备或声称要使用这样的手段 □ c173
2. 两方都准备或声称要使用这样的手段
3. 只有我方准备或声称要使用这样的手段
4. 只有对方准备或声称要使用这样的手段

{问题18：人身伤害、财产损害或其他指控}

C174. 在过去五年中，您或您家人是否对他人造成过人身伤害或财产损害？

1. 有 □ c174

2. 没有→跳答 C185

C175. 在过去五年中，您或您家人是否被他人告过（包括向政府告状或向法院起诉）？

1. 有 □ c175

2. 没有→跳答 C185

a 拒绝回答

C176. 是否有人或其代理人曾要求您对其损失或费用，如医疗费或物品修理费做出赔偿？

1. 有 □ c176

2. 没有→跳答 C185

c 不知道

C177. 在过去五年中，这样的麻烦总共有几次？ ________次 □ c177

如果五年来这样的麻烦不止一次，请针对矛盾最尖锐的一次回答下列问题：

C178. 在这次麻烦中，和您发生冲突的对方是谁？

请注明：[t _ c178]

C179. 您或您家人是如何解决这次问题的？

1. 吃点亏，忍了算了→跳答 C182 □ c179

2. 自己找对方解决→跳答 C182

3. 请人帮忙或找有关部门帮助解决

a 拒绝回答

c 不知道

C180. 在寻求帮助的过程中，村里有多少家庭参与其中？

1. 只有我自己家 □ c180

2. 有部分家庭

3. 有很多家庭

a 拒绝回答

c 不知道

C181. 您或您家人向哪些个人或部门寻求过帮助？请您说说寻求帮助的一些具体情况。

	向哪些个人或部门寻求过帮助？（请按寻求帮助时的先后顺序记录。不必说人名，但请告知帮助人或部门的级别、特征。）	那些个人或部门的生活地或驻地在什么地方？ 1—本村内 2—本乡镇 3—本县 4—本省省城 5—本省其他 6—首都北京 7—省外其他	是否通过熟人关系找到他们？ 1—是 2—否	如果去的是村外，您家里都有谁去了？给出去村外家庭成员的编号（A1 中第一栏的序号，最多可以填三位家庭成员）			在选派家庭成员出去求助时，您考虑的最关键因素是什么？ 1—谁时间最充裕 2—谁能力强 3—谁受到暴力对待的可能性最小 4—其他	求助最终达到的结果是否符合期望？ 1—比期望的要好 2—和期望的差不多 3—未达到期望 b—还没有结果 c—不知道	那些个人或部门解决问题的方式是否符合期望？ 1—比期望的要好 2—和期望的差不多 3—未达到期望 b—还没有结果 c—不知道
				家庭成员一	家庭成员二	家庭成员三			
	t_c181_11	c181_12	c181_13	c181_14	c181_15	c181_16	c181_17	c181_18	c181_19
1.									
	t_c181_21	c181_22	c181_23	c181_24	c181_25	c181_26	c181_27	c181_28	c181_29
2.									
	t_c181_31	c181_32	c181_33	c181_34	c181_35	c181_36	c181_37	c181_38	c181_39
3.									
	t_c181_41	c181_42	c181_43	c181_44	c181_45	c181_46	c181_47	c181_48	c181_49
4.									
	t_c181_51	c181_52	c181_53	c181_54	c181_55	c181_56	c181_57	c181_58	c181_59
5.									

C182. 在解决纠纷的过程中，是否发生过打架、殴打、人身伤害、财物破坏等行为？

□ c182

1. 是
2. 否→跳答 C184

C183. 发生过这样的行为，是谁先动手？

□ c183

1. 是我方先动手
2. 是对方先动手
3. 两方同时动手
4. 分不清谁先动手

C184.（调查员请注意：如果刚才的问题回答的是没有发生过这样的行为，请问）那有没有任何一方准备或声称要使用这样的手段？

□ c184

1. 两方都没有准备或声称要使用这样的手段
2. 两方都准备或声称要使用这样的手段
3. 只有我方准备或声称要使用这样的手段
4. 只有对方准备或声称要使用这样的手段

{问题 19：子女教育纠纷}

C185. 在过去五年中，您是否因子女的受教育问题与教师或学校发生过问题？

1. 有 □ c185

2. 没有→跳答 C195

C186. 在过去五年中，这样的麻烦总共有几次？ ________次 □ c186

如果五年来这样的麻烦不止一次，请针对矛盾最尖锐的一次回答下列问题：

C187. 这次麻烦是不是一次涉及多位村民利益的集体纠纷？

1. 是 □ c187

2. 否

a 拒绝回答

c 不知道

C188. 在这次麻烦中，和您发生冲突的对方是谁？

请注明：[t _ c188]

C189. 您或您家人是如何解决这次问题的？

1. 吃点亏，忍了算了→跳答 C192 □ c189

2. 自己找对方解决→跳答 C192

3. 请人帮忙或找有关部门帮助解决

a 拒绝回答

c 不知道

C190. 在寻求帮助的过程中，村里有多少家庭参与其中？

1. 只有我自己家 □ c190

2. 有部分家庭

3. 有很多家庭

a 拒绝回答

c 不知道

C191. 您或您家人向哪些个人或部门寻求过帮助？请您说说寻求帮助的一些具体情况。

	向哪些个人或部门寻求过帮助？（请按寻求帮助时的先后顺序记录。不必说人名，但请告知帮助人或部门的级别、特征。）	那些个人或部门的生活地或驻地在什么地方？ 1—本村内 2—本乡镇 3—本县 4—本省省城 5—本省其他 6—首都北京 7—省外其他	是否通过熟人关系找到他们？ 1—是 2—否	如果去的是村外，您家里都有谁去了？给出去村外家庭成员的编号（A1 中第一栏的序号，最多可以填三位家庭成员）			在选派家庭成员出去求助时，您考虑的最关键因素是什么？ 1—谁时间最充裕 2—谁能力强 3—谁受到暴力对待的可能性最小 4—其他	求助最终达到的结果是否符合期望？ 1—比期望的要好 2—和期望的差不多 3—未达到期望 b—还没有结果 c—不知道	那些个人或部门解决问题的方式是否符合期望？ 1—比期望的要好 2—和期望的差不多 3—未达到期望 b—还没有结果 c—不知道
				家庭成员一	家庭成员二	家庭成员三			
	t _ c191 _ 11	c191 _ 12	c191 _ 13	c191 _ 14	c191 _ 15	c191 _ 16	c191 _ 17	c191 _ 18	c191 _ 19
1.									
	t _ c191 _ 21	c191 _ 22	c191 _ 23	c191 _ 24	c191 _ 25	c191 _ 26	c191 _ 27	c191 _ 28	c191 _ 29
2.									
	t _ c191 _ 31	c191 _ 32	c191 _ 33	c191 _ 34	c191 _ 35	c191 _ 36	c191 _ 37	c191 _ 38	c191 _ 39
3.									
	t _ c191 _ 41	c191 _ 42	c191 _ 43	c191 _ 44	c191 _ 45	c191 _ 46	c191 _ 47	c191 _ 48	c191 _ 49
4.									
	t _ c191 _ 51	c191 _ 52	c191 _ 53	c191 _ 54	c191 _ 55	c191 _ 56	c191 _ 57	c191 _ 58	c191 _ 59
5.									

C192. 在解决纠纷的过程中，是否发生过打架、殴打、人身伤害、财物破坏等行为？

1. 是 □ c192
2. 否→跳答 C194

C193. 发生过这样的行为，是谁先动手？

1. 是我方先动手 □ c193
2. 是对方先动手
3. 两方同时动手
4. 分不清谁先动手

C194. （调查员请注意：如果刚才的问题回答的是没有发生过这样的行为，请问）那有没有任何一方准备或声称要使用这样的手段？

1. 两方都没有准备或声称要使用这样的手段 □ c194
2. 两方都准备或声称要使用这样的手段
3. 只有我方准备或声称要使用这样的手段
4. 只有对方准备或声称要使用这样的手段

{问题 20：其他纠纷}

C195. 除了上面提到的那些纠纷，在过去五年中，您或您家人是否还与他人产生过别的矛盾？

1. 有 □ c195

2. 没有→跳答 C206

C196. 在过去五年中，这样的麻烦总共有几次？ ________次 □ c196

如果五年来这样的麻烦不止一次，请针对矛盾最尖锐的一次回答下列问题：

C197. 这些问题是什么性质的？（逐字记录）

t _ c197

C198. 这次麻烦是不是一次涉及多位村民利益的集体纠纷？

1. 是 □ c198

2. 否

a 拒绝回答

c 不知道

C199. 在这次麻烦中，和您发生冲突的对方是谁？

请注明： [t _ c199]

C200. 您或您家人是如何解决这次问题的？

1. 吃点亏，忍了算了→跳答 C203 □ c200

2. 自己找对方解决→跳答 C203

3. 请人帮忙或找有关部门帮助解决

a 拒绝回答

c 不知道

C201. 在寻求帮助的过程中，村里有多少家庭参与其中？

1. 只有我自己家 □ c201

2. 有部分家庭

3. 有很多家庭

a 拒绝回答

c 不知道

C202. 您或您家人向哪些个人或部门寻求过帮助？请您说说寻求帮助的

一些具体情况。

	向哪些个人或部门寻求过帮助？（请按寻求帮助时的先后顺序记录。不必说人名，但请告知帮助人或部门的级别、特征。）	那些个人或部门的生活地或驻地在什么地方？ 1—本村内 2—本乡镇 3—本县 4—本省省城 5—本省其他 6—首都北京 7—省外其他	是否通过熟人关系找到他们？ 1—是 2—否	如果去的是村外，您家里都有谁去了？给出去村外家庭成员的编号（A1 中第一栏的序号，最多可以填三位家庭成员）			在选派家庭成员出去求助时，您考虑的最关键因素是什么？ 1—谁时间最充裕 2—谁能力强 3—谁受到暴力对待的可能性最小 4—其他	求助最终达到的结果是否符合期望？ 1—比期望的要好 2—和期望的差不多 3—未达到期望 b—还没有结果 c—不知道	那些个人或部门解决问题的方式是否符合期望？ 1—比期望的要好 2—和期望的差不多 3—未达到期望 b—还没有结果 c—不知道
				家庭成员一	家庭成员二	家庭成员三			
	t_c202_11	c202_12	c202_13	c202_14	c202_15	c202_16	c202_17	c202_18	c202_19
1.									
	t_c202_21	c202_22	c202_23	c202_24	c202_25	c202_26	c202_27	c202_28	c202_29
2.									
	t_c202_31	c202_32	c202_33	c202_34	c202_35	c202_36	c202_37	c202_38	c202_39
3.									
	t_c202_41	c202_42	c202_43	c202_44	c202_45	c202_46	c202_47	c202_48	c202_49
4.									
	t_c202_51	c202_52	c202_53	c202_54	c202_55	c202_56	c202_57	c202_58	c202_59
5.									

C203. 在解决纠纷的过程中，是否发生过打架、殴打、人身伤害、财物破坏等行为？

□ c203

1. 是

2. 否→跳答 C205

C204. 发生过这样的行为，是谁先动手？

□ c204

1. 是我方先动手

2. 是对方先动手

3. 两方同时动手

4. 分不清谁先动手

C205.（调查员请注意：如果刚才的问题回答的是没有发生过这样的行为，请问）那有没有任何一方准备或声称要使用这样的手段？

□ c205

1. 两方都没有准备或声称要使用这样的手段

2. 两方都准备或声称要使用这样的手段

3. 只有我方准备或声称要使用这样的手段

4. 只有对方准备或声称要使用这样的手段

{其他司法经历}

C206. 您是否曾在刑事案件中作为被告出现在法庭上？

1. 有 □ c206

2. 没有

a 拒绝回答

C207. 您是否曾在非刑事案件中作为被告出现在法庭上？

1. 有 □ c207

2. 没有

a 拒绝回答

C208. 您是否曾作为原告出现在法庭上？

1. 有 □ c208

2. 没有

a 拒绝回答

C209. 请问您在过去五年中是否曾到城里打工？

1. 有 □ c209

2. 没有

C210. 除了上面提到的纠纷和矛盾，您是否曾因其他一些个人事务寻求律师的建议和帮助？

1. 有 □ c210

2. 没有

a 拒绝回答

C211. 您是否曾因其他原因，比如替朋友或亲戚向律师咨询，而向律师寻求过建议和帮助？

1. 有 □ c211

2. 没有→跳答 C213

a 拒绝回答

C212. 您向律师咨询过什么样的问题？（如果不够具体的话，请提示被访者提供更具体、更细节的回答。逐字记录。）

t _ c212

C213.（调查员请注意：如果被访者在C部分所有的回答中没有提到求助律师或者其他法律工作者，请续问，否则跳到D1题。）

我注意到您在解决问题时没有找律师和其他法律工作者，请问是什么原因？下面列举了一些可能的原因，请问在您不找律师和其他法律工作者的原因里，这些原因各有多么重要？

	一点也不重要	不重要	一般	重要	非常重要	拒绝回答		
1. 对律师、法律工作者不了解	1	2	3	4	5	a	→ □	c213_1
2. 我们遇到的问题不属于律师或法律工作者的职责范围	1	2	3	4	5	a	→ □	c213_2
3. 费用太高	1	2	3	4	5	a	→ □	c213_3
4. 请律师或法律工作者不光彩	1	2	3	4	5	a	→ □	c213_4
5. 没什么用，请不请都一样	1	2	3	4	5	a	→ □	c213_5
6. 律师和法律工作者只关心赚钱，并不真正关心我的权益	1	2	3	4	5	a	→ □	c213_6
7. 律师和法律工作者缺乏职业道德	1	2	3	4	5	a	→ □	c213_7
8. 附近找不到这些人	1	2	3	4	5	a	→ □	c213_8
9. 请律师或法律工作者解决问题耗时太久	1	2	3	4	5	a	→ □	c213_9
10. 其他（请注明具体原因）	1	2	3	4	5	a	→ □	c213_10
其他原因：								t_c213

D部分：其他问题

D1. 总的来说，您对自己的生活是否感到满意？

□ d1

1. 很满意
2. 较满意
3. 一般
4. 较不满意
5. 很不满意

a 拒绝回答

c 不知道

D2. 2009年您家各种收入加在一起一共多少？包括农业和非农业收入（如工资、红利、外出打工、经营、副业等）。

□□ d2

1. 100～500元
2. 501～1 000元

3. 1 001～2 000 元

4. 2 001～3 000 元

5. 3 001～4 000 元

6. 4 001～5 000 元

7. 5 001～6 000 元

8. 6 001～8 000 元

9. 8 001～10 000 元

10. 10 001～20 000 元

11. 20 001～50 000 元

12. 50 001～100 000 元

13. 100 000 元以上

a 拒绝回答

c 不知道

D3. 您觉得，跟五年前相比，现在你们村村民之间的关系有什么变化？

1. 改善了很多 □ d3

2. 改善了一些

3. 基本没有变化

4. 变差了一些

5. 变差了很多

a 拒绝回答

c 不知道

D4. 您觉得，跟五年前相比，现在你们村村民与村干部之间的关系有什么变化？

1. 改善了很多 □ d4

2. 改善了一些

3. 基本没有变化

4. 变差了一些

5. 变差了很多

a 拒绝回答

c 不知道

D5. 在 1959—1961 年三年困难时期，您家是否有直系亲属因饥饿而死亡？

1. 没有 □ d5

2. 有

a 拒绝回答

c 不知道

D6. 在 1959—1961 年三年困难时期，你们村是否有村民因饥饿而死亡？

1. 没有 □ d6

2. 有一些

3. 有很多

a 拒绝回答

c 不知道

D7. 在“文化大革命”期间，您家是否受到影响？

1. 未受任何影响 □ d7

2. 受到轻微影响

3. 受到严重影响，家中有直系亲属遭到暴力伤害

a 拒绝回答

c 不知道

D8. 在“文化大革命”期间，你们村是否发生过激烈的政治运动？

1. 有，发生过严重的暴力斗争 □ d8

2. 没有暴力斗争，但有广泛的思想教育活动

3. 没有影响，和平时没有任何区别

a 拒绝回答

c 不知道

D9. 最近一百年来，你们村是否遭受过下列灾害？如果有，是否很严重？

		没有	不太严重	比较严重	非常严重	拒绝回答	不知道	
1.	洪灾	0	1	2	3	a	c	→ □ d9 _ 1
2.	旱灾	0	1	2	3	a	c	→ □ d9 _ 2
3.	火灾	0	1	2	3	a	c	→ □ d9 _ 3
4.	蝗灾	0	1	2	3	a	c	→ □ d9 _ 4
5.	瘟疫	0	1	2	3	a	c	→ □ d9 _ 5
6.	盗匪	0	1	2	3	a	c	→ □ d9 _ 6

7.	战乱、战争	0	1	2	3	a	c	→ d9 _ 7
8.	其他（请注明具体灾害）	0	1	2	3	a	c	→ d9 _ 8
	其他原因：							t _ d9

D10. 您家是否有人卖过血？

1. 是 d10

2. 否

a 拒绝回答

D11. 在你们村，卖血的现象有多普遍？

1. 非常普遍 d11

2. 有一些，但不多

3. 几乎没有听说

a 拒绝回答

c 不知道

D12. 您家是否有人在家里或网吧上过互联网？

1. 有 d12

2. 没有

a 拒绝回答

D13. 你们村是否有人在家里或网吧上过互联网？

1. 有很多人 d13

2. 有一些人

3. 没有人

a 拒绝回答

c 不知道

谢谢您接受调查！

附录二：2010 中国综合社会调查问卷封面及相关问题

中国综合社会调查（CGSS）

2010 年度调查问卷

（居民问卷）

1. 问卷编号：[____|____|____|____|____]

2. 样本序号：[____|____|____]

3. 抽样页类型：[____]

4. 调查地点：（记录地点的名称）

省/自治区/直辖市名称：____________________

市十县/区名称：____________________

乡/镇/街道名称：____________________

居委会/村委会名称：____________________

5. 样本类型：

城市（居委会/社区）…………………………………………………… 1

农村（村委会）…………………………………………………………… 2

6. 访问员（签名）：________　代码：____________________

7. 一审（签名）：________

二审（签名）：________

复核（签名）：________

D3. 您对于下面这些机构的信任程度怎么样？【出示卡片 4】

	完全不可信	比较不可信	居于可信与不可信之间	比较可信	完全可信
1. 法院及司法系统	1	2	3	4	5
2. 中央政府	1	2	3	4	5
3. 本地政府（农村指乡政府）	1	2	3	4	5
4. 军队	1	2	3	4	5
5. 公安部门	1	2	3	4	5
6. 中央媒体	1	2	3	4	5

D13a. 请您回想一下，在过去一年中，您是否受到过政府有关部门或工作人员的不公正对待？

是 …………………………………………………………… 1

否 …………………………………………………………… 2→跳问 D14

D13b. 您或您家当时采用了以下哪些解决途径呢？（多选）

忍了算了 …………………………………………………………… 1

向法院起诉 …………………………………………………………… 2

申请行政裁决或复议 …………………………………………………… 3

单独向上级领导或部门投诉（包括单独上访） ……………………… 4

联合向上级领导或部门投诉（包括集体上访） ……………………… 5

向新闻媒体投诉 ………………………………………………………… 6

把事情曝光到网上 ……………………………………………………… 7

寻求非政府组织的帮助 ………………………………………………… 8

寻求工会、妇联等人民团体的帮助 …………………………………… 9

找关系去施加压力 ……………………………………………………… 10

私下报复，未与对方发生正面冲突 …………………………………… 11

与对方直接正面冲突，包括使用暴力 ………………………………… 12

其他（请注明：________________） ………………………………… 13

附录三：城市矛盾纠纷动态监测电话调查问卷

城市矛盾纠纷动态监测

（电话调查问卷）

1. 在此前一年内，您是否遭遇过与政府机关或其工作人员的纠纷或摩擦？

（1）是（大约________次）

（2）否

2. 在此前一年内，您是否遭遇过与其他个人的纠纷或摩擦？

（1）是（大约________次）

（2）否

3. 在此前一年内，您是否遭遇过与某个组织的纠纷或摩擦？

（1）是（大约________次）

（2）否

4. 当您与他人或机构发生矛盾纠纷时，您是否想用武力自己解决？

（1）是

（2）否

5. 当您与他人或机构发生矛盾纠纷时，您是否想运用法律来解决？

（1）是

（2）否

6. 当您与他人或机构发生矛盾纠纷时，您是否想动员众人采取行动？

（1）是

（2）否

7. 总体来说，您是否认为自己得到了公平的待遇？

(1) 是

(2) 否

8. 当您身边发生抗议活动时，您是否会参加？

(1) 是

(2) 否

9. 您认为当前最严重的问题是：

(1) 交通问题　(2) 环境问题　(3) 社会治安问题

(4) 其他问题（________）

10. 总体来说，您对政府工作人员的评价是：

(1) 非常满意　(2) 满意　(3) 不满意　(4) 非常不满意

11. 总体来说，您对警察的评价是：

(1) 非常满意　(2) 满意　(3) 不满意　(4) 非常不满意

12. 总体来说，您对法院的评价是：

(1) 非常满意　(2) 满意　(3) 不满意　(4) 非常不满意

被访者性别：(1) 女　(2) 男

主要参考文献

埃里克森．无需法律的秩序：邻人如何解决纠纷．北京：中国政法大学出版社，2003.

昂格尔．现代社会中的法律．吴玉章，等译．南京：译林出版社，2001.

贝克．风险社会．何博闻，译．南京：凤凰传媒集团，译林出版社，2003.

边燕杰．市场转型与社会分层．北京：三联书店，2002.

波兰尼．巨变：当代政治与经济的起源．黄树民，译．北京：社会科学文献出版社，2013.

布迪厄．法律的力量：迈向司法场域的社会学．北京：法律出版社，2002.

布莱克．社会学视野中的司法．郭星华，等译．北京：法律出版社，2002.

布莱克．法律的运作行为．唐越，苏力，译．北京：中国政法大学出版社，1994.

蔡禾．从“底线型”利益到“增长型”利益：农民工利益诉求的转变与劳资关系秩序．开放时代，2010 (9).

达仁道夫．现代社会冲突．林荣远，译．北京：中国社会科学出版社，2000.

董磊明．宋村的调解：巨变时代的权威与秩序．北京：法律出版社，2008.

董磊明，等．结构混乱与迎法下乡：河南宋村法律实践的解读．中国社会科学，2008 (5).

EVAN W. 法律社会学．郑哲明，译．台北：台湾巨流文化公司，1996.

范愉．纠纷解决的理论与实践．北京：清华大学出版社，2007.

范愉．诉讼社会与无讼社会的辨析和启示：纠纷解决机制中的国家和社会．法学家，2013 (1).

范愉．非诉讼程序（ADR）教程．北京：中国人民大学出版社，2002.

范愉．多元化纠纷解决机制．厦门：厦门大学出版社，2005.

费孝通．乡土中国 生育制度．北京：北京大学出版社，1998.

费孝通．江村经济：中国农民生活．北京：商务印书馆，2007.

夫马进．中国诉讼社会史的研究．京都大学学术出版会，2011.

弗里德曼．法律制度：从社会科学的角度观察．李琼英，等译．中国政法大学出版社，2004.

格兰诺维特．找工作：关系人与职业生涯的研究．张文宏，译．上海：汉语大词典出版社，2008.

郭星华．当代中国纠纷解决机制的转型．中国人民大学学报，2016（5）.

郭星华，陆益龙，等．法律与社会．北京：中国人民大学出版社，2005.

郭星华，等．现代法治建设与传统文化变迁．北京：中国人民大学出版社，2018.

郭星华，郑日强．励讼：当代中国诉讼文化的变迁．广西民族大学学报，2015（4）.

哈耶克．法律、立法与自由：第2，3卷．邓正来，等译．北京：中国大百科全书出版社，2000.

贺卫方．司法的理念与制度．北京：中国政法大学出版社，1998.

洪大用，卢春天．公众环境关心的多层分析：基于中国CGSS2003的数据应用．社会学研究，2011（6）.

洪大用，肖晨阳．环境关心的性别差异分析．社会学研究，2007（2）.

洪大用．建构环境关心的测量模型：基于2003中国综合社会调查数据．社会，2011（1）.

胡洁人．当前新型社会纠纷解决机制研究．当代法学，2012（2）.

黄文艺．中国的多元化纠纷解决机制：成就与不足．学习与探索，2012（11）.

黄宗智．清代的法律、社会与文化：民法的表达与实践．上海：上海书店出版社，2007.

吉登斯．社会的构成．李猛，等译．北京：三联书店，1998.

季卫东．法律程序的意义：对中国法制建设的另一种思考．中国社会科学，1993（1）.

卡多佐．司法过程的性质．苏力，译．北京：商务印书馆，1998.

科塞．社会冲突的功能．孙立平，等译．北京：华夏出版社，1989.

赖特．阶级．刘磊，吕梁山，译．北京：高等教育出版社，1996.

李，特纳．关于阶级的冲突．姜辉，译．重庆：重庆出版社，2005.

李培林．社会转型与中国经验．北京：中国社会科学出版社，2013.

李培林，等．社会冲突与阶级意识：当代中国社会矛盾问题研究．北京：社会科学文献出版社，2005.

李强．社会分层与贫富差距．福州：鹭江出版社，2000.

李强．从社会学的角度看“构建社会主义和谐社会”．社会科学战线，2005（6）.

梁治平．乡土社会的法律与秩序//王铭铭，王斯福．乡土社会的秩序、公正与权威．北京：中国政法大学出版社，1997.

梁治平．从“礼治”到“法治”？．开放时代，1999（1）.

刘少杰．新形势下意识形态传播方式的变迁．吉林大学社会科学学报，2011（5）.

刘思达．法律移植与合法性冲突：现代性语境下的中国基层司法．社会学研究，2005（3）．

刘思达．当代中国日常法律工作的意涵变迁．中国社会科学，2007（2）．

刘欣．转型期中国大陆城市居民的阶层意识．社会学研究，2001（1）．

刘震云．我不是潘金莲．武汉：长江文艺出版社，2012．

龙飞．多元化纠纷解决机制立法的定位与路径思考．华东政法大学学报，2018（3）．

卢晖临，李雪．如何走出个案：从个案研究到拓展个案研究．中国社会科学，2007（1）．

卢卡奇．历史与阶级意识．杜章智，等译．北京：商务印书馆，2004．

陆益龙．乡村社会变迁与转型性矛盾纠纷及其演化态势．社会科学研究，2013（4）．

陆益龙．转型中国的纠纷与秩序：法社会学的经验研究．北京：中国人民大学出版社，2015．

陆益龙．后乡土中国．北京：商务印书馆，2017．

陆益龙，杨敏．关系网络对乡村纠纷过程的影响：基于2006CGSS的法社会学研究．学海，2010（3）．

陆益龙．权威认同、纠纷及其解决机制的选择：法社会学视野下的中国经验．江苏社会科学，2013（6）．

陆益龙．纠纷解决的法社会学研究：问题及范式．湖南社会科学，2009（1）．

陆益龙．纠纷管理、多元化解机制与秩序建构．人文杂志，2011（6）．

曼海姆．意识形态与乌托邦．黎鸣，李书崇，译．北京：商务印书馆，2000．

毛高杰．论纠纷解决中法律的限度．四川师范大学学报，2012（6）．

梅丽．诉讼的话语：生活在美国社会底层人的法律意识．郭星华，等译．北京：北京大学出版社，2007．

默顿．社会研究与社会政策．林聚任，等译．北京：三联书店，2001．

普鲁特，金盛熙．社会冲突：升级、僵局及解决．王凡妹，译．北京：人民邮电出版社，2013．

齐美尔．社会学：关于社会化形式的研究．林荣远，译．北京：华夏出版社，2002．

强世功．乡村社会的司法实践：知识、技术与权力．战略与管理，1997（4）．

强世功．调解、法制与现代性：中国调解制度研究．北京：中国法制出版社，2001．

沈原．市场、阶级与社会．北京：社会科学文献出版社，2008．

斯凯思．阶级．雷玉琼，译．长春：吉林人民出版社，2005．

斯科特．弱者的武器．郑广怀，等译．南京：凤凰出版传媒集团，译林出版社，2007．

苏国勋．社会学与社会建构论．国外社会科学，2002（1）．

苏力．法律规避和法律多元．中外法学，1993（6）．

苏力．法治及其本土资源．北京：中国政法大学出版社，1996．

苏力．送法下乡：中国基层司法制度研究．北京：中国政法大学出版社，2000.

孙立平．断裂：20 世纪 90 年代以来的中国社会．北京：社会科学文献出版社，2003.

孙立平．社会转型：发展社会学的新议题．社会学研究，2005（1).

汤普森．英国工人阶级的形成．钱乘旦，等译．南京：凤凰出版传媒集团，译林出版社，2001.

田先红．治理基层中国：桥镇信访博弈的叙事，1995—2009．北京：社会科学文献出版社，2012.

图海纳．我们能否共同生存．狄玉明，等译．北京：商务印书馆，2003.

托克维尔．论美国的民主．董果良，译．北京：商务印书馆，1997.

王灿发．环境纠纷处理的理论与实践．中国政法大学出版社，2002.

王汉生，王迪．农村民间纠纷调解中的公平建构与公平逻辑．社会，2012（2).

王敬尧，杨国良．民间纠纷调解中的公共参与：对湖北省 H 镇的实证分析．江汉论坛，2010（6).

王铭铭，王斯福．乡土社会的秩序、公正与权威．北京：中国政法大学出版社，1997.

王世荣，褚宸舸．枫桥经验：基层社会治理体系和能力现代化实证研究．北京：法律出版社，2018.

韦伯．新教伦理与资本主义精神．于晓，等译．北京：三联书店，1987.

吴忠民．社会公正论．济南：山东人民出版社，2012.

吴忠民．中国改革进程中的重大社会矛盾问题．北京：中共中央党校出版社，2011.

武春友，孙岩．环境态度与环境行为及其关系研究的进展．预测，2006（4).

邢朝国．情境、情感与力：暴力产生的一个解释框架．中国农业大学学报，2014（1).

徐嘉猷．阶级结构与阶级意识比较研究论文集．台湾中央研究院欧美研究所，1994.

杨朝霞．环境纠纷解决机制的选择与运用．环境经济，2011（1).

杨敏，陆益龙．法治意识、纠纷及其解决机制的选择：基于 2005CGSS 的法社会学分析．江苏社会科学，2011（3).

应星．“气”与中国乡村集体行动的再生产．开放时代，2007（6).

应星．大河移民上访的故事．北京：三联书店，2002.

应星．“气”与抗争政治．北京：社会科学文献出版社，2011.

尤伊克，西尔贝．日常生活与法律．陆益龙，译．北京：商务印书馆，2015.

于建嵘．岳村政治．北京：商务印书馆，2001.

于建嵘．抗争性政治：中国政治社会学基本问题．北京：人民出版社，2010.

于建嵘．当代农民维权抗争活动的一个解释框架．社会学研究，2004（2).

于咏华．当代中国社会矛盾论．北京：九州出版社，2004.

张浩．规则竞争：乡村社会转型中的纠纷解决与法律实践．北京：中国社会科学出版社，2014.

张华．社会变迁与司法模式的转变：转型中国基层社会的纠纷处理．学海，2010（2）.

张静．土地使用规则的不确定性：一个解释框架．中国社会科学，2003（1）.

张静．社会冲突的结构根源．北京：社会科学文献出版社，2012.

张静．基层政权：乡村制度诸问题．上海：世纪出版集团，上海人民出版社，2007.

张佳鑫．纠纷解决中的互利正义：一种实体正义与程序正义之外的正义观念．甘肃社会科学，2010（5）.

赵晓力．关系/事件、行动策略和法律的叙事//王铭铭，王斯福．乡土社会的秩序、公正与权威．北京：中国政法大学出版社，1997.

赵旭东．权利与公正：乡土社会中的纠纷解决与权威多元．天津：天津古籍出版社，2003.

郑杭生．郑杭生社会学学术历程之一：中国特色社会学理论的探索．北京：中国人民大学出版社，2005.

ALFORD W P. A second great wall ? China' s post-cultural revolution project of legal. Cultural dynamics，1999，11（2）.

CLARKE D C . Dispute resolution in China. J. Chinese L，1991.

CORDANO M，WELCOMER S A，SCHERER R F. An analysis of the predictive validity of the new ecological paradigm scale. The journal of environmental education，2003，34.

DIAMANT N J. Conflict and conflict resolution in China：beyond mediation-centered approaches. Journal of conflict resolution，2000，44 .

DUNLAP R E，LIERE K V. The "new environmental paradigm"：a proposed measuring instrument and preliminary results. The journal of environmental education，1978，9.

DUNLAP R E，JONES R E. Environmental concern：conceptual and measurement issues// DUNLAP R E，MICHELSON W. Handbook of environmental sociology westport. CT：Greenwood Press，2002.

DUNLAP R E，et al. Measuring endorsement of the new ecological paradigm：a revised NEP scale. Journal of social issues，2000，56.

ESTER P，MEER F V D. Determinants of individual environmental behavior：an outline of a behavioral model and some research findings. The Netherland's journal of sociology，1982，18.

FELSTINER W L F，ABEL R L，SARST A. The emergence and transformation of disputes：naming，blaming，claiming... . Law and society review，1980－1981，15.

GALANTER M. Why the "haves" come out ahead : speculations on the limits of legal change . Law & society review, 1974, 9.

GALANTER M. Lowering the bar: lawyer jokes and legal culture. Wisconsin: University of Wisconsin Press, 2005.

GALLAGHER M. Mobilizing law in China: "informed disenchantment" and the development of legal consciousness. Law and society review, 2006, 40.

GOLDMAN S, SARAT A. American court systems: readings in judicial process and behavior. Longman, 1989.

GOLDTHORPE J. Social mobility and class structure in modern Britain. Oxford: Clarendon Press, 1987.

HANNAN M T, FREEMAN J. Structural inertia and organizational change. American sociology review, 1984, 49.

HINES J, HUNGERFORD H, TOMERA A. Analysis and synthesis of research on responsible environmental behavior. The journal of environmental education, 1986－1987, 18.

JACKSON E L. The environmental paradigm scale: has it outlived its usefulness? . The journal of environmental education, 2002, 33.

JACOB H. Debtors in court: the consumption of government services. Chicago: Rand McNally, 1969.

JONES R E, DUNLAP R E. The social bases of environmental concern: have they changed over time? . Rural sociology, 1992, 57.

O'BRIEN K, LI L J. Rightful resistance in rural China. Cambridge: Cambridge University Press, 2006.

KLEIN D E, HUME R J. Fear of reversal as an explanation of lower court compliance. Law & society review, 2003, 37 .

KRITZER H M, SILBEY S. In litigation: do the "haves" still come out ahead? . Stanford: Stanford University Press, 2003.

LATROBE H L, ACOTT T G. A modified NEP/DSP environmental attitudes scale. The journal of environmental education, 2000, 32.

LIN N, COOK K, BURT R. Social capital: theory and research. New York: Aldine De Gruyter, 2001.

LUBMAN S B. Bird in a cage: legal reforms in China after Mao. Stanford: Stanford University Press, 1999.

MERRY S E. Going to court: strategies of dispute management in an American urban neighborhood//ABEL R L. The law and society reader. New York: New York University Press, 1995.

MICHELSON E. Climbing the dispute pagoda. American sociological review, 2007, 72.

MILLER R, SARAT A. Grievances, claims, and disputes: assessing the adversary culture. Law and society review, 1980 – 1981, 15.

NADRE W, TODD H. The disputing process. Columbia: Columbia University Press, 1978.

NEE V. The emergency of a market society: changing mechanism of stratification in China. American journal of sociology, 1996, 101.

PARKIN F. Class inequality and political order. New York: Praeger, 1971.

SARAT A, KEARNS T. Law in everyday life. Michigan: University of Michigan Press, 1993.

SCOTT J. The moral economy of the peasant. New Heaven: Yale University Press, 1976.

STERN P C, DIETZ T. The value basis of environmental concern. Journal of social issues, 1994, 50.

SZELENYI I. Urban inequalities under state socialism. New York: Oxford University Press, 1983.

TAKAO T. The management of disputes: automobile accident compensation in Japan// ABEL R L. The law and society reader. New York: New York University Press, 1995.

TYLER T. Why people obey the law. New Heaven: Yale University Press, 1990.

VAGO S. Law and society. New Jersey: Prentice-Hall, Inc. , 2000.

WEAKLIEM D. Class consciousness and political change: voting and political attitudes in the British working class, 1964 to 1970. American sociological review, 1993, 58.

后　记

在风云变幻的当今社会，转型的概念也许难以概括社会变化的典型特征，因为快速的、形形色色的变化已远远超出社会转型的范畴，我们很难分清和界定一种新的社会现象究竟是传统的、现代的还是后现代的。在世界出现的前所未有的大变局中，不确定性、不平衡性明显增加。一方面，生态环境的变化给人类带来的挑战增多；另一方面，现代技术的迅猛发展加快了全球互联互通，而世界范围内的社会关系并未出现和谐一致的趋向，裂痕甚至对抗冲突呈现增长态势。这些迹象预示着，我们这个时代确实进入了风险社会，其中社会中各种各样的矛盾纠纷就是风险源头之一。

矛盾纠纷代表的是社会关系不和谐、社会运行不协调的那一面，基于这样的特征，人们总将其视为负面、消极的因素。甚至在有些人看来，一些纠纷事件就是不可公开的秘密。出于保全"面子"的社会心理，人们会避讳公开讨论内部的矛盾纠纷，尽可能遮掩纠纷事实。如果公开研究矛盾纠纷，也就难免被视为触碰敏感议题。就像社会学中的社会冲突论，在其被人们广泛认可和接受之前，也经历了被误解、被排斥和被否定的过程。因为在一些社会学者看来，社会既然在平稳有序地运行，就不会有冲突的存在。然而，现实社会其实充斥着各种矛盾纠纷，秩序维持与矛盾纠纷相伴而行。因此，社会冲突论将冲突视为一种社会化的形式，并没有夸大冲突的存在及作用，只不过是直面冲突、理性看待。即便一个社会的纠纷、冲突很少，关注纠纷、研究冲突也能起到居安思危、未雨绸缪的作用。

当然，不可否认的是，作为一种非均衡的社会关系、对立性的社会互动，矛盾纠纷对正常的生活和稳定的秩序或多或少会造成一些扰动，减少或规避矛盾纠纷总是对促进社会和谐及良性运行有积极的意义。对矛盾纠纷及其解决机制的社会学研究，并不是为了揭示和再现社会中矛盾、冲突的事实，更不希望出现矛盾纠纷的扩散效应，而是希望通过科学研究了解和认识矛盾纠纷的生成、演变和化解的规律，以探寻更加有效的矛盾纠纷治理机制，更好地维护和谐社会关系，促进社会协调发展。

对矛盾纠纷及其风险防范的研究不仅出于现实关怀，也是我的学术旨趣使然。纠纷及其化解机制研究是法社会学的一个重要切入点，对于社会学取向的法社会学研究来说，关于矛盾纠纷的研究显得更为重要，因为社会学者希望透过对一个个具体的纠纷及其化解实践的考察，来理解并解释现实的法律与社会关系，亦即社会中的人是如何看待法律、如何运用法律的，以及法律是怎样在社会中运作的，又产生了怎样的影响。

我涉足法社会学研究可以说是从博士阶段开始的。当时为了研究中国户籍制度，我就曾在派出所做过田野调查，并从社会控制理论视角，展开对户籍管理与户籍制度运行的研究。后来，研究的重点转向民间纠纷及其化解机制，并获得了国家社会科学基金项目的立项，出版了《转型中国的纠纷与秩序：法社会学的经验研究》(2015 年)。

本书既是之前的纠纷及其化解机制法社会学研究的一个延续，更是一种拓展与深入的尝试——我试图通过动态监测的方法来把握矛盾纠纷的社会风险，并探寻防范纠纷风险的有效途径。书中的主要内容为本人 2014 年国家社会科学基金重点项目“转型期中国矛盾纠纷的动态监测与多元化解机制研究”(项目批准号：14ASH004) 的研究成果。我的学生王枫萍博士，博士研究生孟根达来，硕士研究生岳素欣、邢婧宇、黄彦婷参与了课题的相关研究工作，帮我处理了一些数据，进行了部分内容初稿的写作，在此向他们表示感谢!

中国人民大学出版社人文分社社长潘宇编审、策划编辑盛杰对本书的选题申报和编辑出版帮助很大，给予我大力支持，在此表示真诚的感谢！责任编辑黄超、赵海迪为本书出版做了大量细致的编校工作，非常感谢她们的辛苦付出！本书的出版得到中国人民大学 2020 年度“中央高校建设世界一流大学（学科）和特色发展引导专项资金”的支持。

由于本人能力和水平有限，书中难免有这样或那样的纰缪不足之处，真诚希望广大读者不吝赐教和指正。

作者 陆益龙

2021 年 9 月 26 日

于时雨园

图书在版编目（CIP）数据

纠纷风险防范与和谐社会建设 / 陆益龙著．—北京：中国人民大学出版社，2022.1

（社会学文库 / 郑杭生主编）

ISBN 978-7-300-30021-4

Ⅰ.①纠… Ⅱ.①陆… Ⅲ.①社会治理-研究-中国 Ⅳ.①D63

中国版本图书馆 CIP 数据核字（2021）第 223244 号

"十二五"国家重点图书出版规划项目

社会学文库

主编　郑杭生

纠纷风险防范与和谐社会建设

陆益龙/著

Jiufen Fengxian Fangfan yu Hexie Shehui Jianshe

出版发行	中国人民大学出版社		
社　　址	北京中关村大街 31 号	**邮政编码**	100080
电　　话	010－62511242（总编室）		010－62511770（质管部）
	010－82501766（邮购部）		010－62514148（门市部）
	010－62515195（发行公司）		010－62515275（盗版举报）
网　　址	http://www.crup.com.cn		
经　　销	新华书店		
印　　刷	北京宏伟双华印刷有限公司		
规　　格	170 mm×240 mm　16 开本	**版　　次**	2022 年 1 月第 1 版
印　　张	23.5 插页 2	**印　　次**	2022 年 1 月第 1 次印刷
字　　数	368 000	**定　　价**	79.00 元